D1658054

The inscriptions dealt with in this book come from the Old Testament period and constitute an important additional source for our knowledge of the Hebrew language and the religion, history and customs of ancient Israel. The corpus includes texts like the Lachish and Arad letters, the Siloam tunnel inscription, the recently discovered religious texts from Kuntillet Ajerud, and the hundreds of seals, seal-impressions and weights that are now known. No such comprehensive edition has been published for over fifty years. The concordance is the first to be produced for this body of texts. This important work of reference will provide convenient access to texts which are widely scattered in scholarly literature, and enable them to be used more effectively in study and research on Hebrew and Semitic philology, the Old Testament, and ancient Near Eastern history and archaeology.

ANCIENT HEBREW INSCRIPTIONS

ANCIENT HEBREW INSCRIPTIONS

CORPUS AND CONCORDANCE

G. I. Davies
assisted by M. N. A. Bockmuehl,
D. R. de Lacey and A. J. Poulter

The right of the University of Cambridge to print and sell all manner of books was granted by Henry VIII in 1534. The University has printed and published continuously since 1584.

CAMBRIDGE UNIVERSITY PRESS

Cambridge

New York Port Chester

Melbourne Sydney

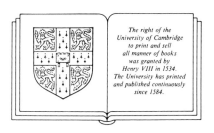

Published by the Press Syndicate of the University of Cambridge
The Pitt Building, Trumpington Street, Cambridge CB2 1RP
40 West 20th Street, New York, NY 10011-4211, USA
10 Stamford Road, Oakleigh, Melbourne 3166, Australia

© Cambridge University Press 1991

First published 1991

Printed in Great Britain at the University Press, Cambridge

Catalogue records for this book are available from
the British Library and the Library of Congress

ISBN 0 521 40248 4 hardback

CONTENTS

Preface and Acknowledgements	ix
Introduction	xi
Transliteration Scheme	xviii
Key to Symbols	xix
List of Sites and Polytopic Entries	xxiii
Map: The Provenances of the Inscriptions	xxvi
Abbreviations and Bibliography	xxvii
Corpus of Inscriptions from before 200 B.C	1
Concordance	265
Synopsis of Collections of Inscriptions	536

PREFACE AND ACKNOWLEDGEMENTS

The need for a comprehensive corpus and concordance of all known ancient Hebrew inscriptions has become increasingly pressing over the past twenty years. The collections and their indexes edited by Diringer and Moscati were, for their time, invaluable, but so much new evidence has come to light and so much progress has been made in the study of Hebrew epigraphy since 1950 that they fall far short of present-day requirements. These very developments, and especially the ever-growing body of epigraphic material, have in fact probably discouraged scholars from preparing works of reference which would be in danger of becoming out of date even before they were published. Nevertheless, the importance of the inscriptions and their value for historical, linguistic and biblical studies demands that the tools for their study be made available, and during the past decade in particular work at a number of centres has made available computer technology which can be of particular help with the problems of a complex and growing corpus of texts. This publication is based on work, begun in 1986, which has from the beginning used a mainframe computer to store the texts, to add to them and edit them, to prepare keyword-in-context (KWIC) concordances and to print out camera-ready copy. The computerised database is to be kept in an up-to-date form as new texts are published, and further related projects are planned to follow as the availability of funding permits.

This publication could not have been produced without the kind assistance given by a number of individuals and institutions. The research project has received generous grants from the British Academy, St. John's College, Cambridge, and the Managers of the Bethune-Baker Fund, the Hort Memorial Fund and the John Stewart of Rannoch Hebrew Fund at the University of Cambridge, which have made it possible to secure essential research assistance at intervals over the past two and a half years. I should like to pay special tribute to the two young scholars who have worked particularly on the assembly and improvement of the database and other parts of this book, Dr. Markus Bockmuehl and Dr. Andrew Poulter. Their accuracy, capacity for hard work and insight have done much to make this publication what it is. The resources of the Cambridge University Computing Service have been placed at our disposal, including the software for text-processing, database management and the production of concordances. I am particularly grateful to the Literary and Linguistic Computing Centre and to Dr. Douglas de Lacey for their help in adapting these resources to meet our special needs. Several colleagues have given valuable help and advice on various aspects of the work: among them I should like to mention Professor J. A. Emerton, Dr. R. S. Hess and especially Professor A. Lemaire and Mr. A. R. Millard, who have drawn our attention to some items which we might have missed, provided us with copies of articles, and commented in detail on preliminary drafts of the text. The Faculty of Divinity have given their encouragement at all times and afforded practical help in a number of ways. I am most grateful to them all, and to the University Press and its staff for their readiness to publish this work and their helpfulness in its production.

INTRODUCTION

The task of producing a concordance of epigraphic material is beset by a number of special difficulties, some of which are inseparable from the nature of the material and the manner of its discovery; others arise from the present state of publication and research. Among the former we may note the fragmentary state and illegibility of numerous texts, which leave doubt about the readings to be followed; the unvocalized script, which sometimes makes morphological and lexical analysis uncertain; and the fact that the corpus of inscriptions is not fixed in extent but constantly growing, so that any publication may quickly cease to represent the full range of texts that are known. The chief problem of the other kind is, of course, the lack of an up-to-date, critically edited corpus of Hebrew inscriptions. There have been useful editions and listings of parts of the material (*KAI*; Vattioni I-III; Gibson; *IR*; *H-D*; Pardee; note also Lemaire, *Inscriptions*, and A. R. Millard, in *Biblical Archaeology Today* (1984 Congress Proceedings. Jerusalem: Israel Exploration Society and Israel Academy of Sciences and Humanities, with ASOR, 1985), 310-12). But for the most part the texts are scattered in numerous volumes and articles, and fresh proposals for readings and interpretation of the better-known texts have also continued to multiply (see the *Bulletins d'épigraphie sémitique* in *Syria* (J. Teixidor)[1] and, for more recent years, the surveys by G. Garbini in *Henoch* and by S. Loersch in *Zeitschrift für Althebraistik*) When the new fascicles of the *Corpus Inscriptionum Semiticarum* (*CIS*) containing Hebrew inscriptions appear (Lemaire, *op cit*, p.16), they will be most welcome, but for the present scholars must compile their own databases and make their own own choices among the readings and restorations that have been suggested. It is also not yet always easy to know whether a West-Semitic inscription is to be treated as Hebrew or not, particularly where its provenance is unknown or when it came to light outside Palestine. From a linguistic point of view there may be no way of distinguishing a Hebrew text from a Phoenician, Ammonite, Moabite, Edomite or even (in some cases) an Aramaic one, especially in a seal-inscription that contains little (if anything) other than personal names. Many seals reckoned as

---

1 See also the republication of these notes in J. Teixidor, *Bulletin d'Épigraphie Sémitique (1964-1980)* (Paris: Paul Geuthner, 1986).

Hebrew by Diringer and Vattioni, for example, are thought by more recent specialists to derive from one of the neighbouring peoples on the basis of the script used or other factors, and we have either eliminated them or indicated that there is doubt about their language. But the specialists do not always agree, and there seem to be cases of script and 'ethnicity' not corresponding. Further discoveries, particularly in Transjordan, will no doubt reduce this problem of definition, and re-examination by specialists of the inscriptions published by Diringer will help to separate out more non-Hebrew seals from the rest. But the problem may never be entirely overcome. The dates to be assigned to inscriptions are also sometimes a matter of disagreement, although in this case the differences seem to have narrowed considerably in recent years, with progress in palaeography.[2]

Our database is intended to include inscriptions in the Hebrew language from before 200 B.C. Later Hebrew inscriptions may be found in the microfiche publication of sources issued by the Academy of the Hebrew Language in Jerusalem; they will also be included in the publications of a separate research project in Cambridge which is working towards the production of texts and indexes of Jewish inscriptions in all languages from the Greco-Roman period. We have included a very small number of items in Aramaic (e.g. the *yh(w)d* stamps), which it seemed a pity to dissociate from other administrative inscriptions of Second Temple times. But in general Aramaic inscriptions from Palestine (e.g. those from Arad and Beersheba) are not included. It should be borne in mind that our corpus was compiled for a particular purpose - to produce a concordance and to enable users of the concordance to consult the full context of a usage conveniently. It is in no way regarded by us as a substitute for a fully critical publication of the texts such as is envisaged for the *CIS*, and it has some peculiarities (e.g. the location of variants in mid-line) which are necessary for its original use. It is, however, based on more than a transcription of the initial publication of each text. We have studied and compared the readings of the original editors, the compilers of previous collections of inscriptions and other individual scholars, and in most cases we have consulted

[2] Cf. A. Lemaire, "Recherches actuelles sur les sceaux nord-ouest sémitiques", *VT* 38 (1988), 220-30.

published photographs and drawings before deciding what reading(s) to adopt, and whether it is appropriate to mark a letter or sign as doubtful or not.[3]

Our general policy has been to follow, in our *text*, the majority view and to include as variants only those alternative readings which have strong support. We have hardly ever added a new reading of our own. With regard to restorations in lacunae we have taken a generally cautious approach, since our primary aim is to guide scholars to actually attested instances of words or phrases rather than to present a fuller text which reads more smoothly. For this, as for much else, reference to other editions of the text remains necessary. We have thought it important to indicate where there is doubt about the reading of various letters, so that users will know whether there is, or may be, uncertainty about a particular claimed attestation of a word. Sometimes we have done this by a mark over the letter in question, sometimes by the citation of one or more variant readings. In a few cases we have not indicated a doubtful letter, where the context or a duplicate makes it absolutely certain how the incomplete traces of a letter are to be understood. But we have always distinguished letters of which at least part is preserved from those which are entirely illegible or restored by conjecture, by enclosing the latter within square brackets. Occasionally we have used double square brackets to correct what is commonly agreed to be a scribal error or omission. The presentation of the texts in a standard transliteration scheme (but with no distinction between *sin* and *shin*, since none is made in the texts) was technically simpler than the use of a right-to-left script and was considered to be justifiable on historical and practical grounds by some, though not all, of those whom we consulted.

The *bibliography* has been kept to a minimum and serves chiefly to identify the text by reference to its primary publication. The *synopsis* of previously published collections, many of which contain extensive bibliographical references (see especially Suder), will provide an

---

3 We have also consulted the important dissertations of H. Michaud (*La langue des ostraca de Duweir* (Strasbourg, 1953)), I. T. Kaufman (*Samaria Ostraca*) and A. Lemaire (*Les ostraca hébreux de l'époque royale israélite* (Paris-Sorbonne, 1973)), and have followed some of their readings.

initial guide to further information and, in many cases, to the sources of the readings which we adopt. In a few cases we have given a bibliographical reference to a particular article which has had a strong influence on our readings. The *dates* given to the inscriptions are normally those of the most recent authority. In the case of the Arad ostraca from the earlier strata some reconsideration of Aharoni's dates is likely to be required as a result of recent studies of the pottery from these strata (see, e.g., D. Ussishkin, *IEJ* 38 (1988), 142-57; cf. Lemaire, *Inscriptions*, 219-20), and so the ostraca from Stratum IX have been vaguely defined as '8th century' (rather than '1st half of the 8th century') and a question-mark has been placed after the dates given for those from Strata X-XII.[4]

The inscriptions are arranged by place of discovery, except for a few special groups (nos. 100ff). The indexes make it possible to discover the section for each place and vice versa. The numbering within each section follows a standard convention so far as there is one (e.g. at Lachish, Arad and Samaria); elsewhere we have devised our own scheme. The seals and seal-impressions (section 100) from 1 to 438 are numbered according to the listing initiated by Diringer and continued by Vattioni: even where we have omitted items (e.g. because they are duplicates or not Hebrew) we have left gaps in the numbering rather than alter the overall scheme. The collections of bullae published by Avigad (*Burnt Archive*) and Shiloh (*IEJ* 36 (1986)) are numbered respectively from 100.501 and 100.801 onwards. Other inscriptions which by their very nature are not restricted to a single place (we have coined the expression 'polytopic' for them) are included in sections 105 to 109.

The *concordance* itself is arranged in the alphabetical order of the 'dictionary-forms', not by roots. Thus *tsbh* is found under *t*, not *s*. No entries are included for the definite article, verbal prefixes or verbal and noun suffixes, but there are entries for the inseparable prepositions, the conjunction and *He interrogativum*. Fragments of words have in general not been included as headwords. Where a word is spelt both *plene* and *defective*, both spellings are included under the one headword. 'Hollow verbs' are treated as biconsonantal,

---

[4] For the "duplicate seal-impressions" of the late 8th century B.C. see Y. Garfinkel, "The Distribution of Identical Seal-Impressions", *Cathedra* 32 (1984), 35-52 (Heb.).

geminate verbs as triconsonantal. Homographs are separately listed and are generally distinguished by the grammatical descriptions following the headword. For the meanings of words the user is referred to the dictionaries, especially C. F. Jean and J. Hoftijzer, *Dictionnaire des inscriptions sémitiques de l'ouest* (Leiden: E. J. Brill, 1965 - revised ed. to appear in 1991).

At the end we have included an index of *numerals* and various hieratic and other *signs*: for the latter we have followed Aharoni's interpretations in the names we have given them, without thereby wishing to imply that the question of their meaning is closed. It should be noted that Lemaire interprets *lethech* as 'ephah' and *ephah* as well as *homer* as 'kor' (*Inscriptions*, 277-81); and that possibly two distinct signs are grouped under each of the designations *homer* and *seah*. Where no interpretation has been suggested *symbol* followed by a numeral appears: see the drawings and further comments on these signs below in the 'Key to Symbols'. The hieratic numerals are represented character for character exactly as they appear. Thus '15' is represented by '10 5', and peculiar usages with units of measurements are ignored, so that the 4-shekel weight has '5' (so also in 9.006.4-5) and the numbers before and after the *ḥq3t*-symbol have to be multiplied by 100 or 10 respectively to give the actual value (for a fuller account see Lemaire, *Inscriptions*, 196, 278).

This publication is intended to be the first of three aids to the study of Hebrew inscriptions. In due course it is hoped to produce a 'grammatical concordance' of the texts, which will list all instances of particular grammatical forms, and to make available machine-readable copies of the text (but not of the concordance or other parts of this volume).

Notes on use

1. To find a *text*: consult the index of sites to find its site- or section-number in the corpus, then refer to the description above of the numbering within each section. The original (or an early) place of publication will be found in the heading to the entry: to locate the text in editions (which often contain photographs or drawings) or to find further bibliography consult the synopsis at the back of this volume where the text's reference number (site-number plus entry-

number) appears.

2. To find occurrences of a *word* or sign: consult the concordance (the signs are at the end, otherwise the order of the Hebrew alphabet is followed); the references on the left-hand side of the page refer to the site-number, the entry-number and the line. Again the synopsis may be used to consult earlier publications. Usually the possibility of an alternative reading or readings will be clear from the context printed in the concordance entry, but the corpus should always be checked to make sure.

3. The *number* of occurrences listed (and stated after the headwords) for each word or sign should be used with care, because of the policy which we felt obliged to adopt in dealing with some kinds of inscriptions, especially of the 'polytopic' varieties. For some categories we give one entry where more than one such inscription is known (e.g. the different types of *lmlk* stamps; weights; official stamps; coins); elsewhere we sometimes give multiple entries where only a single 'act of writing' occurred (so where impressions of a single seal are known from more than one place; and where a word appears in an alternative reading as well as in our main text).

4. The following abbreviations and conventions are used:

adj.	adjective
adv.	adverb
col.	column
conj.	conjunction
DN	divine name
LN	place-name (local name)
MN	month-name

n.	noun
num.	numeral
PN	personal name
prep.	preposition
pron.	pronoun
v.	verb

|	end of line (in concordance)
°	uncertain letter or sign
[ ]	lacuna
[[ ]]	correction of scribal error
{ }	alternative reading

TRANSLITERATION SCHEME

Transliteration	Palaeo-Hebrew Script (8th-century forms)	Square Hebrew Script
'		א
b		ב
g		ג
d		ד
h		ה
w		ו
z		ז
ḥ		ח
ṭ		ט
y		י
k		כ
l		ל
m		מ
n		נ
s		ס
'		ע
p		פ
ṣ		צ
q		ק
r		ר
š		ש
t		ת

KEY TO SYMBOLS

1. *Non-Numerical Hieratic Symbols*

1.  "barley" (2.025/1-2; 2.034)

2.  "bath"
(In 2.010/2 and 2.079/1 the vertical stroke following the *beth* is lacking but there is no doubt, since the *beth* is followed by a number, that this letter stands for "bath". In 5.001/2 Aharoni also treats a *beth* followed by a symbol ("wine"?) as an abbreviation for "bath".)

3.  "ephah" (2.031/2, 10)

4.  "homer"
(2.001/7; 2.008/2; 2.018/6; 2.046/1-2)

5. "ḥq3t" (2.025; 2.033/2; 2.034; 2.076)

6.  "lethech"
(2.018/5; 2.031; 2.033/3; 2.042; 2.083/3)

7.  "pot"
(2.034/7, 16, 18 [and possibly in line 3, but regarded by Aharoni as part of another symbol of unknown meaning. See below on "symbol 3".])

8.  "seah" (2.033/1, 6; 2.041/1, 7)

9.  "shekel" (9.006; 9.009)

10. (a)  (b)  "wine"
((a) 2.034/7, 16; (b) 5.001/2. A shortened form of the hieratic sign *'irp* = "wine". The (b) form follows a *beth* representing "bath". As the drawings indicate, the Beersheba "wine" symbol is not identical with the examples from Arad. According to Lemaire it is the Hebrew letter *daleth*.]

11.  "zuz" (9.006)

2. *Uncertain Symbols*

The numbering of uncertain symbols follows their order of appearance in the Corpus.

1.  "symbol 1"
(1.023/1: a vertical stroke regarded by Lemaire as a symbol of unknown meaning but interpreted by Aharoni as a hieratic numeral. Puech, *SVT* 40 (1988), 190, n. 4, thinks that the stroke might be a *lamed*.)

2.  "symbol 2"
(2.034/2: appears after the ḥq3t sign denoting some commodity. A type of grain?)

3.  "symbol 3"
(2.034/3: appears after the ḥq3t sign denoting some commodity. A type of grain (Aharoni).)

4.  "symbol 4"
(2.034/4: appears after the ḥq$_3$t sign denoting some commodity. A type of grain, possibly wheat since it appears three times in considerable quantities.)

5.  "symbol 5" (2.046/3)

6.  "symbol 6"
(2.060/1: four horizontal strokes. An unknown abbreviation possibly including the following *he*.)

7.  "symbol 7"
(2.083/2: elongated arrowhead denoting an amount of some commodity?)

8.  "symbol 8"
(2.102/1; 2.103/1: psi-shaped. The examples from Arad are incised on the rim of a bowl following a *qoph*, apparently an abbreviation for *qadosh*, "holy".)

9.  "symbol 9"
(26.001/1; 26.005/1. As the drawings indicate, the identity of the two signs is uncertain.)

10.  "symbol 10"
(26.005/1: accompanies the second version of "symbol 9")

11.  "symbol 11"
(108.008: occurs immediately above the hieratic numerical symbol for 10. The symbol has been compared with the "lethech" sign which occurs in the

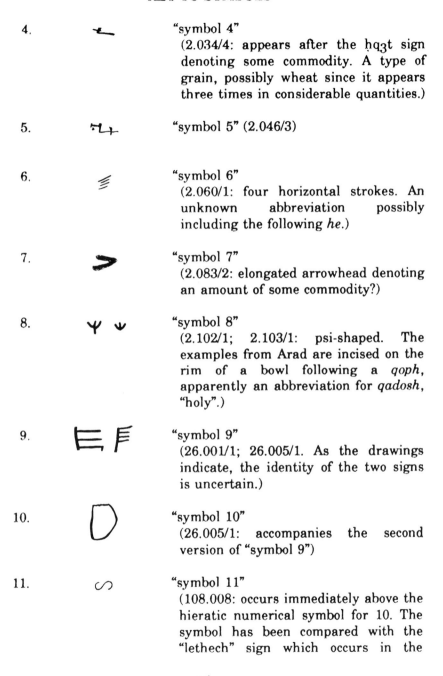

Arad ostraca.)

12.  "symbol 12"
(4.301/1; 4.302/8, 9. Precedes and follows the divine name. A special form of word-divider (Barkay).)

LIST OF SITES AND POLYTOPIC ENTRIES

1. *Index of Sites in Alphabetical Order*

ARAD (Tell Arad) (2.)
AROER (6.)
BEER SHEBA (Tell es-Seba) (5.)
BETH SHEAN VALLEY (16.)
BETH SHEMESH (Tell er-Rumeileh) (17.)
EN-GEDI (20.)
ESHTEMOA (21.)
GEZER (Tell Jezer) (10.)
GIBEON (El-Jib) (22.)
HAZOR (Tell el-Qedaḥ) (24.)
HEBRON AREA (26.)
HORVAT UZA (37.)
IZBET ṢARṬAH (35.)
JERUSALEM (4.)
KADESH BARNEA (Tell el-Qudeirat) (9.)
KHEIR'ALLA (43.)
KHIRBET BEIT LEI (15.)
KHIRBET EL-MAQARI (27.)
KHIRBET EL-MESHASH (32.)
KHIRBET EL-QOM (25.)
KHIRBET QUMRAN (45.)
KHIRBET TANNIN (41.)
KUNTILLET 'AJRUD (8.)
LACHISH (Tell ed-Duweir) (1.)
MEGIDDO (Tell el-Mutesellim) (28.)
MEṢAD ḤASHAVYAHU (Yavneh-Yam) (7.)
NIMRUD (34.)
RAMAT RAḤEL (Beth-haccherem) (31.)
SAMARIA (Sebastiyeh) (3.)
SHEIKH SHIBL (42.)
SITE NORTH OF JERUSALEM (?) (44.)
TEL BATASH (Timnah) (40.)
TEL DAN (19.)
TEL GAT (Tell el-Areini) (14.)

TEL 'AMAL (39.)
TELL BEIT MIRSIM (18.)
TELL EL-FUL (Gibeah) (36.)
TELL EL-HAMME (29.)
TELL EL-HESI (Eglon) (23.)
TELL EL-'OREME (38.)
TELL EN-NAṢBEH (Mizpah) (30.)
TELL ESH-SHARI'A (12.)
TELL QASILE (11.)
TELL 'IRA (13.)
UNIDENTIFIED SITE (99.)
WADI MURABBA'AT (33.)

2. *Inscriptions not Catalogued under Particular Locations*

INSCRIBED MEASURES (109.)
INSCRIBED WEIGHTS (108.)
"JUDAH" AND "JERUSALEM" STAMPS AND COINS (106.)
OTHER OFFICIAL STAMPS (107.)
ROYAL STAMPS (105.)
SEALS AND SEAL-IMPRESSIONS (100.)

3. *Index of Sites and Groupings in Order of Listing*

1. LACHISH (Tell ed-Duweir)
2. ARAD (Tell Arad)
3. SAMARIA (Sebastiyeh)
4. JERUSALEM
5. BEER SHEBA (Tell es-Seba)
6. AROER
7. MEṢAD ḤASHAVYAHU (Yavneh-Yam)
8. KUNTILLET 'AJRUD
9. KADESH BARNEA (Tell el-Qudeirat)
10. GEZER (Tell Jezer)
11. TELL QASILE
12. TELL ESH-SHARI'A
13. TELL 'IRA

SITES AND POLYTOPIC ENTRIES

14. TEL GAT (Tell el-Areini)
15. KHIRBET BEIT LEI
16. BETH SHEAN VALLEY
17. BETH SHEMESH (Tell er-Rumeileh)
18. TELL BEIT MIRSIM
19. TEL DAN
20. EN-GEDI
21. ESHTEMOA
22. GIBEON (El-Jib)
23. TELL EL-HESI (Eglon)
24. HAZOR (Tell el-Qedaḥ)
25. KHIRBET EL-QOM
26. HEBRON AREA
27. KHIRBET EL-MAQARI
28. MEGIDDO (Tell el-Mutesellim)
29. TELL EL-HAMME
30. TELL EN-NAṢBEH (Mizpah)
31. RAMAT RAḤEL (Beth-haccherem)
32. KHIRBET EL-MESHASH
33. WADI MURABBA'AT
34. NIMRUD
35. IZBET ṢARṬAH
36. TELL EL-FUL (Gibeah)
37. HORVAT UZA
38. TELL EL-'ORÊME
39. TEL 'AMAL
40. TEL BATASH (Timnah)
41. KHIRBET TANNIN
42. SHEIKH SHIBL
43. KHEIR'ALLA
44. SITE NORTH OF JERUSALEM (?)
45. KHIRBET QUMRAN
99. UNIDENTIFIED SITE
100. SEALS AND SEAL-IMPRESSIONS
105. ROYAL STAMPS
106. "JUDAH" AND "JERUSALEM" STAMPS AND COINS
107. OTHER OFFICIAL STAMPS
108. INSCRIBED WEIGHTS
109. INSCRIBED MEASURES

THE PROVENANCES OF THE INSCRIPTIONS
(the numbers are those used in the site-list; names indicate sites where only seals or seal-impressions have been found)

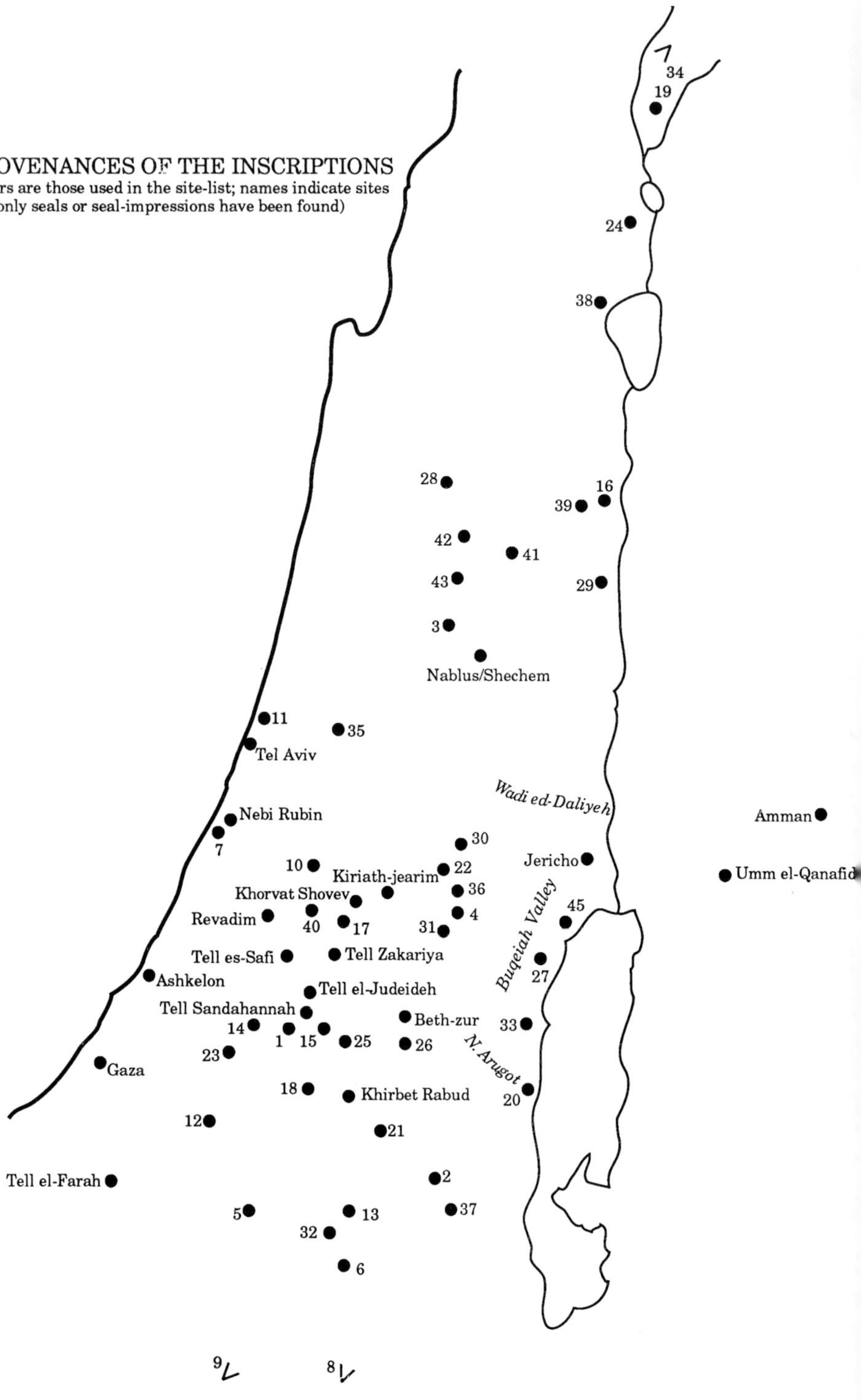

ABBREVIATIONS AND BIBLIOGRAPHY

AASOR	The Annual of the American Schools of Oriental Research
Ain Shems V	E. Grant and G. E. Wright, *Ain Shems Excavations (Palestine)*, Vol. 5 (Haverford: 1939)
AION	Annali dell'Istituto Universitario Orientale di Napoli
Arad Inscriptions	Y. Aharoni, *Arad Inscriptions, Judean Desert Studies* (Jerusalem: Israel Exploration Society, 1981)
AJSL	The American Journal of Semitic Languages and Literature
ArOr	Archiv Orientalni
BA	The Biblical Archaeologist
BASOR	Bulletin of the American Schools of Oriental Research
Beer-Sheba I	Y. Aharoni (ed.), *Beer-Sheba I: Excavations at Tel Beer-Sheba, 1969–1971 Seasons* (Tel Aviv: Tel Aviv University, Institute of Archaeology, 1973)
BIES	Bulletin of the Israel Exploration Society
BJPES	Bulletin of the Jewish Palestine Exploration Society
Burnt Archive	N. Avigad, *Hebrew Bullae from the Time of Jeremiah: Remnants of a Burnt*

	Archive (Jerusalem: Israel Exploration Society, 1986)
CNSAM III	B. Buchanan and P. R. S. Moorey, *Catalogue of Near Eastern Seals in the Ashmolean Museum. III. The Iron Age Stamp Seals* (Oxford: Clarendon Press, 1988)
Cross Volume	P. D. Miller, P. D. Hanson, S. Dean McBride (eds.), *Ancient Israelite Religion*, Festschrift for F. M. Cross (Philadelphia: Fortress Press, 1987)
CRAIBL	Comptes Rendus des Séances de l'Académie des Inscriptions et Belles-Lettres
Diringer	D. Diringer, *Le Iscrizioni Antico-Ebraiche Palestinesi* (Florence: Le Monnier, 1934)
EB	Encyclopaedia Biblica (Jerusalem: Bialik Institute, 1962)
EI	Eretz-Israel
EJ	Encyclopaedia Judaica (Jerusalem: Keter Publishing House Ltd, 1971)
Ephemeris	M. Lidzbarski, *Ephemeris für Semitische Epigraphik*, Volume I (Giessen: J. Richer'sche Verlagsbuchhandlung, 1900–02)
ESI	*Excavations and Surveys in Israel*, (Jerusalem: Israel Department of Antiquities and Museums), English translation of *Ḥadashot Arkheologiyot*

Galling — K. Galling, "Beschriftete Bildsiegel des ersten Jahrtausends v. Chr vornehmlich aus Syrien und Palästina," *ZDPV* 64 (1941), 121-202.

Gezer — R. A. S. Macalister, *The Excavation of Gezer 1902–1905 and 1907–1909*, 3 Vols (London: PEF/John Murray, 1912)

Gibson — J. C. L. Gibson, *Textbook of Syrian Semitic Inscriptions. Volume 1: Hebrew and Moabite Inscriptions* (Oxford: Oxford University Press, 1971)

Hazor II — Y. Yadin et al., *Hazor II: An Account of the Second Season of Excavations, 1956* (Jerusalem: Magnes Press, 1960)

Hazor III-IV — Y. Yadin et al., *Hazor III-IV: An Account of the Third and Fourth Seasons of Excavation, 1957–1958*, (Jerusalem: Magnes Press, 1961)

H-D — R. Hestrin and M. Dayagi-Mendels, *Inscribed Seals, First Temple Period* (Jerusalem: Israel Museum, 1979)

Hecht Volume — *Festschrift Reuben R. Hecht* (Jerusalem: Koren Publishers, 1979)

Herr — L. G. Herr, *The Scripts of Ancient North-West Semitic Seals* (Missoula, Montana: Scholars Press, 1978)

HES — G. A. Reisner, *Harvard Excavations at Samaria 1908–1910*, Harvard Semitic Series Volume 1 (Cambridge MA: Harvard University Press, 1924)

HISG	J. B. Pritchard, *Hebrew Inscriptions and Stamps from Gibeon*, University of Pennsylvania Museum Monographs (Philadelphia: University Museum of Pennsylvania, 1959)
HNSE	M. Lidzbarski, *Handbuch der nordsemitischen Epigraphik nebst ausgewählten Inschriften* (Weimar: Emil Felber, 1898)
HTR	Harvard Theological Review
HUCA	Hebrew Union College Annual
IEJ	Israel Exploration Journal
INJ	Israel Numismatic Journal
IR	R. Hestrin, Y. Israeli, Y. Meshorer, A. Eitan (eds.), *Inscriptions Reveal* (Jerusalem: Israel Museum, 1973)
JA	Journal Asiatique
JAOS	Journal of the American Oriental Society
JNES	Journal of Near Eastern Studies
JPOS	Journal of the Palestine Oriental Society
JRAS	Journal of the Royal Asiatic Society
KAI	H. Donner and W. Röllig, *Kanaanäische und Aramäische Inschriften*, Vol. 1 (Wiesbaden: Otto Harrassowitz, 1962)
Kenyon Volume	R. Moorey and P. Parr (eds.), *Archaeology in the Levant: Essays for Kathleen*

	Kenyon (Warminster: Aris and Phillips, 1978)
Lachish I	H. Torczyner et al., *Lachish I: The Lachish Letters* (London etc.: Oxford University Press, 1938)
Lachish III	O. Tufnell (ed.), *Lachish III: The Iron Age* (London etc.: Oxford University Press, 1953)
Lachish V	Y. Aharoni (ed.), *Lachish V: The Sanctuary and Residency* (Tel Aviv: Gateway Publishers, 1975)
Lemaire	A. Lemaire, *Inscriptions Hébraïques I: Les Ostraca* (Paris: Les Éditions du Cerf, 1977)
Material Culture	E. Stern, *Material Culture of the Land of the Bible in the Persian Period 538–332 B.C.* (Warminster: Aris and Phillips; Jerusalem: Israel Exploration Society, 1982)
Mazar, *Preliminary Report*	B. Mazar, *The Excavations in the Old City of Jerusalem near the Temple Mount*, Preliminary Report of the Second and Third Seasons, 1969–1970 (Jerusalem: Israel Exploration Society, 1971)
Mélanges	Mélanges de la Faculté Orientale de Beyrouth, Université de Saint-Joseph
Meshel, *Catalogue*	Z. Meshel, *Kuntillet ʿAjrud. A Religious Centre from the Time of the Judaean Monarchy on the Border of Sinai* (Jerusalem: Israel Museum, 1978)

Moscati	S. Moscati, *L'Epigrafia Ebraica Antica: 1935–1950*, Biblica et Orientalia 15 (Rome: Pontificio Instituto Biblico, 1951)
Pardee	D. Pardee et al., *Handbook of Ancient Hebrew Letters*, SBL Sources for Biblical Study No. 15 (Chico, California: Scholars Press, 1982)
Paris Catalogue	P. Bordreuil, *Catalogue des Sceaux Ouest-Sémitiques Inscrits de la Bibliothèque Nationale du Musée du Louvre et du Musée biblique de Bible et Terre Sainte* (Paris: Bibliothèque Nationale, 1986)
PEFA	Palestine Exploration Fund Annual
PEFQS	Palestine Exploration Fund Quarterly Statement
PEQ	Palestine Exploration Quarterly
PSBA	Proceedings of the Society of Biblical Archaeology
QDAP	The Quarterly of the Department of Antiquities in Palestine
Ramat Raḥel 1959–1960	Y. Aharoni, *Ramat Raḥel 1959–1960* (Rome: Centro di Studi Semitici, University of Rome, 1962)
Ramat Raḥel 1961–1962	Y. Aharoni, *Ramat Raḥel 1961–1962* (Rome: Centro di Studi Semitici, University of Rome, 1964)
RA	Revue archéologique

RAAO	Revue d'assyriologie et d'archéologie orientale
RB	Revue biblique
RÉJ	Revue des études juives
RÉS	Répertoire d'épigraphie sémitique (Paris)
RSF	Rivista di studi fenici
RSO	Rivista degli studi orientali
Samaria Ostraca	I. T. Kaufman, *The Samaria Ostraca: A Study in Ancient Hebrew Palaeography* (Diss. Harvard, 1966)
S-S 2	J. W. Crowfoot and G. M. Crowfoot, *Early Ivories from Samaria, Samaria-Sebaste 2* (London: Palestine Exploration Fund, 1938)
S-S 3	J. W. Crowfoot, G. M. Crowfoot, K. Kenyon, *The Objects from Samaria, Samaria-Sebaste 3* (London: Palestine Exploration Fund, 1957)
Suder	R. W. Suder, *Hebrew Inscriptions: A Classified Bibliography* (Selinsgrove: Susquehanna University Press, 1984)
SVT	Supplements to *Vetus Testamentum*
Tell En-Naṣbeh I	C. C. McCown, *Tell En-Naṣbeh: Excavated under the Direction of the late William Frederic Badè,* Volume 1: *Archaeological and Historical Results* (Berkeley/New Haven: The Palestine Institute of Pacific School of Religion and

	ASOR, 1947)
Thompson Volume	O. Mørkholm and N. M. Wagner (eds.), *Greek Numismatics and Archaeology*, Essays in Honour of Margaret Thompson (Wetteren: Éditions NR, 1979)
UF	Ugarit-Forschungen
Vattioni I	F. Vattioni, "I sigilli ebraici", *Biblica* 50 (1969), 357-388.
Vattioni II	F. Vattioni, "I sigilli ebraici II", *Augustinianum* 11 (1971), 447-454.
Vattioni III	F. Vattioni, "I sigilli ebraici III", *AION* 38 (1978), 227-254.
VT	Vetus Testamentum
Yeivin Volume	S. Abramsky et al. (eds.), *Sefer Shmuel Yeivin* (Jerusalem: Kiryat-Sepher Press, 1970)
ZAW	Zeitschrift für die alttestamentliche Wissenschaft
ZDMG	Zeitschrift der Deutschen Morgenländischen Gesellschaft
ZDPV	Zeitschrift des Deutschen Palästina-Vereins

CORPUS OF HEBREW INSCRIPTIONS FROM BEFORE 200 B.C.

1. LACHISH

1.001 Lachish Letter 1 (589/8)

H. Torczyner et al., *Lachish I: The Lachish Letters* (London etc.: Oxford University Press, 1938), 23 (cf. D. Diringer in O. Tufnell (ed.), *Lachish III: The Iron Age* (London etc.: Oxford University Press, 1953), 331).

gmryhw. bn hṣlyhw.
y’znyhw. bn ṭbšlm.
ḥgb. bn. y’znyhw.
mbṭḥyhw. bn. yrmyhw
mtnyhw. bn. nryhw

1.002 Lachish Letter 2 (589/8)

H. Torczyner et al., *Lachish I*, 37 (cf. D. Diringer in O. Tufnell (ed.), *Lachish III*, 332).

’l ’dny. y’wš yšm‘.̊
yhwh. ’t ’dny. š[m]‘̊t šl
m. ‘t.̊ kym ‘t kym my. ‘bd
k klb ky. zkr.̊ ’dny.̊ ’t.
[‘]bdh. ybkr. {*or* y‘̊kr.} yhwh ’t ’
[dn]y {*or* ’y} dbr. ’šr l’. yd‘th

1.003 Lachish Letter 3 (589/8)

H. Torczyner et al., *Lachish I*, 51 (cf. D. Diringer in O. Tufnell (ed.), *Lachish III*, 332f).

‘bdk. hwš‘yhw. šlḥ. l
h̊g[d] l̊[’d]n̊ẙ ẙ’̊ẘ[š] yšm‘.
yhwh [’t] ’dny šm‘t. šlm
w[ ] ẘ‘̊t̊.̊ hpqḥ
n’[.] ’t ’zn {*or* rzm} ‘̊bdk.̊ lspr. ’šr.

šlḥth. ʾl ʿbdk {*or* šlḥ ʾd[ny] lʿbdk} ʾmš. ky. lb
[ʿ]bd[k] dwh. mʾz. šlḥk. ʾl. ʿbd
k wky ʾmr. ʾdny. lʾ. ydʿth.
qrʾ. spr ḥyhwh. ʾm. nsh. ʾ
yš. lqrʾ ly spr lnṣḥ. wgm.
kl sp[r] ʾšr ybʾ. ʾly ʾm.
qrʾty. ʾth ʾḥr {*or* [wl]ʾ} ʾtnnhw ʾl. {*or* ʾtn bh w
kl.} mʾwm[h] wlʿbdk. hgd.
lʾmr. yrd šr. hṣbʾ.
knyhw {*or* [y]knyhw} bn ʾlntn lbʾ.
mṣrymh. wʾt
(verso)
hwdwyhw bn ʾḥyhw w
ʾnšw šlḥ. lqḥt. mzh. {*or* myh.}
wspr. ṭbyhw ʿbd. hmlk. hbʾ
ʾl. šlm. bn ydʿ. mʾt. hnbʾ. lʾm
r. hšmr. šlḥh. ʿb[[d]]k. ʾl. ʾdny.

1.004 Lachish Letter 4 (589/8)

H. Torczyner et al., *Lachish I*, 79 (cf. D. Diringer, in O. Tufnell (ed.), *Lachish III*, 333).

yšmʿ. yhwh [ʾt] ʾdny. ʿt kym.
šmʿt ṭb. wʿt kkl ʾšr. šlḥ ʾdny.
kn. ʿšh. ʿbdk ktbty ʿl hdlt kkl.
ʾšr šlḥ [ʾdny ʾ]ly. {*or* šlḥ[th ʾ]ly} wky. šlḥ ʾ
dny. ʿl. dbr bythrpd. ʾyn. šm. ʾ
dm wsmkyhw lqḥh. šmʿyhw w
yʿlhw. hʿyrh wʿbdk. ʾyn[n]
y šlḥ šmh ʾt hʿ[d] {*or* ʾth ʿwd [hym]}
(verso)
ky ʾm. btsbt hbqr [ ]
wydʿ. ky ʾl. mšʾt lkš. nḥ

nw šmrm. kkl. hʾtt. ʾšr ntn
ʾdny. ky lʾ. nrʾh ʾt ʿz
qh

1.005 Lachish Letter 5: Reconstruction (589/8)

H. Torczyner et al., *Lachish I*, 97 (cf. D. Diringer in O. Tufnell (ed.), *Lachish III*, 334).

yšmʿ [yhwh ʾt ʾd]ny
[šmʿt šl]m wṭb [ʿt
kym] ʿt ky[m] my. ʿbdk
klb. ky [šl]ḥt ʾl ʿbd
k ʾt [h]s[pr]m {*or* h[šml]h } kzʾ
[t] {*or* hzʾ[t]} hšb. ʿbdk. hspr
m. ʾl ʾdny. yrʾk y
hwh hqṣr {*or* hq[š]r} b[ ]
h. mh. lʿbdk. {*or* hym hʾl. ʿbdk} yʾ[ ] {*or* y[[b]]ʾ}
ṭbyhw. zrʿ lmlk

1.006 Lachish Letter 6: Reconstruction (589/8)

H. Torczyner et al., *Lachish I*, 117 (cf. D. Diringer in O. Tufnell (ed.), *Lachish III*, 334).

ʾl ʾdny yʾwš. yrʾ. yhwh ʾ
t. ʾdny ʾt hʿt hzh. šlm my
ʿbdk. klb ky. šlḥ. ʾdny ʾ[t sp]
r hmlk [wʾt] spry hšr[m lʾm]
r qrʾ nʾ whnh. dbry. h[šrm] {*or* h[nbʾ]}
lʾ ṭbm lrpt ydyk [lhš]
qṭ {*or* ydy. kšdm [wlš]qṭ} ydy hʾ[ ] ydʿ[ ] {*or* hʾ[rṣ
wʾ]h[ʿ]yr ʿ[ ]}
[ ] ʾnk[y] ʾ]dny hlʾ tk
tb ʾlh[m] {*or* ʾly[hm]} [lʾmr lm]h tʿšw.
kzʾt [wbyr]šlm h[n]h l

m̊lk̊ {or [wnq]y šl̊mh hl̊ml̊k̊} [t]ʿ šw h̊d̊[b]
r̊ h̊z̊h̊. ḥy. yhwh. 'lh
yk k[y m]ʾz qrʿ ʿb
dk ʾ̊t̊ hsp̊r̊[m] l[ʿ] h[y]h̊
l̊ʿb̊[dk   ]

1.007   Lachish Letter 7 (589/8)

H. Torczyner et al., *Lachish I*, 123 (cf. D. Diringer in O. Tufnell (ed.), *Lachish III*, 335).

[   ]
[   ]
[ ] sp̊r̊ [ ]
[ ]k[ ]
[ ]ẙhw. sp̊r̊. b̊[   ]
bšlm h[

1.008   Lachish Letter 8 (589/8)

H. Torczyner et al., *Lachish I*, 129 (cf. D. Diringer in O. Tufnell (ed.), *Lachish III*, 335, and Lemaire, *Ostraca*, 124).

yšm̊ʿ y[hwh] ʾ̊t. ʾ̊d̊[ny šm]
ʿt̊ t̊b̊ ʿt kẙ[m ʿt] kẙm̊ h̊n̊
h̊ [ ]n̊b̊[   ] {or [k]mš̊[   ]} ʾ̊[m]l̊k̊. m̊ʾ̊
b. rh̊[p] ẙš̊ʿ ẙh̊ẘh̊ [ ]
ʾ[ ] r[   ]
(verso)
[ ]y[ ]ʾkz̊b
[y]ʾ̊ṣ̊ ʾdny šmh̊

1.009   Lachish Letter 9: Reconstruction (589/8)

H. Torczyner et al., *Lachish I*, 137 (cf. D. Diringer in O. Tufnell (ed.), *Lachish III*, 335).

yšmʿ yhwh ʾt ʾ̊d̊

ny š[mʿ t] šlm. w[
wʿ t] tn. lḥm 10 w
[yyn] 2 hšb.
ʾ[l] ʿbdk d
br b
(verso)
yd šlmyhw. ʾ
šr nʿ šh. m
ḥr

1.010 Lachish Letter 10 (not legible) (589/8)

H. Torczyner et al., *Lachish I*, 141 (cf. D. Diringer in O. Tufnell (ed.), *Lachish III*, 336).

1.011 Lachish Letter 11 (598/8)

H. Torczyner et al., *Lachish I*, 147 (cf. D. Diringer in O. Tufnell (ed.), *Lachish III*, 336).

[ ]
[ ]
ʾlntn[ ]
mkyhw[ ]
s[m]kyhw [ ] {*or* sbkyhw}
ṣ[d]qy[hw]
[ ]

1.012 Lachish Letter 12 (589/8)

H. Torczyner et al., *Lachish I*, 153 (cf. D. Diringer in O. Tufnell (ed.), *Lachish III*, 336).

]klb. ʾdny. h[
s]pr[
ḥ]y yhwh [ ]y[ ]ʾy[ ]
q[r]ʾty [ʾ]th ʿbd[k

[ ]
] ’dny[
]h̊. ‘bdk [
[ ]

1.013 Lachish Letter 13 (Reverse side only) (589/8)

H. Torczyner et al., *Lachish I*, 159 (cf. D. Diringer in O. Tufnell (ed.), *Lachish III*, 336).

[ ]q̊m̊ẘ. l‘ št ml’kh. [ ]
m̊s̊m̊k[yhw ’]t ‘̊b̊d̊h̊ h[ ] {*or* ẙḥprhw [ ]}
[ ] ’t̊. ’̊špt 4̊

1.014 Lachish Letter 14 (only isolated letters legible) (589/8)

H. Torczyner et al., *Lachish I*, 163 (cf. D. Diringer in O. Tufnell (ed.), *Lachish III*, 337).

1.015 Lachish Letter 15 (not legible) (589/8)

H. Torczyner et al., *Lachish I*, 167 (cf. D. Diringer in O. Tufnell (ed.), *Lachish III*, 337).

1.016 Lachish Letter 16 (589/8)

H. Torczyner et al., *Lachish I*, 173 (cf. D. Diringer in O. Tufnell (ed.), *Lachish III*, 337).

]ḥmh̊[
]. rhy[
š]lḥh ‘̊[bdk {*or* š]lḥ h‘̊[}
s]p̊r̊. bny[{*or* bn y[}
y]hw hnb’[
]m[
(verso)
]w[
]‘[

]šlḥ ʾ[
]dbr wḥ[

1.017 Lachish Letter 17 (589/8)

H. Torczyner et al., *Lachish I*, 177 (cf. D. Diringer in O. Tufnell (ed.), *Lachish III*, 337).

ʿbd[
] ʾdny[
ʾ]dny g[

1.018 Lachish Letter 18 (589/8)

H. Torczyner et al., *Lachish I*, 182 (cf. D. Diringer in O. Tufnell (ed.), *Lachish III*, 337).

ʿd. hʿrb [ ]šlm yšlḥ ʿb[dk] hspr ʾšr
šlḥ. ʾdny [ ]zr. hʿyrh {*or* [lʿ]zryhw}

1.019 Lachish Ostracon 19 (date unknown)

D. Diringer in O. Tufnell (ed.), *Lachish III*, 338.

bn ʿṣ. {*or* ʿzr} 10
pqḥ. 10 1
mkl. {*or* [ʿ]mdl.} 50 {*or* 20}
šmʿyhw. 50 {*or* 20}
ʿbš {*or* ybš} [ ]
[ ]
] 10 1

1.020 Lachish Ostracon 20 (late 7th/early 6th cent.)

D. Diringer in O. Tufnell (ed.), *Lachish III*, 339.

btšʿyt byt[ ]yhw
ḥkly[hw]]zn[ ]l

1.021 Lachish Ostracon 21 (date unknown)

D. Diringer in O. Tufnell (ed.), *Lachish III*, 339 (*verso* from Lemaire).

]z 'l. [ ]
h. '̊t̊[
]št klb̊[ ]y[
]wṣ'h[{*or*]wṣ' 2̊ []}
]wh'[
(verso)
[ ]
[']
m̊r̊ ḥ̊ẙn̊ [m]
ḥ̊r̊.'̊[ ]
[ ]r̊h̊[ ]

1.022 Ostracon from beneath Lachish "Solar Shrine" (late 7th/early 6th cent.)

Y. Aharoni, "Trial Excavation in the 'Solar Shrine' at Lachish: Preliminary Report", *IEJ* 18 (1968), 168f, Pl. 12.

l̊[ ]
l̊[ ]
l̊'̊l̊[ ]
l̊d̊l̊[yhw]
lsmk[yhw]
l'š[yhw] *homer*
lʿšyhw bn [ ]'[ ]*seah*
l'lyš[b]
l[ ]
lbyt 'kzẙ[b]

1.023 Lachish Ostracon 23 (8th cent.)

A. Lemaire, "A Schoolboy's Exercise on an Ostracon at Lachish", *Tel Aviv* 3 (1976), 109-110 (cf. E. Puech, "Les écoles dans l'Israël préexilique: données épigraphiques", *SVT* 40 (1988), 190, n. 4.)

]g̊d̊h̊ẘz̊ḥṭ. g̊ *symbol 1* {*or*]ḥṭ̊. 10 1}
[ ]s̊ʿ̊p̊ṣ̊q̊r.̊ʾ̊k̊ {*or* k̊k̊}
[ ]š̊t̊.̊

1.024 Lachish Inscription 24 (Graffito) (late 7th/early 6th cent.)

D. Ussishkin, "Excavations at Tel Lachish–1973-1977: Preliminary Report", *Tel Aviv* 5 (1978), 81-83, Pl. 26.

ʾbgd {*or* ʾbgr}

1.025 Lachish Inscription 25 (late 7th/early 6th cent.)

D. Ussishkin, *Tel Aviv* 5 (1978), 83-84, Pl. 27.

yyn. ʿšn.

1.026 Lachish Inscription 26 (late 7th/early 6th cent.)

D. Ussishkin, *Tel Aviv* 5 (1978), 84, Pl. 28.

[l]n̊ryhw

1.027 Lachish Inscription 27 (late 7th/early 6th cent.)

D. Ussishkin, *Tel Aviv* 5 (1978), 84-85, Pl. 29.

[lyhw]bnh

1.028 Lachish Inscription 28 (late 7th/early 6th cent.)

D. Ussishkin, *Tel Aviv* 5 (1978), 85, Pl. 30.

[ly]hẘb̊n̊h̊ {*or* [ln]r̊ẙhw bn r[}

1.029 Lachish Inscription 29 (late 7th/early 6th cent.)

D. Ussishkin, *Tel Aviv* 5 (1978), 85-88, Pl. 31.

brbʿt
q̊l̊m. pkm̊t.
bath

1.030 Lachish Inscription 30 (late 7th/early 6th cent.)

D. Ussishkin, *Tel Aviv* 5 (1978), 88, Pl. 32; cf. idem, *Tel Aviv* 10 (1983), 157; A. Lemaire, "A Note on Inscription XXX from Lachish", *Tel Aviv* 7 (1980), 92-94.

mz. ṣmqm. šḥrt.

1.031 Lachish Inscription 31 (8th/7th cent.)

D. Ussishkin, "Excavations at Tel Lachish 1978-1983: Second Preliminary Report", *Tel Aviv* 10 (1983), 157-158, Pl. 41:1.

[
]n̊. ybrk[{*or* b]n̊. ybrk[yhw}
]b̊g̊y[{*or* y]hwy[qm}
]n. q̊r[{*or* b]n. q̊r[ḥ}
]n. yg̊r. {*or* b]n. y’r.}

1.032 Lachish Inscription 32 (Graffito) (late 7th/early 6th cent.)

D. Ussishkin, *Tel Aviv* 10 (1983), 158-160, Pl. 41:2.

l’lyrb

1.102 Lachish "Royal Bath" Inscription (Graffito) (8th cent.)

D. Diringer in O. Tufnell (ed.), *Lachish III*, 356f.

bt lmlk

1.103 Lachish Fragmentary Inscription on Jar Handle (Graffito) ()

D. Diringer in O. Tufnell (ed.), *Lachish III*, 357.

lbnh[

1.104 Lachish Fragmentary Inscription (date unknown)

D. Diringer in O. Tufnell (ed.), *Lachish III*, 357.

]r[

1.105 Lachish Alphabet Inscription (9th/8th cent.)

D. Diringer in O. Tufnell (ed.), *Lachish III*, 357f.

ʾbgdh

2. ARAD

2.001 Tell Arad Ostracon 1 (late 7th/early 6th cent.)

Y. Aharoni, *Arad Inscriptions*, Judean Desert Studies (Jerusalem: Israel Exploration Society, 1981), 12.

ʾl. ʾlyšb. w
ʿt. ntn. lktym
yyn. *bath* 3 w
ktb. šm hym.
wmʿwd. hqmḥ
hrʾšn. t
rkb. *homer* 1. qmḥ
lʿšt. lhm. l
ḥm. myyn°.
hʾgnt. ttn

2.002 Tell Arad Ostracon 2 (late 7th/early 6th cent.)

Y. Aharoni, *Arad Inscriptions*, 15.

ʾl. ʾlyšb. wʿt. ntn l
ktym. *bath* 2 yyn. l
ʾrbʿt hymm w
300 lḥm w
mlʾ. hḥmr. yyn wh
sbt mḥr. ʾl tʾḥr.
wʾm. ʿwd. ḥmṣ. wnt
t̊. lhm̊.

2.003 Tell Arad Ostracon 3 (late 7th/early 6th cent.)

Y. Aharoni, *Arad Inscriptions*, 17.

ʾl. ʾlyšb. wʿt.
tn. mn. hyyn̊. 3 *b̊åt̊h̊* w
ṣwk. ḥnnyhw. ʿl b
ʾršbʿ ʿm. mšʾ ṣ
md. ḥmrm. wṣrrt {*or* wṣrr.}
ʾtm. bṣq̊. {*or* bṣr.} w
spr̊. hḥṭm. whl
ḥm wlqḥt
(verso)
ʾlk [ ]
ry[ ]
l[ ]3̊
wʾdmm. h[
[ ]
[ ]m

2.004 Tell Arad Ostracon 4 (late 7th/early 6th cent.)

Y. Aharoni, *Arad Inscriptions*, 19.

ʾl ʾlyšb tn lktym š
mn 1 ḥtm wšlḥnw w
yyn *bath* 1 tn lhm̊.

2.005 Tell Arad Ostracon 5 (late 7th/early 6th cent.)

Y. Aharoni, *Arad Inscriptions*, 20.

ʾl ʾlyšb. wʿ
t. šlḥ. mʾtk
mʿwd hqmḥ.
h̊[r]ʾ[šn ʾ]šr̊.
[ ]qm
[ḥ lʿšt] lḥm l
[k]t[ym] ʾt
[ ]h
[ ] b[ ]hwk [
]ʾšr. y
[šlḥ] lk ʾt hmʿ
[šr] *b̊åt̊h̊* 3̊. bṭrm. y
ʿbr hḥdš. wm
ytr [ ] hʿbdh
[ ]ḥ̊[ ]m

2.006 Tell Arad Ostracon 6 (late 7th/early 6th cent.)

Y. Aharoni, *Arad Inscriptions*, 15.

ʾl ʾlyšb. w[ʿt]
šlḥ mʾtk ʾl
yḥzy[hw]
lḥ[m] 3 {*or* 300}
[ ]hšmn

bšl[
[ ]
[ ]m[

2.007 Tell Arad Ostracon 7 (late 7th/early 6th cent.)

Y. Aharoni, *Arad Inscriptions*, 22.

ʾl ʾlyšb. wʿ
t. ntn. lktym.
lʿšr̊y b 1 lḥd
š. ʿd̊ hššh
lḥdš *bath* 3 [w]
ktbth lpnyk. b
šnym lḥdš. bʿš
ry wšmn ḥ
[tm

2.008 Tell Arad Ostracon 8 (late 7th/early 6th cent.)

Y. Aharoni, *Arad Inscriptions*, 23.

[ʾ]l ʾlẙš̊b. wʿt. ntn l
kt̊[y]m̊ *h̊o̊m̊e̊r̊* 1̊ qm. mn. hš
lšh ʿš̊r lḥdš.̊ ʿd h̊
š̊mnh.̊ ʿšr lḥdš
[w]yyn *bath* 3
[ ]š
[ ]nt b[ ]
ʾly. w[ ]
[ ] ʾšr lbn

2.009 Tell Arad Ostracon 9 (late 7th/early 6th cent.)

Y. Aharoni, *Arad Inscriptions*, 24.

[ʾl ʾlyš]b̊ [ ]

[šlḥ] m’t[k
yyn] *bath* b[

2.010 Tell Arad Ostracon 10 (late 7th/early 6th cent.)

Y. Aharoni, *Arad Inscriptions*, 24.

[’l ’ly]šb. wʿt.
[ntn lkt]ym. yyn *bath* 1
[ ]m {*or* [wlḥ]m.} ’m̊tym. {*or* [[m’]]tym.} wšmn 1
[ ]t̊m. lbn ʿbdyhw š[ ]
[ ]ktym

2.011 Tell Arad Ostracon 11 (late 7th/early 6th cent.)

Y. Aharoni, *Arad Inscriptions*, 25.

’l. ’lyšb
wʿt ntn lktym̊
[ ] *bath* 2 yyn
[ ] w[ ]
[ ]m [n]ḥmẙhw

2.012 Tell Arad Ostracon 12 (late 7th/early 6th cent.)

Y. Aharoni, *Arad Inscriptions*, 26.

[’l ’ly]šb. q[ḥ] šmn 1 w
[ ] 2 qmḥ wtn. ’[tm
lqw]sʿnl mhrh. ṣ[ ]
[ ]’lb[ ]ṣy[ ]
s[ ]š wtn[’]
t hlḥm. wb[ ]’yl [ ]

2.013 Tell Arad Ostracon 13 (late 7th/early 6th cent.)

Y. Aharoni, *Arad Inscriptions*, 27.

[ ]. tš

[lḥ ’t hš]mn hzh
[wḥtm]. bḥtmk
wšlḥw
[y]hw. t[

2.014 Tell Arad Ostracon 14 (late 7th/early 6th cent.)

Y. Aharoni, *Arad Inscriptions*, 28.

[’l ’l]yš[b w‘ t
ntn l]ktym [
w]šlḥ 1 šmn̊

2.015 Tell Arad Ostracon 15 (late 7th/early 6th cent.)

Y. Aharoni, *Arad Inscriptions*, 29.

’ḥ[k šlḥ lšlm ’ly]
šb ẘ[ ]
‘dy[ ]
[ ]. n‘r [
’]hl w’ḥ[k

2.016 Tell Arad Ostracon 16 (late 7th/early 6th cent.)

Y. Aharoni, *Arad Inscriptions*, 30.

’ḥk. ḥnnyhw. šlḥ lšl
m. ’lyšb. wlšlm bytk br
ktk lyhwh. w‘ t kṣ’ty
mbytk wšlḥty ’t
h[k]sp 8 š lbny g’ lyhw. [b]
y[d ‘]zryhw w’t [ ]
[ ] ’tk whš̊[ ]
’t ksp[ ] w’m[ ]
ṣbk[ ] šlḥ
’̊t nḥm̊ wl’ t̊šlḥ̊ l̊[

2.017 Tell Arad Ostracon 17 (late 7th/early 6th cent.)

Y. Aharoni, *Arad Inscriptions*, 32.

'l. nḥm. [w]ʿt b
' byth. 'lyšb.
bn 'šyhw. wlqḥ
t. mšm. 1 šmn. w
šlḥ. lzp {*or* lhm} mhrh. w
ḥtm. 'th bḥ
tmk
(verso)
b 20 4 lḥdš ntn nḥm š
mn byd hkty. 1

2.018 Tell Arad Ostracon 18 (late 7th/early 6th cent.)

Y. Aharoni, *Arad Inscriptions*, 35.

'l 'dny. 'ly
šb. yhwh yš
'l lšlmk. wʿt
tn. lšmryhw
lethech. wlqrsy
ttn. *homer* wld
br. 'šr. ṣ
wtny. šlm.
[ ] byt. yhwh.
(verso)
h'. yšb

2.019 Tell Arad Ostracon 19 (late 7th/early 6th cent.)

Y. Aharoni, *Arad Inscriptions*, 39.

ynm

2.020 Tell Arad Ostracon 20 (late 7th/early 6th cent.)

Y. Aharoni, *Arad Inscriptions*, 40 (cf. A. Lemaire, "Note epigraphique sur la pseudo-attestation du mois 'ṢḤ'", *VT* 23 (1973), 243-245).

bšlšt
ẙr̊ḥ. ṣḥ {*or* g̊rʾ̊ b̊n̊ ʿ̊zẙhw}

2.021 Tell Arad Ostracon 21 (late 7th/early 6th cent.)

Y. Aharoni, *Arad Inscriptions*, 42f.

bnk. yhwkl. šlḥ. lšlm. gdlyhw [bn]
ʾlyʾr. wlšlm. bytk. brktk l̊[yhw]
h. wʿt. hn. ʿšh. ʾdny. [
]yšlm. yhwh. lʾdn[y
] ʾdm ḥyh̊[wh
]h [ ]ʿt[
] wkl ʾš[r
]wʾm. ʿwd [
]ʾš[
]lḥ[

2.022 Tell Arad Ostracon 22 (late 7th/early 6th cent.)

Y. Aharoni, *Arad Inscriptions*, 44.

lb̊r̊k̊ẙh̊w b[n]
lʿz̊r b[n
] 4 *homer*
lmʿšy bn [ ] 3
(verso)
lyh̊[w]

2.023 Tell Arad Ostracon 23 (late 7th/early 6th cent.)

Y. Aharoni, *Arad Inscriptions*, 45.

[
]b[n]
b[n]
m̊ḥ̊s[yhw]
bn [ ]
ʿzr̊ [ ]
bn n̊t̊n̊ẙ[hw
]

2.024 Tell Arad Ostracon 24 (late 7th/early 6th cent.)

Y. Aharoni, *Arad Inscriptions*, 46f.

ʾ̊l̊
ʾlyšb̊[ ]bm[ ]
ls[ ] mlk [
] ḥyl [
]ks[p
]ʿbr[
]ṭ[ ]r[
]wʿ[
]wk[
[ ]
[ ]
(verso)
mʿrd 5 {*or* 5̊0̊} wmqyn̊[h]
h. wšlḥtm. ʾtm. rmtng̊[b by]
d. mlkyhw bn qrbʾwr. whb
qydm. ʿl. yd ʾlyšʿ bn yrmy
hw. {*or* yqmyhw.} brmtngb. pn. yqrh. ʾt h
ʿyr. dbr. wdbr hmlk ʾtkm̊

bnbškm. hnh šlḥty lhʿyd
bkm. hym. hʾnšm. ʾt. ʾlyš
ʿ. pn. tbʾ. ʾdm. šmh

2.025 Tell Arad Ostracon 25 (late 7th/early 6th cent.)

Y. Aharoni, *Arad Inscriptions*, 50.

[m   ] *ḥqȝt* 1 *barley*
[m]ʿ̊nym̊. tḥtnm. *ḥqȝt* 3 *barley*
mʿlynm *ḥqȝt* 6
mmʿn *ḥqȝt* 1

2.026 Tell Arad Ostracon 26 (late 7th/early 6th cent.)

Y. Aharoni, *Arad Inscriptions*, 52.

[   ] ʾryhw [
] m̊n̊ ʾdny. šr[
]q̊ws wyh[w
] ʾdny [
[   ]
[   ]

2.027 Tell Arad Ostracon 27 (late 7th/early 6th cent.)

Y. Aharoni, *Arad Inscriptions*, 53.

[   ]yhw
ʿbd̊y[hw] bn šmʿyhw
[   ]l[ ]
ydnyhw bn šb[nyhw]
ḥld̊y[g]rʾ
[   ] bn ʾbyhẘ
[y]hw

2.028 Tell Arad Ostracon 28 (late 7th/early 6th cent.)

Y. Aharoni, *Arad Inscriptions*, 54.

[ ]b̊[r]kh. z[
] ntn. bt[
]t̊n̊ḥ̊š. ʾh[
]dn[ ]h[
]t[
]ʾm̊[
] brkh. ẘt̊[

2.029 Tell Arad Ostracon 29 (late 7th/early 6th cent.)

Y. Aharoni, *Arad Inscriptions*, 55.

[ ]
[ ]
]ʿk[ ]lm[ ]s[ ]
ʾtb[
]l[ ]n̊[ ]b
10 ks̊p lm[ ]
wʾšr bkb[

2.030 Tell Arad Ostracon 30 (late 7th/early 6th cent.)

Y. Aharoni, *Arad Inscriptions*, 55.

[ ]qb[
]m̊[
]w[
]w[ ] *seah*

2.031 Tell Arad Ostracon 31 (7th cent.)

Y. Aharoni, *Arad Inscriptions*, 56.

ḥṭm.
ʾwryhw bn rgʾ ʿ {*or: ephah*} *lethech seah*

nḥmyhw bn yhwʿz 8
nryhw bn sʿryhw {*or* sdryhw} *lethech*
ʾḥyqm bn šmʿẙhw 7̊
gḥm *lethech*
ydʿ yhẘ *lethech*
gmryhẘ *lethech*
[ ]ẙhw 6̊
40 6. *ephah* ʿbr

2.032 Tell Arad Ostracon 32 (7th cent.)

Y. Aharoni, *Arad Inscriptions*, 60.

b 8 lḥdš [ḥṣr]swsh. k[

2.033 Tell Arad Ostracon 33 (7th cent.)

Y. Aharoni, *Arad Inscriptions*, 60.

ḥṭm *seah*[ ]
ḥqȝt 5 3 wḥṭm
ḥṭm. *lethech* b[ ]
wḥ̊[ṭm
[ ]
ḥṭ]m. *seah*
wḥ̊[ṭ]m
[ḥ̊]ṭ̊m

2.034 Tell Arad Ostracon 34 (Hieratic signs and numerals only) (7th cent.)

Y. Aharoni, *Arad Inscriptions*, 62.

(col. 1)
[ ]
ḥqȝt 9̊ *symbol 2*
ḥqȝt 3 *symbol 3*
ḥqȝt 10 *symbol 4*

ḥqꜣt 5
ḥqꜣt 6
wine pot
barley $\frac{1}{2}$
ḥqꜣt 1
(col. 2)
[ ]
ḥqꜣt 1 *barley* $\frac{1}{2}$ $\frac{1}{4}$
ḥqꜣt 1 *symbol 4*
ḥqꜣt 1
[*ḥqꜣt*] 1
ḥqꜣt 2 *symbol 4*
wine pot
barley $\frac{1}{2}$
barley pot
[ ]

2.035 Tell Arad Ostracon 35 (7th cent.)

Y. Aharoni, *Arad Inscriptions*, 65.

[ ]ʾ̊b̊
[ ] bn. ʾ̊šy[hw]
šlm bn ʾḥyʾyl̊
g̊mryhw bn[

2.036 Tell Arad Ostracon 36 (7th cent.)

Y. Aharoni, *Arad Inscriptions*, 65.

ʾ[ ] bn nḥmẙh̊[w]
[ ]
ḥnnyhw [
[ ]
]1[
]5

[ ]
[ ]

2.037 Tell Arad Ostracon 37 (7th cent.?)

Y. Aharoni, *Arad Inscriptions*, 66.

[ ]
]pgš[
]y

2.038 Tell Arad Ostracon 38 (7th cent.)

Y. Aharoni, *Arad Inscriptions*, 67.

hkws
šʿl ʾn {*or* [[b]]n} ḥn[n]
gmryhw bn š̊[ ]
šb̊ʿ b̊n̊ r[ ] 1
[ ] bn ʾlyšb 1
ḥnn 2
[z]kr 1

2.039 Tell Arad Ostracon 39 (7th cent.)

Y. Aharoni, *Arad Inscriptions*, 68.

[ʾ]dm bn yqmyhw
šmʿyhw bn mlkyhw
mš̊lm bn n̊dbẙhw
tnḥm bn ydʿyhw
gʾlyhw bn ydʿyhw
[ ]yhw bn ʾḥ̊y[
]yhw bn š
mʿyhw
(verso)
yʾznyhw bn b̊n̊ẙhw

yhwʾb bn ḥldy
ʾbyḥy

2.040 Tell Arad Ostracon 40 (2nd half of 8th cent.)

Y. Aharoni, *Arad Inscriptions*, 71.

bnkm. gmr[yhw] wnḥ
myhw. šlḥ[m {*or* šlḥ[w} lšlm]
mlkyhw brkt[k lyhw]h
wʿt. hṭh [ʿ]bdk [l]bh
ʾl. ʾšr ʾm[rt wktbt]y
ʾl ʾdny [ʾt kl ʾšr r]
ṣh. hʾyš [wʾšyhw b]
ʾ. mʾtk. wʾyš [lʾ ntn l]
hm. whn. ydʿth [hmktbm m]
ʾdm. nttm lʾdny [bṭrm y]
rd ym. w[ʾ]š[yh]w. ln [bbyty]
whʾ. hmktb. bqš [wlʾ ntt]
y. ydʿ. mlk. yhwd[h ky ʾy]
nnw. yklm. lšlḥ. ʾt h[wz]
ʾt hrʿh. ʾš[r] ʾd[m ʿšth]

2.041 Tell Arad Ostracon 41 (2nd half of 8th cent.)

Y. Aharoni, *Arad Inscriptions*, 75.

[yh]w. *seah*
[ ]ʾl. [
]yh[w
]yhw [
]q[
[ ]
y]hw. *seah*

2.042 Tell Arad Ostracon 42 (2nd half of 8th cent.)

Y. Aharoni, *Arad Inscriptions*, 76.

]gwr {*or* my]gwr} *lethech*
[ ] *lethech*

2.043 Tell Arad Ostracon 43 (2nd half of 8th cent.)

Y. Aharoni, *Arad Inscriptions*, 76.

]t[
[ ]
]w[ ]šn[
[ ]
[ ]
]l

2.044 Tell Arad Ostracon 44 (2nd half of 8th cent.)

Y. Aharoni, *Arad Inscriptions*, 77.

] šlm [
]bk

2.045 Tell Arad Ostracon 45 (2nd half of 8th cent.)

Y. Aharoni, *Arad Inscriptions*, 77.

]ḥ[

2.046 Tell Arad Ostracon 46 (Hieratic signs and numerals only) (2nd half of 8th cent.)

Y. Aharoni, *Arad Inscriptions*, 78.

homer 3
homer 6
symbol 5

2.047 Tell Arad Ostracon 47 (2nd half of 8th cent.)

Y. Aharoni, *Arad Inscriptions*, 79.

[ʾl]yšb. 3
[ ]n

2.048 Tell Arad Ostracon 48 (2nd half of 8th cent.)

Y. Aharoni, *Arad Inscriptions*, 79.

]ʿ̊rd
[ ]r. 6 [k]s[p]
[z]kr 3

2.049 Tell Arad Ostracon 49 (lines equal columns) (2nd half of 8th cent.)

Y. Aharoni, *Arad Inscriptions*, 80.

(on the base)
bny. bṣl 3 bny. qrḥ 2 bn. glgl 1 bny k̊n̊ẙh̊ẘ
(col. 1)
[ ]1 [ ]1 [yhw]ʿz 1
(col. 2)
ʿ̊bd[yhw] yhwʾb
(col. 3)
[ ]yhw 1
(col. 4)
[b]n. ṣmḥ 1 [ ]dʾl [ ]ʾ 2 šʿl 1 pdyhw. ḥ 10 1 bny. ʾḥʾ. ḥ 3

2.050 Tell Arad Ostracon 50 (2nd half of 8th cent.)

Y. Aharoni, *Arad Inscriptions*, 85.

mrmwt

2.051 Tell Arad Ostracon 51 (2nd half of 8th cent.)

Y. Aharoni, *Arad Inscriptions*, 85.

ʾšyhw
bn ʿzr

2.052 Tell Arad Ostracon 52 (2nd half of 8th cent.)

Y. Aharoni, *Arad Inscriptions*, 85.

pšyd {*or* ṣ̊yd}

2.053 Tell Arad Ostracon 53 (2nd half of 8th cent.)

Y. Aharoni, *Arad Inscriptions*, 86.

yšpṭ.

2.054 Tell Arad Ostracon 54 (2nd half of 8th cent.)

Y. Aharoni, *Arad Inscriptions*, 86.

pšḥr

2.055 Tell Arad Ostracon 55 (2nd half of 8th cent.)

Y. Aharoni, *Arad Inscriptions*, 86.

bn ḥmdʾ
p̊d̊y {*or* š̊y}

2.056 Tell Arad Ostracon 56 (2nd half of 8th cent.)

Y. Aharoni, *Arad Inscriptions*, 87.

bn nt
nyhw

2.057 Tell Arad Ostracon 57 (2nd half of 8th cent.)

Y. Aharoni, *Arad Inscriptions*, 87.

[ ]ʾl

[bn] ḥ̊šy {*or* šy}

2.058 Tell Arad Ostracon 58 (2nd half of 8th cent.)

Y. Aharoni, *Arad Inscriptions*, 88.

ʻdyhw
klb b̊n̊ [ ]
ʻzr bn ʻ[ ]
y'ḥṣ

2.059 Tell Arad Ostracon 59 (8th cent.)

Y. Aharoni, *Arad Inscriptions*, 89 (cf. J. H. Tigay, *You Shall Have No Other Gods*, Harvard Semitic Studies 31 (Atlanta, Georgia: Scholars Press, 1986), 68, No. 20).

yhw'b bn y[ ]
yqmyhw bn [ ]my[
nḥmẙh̊ẘ b̊n̊ [ ]
ʻmšlm {*or* ʻb[[d]]šlm} bn [ ]
y'zn bn ṣ̊p̊n[yhw]

2.060 Tell Arad Ostracon 60 (8th cent.)

Y. Aharoni, *Arad Inscriptions*, 90.

kkl *symbol 6* h nṭ
lty *ḥqȝt* 2 ¼
šbnyhw 1
mqnyhw. tn
lgb
(verso)
[ryhw] 6

2.061 Tell Arad Ostracon 61 (late 7th/early 6th cent.)

Y. Aharoni, *Arad Inscriptions*, 91.

šlḥw. ʿ[
yy]n *bath* 2
[ ]r̊
(verso)
[ ]w[
[ ]
]h

2.062 Tell Arad Ostracon 62 (8th cent. (?))

Y. Aharoni, *Arad Inscriptions*, 91.

šlḥ. [
šl]ḥ. 2

2.063 Tell Arad Ostracon 63 (late 7th/early 6th cent.)

Y. Aharoni, *Arad Inscriptions*, 91.

[ ]
]r̊g[
]dy[
]ʾb

2.064 Tell Arad Ostracon 64 (2nd half of 8th cent.)

Y. Aharoni, *Arad Inscriptions*, 92.

gry[ ]
ʾlyš̊[b

2.065 Tell Arad Ostracon 65 (8th cent.)

Y. Aharoni, *Arad Inscriptions*, 92.

š [
]š 5

2.066 Tell Arad Ostracon 66 (8th cent.)

Y. Aharoni, *Arad Inscriptions*, 92.

]r[ ]y[
]ynn

2.067 Tell Arad Ostracon 67 (9th cent. (?))

Y. Aharoni, *Arad Inscriptions*, 93.

[ ] 1
[ ]r 1
[ ]yhw 2
[’]ḥ’ 2
zkr 1

2.068 Tell Arad Ostracon 68 (9th cent. (?))

Y. Aharoni, *Arad Inscriptions*, 93.

].[
]ḥl.[
] r̊g’ [
(verso)
]w
[
]’š

2.069 Tell Arad Ostracon 69 (9th cent. (?))

Y. Aharoni, *Arad Inscriptions*, 94.

]yhw
[ ]yhw
[ ]’̊yhw
[ ]h̊w’
[ ]l[
]’ln[

]ʾ

2.070 Tell Arad Ostracon 70 (9th cent. (?))

Y. Aharoni, *Arad Inscriptions*, 94.

]g̊g[
]m̊wql[
]z̊

2.071 Tell Arad Ostracon 71 (9th cent. (?))

Y. Aharoni, *Arad Inscriptions*, 95.

]r. tn. [
]t̊. ʾšr l[
]ʾ̊dn. gdy[hw
(verso)
]ʾ. bn [
]p

2.072 Tell Arad Ostracon 72 (9th cent. (?))

Y. Aharoni, *Arad Inscriptions*, 96.

nknyhw 2 mnḥm 1
ppy 1 ʾḥmlk 1
gd̊ʾ̊ 1 [ ] 3
ʿzʾ 3
ʿb̊[ ] 2

2.073 Tell Arad Ostracon 73 (9th cent. (?))

Y. Aharoni, *Arad Inscriptions*, 97.

[ ]
]hw l[
]wyṭ[
]dʾ

2.074 Tell Arad Ostracon 74 (9th cent. (?))

Y. Aharoni, *Arad Inscriptions*, 97.

[ ]
'ḥ'[ ]
yqm[yhw]
bn

2.075 Tell Arad Ostracon 75 (9th cent. (?))

Y. Aharoni, *Arad Inscriptions*, 98.

[ ]
]'n [
[ ]

2.076 Tell Arad Ostracon 76 (10th cent. (?))

Y. Aharoni, *Arad Inscriptions*, 98f.

bn b̊[ḥṭ]m [ ]
bn ḥ[ ] *ḥqȝt* 1
bn mn̊[ ] 1 *ḥqȝt*
ṣ[ ]
qṭ[ ]
zg̊[*ḥqȝt*] 2
g[

2.077 Tell Arad Ostracon 77 (10th cent. (?))

Y. Aharoni, *Arad Inscriptions*, 100.

k[

2.078 Tell Arad Ostracon 78 (10th cent. (?))

Y. Aharoni, *Arad Inscriptions*, 100.

l[

2.079 Tell Arad Ostracon 79 (10th cent. (?))

Y. Aharoni, *Arad Inscriptions*, 100.

]’ḥ *bath* 2

2.080 Tell Arad Ostracon 80 (10th cent. (?))

Y. Aharoni, *Arad Inscriptions*, 100.

]’b
yrm̊[yhw]

2.081 Tell Arad Ostracon 81 (12th/11th cent. (?))

Y. Aharoni, *Arad Inscriptions*, 101.

3 š
1

2.082 Tell Arad Ostracon 82 (date unknown)

Y. Aharoni, *Arad Inscriptions*, 101.

’

2.083 Tell Arad Ostracon 83 (date unknown)

Y. Aharoni, *Arad Inscriptions*, 101.

[ ]
symbol 7
lethech

2.084 Tell Arad Ostracon 84 (late 7th/early 6th cent.,)

Y. Aharoni, *Arad Inscriptions*, 102.

]y[
[ ]

2.085 Tell Arad Ostracon 85 (Three signs: monogram or drawing) (late 7th/early 6th cent.)

Y. Aharoni, *Arad Inscriptions*, 102.

2.086 Tell Arad Ostracon 86 (Signs: design or ill-formed letters) (7th cent.)

Y. Aharoni, *Arad Inscriptions*, 102.

2.087 Tell Arad Ostracon 87 (Series of strokes and hieratic symbol) (8th cent.)

Y. Aharoni, *Arad Inscriptions*, 102.

series of strokes 5

2.088 Tell Arad Ostracon 88 (7th cent.)

Y. Aharoni, *Arad Inscriptions*, 103.

’ny. mlkty. bk[l]
’mṣ. zrʿ. w[ ]
mlk. mṣrym. l[

2.089 Tell Arad Graffito Inscription 89 (2nd half of 8th cent.)

Y. Aharoni, *Arad Inscriptions*, 105.

lyw[

2.090 Tell Arad Graffito Inscription 90 (Abecedary? Puech) (2nd half of 8th cent.)

Y. Aharoni, *Arad Inscriptions*, 105. (cf. E. Puech, “Les écoles dans l’israël préexilique: données épigraphiques”, *SVT* 40 (1988), 193, Fig. 2.)

]ws̊ḥ {*or*]wzḥ[}

2.091 Tell Arad Graffito Inscription 91 (2nd half of 8th cent.)

Y. Aharoni, *Arad Inscriptions*, 106.

lḥ[

2.092 Tell Arad Graffito Inscription 92 (8th cent.)

Y. Aharoni, *Arad Inscriptions*, 106.

lḥnn

2.093 Tell Arad Graffito Inscription 93 (8th cent.)

Y. Aharoni, *Arad Inscriptions*, 107.

lṣdq

2.094 Tell Arad Graffito Inscription 94 (not legible) (8th cent.)

Y. Aharoni, *Arad Inscriptions*, 108.

2.095 Tell Arad Graffito Inscription 95 (date unknown)

Y. Aharoni, *Arad Inscriptions*, 108.

lẙ[

2.096 Tell Arad Graffito Inscription 96 (date unknown)

Y. Aharoni, *Arad Inscriptions*, 109.

]hm [

2.097 Tell Arad Graffito Inscription 97 (7th cent.)

Y. Aharoni, *Arad Inscriptions*, 109.

]mlʾ̊ky

2.098 Tell Arad Graffito Inscription 98 (9th cent. (?))

Y. Aharoni, *Arad Inscriptions*, 110.

ḥsr

2.099 Tell Arad Graffito Inscription 99 (repeated a total of eight times) (8th cent.)

Y. Aharoni, *Arad Inscriptions*, 112.

ʿrd

2.100 Tell Arad Graffito Inscription 100 (9th cent. (?))

Y. Aharoni, *Arad Inscriptions*, 114.

]ḥ[

2.101 Tell Arad Graffito Inscription 101 (9th cent. (?))

Y. Aharoni, *Arad Inscriptions*, 114.

ḥṣy {*or* [ly]ḥṣy

2.102 Tell Arad Graffito Inscription 102 (Phoenician script) (7th cent.)

Y. Aharoni, *Arad Inscriptions*, 115 (cf. F. M. Cross, "Two Offering Dishes with Phoenician Inscriptions from the Sanctuary of 'Arad", *BASOR* 235 (1979), 75-78).

qš {*or* q *symbol 8*}

2.103 Tell Arad Graffito Inscription 103 (Phoenician script) (7th cent.)

Y. Aharoni, *Arad Inscriptions*, 116 (cf. Cross, *BASOR* 235 (1979), 75-78).

qš {*or* q *symbol 8*}

2.104 Tell Arad Graffito Inscription 104 (date unknown)

Y. Aharoni, *Arad Inscriptions*, 118.

qdš

2.110 Tell Arad Ostracon 110 (late 7th/early 6th cent.)

Y. Aharoni, *Arad Inscriptions*, 122f.

šmyh mšlm. nʿr ʾlnt[n]
mky. nʿr. gdlẙh̊ q[

2.111 Tell Arad Ostracon 111 (late 7th/early 6th cent.)

Y. Aharoni, *Arad Inscriptions*, 124.

]dʿ̊ b̊n̊ ʾ̊n̊[ ]
rt wbmšmr [y]
rʾ. mʾd wʾtn [ ]
ylqḥ nšb dbr [ ]
hyh. hsws [ ]
r. hʿbr ẘ[ ]
lšmʿ. [ ]
mym.[ ]
ʾt [

2.112 Tell Arad Ostracon 112 (late 7th/early 6th cent.)

Y. Aharoni, *Arad Inscriptions*, 125.

]qm [*ḥqȝt*] 6 7
]q̊m *ḥqȝt* 6[

CORPUS

3. SAMARIA

3.001 Samaria Ostracon 1 (8th cent.)

G. A. Reisner, *Harvard Excavations at Samaria 1908-1910*, Harvard Semitic Series, vol. 1 (Cambridge, MA: Harvard University Press, 1924), 232f, 239.

bšt. hʿšrt. lšm
ryw. mbʾrym. nbl [yn]
yšn.
r̊gʿ. ʾlyšʿ. 2
ʿzʾ. q̊[ ]bš 1
ʾlbʾ [ ] 1
bʿlʾ. ʾlyš[ʿ] 2̊
ydʿyw[1]

3.002 Samaria Ostracon 2 (8th cent.)

G. A. Reisner, *HES*, 233, 239.

bšt. hʿš
rt. lgdyw.
mʾzh.
ʾbbʿl. 2
ʾḥz. 2
šbʿ. 1
mrbʿl. 1

3.003 Samaria Ostracon 3 (8th cent.)

G. A. Reisner, *HES*, 233, 239.

bšt. hʿšrt. l[ ]
ʾ. mšmydʿ. nbl [yn. y]
šn. lbʿlʾ. ʿ̊[ ]

3.004 Samaria Ostracon 4 (8th cent.)

G. A. Reisner, *HES*, 233, 239.

[b]št. htšʿt̊. mq
[ṣh.] lgdyw. nbl.
[yn. yšn.]

3.005 Samaria Ostracon 5 (8th cent.)

G. A. Reisner, *HES*, 233, 239.

bšt. ht[šʿt.]
mqṣh. l[gd]ẙw[ ]
nbl. yn. yšn.

3.006 Samaria Ostracon 6 (8th cent.)

G. A. Reisner, *HES*, 233, 239.

b̊št. htšʿt.
m̊qṣh. lgd
yw. nbl. yn.
yšn.

3.007 Samaria Ostracon 7 (8th cent.)

G. A. Reisner, *HES*, 233, 239.

bšt. [htšʿt. mqṣ]
h. lgd[yw. nbl. yn. y]
šn.

3.008 Samaria Ostracon 8 (8th cent.)

G. A. Reisner, *HES*, 233, 239.

[bšt. h]tšʿt. mgb
[ʿ.   ]ʿm. nbl.
[yn. yš]n.

3.009 Samaria Ostracon 9 (8th cent.)

G. A. Reisner, *HES*, 233, 239 (cf. A. J. Poulter and G. I. Davies, "The Samaria Ostraca: Two Onomastic Notes", *VT* 40 (1990), 237-39).

bšt. htšʿt. my
ṣt. lʾ[ ]nʿm. {*or* lʾb̊nʿm} {*or* lʾd̊nʿm}
[n]bl. y[n.] yšn.

3.010 Samaria Ostracon 10 (8th cent.)

G. A. Reisner, *HES*, 233, 239 (cf. A. J. Poulter and G. I. Davies, "The Samaria Ostraca: Two Onomastic Notes", *VT* 40 (1990), 239-40).

bšt. htšʿt. m
yṣt. lʾ[ ]nʿ
m. {*or* lʾb̊nʿm.} {*or* lʾd̊nʿm} nbl. yn..
yšn..

3.011 Samaria Ostracon 11 (8th cent.)

G. A. Reisner, *HES*, 233, 239.

n]b̊l̊. ẙn.
[ ]n̊ʿm.

3.012 Samaria Ostracon 12 (8th cent.)

G. A. Reisner, *HES*, 233, 239.

bšt. htšʿt.
mšptn. lbʿl
zmr. {*or* lbʿl̊. zmr.} nbl. yn.
yšn

3.013 Samaria Ostracon 13 (8th cent.)

G. A. Reisner, *HES*, 233f, 239.

bšt. hʿšrt. mʾbʿ
z̊r. lšmryw. nbl.
yn. yš̊n lʾš̊
ḥ̊r̊ mttl {*or* mtwl}

3.014 Samaria Ostracon 14 (8th cent.)

G. A. Reisner, *HES*, 234, 239.

bšt[.] h̊tš[ʿt.] mʾ[ ]
t̊ {*or* mgt̊} p̊r̊ʾn. lšmryw.
nbl. yn. yšn.

3.015 Samaria Ostracon 15 (8th cent.)

G. A. Reisner, *HES*, 234, 239.

mḥ]ṣrt. l[
n]bl. y[n. yšn.]

3.016 Samaria Ostraca 16a+b (Duplicates) (8th cent.)

G. A. Reisner, *HES*, 234, 239.

b̊št. hʿšrt. ms
pr. {*or* msq.} lgdyw. nbl.
šmn. rḥṣ.

3.017 Samaria Ostraca 17a+b (Duplicates; 17b is defective) (8th cent.)

G. A. Reisner, *HES*, 234, 239.

bšt. hʿšrt. mʾz
h. lgdyw. nbl. šm
n. rḥṣ.

3.018 Samaria Ostracon 18 (8th cent.)

G. A. Reisner, *HES*, 234, 240.

bšt. hʿšrt. mḥṣrt
lgdyw. nbl. šmn.
rḥṣ.

3.019 Samaria Ostracon 19 (8th cent.)

G. A. Reisner, *HES*, 234, 240.

bšt. hʿšrt.
myṣt̊. nbl.
šmn. rḥṣ. l
ʾḥnʿm.

3.020 Samaria Ostracon 20 (8th cent.)

G. A. Reisner, *HES*, 234, 240.

bšt. hʿ̊[šrt.]
mkrm. {*or* y]n. krm.} ht̊[l. nbl. š]
mn. rḥ[ṣ.]

3.021 Samaria Ostracon 21 (8th cent.)

G. A. Reisner, *HES*, 234, 240.

bšt. hʿšrt. lšmr
yw. mttl. {*or* mtwl.} nbl. š
mn. rḥṣ.

3.022 Samaria Ostracon 22 (8th cent.)

G. A. Reisner, *HES*, 234, 240.

bšt. 10 5 mḥ
lq. lʾšʾ. ʾḥ
mlk.
ḥlṣ. mḥṣrt

3.023 Samaria Ostracon 23 (8th cent.)

G. A. Reisner, *HES*, 234, 240.

bšt. 10 5 mḥlq.
l'š'. 'ḥmlk.
ḥlṣ. mḥṣrt.

3.024 Samaria Ostracon 24 (8th cent.)

G. A. Reisner, *HES*, 234f, 240.

bšt. h10 5 [mḥ]lq. l'š['] '̊ḥml[k.]
rp'. ʿnmš̊. m[ḥ]ṣrt

3.025 Samaria Ostracon 25 (8th cent.)

G. A. Reisner, *HES*, 235, 240.

[bšt 10 5] m̊ḥ̊l̊[q
']ḥml̊k̊
'ḥzy. m
ḥṣrt

3.026 Samaria Ostracon 26 (8th cent.)

G. A. Reisner, *HES*, 235, 240.

[bšt. 10 5 mḥl]q. l'š' ['ḥmlk.
lḥl]ṣ. hẙn. mḥ[ṣrt.]

3.027 Samaria Ostracon 27 (8th cent.)

G. A. Reisner, *HES*, 235, 240.

bšt. 10 5 mḥlq. l'š'.
'ḥmlk.
bʿl'. bʿlmʿny.

3.028 Samaria Ostracon 28 (8th cent.)

G. A. Reisner, *HES*, 235, 241.

bšt. 10 5 mʾbʿzr. lʾš
ʾ. ʾḥmlk.
bʿlʾ. mʾlmtn.

3.029 Samaria Ostracon 29 (8th cent.)

G. A. Reisner, *HES*, 235, 241.

bšt. 10 5 mš̊[mydʿ. l]ʾšʾ
ʾḥmlk.
q̣̊dr. {*or* gmr.} {*or* ʾ̊m̊r.} mspr. {*or* msq.}

3.030 Samaria Ostracon 30 (8th cent.)

G. A. Reisner, *HES*, 235, 241.

bšt. 10 5 mšmydʿ̊[ ]
lḥlṣ. gdyw.
grʾ. ḥnʾ. {*or* ḥnʾb̊}

3.031 Samaria Ostraca 31a+b (apparent duplicates) (8th cent.)

G. A. Reisner, *HES*, 235, 241.

bšt. h10 5 mšmydʿ.
lḥlṣ. ʾpṣḥ.
bʿlʾ. zk̊r̊.

3.032 Samaria Ostracon 32 (8th cent.)

G. A. Reisner, *HES*, 235, 241.

bšt. 10 5 mš[[m]]ydʿ.
lḥlṣ. [ ]
ʾḥmʾ. [ ]

3.033 Samaria Ostracon 33 (8th cent.)

G. A. Reisner, *HES*, 235, 241.

[bšt. h10] 5 mšmy

[dʿ. lḥ]l̊ṣ̊. gdyw.

[ ]m̊n̊t. {*or* [mr]m̊ẘt.}

3.034 Samaria Ostracon 34 (8th cent.)

G. A. Reisner, *HES*, 236, 241.

[bš]t. h10 5 m[š]m̊ẙ[dʿ.]

[lḥlṣ g]dyw. ṣ[ ]

3.035 Samaria Ostracon 35 (8th cent.)

G. A. Reisner, *HES*, 236, 241.

bšt. 10 5 mš[mydʿ.]

lḥlṣ. gd̊[yw.]

yw[ ]

3.036 Samaria Ostracon 36 (8th cent.)

G. A. Reisner, *HES*, 236, 241.

[bšt. h10 5] m̊šmyd[ʿ]

[ ]

[g]r̊ʾ. ywyš[ ]

3.037 Samaria Ostracon 37 (8th cent.)

G. A. Reisner, *HES*, 236, 241.

bšt. 10 5 mšmydʿ.

lʾḥmʾ.

ʾšʾ. bʿlʿzkr.

3.038 Samaria Ostracon 38 (8th cent.)

G. A. Reisner, *HES*, 236, 241.

bšt. 10 5 mšmy
dʿ. lʾḥmʾ.
ʿlh. {*or* dlh.} ʾlʾ.

3.039 Samaria Ostracon 39 (8th cent.)

G. A. Reisner, *HES*, 236, 241.

bšt. 10 5 mšmydʿ.
[l]ʾḥmʾ.
[ʾš]ʾ.

3.040 Samaria Ostracon 40 (8th cent.)

G. A. Reisner, *HES*, 236, 241.

m]šmydʿ. lʿ[

3.041 Samaria Ostracon 41 (8th cent.)

G. A. Reisner, *HES*, 236, 241.

]šʿ. ʿgl̊ẙẘ [

3.042 Samaria Ostracon 42 (8th cent.)

G. A. Reisner, *HES*, 236, 241.

[b]št. 10 5 m̊šrʾl {*or* m̊šrq}
l̊ydʿyw.
mrnyw. {*or* ʾdnyw.} gdy[w]
mʿšrt [ ]

3.043 Samaria Ostracon 43 (8th cent.)

G. A. Reisner, *HES*, 236, 242.

bšt. h[l]

ḥnn [ ]
'l[ ]

3.044 Samaria Ostracon 44 (8th cent.)

G. A. Reisner, *HES*, 236, 242.

[bšt]. h10 5 mškm.
[l]hp[ ]r. {*or* hb[']r.}
[ ]. hyn.

3.045 Samaria Ostracon 45 (8th cent.)

G. A. Reisner, *HES*, 236, 242.

bšt. h10 5 mḥgl̊[h]
lḥnn. b['r]' [ ]
ywntn. {*or*]yw. ntn.} m̊yṣ̊[t]

3.046 Samaria Ostracon 46 (Apparent duplicate of Nos. 45, 47) (8th cent.)

G. A. Reisner, *HES*, 237, 242.

bšt. 10 5 [mḥglh]
lḥnn. b['r']
'[ ]

3.047 Samaria Ostracon 47 (8th cent.)

G. A. Reisner, *HES*, 237, 242.

[bšt. 10 5 m]ḥ̊glh. lḥnn. b'r'. m
[ ]. myṣt.

3.048 Samaria Ostracon 48 (8th cent.)

G. A. Reisner, *HES*, 237, 242.

bšt. 10 5 mšr['l]. {*or* mšr[q].} lyd'yw
'ḥmlk.

yʿ š. myšb.

3.049 Samaria Ostracon 49 (8th cent.)

G. A. Reisner, *HES*, 237, 242.

bš[t. 10 5 mšmyd]
ʿ. lḥ̊l[ṣ]
mz̊y[ ]
m̊ksr. {*or* m̊kwr.}

3.050 Samaria Ostracon 50 (8th cent.)

G. A. Reisner, *HES*, 237, 242.

bšt. 10 5 lgmr. mnʿh.
ʿbdyw. lʾryw. {*or* lʾbyw.}

3.051 Samaria Ostracon 51 (8th cent.)

G. A. Reisner, *HES*, 237, 242.

bšt. hʿšrt. l̊[
[ ]
ʾḥʾ. hyhd[y

3.052 Samaria Ostracon 52 (8th cent.)

G. A. Reisner, *HES*, 237, 242.

b10 5 t̊b̊ʿ̊[ ] {*or* m̊n̊ʿ̊[h]}
ʾbyw.[ ]

3.053 Samaria Ostracon 53 (8th cent.)

G. A. Reisner, *HES*, 237, 242.

bšt. hʿšrt. yn.
krm. htl. bnbl. šmn.
rḥṣ.

3.054 Samaria Ostracon 54 (8th cent.)

G. A. Reisner, *HES*, 237, 242.

bšt. hʿšrt. yn. k
rm. htl. nbl. šmn. rḥ
ṣ.

3.055 Samaria Ostracon 55 (8th cent.)

G. A. Reisner, *HES*, 237, 242.

bšt. hʿšrt. kr
m. yḥwʿly. nbl.
šmn. rḥṣ.

3.056 Samaria Ostracon 56 (8th cent.)

G. A. Reisner, *HES*, 237, 242.

bšt. 10 5 m̊ht[l.]
lnmš[y]
[ ]dl̊[ ]ʿ̊d̊[ ]

3.057 Samaria Ostracon 57 (8th cent.)

G. A. Reisner, *HES*, 237, 242.

]ʿbdʾ. yw[
]n̊ʾ. šm[[y]]dʿ
[ ]yg

3.058 Samaria Ostracon 58 (8th cent.)

G. A. Reisner, *HES*, 238, 242.

bšt. 10 5 lb̊dyw
krm. htl.

3.059 Samaria Ostracon 59 (8th cent.)

G. A. Reisner, *HES*, 238, 243.

nbl. šmn. [rḥ]
ṣ. bšt. 1̊0̊ [5] {*or* bšt. h̊[ ]}

3.060 Samaria Ostracon 60 (8th cent.)

G. A. Reisner, *HES*, 238, 243.

krm. yḥwʿ l[y

3.061 Samaria Ostracon 61 (8th cent.)

G. A. Reisner, *HES*, 238, 243.

krm. htl.
bšt. 10 5

3.062 Samaria "Ostracon" 62 (Inscription on Jar) (8th cent.)

G. A. Reisner, *HES*, 238, 243.

yn. šmyd[ʿ]

3.063 Samaria "Ostracon" 63 (Inscription on Jar) (8th cent.)

G. A. Reisner, *HES*, 238, 243.

bšt. 10 5̊ 2 {*or* 10 ẘ2}
mšmydʿ̊

3.064 Samaria Ostracon 64 (No. 3868) (8th cent.)

I. T. Kaufman, *The Samaria Ostraca: A Study in Ancient Hebrew Palaeography* (Diss. Harvard, 1966), 146 (cf. A. Lemaire, *Inscriptions Hébraïques I: Les Ostraca* (Paris: Les Éditions du Cerf, 1977), 38).

m̊n̊ʿ̊h̊ l̊[ ]
ʿ̊[ ]

3.065 Samaria Ostracon 65 (No. 3874) (not legible) (8th cent.)

I. T. Kaufman, *Samaria Ostraca*, 146.

3.066 Samaria Ostracon 66 (No. 3876) (8th cent.)

I. T. Kaufman, *Samaria Ostraca*, 146.

ḥ̊g̊l̊[h]

3.067 Samaria Ostracon 67 (No. 3877) (8th cent.)

I. T. Kaufman, *Samaria Ostraca*, 146.

1̊0̊ 5̊ m̊ẙṣ̊[t]

3.068 Samaria Ostracon 68 (No. 3878) (not legible) (8th cent.)

I. T. Kaufman, *Samaria Ostraca*, 146.

3.069 Samaria Ostracon 69 (No. 3879) (8th cent.)

I. T. Kaufman, *Samaria Ostraca*, 146.

]ṣ̊ʾ[

3.070 Samaria Ostracon 70 (No. 3880) (8th cent.)

I. T. Kaufman, *Samaria Ostraca*, 146 (text from Lemaire).

]p̊r̊[

3.071 Samaria Ostracon 71 (No. 3881) (not legible) (8th cent.)

I. T. Kaufman, *Samaria Ostraca*, 146.

3.072 Samaria Ostracon 72 (No. 3892) (8th cent.)

I. T. Kaufman, *Samaria Ostraca*, 146.

bšt. hʿšrt. yn. krm.
htl. bnbl. šmn. rḥṣ.

3.073 Samaria Ostracon 73 (No. 3893) (8th cent.)

I. T. Kaufman, *Samaria Ostraca*, 146.

bšt. [hʿ šrt]
yn. kr[m htl bnbl]
šmn. [rḥṣ]

3.074 Samaria Ostracon 74 (No. 3901) (not legible) (8th cent.)

I. T. Kaufman, *Samaria Ostraca*, 146.

3.075 Samaria Ostracon 75 (No. 3904) (8th cent.)

I. T. Kaufman, *Samaria Ostraca*, 146.

ʾ̊[ ]

3.076 Samaria Ostracon 76 (No. 3905) (not legible) (8th cent.)

I. T. Kaufman, *Samaria Ostraca*, 146.

3.077 Samaria Ostracon 77 (No. 3907) (not legible) (8th cent.)

I. T. Kaufman, *Samaria Ostraca*, 146.

3.078 Samaria Ostracon 78 (No. 3908) (8th cent.)

I. T. Kaufman, *Samaria Ostraca*, 146.

m̊ʾ. {*or* rgʾ.} sr̊

3.079 Samaria Ostracon 79 (No. 3910) (not legible) (8th cent.)

I. T. Kaufman, *Samaria Ostraca*, 146.

3.080 Samaria Ostracon 80 (No. 3911) (8th cent.)

I. T. Kaufman, *Samaria Ostraca*, 146.

[y]ṣ̊t̊

3.081 Samaria Ostracon 81 (No. 3912) (8th cent.)

I. T. Kaufman, *Samaria Ostraca*, 146.

ṣ̊ll[ ]

3.082 Samaria Ostracon 82 (No. 3958) (8th cent.)

I. T. Kaufman, *Samaria Ostraca*, 146.

šmn. rḥ
ṣ.

3.083 Samaria Ostracon 83 (No. 3996) (8th cent.)

I. T. Kaufman, *Samaria Ostraca*, 146.

ẘ m‘[ ]

3.084 Samaria Ostracon 84 (No. 3998) (8th cent.)

I. T. Kaufman, *Samaria Ostraca*, 147.

]n̊. l’

3.085 Samaria Ostracon 85 (No. 3999) (8th cent.)

I. T. Kaufman, *Samaria Ostraca*, 147.

ywy[

3.086 Samaria Ostracon 86 (No. 4000) (not legible) (8th cent.)

I. T. Kaufman, *Samaria Ostraca*, 147.

3.087 Samaria Ostracon 87 (No. 4033) (not legible) (8th cent.)

I. T. Kaufman, *Samaria Ostraca*, 147.

3.088 Samaria Ostracon 88 (No. 4034) (8th cent.)

I. T. Kaufman, *Samaria Ostraca*, 147.

[ ]l[

]w[

3.089 Samaria Ostracon 89 (No. 4037) (8th cent.)

I. T. Kaufman, *Samaria Ostraca*, 147.

[n]bl. y[n]

3.090 Samaria Ostracon 90 (No. 4038) (8th cent.)

I. T. Kaufman, *Samaria Ostraca*, 147 (cf. A. J. Poulter and G. I. Davies, "The Samaria Ostraca: Two Onomastic Notes", *VT* 40 (1990), 239-40).

[bšt h10 5]m̊šmyd‘
[lḥl]ṣ̊ ’̊pṣ[ḥ]

3.091 Samaria Ostracon 91 (No. 4040) (8th cent.)

I. T. Kaufman, *Samaria Ostraca*, 147 (text from Lemaire).

[ ]
[ ]b̊ṣ̊ḥ̊

3.092 Samaria Ostracon 92 (No. 4076) (8th cent.)

I. T. Kaufman, *Samaria Ostraca*, 147 (text from Lemaire).

l̊p̊‘̊[ ]
l̊‘̊g̊[ ]

3.093 Samaria Ostracon 93 (No. 4077) (8th cent.)

I. T. Kaufman, *Samaria Ostraca*, 147 (text from Lemaire).

m̊[ ]
š[ ]
’̊r̊p̊[ ]

3.094 Samaria Ostracon 94 (No. 4078) (not legible) (8th cent.)

I. T. Kaufman, *Samaria Ostraca*, 147.

3.095 Samaria Ostracon 95 (No. 4082) (8th cent.)

I. T. Kaufman, *Samaria Ostraca*, 147.

10 5

3.096 Samaria Ostracon 96 (No. 4083) (not legible) (8th cent.)

I. T. Kaufman, *Samaria Ostraca*, 147.

3.097 Samaria Ostracon 97 (No. 4084) (not legible) (8th cent.)

I. T. Kaufman, *Samaria Ostraca*, 147.

3.098 Samaria Ostracon 98 (No. 4557) (8th cent.)

I. T. Kaufman, *Samaria Ostraca*, 147.

lm

3.099 Samaria Ostracon 99 (No. 4584) (8th cent.)

I. T. Kaufman, *Samaria Ostraca*, 147.

htl

3.100 Samaria Ostracon 100 (No. 4609) (8th cent.)

I. T. Kaufman, *Samaria Ostraca*, 147.

bšt. htš[ʿt]

3.101 Samaria Ostracon 101 (No. 4615) (8th cent.)

I. T. Kaufman, *Samaria Ostraca*, 147.

yn. yšn

3.102 Samaria Ostracon 102 (No. 4628) (8th cent.)

I. T. Kaufman, *Samaria Ostraca*, 147.

l[ʼ]š̊[ʼ]

3.103 Samaria Ostracon 103 (No. 4081) (not legible) (8th cent.)

I. T. Kaufman, *Samaria Ostraca*, 147.

3.104 Samaria Ostracon 104 (No. 3930; missing) (8th cent.)

I. T. Kaufman, *Samaria Ostraca*, 146.

3.105 Samaria Ostracon 105 (No. 3935; missing) (8th cent.)

I. T. Kaufman, *Samaria Ostraca*, 146.

3.106 Samaria Ostracon 106 (No. 4035; missing) (8th cent.)

I. T. Kaufman, *Samaria Ostraca*, 147.

3.107 Samaria Ostracon 107 (No. 4036; missing) (8th cent.)

I. T. Kaufman, *Samaria Ostraca*, 147.

3.108 Samaria Inscription 108 (Graffito) (Phoenician script) (8th cent.)

G. A. Reisner, *HES*, 238, 243 (cf. B. Delavault and A. Lemaire, "Les inscriptions phéniciennes de palestine", *RSF* 7 (1979), 21, No. 43, Pl. XI:43.)

lmlkrm

3.109 Samaria Inscription 109 (Graffito) (8th cent.)

G. A. Reisner, *HES*, 238, 243.

]lyh

3.110 Samaria Inscription 110 (Masons' marks) (8th cent.)

G. A. Reisner, *HES*, 119f, 238.

3.201 Samaria 1931-1935 Inscribed Ivory No. 1 (Phoenician script) (9th cent.)

J. W. Crowfoot and G. M. Crowfoot, *Early Ivories from Samaria*, *S-S 2* (London 1938), 47, Pl. 25 (cf. B. Delavault and A. Lemaire, *RSF* 7 (1979), 21f, No. 44.)

ʾ

3.202 Samaria 1931-1935 Inscribed Ivory No. 2 (Phoenician script) (9th cent.)

J. W. Crowfoot and G. M. Crowfoot, *S-S 2*, 47, Pl. 25 (cf. B. Delavault and A. Lemaire, *RSF* 7 (1979), 21f, No. 44.)

b

3.203 Samaria 1931-1935 Inscribed Ivory No. 3 (Phoenician script) (9th cent.)

J. W. Crowfoot and G. M. Crowfoot, *S-S 2*, 47, Pl. 25 (cf. B. Delavault and A. Lemaire, *RSF* 7 (1979), 21f, No. 44.)

g

3.204 Samaria 1931-1935 Inscribed Ivory No. 4 (Phoenician script) (9th cent.)

J. W. Crowfoot and G. M. Crowfoot, *S-S 2*, 47, Pl. 25 (cf. B. Delavault and A. Lemaire, *RSF* 7 (1979), 21f, No. 44.)

d

3.205 Samaria 1931-1935 Inscribed Ivory No. 5 (Phoenician script) (9th cent.)

J. W. Crowfoot and G. M. Crowfoot, *S-S 2*, 47, Pl. 25 (cf. B. Delavault and A. Lemaire, *RSF* 7 (1979), 21f, No. 44.)

w

3.206 Samaria 1931-1935 Inscribed Ivory No. 6 (Phoenician script) (9th cent.)

J. W. Crowfoot and G. M. Crowfoot, *S-S 2*, 47, Pl. 25 (cf. B. Delavault and A. Lemaire, *RSF* 7 (1979), 21f, No. 44.)

z

3.207 Samaria 1931-1935 Inscribed Ivory No. 7 (Phoenician script) (9th cent.)

J. W. Crowfoot and G. M. Crowfoot, *S-S 2*, 47, Pl. 25 (cf. B. Delavault and A. Lemaire, *RSF* 7 (1979), 21f, No. 44.)

z

3.208 Samaria 1931-1935 Inscribed Ivory No. 8 (Phoenician script) (9th cent.)

J. W. Crowfoot and G. M. Crowfoot, *S-S 2*, 47, Pl. 25 (cf. B. Delavault and A. Lemaire, *RSF* 7 (1979), 21f, No. 44.)

ḥ

3.209 Samaria 1931-1935 Inscribed Ivory No. 9 (Phoenician script) (9th cent.)

J. W. Crowfoot and G. M. Crowfoot, *S-S 2*, 48, Pl. 25 (cf. B. Delavault and A. Lemaire, *RSF* 7 (1979), 21f, No. 44.)

ṭ

3.210 Samaria 1931-1935 Inscribed Ivory No. 10 (Phoenician script) (9th cent.)

J. W. Crowfoot and G. M. Crowfoot, *S-S 2*, 48, Pl. 25 (cf. B. Delavault and A. Lemaire, *RSF* 7 (1979), 21f, No. 44.)

y

3.211 Samaria 1931-1935 Inscribed Ivory No. 11 (Phoenician script) (9th cent.)

J. W. Crowfoot and G. M. Crowfoot, *S-S 2*, 48, Pl. 25 (cf. B. Delavault and A. Lemaire, *RSF* 7 (1979), 21f, No. 44.)

n

3.212 Samaria 1931-1935 Inscribed Ivory No. 12 (Phoenician script) (9th cent.)

J. W. Crowfoot and G. M. Crowfoot, *S-S 2*, 48, Pl. 25 (cf. B. Delavault and A. Lemaire, *RSF* 7 (1979), 21f, No. 44.)

s

3.213 Samaria 1931-1935 Inscribed Ivory No. 13 (Phoenician script) (9th cent.)

J. W. Crowfoot and G. M. Crowfoot, *S-S 2*, 48, Pl. 25 (cf. B. Delavault and A. Lemaire, *RSF* 7 (1979), 21f, No. 44.)

p

3.214 Samaria 1931-1935 Inscribed Ivory No. 14 (Phoenician script) (9th cent.)

J. W. Crowfoot and G. M. Crowfoot, *S-S 2*, 48, Pl. 25 (cf. B. Delavault and A. Lemaire, *RSF* 7 (1979), 21f, No. 44.)

r

3.215 Samaria 1931-1935 Inscribed Ivory No. 15 (Phoenician script) (9th cent.)

J. W. Crowfoot and G. M. Crowfoot, *S-S 2*, 48, Pl. 25 (cf. B. Delavault and A. Lemaire, *RSF* 7 (1979), 21f, No. 44.)

t

3.216 Samaria 1931-1935 Inscribed Ivory No. 16 (Phoenician script) (9th cent.)

J. W. Crowfoot and G. M. Crowfoot, *S-S 2*, 48, Pl. 25 (cf. B. Delavault and A. Lemaire, *RSF* 7 (1979), 21f, No. 44.)

t̊'

3.217 Samaria 1931-1935 Inscribed Ivory No. 17 (Phoenician script) (9th cent.)

J. W. Crowfoot and G. M. Crowfoot, *S-S 2*, 48, Pl. 25 (cf. B. Delavault and A. Lemaire, *RSF* 7 (1979), 21f, No. 44.)

ṭ̊

3.218 Samaria 1931-1935 Inscribed Ivory No. 18 (Phoenician script) (9th cent.)

J. W. Crowfoot and G. M. Crowfoot, *S-S 2*, 48, Pl. 25 (cf. B. Delavault and A. Lemaire, *RSF* 7 (1979), 21f, No. 44.)

w {*or*]ẙw}

3.219 Samaria 1931-1935 Inscribed Ivory No. 19 (Phoenician script) (9th cent.)

J. W. Crowfoot and G. M. Crowfoot, *S-S 2*, 48. (cf. B. Delavault and A. Lemaire, *RSF* 7 (1979), 21f, No. 44.)

h

3.220 Samaria 1931-1935 Inscribed Ivory No. 20 (Phoenician script) (9th cent.)

J. W. Crowfoot and G. M. Crowfoot, *S-S 2*, 48. (cf. B. Delavault and A. Lemaire, *RSF* 7 (1979), 21f, No. 44.)

z

3.221 Samaria 1931-1935 Inscribed Ivory No. 21 (Phoenician script) (9th cent.)

J. W. Crowfoot and G. M. Crowfoot, *S-S 2*, 48. (cf. B. Delavault and A. Lemaire, *RSF* 7 (1979), 21f, No. 44.)

z

3.222 Samaria 1931-1935 Inscribed Ivory No. 22 (Phoenician script) (9th cent.)

J. W. Crowfoot and G. M. Crowfoot, *S-S 2*, 48. (cf. B. Delavault and A. Lemaire, *RSF* 7 (1979), 21f, No. 44.)

ʿ

3.223 Samaria 1931-1935 Inscribed Ivory No. 23 (Phoenician script) (9th cent.)

J. W. Crowfoot and G. M. Crowfoot, *S-S 2*, 48. (cf. B. Delavault and A. Lemaire, *RSF* 7 (1979), 21f, No. 44.)

ʿ

3.224 Samaria 1931-1935 Inscribed Ivory No. 24 (Phoenician script) (9th cent.)

J. W. Crowfoot and G. M. Crowfoot, *S-S 2*, 48. (cf. B. Delavault and A. Lemaire, *RSF* 7 (1979), 21f, No. 44.)

t

3.225 Samaria 1931-1935 Inscribed Ivory No. 25 (Phoenician script) (9th cent.)

J. W. Crowfoot and G. M. Crowfoot, *S-S 2*, 48. (cf. B. Delavault and A. Lemaire, *RSF* 7 (1979), 21f, No. 44.)

t

3.226 Samaria 1931-1935 Inscribed Ivory No. 26 (Phoenician script) (9th cent.)

J. W. Crowfoot and G. M. Crowfoot, *S-S 2*, 48. (cf. B. Delavault and A. Lemaire, *RSF* 7 (1979), 21f, No. 44.)

b

3.301 Samaria-Sebaste Ostracon (C 1101) (c. 735)

J. W. Crowfoot et al., *The Objects from Samaria*, *S-S* 3 (London: Palestine Exploration Fund, 1957), 11.

brk šlm̊[ ]
brk 2̊ hrʿm {*or* hd̊ʿm} hq̊šbw[ ] {*or* hqšb w[ ]}
ymnh šʿrm 10 3 {*or seah* 3} [

3.302 Samaria-Sebaste Sherd (C 1265) ()

J. W. Crowfoot et al., *S-S 3*, 16.

lywyšʿ

3.303 Samaria-Sebaste Sherd (C 1142) (c. 750)

J. W. Crowfoot et al., *S-S 3*, 16.

lʿzr. {*or* lʿzʾ.} h[ ]r̊[

3.304 Samaria-Sebaste Sherd (C 1012) (c. 745)

J. W. Crowfoot et al., *S-S 3*, 17 (cf. F. M. Cross, *BASOR* 165 (1962), 35 n.7).

šḥ[ ] {*or* m̊ḥ̊[syw]}
qlyw[ ]
smk̊[yw]
ʾrẙ[w]
mn[ḥm]

3.305 Samaria-Sebaste Sherd (C 689) (c. 725)

J. W. Crowfoot et al., *S-S 3*, 18.

lpḥ'̊[

3.306 Samaria-Sebaste Sherd (D 857) (c. 735)

J. W. Crowfoot et al., *S-S 3*, 19.

ld[

3.307 Samaria-Sebaste Sherd (C 1220) (c. 735)

J. W. Crowfoot et al., *S-S 3*, 20.

brk 'ḥz

3.308 Samaria-Sebaste Sherd (C 1307) (c. 735)

J. W. Crowfoot et al., *S-S 3*, 21.

ldml' {*or* lrml'}

3.309 Samaria-Sebaste Sherd (C 1266) (c. 735)

J. W. Crowfoot et al., *S-S 3*, 22.

lḥlʿ̊[ ]
'b

3.310 Samaria-Sebaste Sherd (Q 4236) (c. 700)

J. W. Crowfoot et al., *S-S 3*, 24.

[ ]b̊hn̊ {*or* [ ]r̊hm̊}

3.311 Samaria-Sebaste Sherd (C 428: Child's scratchings(?)) (8th cent.?)

J. W. Crowfoot et al., *S-S 3*, 24 (*PEFQS* 65 (1933), Pl. II, Fig. 4 provides illustration not given in *S-S* 3).

3.312 Samaria Stele Inscription (8th cent.)

E. L. Sukenik, "Note on a Fragment of an Israelite Stele found at Samaria", *PEFQS* (1936), 156, Pl. 3.

]ʾšr. [

4. JERUSALEM

4.101 The "Ophel Ostracon" (750-700)

S. A. Cook, "Inscribed Hebrew Objects from Ophel", *PEFQS* 56 (1924), 183-186, Pl. VI (cf. J. T. Milik, "Notes d'Épigraphie et de Topographie Palestiniennes. I: L'Ostracon de l'Ophel et la Topographie de Jérusalem", *RB* 66 (1959), 550-53).

ḥ[z]qyhw {*or* yḥ[z]qyhw} bn qrʾh bšrš bqyhw {*or* . bšd šrqm yhw[ ]}
ʾḥyhw bn hšrq bʿmq yhw[špṭ] {*or* yrt} {*or* ydt.}
[ ]yhw {*or* ṣp[n]yhw} bn qrzy {*or* qrṣ} {*or* qry.} bʿmq yhw[špṭ] {*or* yrt} {*or* ydt.}
ṣdqyhw[ ]
[ ]
[ ]
[ ]
[ ] bn hwdyhw h[ ] {*or* ʾwryhw h[ ]}

4.102 Kenyon Ostracon 1, No. 675b (Site A XVIII, Jmp A 1003.36b) (late 7th/early 6th cent.)

A. Lemaire, "Les Ostraca Paléo-Hébreux des Fouilles de l'Ophel", *Levant* 10 (1978), 156-158.

š]dh[ ]
hm. whnh r[ ]
dm. lʿm. lkr[ ]
m. hʿzb. h[ ]

h. ẘʿr̊ẘ. ʿl[ ]
šdh. w[ ]
ʾt̊. nb̊l[ ]
ṣ̊ʾ[ ]
n̊b̊[l

4.103 Kenyon Ostracon 2 (Site A XVIII, Jmp A 682.1?) (late 8th cent.)

A. Lemaire, *Levant* 10 (1978), 158f.

50 7 šmnm
4 šbr̊m

4.104 Kenyon Ostracon 3 (Site A XVIII, Jmp A 682.1?) (late 8th cent.)

A. Lemaire, *Levant* 10 (1978), 159f.

200
mnw. 10 8
lʿšr

4.105 Kenyon Ostracon 4 (Site A XVIII, Jmp A 682.1?) (late 8th cent.)

A. Lemaire, *Levant* 10 (1978), 160f.

šmnm.
šm̊n̊m̊.
šmn̊m
5 šmnm̊
8̊
(verso)
g̊t̊. p̊r̊ḥ̊.

4.106 Kenyon Inscribed Jar Handle, No. 5652 (7th cent.)

J. Prignaud, "Notes d'épigraphie Hébraïque", *RB* 77 (1970), 50-59.

nqm. gdl[

4.107 Kenyon Potsherd Inscription, No. 1796. (late 8th/early 7th cent.)

J. Prignaud, *RB* 77 (1970), 59-67.

lyšmʿʾl.

4.108 Kenyon Inscription from Jerusalem Cave I, No. 127 (c. 700)

J. Prignaud, "Scribes et Graveurs à Jérusalem vers 700 av. J.-C.", in R. Moorey and P. Parr (eds.), *Archaeology in the Levant: Essays for Kathleen Kenyon* (Warminster: Aris and Phillips, 1978), 136.

špn.

4.109 Kenyon Inscription from Jerusalem Cave I, No. 757 (c. 700)

J. Prignaud, *Kenyon Volume*, 136f.

šbʿt

4.110 Kenyon Inscription from Jerusalem Cave I, No. 213 (c. 700)

J. Prignaud, *Kenyon Volume*, 137f.

lʾlyhw

4.111 Kenyon Inscription from Jerusalem Cave I, No. 175 (c. 700)

J. Prignaud, *Kenyon Volume*, 139.

l[ʾ]šʾ

4.112 Kenyon Inscription from Jerusalem Cave I, No. 1097 (c. 700)

J. Prignaud, *Kenyon Volume*, 143.

]ḥb[

4.113 Kenyon Inscription from Jerusalem Cave I, No. 1199 (c. 700)

J. Prignaud, *Kenyon Volume*, 143.

]l[

4.114 Kenyon Inscription from Jerusalem Cave I, No. 1099 (c. 700)

J. Prignaud, *Kenyon Volume*, 143.

]l[ ]nh̊

4.115 Kenyon Inscription from Jerusalem Cave I, No. 1098 (c. 700)

J. Prignaud, *Kenyon Volume*, 143.

]lzp[

4.116 Siloam Tunnel Inscription (c. 700)

C. Schick, "Phoenician Inscriptions in the Pool of Siloam", *PEFQS* 12 (1880), 180f, 238; D. Diringer, *Iscrizioni*, 81-102.

[z'ṭ.] {*or* [tmt.]} hnqbh. wzh. hyh. dbr. hnqbh. bʿwd
[hḥṣbm. mnpm. 't.]
hgrzn. 'š. 'l. rʿw. wbʿwd. šlš. 'mt. lhnq̊[b. nšm]ʿ. {*or*
wyšm]ʿ.} ql. 'š. q
[r]'. 'l. rʿw. ky. hyt. zdh. bṣr. mymn. ẘ[ʿd šm']l̊. wbym. h
nqbh. hkw. hḥṣbm. 'š. lqrt. rʿw. grzn. ʿl. [g]rzn. wylkw[.]
hmym. mn. hmwṣ'.'l. hbrkh. bm'ty[m. w]'lp. 'mh. wm[']
t. 'mh. hyh. gbh. hṣr. ʿl. r'š. hḥṣb[m.]

4.119 City of David Jar Inscription (Graffito) (date unknown)

Y. Shiloh, *Excavations at the City of David I: 1978-1982 Interim Report of the First Five Seasons*, *Qedem* 19 (1984), 13.

lmḥmm

4.120 City of David Monumental Inscription No. E.1816 (c. 700)

Y. Shiloh, "City of David–1978", *BA* 42 (1979), 170

]ṣbr. h[
] bšbʿ . ʿšr[
]rbʿy. w[

4.121 City of David "House of Ahiel" Ashlar Inscription (No. G.4809) (early 7th cent.)

Y. Shiloh, *Qedem* 19 (1984), 18.

lplṭh ls̊ʿly

4.122 City of David Jug Inscription (G.4599) (early 7th cent.)

Y. Shiloh, "The City of David Archaeological project: The Third Season–1980", *BA* 44 (1981), 165.

ʾḥyʾl

4.123 City of David Ostracon (G.4849) (late 7th/early 6th cent.)

Y. Shiloh, *BA* 44 (1981), 165.

]ʾḥyʾ[l]
ʾḥyq[m]
qrb[ʾr

4.125 Ophel Monumental Inscription (7th cent.)

J. Naveh, "A Fragment of an Ancient Hebrew Inscription from the Ophel", *IEJ* 32 (1982), 195-198.

mtḥt. lz[ ]
rk. hmym [ ]
byrkty h̊[ ]
nsḥh ks[

4.201 Ostracon (Area F, locus 919) (late 8th/early 7th cent.)

N. Avigad, *Discovering Jerusalem* (Nashville etc.: Nelson, 1983), 41; cf. idem, "Excavations in the Jewish Quarter of the Old City of Jerusalem, 1971", *IEJ* 22 (1972), 195f.

]yhw[

]mkyhw [

'l] qn 'rṣ

4.202 Ostracon (late 7th/early 6th cent.)

N. Avigad, *Discovering Jerusalem* (Nashville etc.: Nelson, 1983), 42.

]r̊ḥ. šl[

]n. wlbqr [

]'l. bqy. byt

[ ]l'[

]b̊ms. {*or* b̊ms.} [ ] lb̊q̊r̊

4.203 Stone Bowl Inscription (incised) (7th cent.?)

B. Mazar, *The Excavations in the Old City of Jerusalem near the Temple Mount*, Preliminary Report of the Second and Third Seasons, 1969-1970 (Jerusalem: Israel Exploration Society, 1971), 28, Pl. 20 lower (cf. *EI* 10 (1971), 23, Pl. 22:1).

]b '[

4.204 Jar inscription (incised) (late 8th/early 7th cent.)

B. Mazar, *Preliminary Report*, 28, Fig. 16:20 (cf. *EI* 10 (1971), 23; *Qedem* 29 (1989), 129).

lyš'hw

4.205 Cooking-pot inscription (incised) (late 7th cent.?)

B. Mazar, *Preliminary Report*, 28, Fig. 16:9 (cf. *EI* 10 (1971), 23; *Qedem* 29 (1989), 130).

]yhw

4.206 Decanter inscription (incised) (late 8th cent.?)

B. Mazar, *Preliminary Report*, 28, Fig. 16:16 (cf. *EI* 10 (1971), 23; *Qedem* 29 (1989), 129f.).

l'š̊[yhw

4.207 Pithos Inscription (incised) (7th/early 6th cent.)

Y. Nadelman, in E. Mazar and B. Mazar, *Excavations in the South of the Temple Mount*, *Qedem* 29 (1989), 128f.

lšr h' w[pym] {*or* h' p̊[m]}

4.208 Jug(?) Inscription (incised) (late 7th/early 6th cent.?)

Y. Nadelman, in E. Mazar and B. Mazar, *Excavations in the South of the Temple Mount*, *Qedem* 29 (1989), 130.

]h[

4.209 Bowl Inscription (incised) (late 8th/7th cent.)

Y. Nadelman, in E. Mazar and B. Mazar, *Excavations in the South of the Temple Mount*, *Qedem* 29 (1989), 130.

]d

4.210 Armenian Garden Graffito (8th cent.)

A. Lemaire, in A. D. Tushingham, *Excavations in Jerusalem, 1961-1967*, vol. 1 (Toronto: Royal Ontario Museum, 1985), 251, A.

]ḥ[

4.211 Armenian Garden Graffito (date unknown)

A. D. Tushingham, *Excavations in Jerusalem*, vol. 1, 251.

lš[ ]

4.301 Ketef Hinnom Silver Plaque I (2nd half of 7th cent.)

G. Barkay, *Cathedra* 52 (1989), 46-53 (cf. Israel Museum Catalogue No. 274 (1986), 29).

] *symbol 11* yh̊w[
[ ]
[ ]
ʾ]hb hb̊r[yt
wh]ḥsd l̊ʾ̊h[by] {*or* l̊ʾ̊h[byw]} {*or* l̊ʾ̊h[rn]}
[w]b̊š̊mry[
]b̊k̊[
]ḥ̊h ʿ̊l mš[kb] {*or* hʿ̊lm š[ ]}
[ ]bh[ ]h mkl
[ ] wmhrʿ [ ]
k̊ybwg̊ʾl
hky yhwh[
]šyn̊m̊w[ ]
k̊wr ybr
k̊ yhwh [w
y]šmrk [y
]ʾ̊r yhwh
[p]n[yw

4.302 Ketef Hinnom Silver Plaque II (2nd half of 7th cent.)

G. Barkay, *Cathedra* 52 (1989), 53-59 (cf. Israel Museum Catalogue No. 274 (1986), 30).

]h̊ br̊ẘ[k]
[ ]ʾ̊nyhw {*or*]ẘnyhw} [
]r[ ]yh[
]r̊ʿ h[ ] {*or* r̊ʿh[ ]}
[ ]š̊ ybrk̊
ẙhwh ẘ
[y]šmrk

y' r *symbol 12* yh
[w]h̊ *symbol 12* pnyẘ
['l]yk wẙ
š̊m lk š
l̊̊w[m]
[ ]
[ ]
]k̊m̊[
[ ]
]ẘr[ ]n̊
[ ]
(verso)
l̊̊yš' hẘ

4.401 Silwan Royal Steward Inscription (c. 700)

N. Avigad, "The Epitaph of a Royal Steward from Siloam Village", *IEJ* 3 (1953), 137-152.

z' t̊ [qbrt]ẙhw 'š̊r ' l hbyt. 'yn̊ [p]h̊ ksp. wz̊h̊b
[ky] 'm̊ [' ṣmtw] ẘ' ṣm[t] 'mth '̊[t]h 'rwr h' dm̊ 'šr
ypt̊ḥ̊ 't̊ z't̊

4.402 Shorter Silwan Tomb Inscription (c. 700)

C. Clermont-Ganneau, "Notes on Certain New Discoveries at Jerusalem", *PEFQS* 3 (1871), 103 (cf. N. Avigad, "The Second Tomb-Inscription of the Royal Steward", *IEJ* 5 (1955), 163-166; D. Ussishkin, "On the Shorter Inscription from the 'Tomb of the Royal Steward'", *BASOR* 196 (1969), 16-22).

ḥd[r] b̊kt̊p hṣr {*or* hṣr[ḥ]}

4.403 Fragmentary Silwan Tomb Inscription (Tomb of Pharaoh's Daughter) (date unknown)

D. Diringer, *Iscrizioni*, 103f.

[ ]rd {*or* [ ]br}

4.404 Reifenberg's Silwan Tomb Inscription (early 8th cent.)

A. Reifenberg, "A Newly Discovered Hebrew Inscription of the Pre-Exilic Period", *JPOS* 21 (1948), 134-136 (cf. D. Ussishkin, "The Necropolis from the Time of the Kingdom of Judah at Silwan, Jerusalem", *BA* 33 (1979), 44.)

[zʾt] qbrt. z[ ]
ʾšr yp[tḥ
]d̊ʿ

5. BEERSHEBA

5.001 Ostracon 1 (No. 2171/1, Locus 273) (8th cent.)

Y. Aharoni, ed., *Beer-Sheba I: Excavations at Tel Beer-Sheba, 1969-1971 Seasons* (Tel Aviv: Tel Aviv University, Institute of Archaeology, 1973), 71-73.

10 5
mn tld *bath wine* {*or* p̊nʾ̊l. ʿ̊bd̊}
2
byt.ʾmm {*or* bz̊ʾ. ʾmṣ}
3

5.002 Ostracon 2 (No. 2177/1, Locus 289) (8th cent.)

Y. Aharoni, ed., *Beer-Sheba I*, 73.

]hw[ ]h[ ] {*or* ʾlṣr}
ḥqȝt 1

5.003 Ostracon 3 (No. 3798/1, Locus 477) (9th/8th cent.?)

Y. Aharoni, ed., *Beer-Sheba I*, 73.

ḥṭ[m

5.004 Ostracon 4 (No. 938/1, Locus 218: not legible) (date unknown)

Y. Aharoni, ed., *Beer-Sheba I*, 73.

5.005 Graffito 1 (No. 3985/1, Locus 93) (8th cent.)

Y. Aharoni, ed., *Beer-Sheba I*, 73.

qdš

5.006 Graffito 2 (No. 7637/1, Locus 812) (8th cent.)

Y. Aharoni, ed., *Beer-Sheba I*, 73f.

lnryhw
l'mryhw

5.007 Graffito 3 (No. 4379/1, Locus 145) (8th cent.)

Y. Aharoni, ed., *Beer-Sheba I*, 74.

l'm[ryhw]

5.008 Graffito 4 (No. 1449/1, Locus 33) (8th cent.)

Y. Aharoni, ed., *Beer-Sheba I*, 74.

lmlk[yhw]

5.009 Graffito 5 (No. 180/1, Locus 16) (8th cent.)

Y. Aharoni, ed., *Beer-Sheba I*, 74f.

]šy

5.010 Graffito 6 (No. 1473/1, Locus 38) (8th cent.)

Y. Aharoni, ed., *Beer-Sheba I*, 75.

lm̊t[nyhw]

5.013 Jug Inscription from "Basement-House" (Graffito) (date unknown)

Y. Aharoni, "Excavations at Tel Beer-Sheba: Preliminary Report of the Fifth and Sixth Seasons, 1973-1974", *Tel Aviv* 2 (1975), 160, 162, Fig. 7, Pl. 33:1.

ḥṣy. lmlk

6. AROER

6.001 Aroer Ostracon 1 (late 8th/7th cent.)

A. Lemaire, "Notes d'épigraphie Nord-Ouest Sémitique", *Semitica* 30 (1980), 19, Pl. I:b.

qr[št

6.002 Aroer Ostracon 2 (late 8th/7th cent.)

A. Lemaire, *Semitica* 30 (1980), 20, Pl. I:b.

pšḥ
r

7. MEṢAD ḤASHAVYAHU

7.001 Letter from Meṣad Ḥashavyahu (late 7th cent.)

J. Naveh, "A Hebrew Letter from the Seventh Century B.C.", *IEJ* 10 (1960), 130-136, Pl. 17; idem, *IEJ* 14 (1964), 158f (cf. A. Lemaire, *Semitica* 21 (1971), .)

ẙšmʿ ʾdny. hšr
ʾt dbr ʿbdh. ʿbdk
qṣr. hyh. ʿbdk. bḥ
ṣr̊ʾs̊m. wyqṣr ʿbdk
wykl wʾsm̊ kym̊m. lpny šb

t k' šr kl̊ [']b̊dk 't qṣrw '
sm (or qṣr w' sm) kym̊m̊ wyb'. hwš'yhw (or ḥšbyhw) bn šb
y. wyqḥ. 't bgd 'bdk k' šr klt
't qṣry zh ym̊m lqḥ 't bgd 'bdk
wk̊l 'ḥy. y'nw ly. hqṣrm 'ty bḥm
[ ] 'ḥy. y'nw ly. 'mn n̊qty. m'
[šm hšb n' 't] bgdy w' ml'. (or w' m l'.) lšr lḥš
[b 't bgd] ˚b̊[dk wtt]n̊ 'lw. rḥ̊
[mm]t 't [']bdk wl' tdhm n̊[

7.002 Graffito Fragment from Meṣad Ḥashavyahu (late 7th cent.)

J. Naveh, "A Hebrew Letter from the Seventh Century B.C.", *IEJ* 10 (1960), 136-137, Pl. 18:B.

lḥšbyhw bn y'[

7.003 Meṣad Ḥashavyahu Ostracon (late 7th cent.)

J. Naveh, "More Hebrew Inscriptions from Meṣad Ḥashavyahu", *IEJ* 12 (1962), 28, Pl. 5:D.

]b[
]y[
]y[

7.004 Meṣad Ḥashavyahu Ostracon (late 7th cent.)

J. Naveh, *IEJ* 12 (1962), 28f, Pl. 5:B, C.

]4
[ ]
[ ]
[ ]
[ ]
[ ]
']bdẙhw[
]n̊phm̊[ ]

(verso)
ʿl [ ]

7.005 Meṣad Ḥashavyahu Ostracon (late 7th cent.)

J. Naveh, *IEJ* 12 (1962), 29, Pl. 5:E.

]4 š [{*or*] 1̊0̊ 1̊0̊ 4 []}
]1[

7.006 Meṣad Ḥashavyahu Ostracon (late 7th cent.)

J. Naveh, *IEJ* 12 (1962), 29f, Pl. 6:B.

šq[l

7.007 Meṣad Ḥashavyahu Ostracon (late 7th cent.)

J. Naveh, *IEJ* 12 (1962), 30f, Pl. 6:A, C (cf. Y. Aharoni, *BASOR* 184 (1966), 19).

[n]t̊ṣbʿl {*or* ʿnybʿl}
[ ]. š̊q̊l̊ ʾ̊r̊b̊ʿ̊ ksp. *shekel* 5 šy {*or* ksp. š 30 3} {*or* ksp. š. 4}

8. KUNTILLET ʿAJRUD

8.001 Kuntillet ʿAjrud Incised Letters (frequent) (1st half of 8th cent.)

Z. Meshel, *Kuntillet ʾAjrud: A Religious Centre from the Time of the Judaean Monarchy on the Border of Sinai*, Israel Museum Catalogue, No. 175 (Jerusalem: Israel Museum, 1978), Inscriptions A (1).

8.002 Kuntillet ʿAjrud Incised Letters (several) (1st half of 8th cent.)

Z. Meshel, *Catalogue*, Inscriptions A (2).

y

8.003 Kuntillet ʻAjrud Incised Letters (twice) (1st half of 8th cent.)

Z. Meshel, *Catalogue*, Inscriptions A (3).

qr

8.004 Kuntillet ʻAjrud Graffito (1st half of 8th cent.)

Z. Meshel, *Catalogue*, Inscriptions B (1).

ʻyrʼ

8.005 Kuntillet ʻAjrud Graffito (1st half of 8th cent.)

Z. Meshel, *Catalogue*, Inscriptions B (2).

ʻdh

8.006 Kuntillet ʻAjrud Graffito (proper name) (1st half of 8th cent.)

Z. Meshel, *Catalogue*, Inscriptions B (3).

8.007 Kuntillet ʻAjrud Graffito (1st half of 8th cent.)

Z. Meshel, *Catalogue*, Inscriptions B (4.1).

lšr ʻr

8.008 Kuntillet ʻAjrud Graffito (1st half of 8th cent.)

Z. Meshel, *Catalogue*, Inscriptions B (4.2).

lšr ʻr

8.009 Kuntillet ʻAjrud Graffito (1st half of 8th cent.)

Z. Meshel, *Catalogue*, Inscriptions B (4.3).

lšr ʻr

8.010 Kuntillet ʻAjrud Graffito (1st half of 8th cent.)

Z. Meshel, *Catalogue*, Inscriptions B (4.4).

lšr ʿr

8.011 Kuntillet ʻAjrud Inscription (Graffito) (1st half of 8th cent.)

Z. Meshel, *Catalogue*, Inscriptions C (1).

lʿbdyw bn ʿdnh brk hʾ lyhw

8.012 Kuntillet ʻAjrud Inscription (Graffito) (1st half of 8th cent.)

Z. Meshel, *Catalogue*, Inscriptions C (2).

šmʿyw bn ʿzr

8.013 Kuntillet ʻAjrud Inscription (Graffito) (1st half of 8th cent.)

Z. Meshel, *Catalogue*, Inscriptions C (3).

ḥlyw

8.014 Kuntillet ʻAjrud Inscription (text unclear) (Phoenician script) (1st half of 8th cent.)

Z. Meshel, *Catalogue*, Inscriptions D (1).

8.015 Kuntillet ʻAjrud Inscription (Phoenician script) (1st half of 8th cent.)

Z. Meshel, *Catalogue*, Inscriptions D (2).

]b̊rk. {*or*]ʾ̊rk.} ymm. wyšbʿ w[
] hyṭb. yhwh [ ]ẙtnw. l[ ]ʾšrt[

8.016 Kuntillet ʻAjrud Inscription (1st half of 8th cent.)

J. M. Hadley, "Some Drawings and Inscriptions on Two Pithoi from Kuntillet ʼAjrud", *VT* 37 (1987), 187.

lyhwh. htm̊n. wlʾšrth.

8.017 Kuntillet ‘Ajrud Pithos A (1st half of 8th cent.)

Z. Meshel, *Catalogue*, Inscriptions E (1) (cf. J. M. Hadley, *VT* 37 (1987), 182).

'mr. '[šyw] h[ml]k. 'mr. lyhl[l'l] wlyw'šh. w[ ] brkt. 'tkm. lyhwh. šmrn. wl'šrth.

8.018 Kuntillet ‘Ajrud Pithos B (Alphabet: 3 copies) (1st half of 8th cent.)

Z. Meshel, *Catalogue*, Inscriptions E (2.1a).

8.019 Kuntillet ‘Ajrud Pithos B (1st half of 8th cent.)

Z. Meshel, *Catalogue*, Inscriptions E (2.1b).

ṭyklmnsp‘ ṣqršt

8.020 Kuntillet ‘Ajrud Pithos B (1st half of 8th cent.)

Z. Meshel, *Catalogue*, Inscriptions E (2.1c).

ṭyklmnsp‘ ṣqršt

8.021 Kuntillet ‘Ajrud Pithos B (1st half of 8th cent.)

Z. Meshel, *Catalogue*, Inscriptions E (2.2) (cf. J. M. Hadley, *VT* 37 (1987), 185).

'mr 'mryw 'mr l.'dny hšlm. 't brktk. lyhwh tmn
wl'šrth. ybrk. wyšmrk wyhy ‘m. 'd[n]y[ ]k

8.022 Kuntillet ‘Ajrud Pithos B (1st half of 8th cent.)

M. Weinfeld, “Kuntillet ‘Ajrud Inscriptions and Their Significance”, *Studi Epigrafici e Linguistici* 1 (1984), 125f.

kl 'šr yš'l m'š ḥnn [ ] wntn lh yhw klbbh

8.023 Kuntillet 'Ajrud Plaster Inscription (1st half of 8th cent.)

M. Weinfeld, *Studi Epigrafici e Linguistici* 1 (1984), 126; cf. Z. Meshel, *Catalogue*, Inscriptions D (3).

wbzrḥ [ ] ʾl wymsn hrm [ ]
brk bʿl bym mlḥ[mh]
lšm ʾl bym mlḥ[mh

9. KADESH BARNEA

9.001 Kadesh Barnea Ostracon 1 (7th cent.)

A. Lemaire and P. Vernus, "Les ostraca Paléo-Hébreux de Kadesh-Barnéa", *Orientalia* N.S. 49 (1980), 341, Pl. LXXI:1.

]zḥ̊ṭ̊[

9.002 Kadesh Barnea Ostracon 2 (7th cent.)

A. Lemaire and P. Vernus, *Orientalia* N.S. 49 (1980), 341f, Pl. LXXI:2.

m̊l̊ʾ̊.̊ m̊l̊[ʾ]
ẘt̊ʿ̊ṣ̊r̊.
ẘt̊[ʿ ṣ]r̊.̊

9.003 Kadesh Barnea Ostracon 3 (lines equal columns) (7th cent.)

A. Lemaire and P. Vernus, *Orientalia* N.S. 49 (1980), 342-344, Pl. LXXII:3.

(col. 1)
[ ] 5̊ 8̊ [ ] 2̊ 100 g̊r̊h 100 [[grh]] 1̊0̊0̊ g̊r̊h̊
(col. 2)
[ ] 6̊ 20 2̊[ ] 4 8 10 7̊ 8
(col. 3)
9̊0̊ [ ] 100 g̊r̊[h] 200 gr̊[h] 300 g[rh] 400 g[rh] 500 grh̊ 600 grh̊ 700 grh 800 grh̊

9.004 Kadesh Barnea Ostracon 4 (Hieratic numerals only) (lines equal columns) (7th cent.)

A. Lemaire and P. Vernus, *Orientalia* N.S. 49 (1980), 344, Pl. LXXIII.

(col. 1)
]300 80 2 [ ]300 80 2 [ ]

(col. 2)
2000 300 80 2[ ] 2000 [300 80 2] 2000 300 [80 2] 2000 300 80 [2] 2000 300 80 2 2000 300 80 [2] 2000 300 80 [2]

9.005 Kadesh Barnea Ostracon 5 (Not legible; hieratic numerals only) (7th cent.)

A. Lemaire and P. Vernus, *Orientalia* N.S. 49 (1980), 345.

9.006 Kadesh Barnea Ostracon 6 (lines equal columns) (late 7th cent.)

A. Lemaire and P. Vernus, "L'ostracon paléo-hébreu No.6 de Tell Qudeirat (Qadesh-Barnéa)", in M. Görg (ed.), *Fontes atque pontes: eine Festgabe für Hellmut Brunner*, *Ägypten und Altes Testament* 5 (Wiesbaden: Harrassowitz, 1983), 302-26 (cf. *BA* 44 (1981), 105-107).

(col. 1)
$\frac{1}{2}$ *bath zuz* 1 $\frac{1}{4}$ {*or* ʿ} [ ] 3 *zuz* $\frac{1}{2}$ $\frac{1}{4}$ 4 [ ] *homer* 1 *wine ephah* 1

(col. 2)
ephah 2 *ephah* 3 *ephah* 4 *ephah* 5 *ephah* [6] *ephah* [7] *ephah* [8] *ephah* 9 *ephah* 10 *ephah* 20 *ephah* 30 *ephah* 40 *ephah* 50 [*ephah* 60 *ephah*] 70 [*ephah*] 80 *ephah* 90 *ephah* 100 200 300 400 500 600 700

(col. 3)
800 900 1000 2000 3000 4000 5000 6000 7000 [8000 9000] 10 'lpm

(col. 4)

1 2 3 4̊ 5̊ 6 8 10 10 2 10 6 10 8 2̊0̊ [*shekel* 1] *shekel* 2 *shekel* 3 *shekel* 5 *shekel* 5ʿ *shekel* 6 *shekel* 7 *shekel* 10 *shekel* 20 *shekel* 30 *shekel* 40

(col. 5)

[*shekel* 50 *shekel* 60] *shekel* 70 *shekel* 80 *shekel* 90 *shekel* 100 *shekel* 200 *shekel* 300 *shekel* 400 *shekel* 500 *shekel* 600 *shekel* 700 *shekel* 800 *shekel* 900 1000 2000 3000 4000

(col. 6)

5̊0̊0̊0̊ 6000 7000 8000 9000 10 'lpm

(verso) (col. 7)

[ ] 3000 [ ] 1000 2̊

(col. 8)

'bg̊d̊ [ ] 400 300 200 100

(col. 9)

[ ] 4000 5000 6000 *bath* [ ] *zuz*

9.007 Kadesh Barnea Oil Lamp Inscription (Graffito) (8th/7th cent.)

R. Cohen, "Kadesh-Barnea, 1980", *IEJ* 32 (1982), 71.

l'dny[{*or* l'dny[hw]}

9.008 Kadesh Barnea Ostracon (8th/7th cent.)

R. Cohen, *Kadesh-barnea: A Fortress from the Time of the Judaean Kingdom*, Israel Museum Catalogue No. 233 (Jerusalem 1983), xviii, 34, Fig. 30.

]dmy

9.009 Kadesh Barnea Ostracon (8th/7th cent.)

R. Cohen, *Catalogue*, xix, 35, Fig. 36.

shekel 100

shekel 200
shekel 300
shekel 400
shekel 500

9.010 Kadesh Barnea Ostracon (Aramaic script?) (8th/7th cent.)

R. Cohen, *Catalogue*, Fig. 37.

'škr ṭb[

10. GEZER

10.001 Gezer Calendar (10th cent.)

M. Lidzbarski and G. B. Gray, "An Old Hebrew Calendar-Inscription from Gezer", *PEFQS* 41 (1909), 26-34; D. Diringer, *Iscrizioni*, 1-20.

ẙrḥw 'sp. yrḥw z̊
rʿ. yrḥw lqš
yrḥ ʿṣd pšt
yrḥ qṣr šʿrm
yrḥ qṣr wkl {*or* qṣrw kl}
yrḥw zmr
yrḥ qṣ
'by[h]
(verso)
p̊n̊ẙh̊[

10.002 Gezer Bowl Rim Inscription (Graffito) (late 8th cent.)

W. G. Dever et al., "Further Excavations at Gezer, 1967-71", *BA* 34 (1971), 117f.; cf. *RB* 77 (1970), 395.

]bḥh[

10.003 Gezer Graffito (date unknown)

W. R. Taylor, "Recent Epigraphic Discoveries in Palestine", *JPOS* 10 (1930), 17.

]ḥ̊ẘm̊[

11. TELL QASILE

11.001 Tell Qasile Ostracon 1 (Graffito) (8th cent.)

B. Maisler, "Two Hebrew Ostraca from Tell Qasîle", *JNES* 10 (1951), 265f.

lmlk ’l[p]
šmn wm’h̊ [ ]
ḥ̊yhw {*or* [’]ḥ̊yhw}

11.002 Tell Qasile Ostracon 2 (Graffito) (non-Hebrew script) (8th cent.)

B. Maisler, *JNES* 10 (1951), 266f.

z̊hb. ’pr. lbyt.ḥrn. [ ]
š 30

12. TELL ESH-SHARI‘A

12.001 Tell esh-Shari‘a Ostracon (8th/7th cent.)

E. D. Oren and E. Netzer, "Tell Sera‘ (Tell esh-Shari‘a)", *IEJ* 24 (1974), 265.

] ‘ṣm [

12.002 Tell esh-Shari‘a Jug inscription (late 7th/early 6th cent.)

M. Avi-Yonah and E. Stern (eds.), *Encyclopedia of Archaeological Excavations in the Holy Land*, vol. 4 (London: Oxford University Press 1978), 1062.

lyrm

13. TELL 'IRA

13.001 Tell 'Ira Ostracon (late 8th/7th cent)

I. Beit-Arieh, "A First Temple Period Census Document", *PEQ* 115 (1983), 105-108.

mpqd. brkyhw
gbḥ
mwqr
šlmyhw

13.002 Tel 'Ira Ostracon (Aramaic script) (4th/3rd cent.)

A. Biran and R. Cohen, "Tel 'Ira", *IEJ* 29 (1979), 125 and Pl. 16:D (cf. *RB* 86 (1979), 464).

ntnw šm̊ 10 1
[ ] 2 [

13.003 Tel 'Ira Jar Inscription (8th/7th cent.)

I. Beit-Arieh, "Tel 'Ira", *IEJ* 31 (1981), 244.

lgbr mgn

13.004 Tel 'Ira Jar Inscription (8th/7th cent.)

I. Beit-Arieh, "Tel 'Ira", *IEJ* 31 (1981), 244.

'hd

14. TEL GAT (Tell el-Areini)

14.001 Tell Gat Jar Inscription (Graffito) (late 8th/early 7th cent.)

A. Ciasca, "Tell Gat", *Oriens Antiquus* 1 (1962), 38, Pl. 9:12.

lyḥz'

15. KHIRBET BEIT LEI

15.001 Khirbet Beit Lei Burial Cave Graffito (c. 700)

J. Naveh, "Old Hebrew Inscriptions in a Burial Cave", *IEJ* 13 (1963), 79f, Fig. 8, Pl. 12:A, C (cf. A. Lemaire, "Prières en temps de crise: les inscriptions de Khirbet Beit Lei", *RB* 83 (1976), 561f, Pl. XLIII.)

' 'rr
yšr mḥr {*or* [[']]šr [[y]]mḥh}

15.002 Khirbet Beit Lei Burial Cave Graffito (c. 700)

J. Naveh, *IEJ* 13 (1963), 80, Pl. 13 (cf. S. Mittmann, "A Confessional Inscription from the Year 701 BC Praising the Reign of Yahweh", *Acta Academica* 21/3 (1989), 17).

'r {*or* 'rr}

15.003 Khirbet Beit Lei Burial Cave Graffito (c. 700)

J. Naveh, *IEJ* 13 (1963), 80, Fig. 9, Pl. 11:A, D (cf. A. Lemaire, *RB* 83 (1976), 562f, Pl. XLIII.)

'rr ḥ {*or* 'rr hw} {*or* 'rr ḥ
rpk}

15.004 Khirbet Beit Lei Burial Cave Graffito (c. 700)

J. Naveh, *IEJ* 13 (1963), 80f, Fig. 10, Pl. 11:E, F (cf. A. Lemaire, *RB* 83 (1976), 562.)

’wrr {*or* ’rr}

15.005 Khirbet Beit Lei Burial Cave Inscription A (Graffito) (c. 700)

As read by J. Naveh, *IEJ* 13 (1963), 81-85, Pl. 13; A. Lemaire, *RB* 83 (1976), 558ff, Pl. XLII; S. Mittmann, "A Confessional Inscription from the Year 701 BC Praising the Reign of Yahweh", *Acta Academica* 21/3 (1989), 17-23.

ẙhwh̊ ’lhy kl h’rṣ̊ hw {*or* hrẙ}
yhwh ’t {*or* yhd̊ lw} {*or* yhẘd̊h̊} ’lh̊y. {*or* l’l[h]y.} yršlm

15.006 Khirbet Beit Lei Burial Cave Inscription A (Graffito) (c. 700)

As read by F.M. Cross, "The Cave Inscriptions from Khirbet Beit Lei", in J.A. Sanders (ed.), *Near Eastern Archaeology in the Twentieth Century*, Glueck Volume (Garden City NY: Doubleday, 1970), 299-302; P.D. Miller, "Psalms and Inscriptions", *Vienna Congress Volume*, *SVT* 32 (1981), 320-23.

[’ny] yhwh ’lhykh. ’rṣh
ʿ̊ry yhd̊h̊ wg̊’lt̊y yršlm

15.007 Khirbet Beit Lei Burial Cave Inscription B (Graffito) (c. 700)

J. Naveh, *IEJ* 13 (1963), 85f; F.M. Cross, in *Near Eastern Archaeology in the Twentieth Century*, 302; A. Lemaire, *RB* 83 (1976), 560f; P.D. Miller, *SVT* 32 (1981), 328-32.

hmwr̊ẙh {*or* pqd yh} {*or* nqh yh} ’th {*or* ’l} ḥn̊n̊t̊ {*or* ḥnn.}
nwh {*or* nqh} yh yhẘh

15.008 Khirbet Beit Lei Burial Cave Inscription C (Graffito) (c. 700)

J. Naveh, *IEJ* 13 (1963), 86f, Fig. 11, Pl. 12:A, B.

h̊wšʿ [y]hwh

16. BETH SHEAN VALLEY

16.001 Beth Shean Valley Spindle Whorl (6th/5th cent.)

N. Tsori, "A Spindle Whorl with Hebrew Inscription", *IEJ* 9 (1959), 191f.

g̊n̊tl

17. BETH SHEMESH

17.001 Beth Shemesh Inscription: Tomb 8, Item 13 (Graffito) (Phoenician script) (8th cent.)

D. Mackenzie, *Excavations at Ain Shems (Beth-Shemesh)*, *PEFA* 2 (1912-1913), 86-88 (cf. B. Delavault and A. Lemaire, *RSF* 7 (1979), 23, No. 47, Pl. XIII:47).

ʾḥk

18. TELL BEIT MIRSIM

18.001 Tell Beit Mirsim Inscription (Graffito) (8th cent.)

W. F. Albright, *The Excavation of Tell Beit Mirsim*, vol. 3: *The Iron Age*, *AASOR* 21-22 (1943), 73, Pl. 60:2.

bt [lmlk]

18.002 Tell Beit Mirsim Inscription (Graffito) (7th cent.)

W. F. Albright, *AASOR* 21-22 (1943), 73, Pl. 60:3.

lʿz[yhw]

18.003 Tell Beit Mirsim Inscription (Graffito) (7th cent.)

W. F. Albright, *AASOR* 21-22 (1943), 73, Pl. 60:4.

lḥz̊q̊[yhw]

18.004 Tell Beit Mirsim Inscription (Graffito) (8th cent.)

W. F. Albright, *AASOR* 21-22 (1943), 73, Pl. 60:5.

[l]g̊r’

18.005 Tell Beit Mirsim Inscription (Graffito) (7th cent.)

W. F. Albright, *AASOR* 21-22 (1943), 73f, Pl. 60:6.

[mn]ḥ̊m

19. TEL DAN

19.001 Tel Dan Graffito (8th cent.)

IR, No. 113.

l’ mṣ

19.002 Tel Dan Sherd inscription (7th/6th cent.)

ESI 2 (1983), 22.

]lṭ[

20. EN-GEDI

20.001 En-Gedi Amphora Inscription (late 7th/early 6th cent.)

Excavators’ Report, “En-Gedi”, *IEJ* 12 (1962), 146.

lpṭyhw

20.002 Cave Inscription from Naḥal Yishai (late 8th/early 7th cent.)

P. Bar-Adon, “An Early Hebrew Inscription in a Judean Desert Cave”, *IEJ* 25 (1975), 226-232.

’rr. ’šr. ymḥh
[ ]nh̊[

]yh[ ]
brk. yhw[h {*or* yhw[]}
]ẘb[ ]
brk.bgy[ ]mlk
brk. ʾdny[{*or* ʾdny[hw}
[ ]

21. ESHTEMOA

21.001 Eshtemoa Jug Inscription (2 copies) (9th/8th cent.)

Z. Yeivin, "Es-Samoʿa (As-Samuʿ)", *IEJ* 21 (1971), 174; cf. idem, "The Mysterious Silver Hoard from Eshtemoa", *BAR* 12 (1987), 43.

ḥmš

22. GIBEON

22.001 Gibeon Inscribed Jar Handle (7th/6th cent.)

J. B. Pritchard, *Hebrew Inscriptions and Stamps from Gibeon*, University of Pennsylvania Museum Monographs (Philadelphia, 1959), 1.

gbʿn. gdr. ʿzryhw

22.002 Gibeon Inscribed Jar Handle (7th/6th cent.)

J. B. Pritchard, *HISG*, 1.

[gbʿn. gd]r. ʿzryhw

22.003 Gibeon Inscribed Jar Handle (7th/6th cent.)

J. B. Pritchard, *HISG*, 1.

[gbʿn.]gdr. ʿ[zryhw]

22.004 Gibeon Inscribed Jar Handle (7th/6th cent.)

J. B. Pritchard, *HISG*, 2.

[gbʿn. gdr. ʿ]zryh[w]

22.005 Gibeon Inscribed Jar Handle (7th/6th cent.)

J. B. Pritchard, *HISG*, 2.

[gbʿn. gdr. ʿ]zryhw

22.006 Gibeon Inscribed Jar Handle (7th/6th cent.)

J. B. Pritchard, *HISG*, 2.

[gbʿn. gdr] ʿzr[yhw]

22.007 Gibeon Inscribed Jar Handle (7th/6th cent.)

J. B. Pritchard, *HISG*, 2.

[gb]ʿn. gdr. ʿz[ryhw]

22.008 Gibeon Inscribed Jar Handle (7th/6th cent.)

J. B. Pritchard, *HISG*, 2.

gbʿn. gdr. [ ]

22.009 Gibeon Inscribed Jar Handle (7th/6th cent.)

J. B. Pritchard, *HISG*, 2.

gbʿn. gd[r]

22.010 Gibeon Inscribed Jar Handle (7th/6th cent.)

J. B. Pritchard, *HISG*, 2.

gbʿn. gdr̊[ ]

22.011 Gibeon Inscribed Jar Handle (7th/6th cent.)

J. B. Pritchard, *HISG*, 2.

gbʿn [[g]]dr[

22.012 Gibeon Inscribed Jar Handle (7th/6th cent.)

J. B. Pritchard, *HISG*, 2.

[gbʿn. gdr. ʿzr]yhw

22.013 Gibeon Inscribed Jar Handle (7th/6th cent.)

J. B. Pritchard, *HISG*, 2.

]yhw

22.014 Gibeon Inscribed Jar Handle (7th/6th cent.)

J. B. Pritchard, *HISG*, 3.

gbʿn gdr ʾmryhw

22.015 Gibeon Inscribed Jar Handle (7th/6th cent.)

J. B. Pritchard, *HISG*, 3.

[gb]ʿn. gdr ʾmryhw

22.016 Gibeon Inscribed Jar Handle (7th/6th cent.)

J. B. Pritchard, *HISG*, 3.

[gb]ʿn. gdr. ʾmryhw

22.017 Gibeon Inscribed Jar Handle (7th/6th cent.)

J. B. Pritchard, *HISG*, 3.

[gbʿn. gd]r. ʾmryhw

22.018 Gibeon Inscribed Jar Handle (7th/6th cent.)

J. B. Pritchard, *HISG*, 3.

gbʿn. gd[r. ʾ]mryhw

22.019 Gibeon Inscribed Jar Handle (7th/6th cent.)

J. B. Pritchard, *HISG*, 3.

gbʿn gdr [ʾmryhw]

22.020 Gibeon Inscribed Jar Handle (7th/6th cent.)

J. B. Pritchard, *HISG*, 3.

]yhw

22.021 Gibeon Inscribed Jar Handle (6th cent.?)

J. B. Pritchard, *HISG*, 3.

gbʿn. dmlʾ. šb̊ʾl

22.022 Gibeon Inscribed Jar Handle (6th cent.?)

J. B. Pritchard, *HISG*, 3.

ḥnnyhw. nrʾ̊.

22.023 Gibeon Inscribed Jar Handle (7th/6th cent.)

J. B. Pritchard, *HISG*, 4.

gbʿn[ ]

22.024 Gibeon Inscribed Jar Handle (7th/6th cent.)

J. B. Pritchard, *HISG*, 4.

[ḥnn]yhw. nrʾ.

22.025 Gibeon Inscribed Jar Handle (7th/6th cent.)

J. B. Pritchard, *HISG*, 4.

[g]bʿn. gdr. [ ]

22.026 Gibeon Inscribed Jar Handle (6th cent.?)

J. B. Pritchard, *HISG*, 4.

[d]mlʾ gbʿn

22.027 Gibeon Inscribed Jar Handle (6th cent.?)

J. B. Pritchard, *HISG*, 4.

gbʿn. dmlʾ[ ]

22.028 Gibeon Inscribed Jar Handle (6th cent.?)

J. B. Pritchard, *HISG*, 4.

[dm]lʾ gbʿn

22.029 Gibeon Inscribed Jar Handle (6th cent.?)

J. B. Pritchard, *HISG*, 4.

[g]bʿn. dml[ʾ]

22.030 Gibeon Inscribed Jar Handle (7th/6th cent.)

J. B. Pritchard, *HISG*, 4.

[g]bʿn [ ]

22.031 Gibeon Inscribed Jar Handle (7th/6th cent.)

J. B. Pritchard, *HISG*, 4.

gbʿn. gdr[ ]

22.032 Gibeon Inscribed Jar Handle (7th/6th cent.)

J. B. Pritchard, *HISG*, 5.

gbʿn. gdr
ḥnnyhw nrʾ

22.033 Gibeon Inscribed Jar Handle (7th/6th cent.)

J. B. Pritchard, *HISG*, 5.

ḥnnyhw. [nrʾ]

22.034 Gibeon Inscribed Jar Handle (7th/6th cent.)

J. B. Pritchard, *HISG*, 5.

[g]bʿn gdr [ ]

22.035 Gibeon Inscribed Jar Handle (7th/6th cent.)

J. B. Pritchard, *HISG*, 5.

ḥnnyhw[ ]

22.036 Gibeon Inscribed Jar Handle (7th/6th cent.)

J. B. Pritchard, *HISG*, 5.

gbʿn. gdr.

22.037 Gibeon Inscribed Jar Handle (7th/6th cent.)

J. B. Pritchard, *HISG*, 5.

[ḥn]nyhw nrʾ

22.038 Gibeon Inscribed Jar Handle (7th/6th cent.)

J. B. Pritchard, *HISG*, 5.

ḥnnyhw nrʾ

22.040 Gibeon Inscribed Jar Handle (7th/6th cent.)

J. B. Pritchard, *HISG*, 5.

ḥnnyhw n[r']

22.041 Gibeon Inscribed Jar Handle (7th/6th cent.)

J. B. Pritchard, *HISG*, 6.

ḥnnyhw[ ]

22.042 Gibeon Inscribed Jar Handle (7th/6th cent.)

J. B. Pritchard, *HISG*, 6.

[ḥ]nnyhw n[r']

22.043 Gibeon Inscribed Jar Handle (7th/6th cent.)

J. B. Pritchard, *HISG*, 6.

ḥnny[hw]

22.044 Gibeon Inscribed Jar Handle (7th/6th cent.)

J. B. Pritchard, *HISG*, 6.

ḥnnyh[w]

22.045 Gibeon Inscribed Jar Handle (7th/6th cent.)

J. B. Pritchard, *HISG*, 6.

[ḥnnyhw]. nr'

22.046 Gibeon Inscribed Jar Handle (7th/6th cent.)

J. B. Pritchard, *HISG*, 6.

[ḥnnyhw] nr'

22.047 Gibeon Inscribed Jar Handle (7th/6th cent.)
J. B. Pritchard, *HISG*, 6.
[ḥ]nnyhw [[n]]r’

22.048 Gibeon Inscribed Jar Handle (7th/6th cent.)
J. B. Pritchard, *HISG*, 6.
[ḥnnyhw]. nr’

22.049 Gibeon Inscribed Jar Handle (7th/6th cent.)
J. B. Pritchard, *HISG*, 6.
[ḥnnyhw n]r’

22.050 Gibeon Inscribed Jar Handle (7th/6th cent.)
J. B. Pritchard, *HISG*, 6.
ḥnnyhw nr’

22.051 Gibeon Inscribed Jar Handle (7th/6th cent.)
J. B. Pritchard, *HISG*, 6.
gbʿn l̊gdr l̊ḥnn[yhw]

22.052 Gibeon Inscribed Jar Handle (7th/6th cent.)
J. B. Pritchard, *HISG*, 7.
ḥnnyhw.

22.053 Gibeon Inscribed Jar Handle (7th/6th cent.)
J. B. Pritchard, *HISG*, 7.
]yhw

22.054 Gibeon Inscribed Jar Handle (7th/6th cent.)

J. B. Pritchard, *HISG*, 7.

[g]bʿn gdr

22.055 Gibeon Inscribed Jar Handle (7th/6th cent.)

J. B. Pritchard, *HISG*, 7.

[g]bʿn gdr

22.056 Gibeon Inscribed Jar Handle (7th/6th cent.)

J. B. Pritchard, *HISG*, 7.

gb[ʿn]

22.057 Gibeon Inscribed Jar Handle (7th/6th cent.)

J. B. Pritchard, "More Inscribed Jar Handles from El-Jîb", *BASOR* 160 (1960) 4.

ḥnnyhw. nr'

22.058 Gibeon Inscribed Jar Handle (7th/6th cent.)

J. B. Pritchard, *BASOR* 160 (1960) 4.

m[gd]lyh[w]

22.059 Gibeon Inscribed Jar Handle (7th/6th cent.)

J. B. Pritchard, *BASOR* 160 (1960) 4.

[gbʿ]n. gdr

22.060 Gibeon Inscribed Jar Handle (7th/6th cent.)

J. B. Pritchard, *BASOR* 160 (1960) 4.

gbʿn. g[dr]

22.061 Gibeon Inscribed Jar Handle (7th/6th cent.)

J. B. Pritchard, *BASOR* 160 (1960) 4.

gbʿn gdr ʾmr[y]hw

22.062 Gibeon Inscribed Jar Handle (7th/6th cent.)

F. S. Frick, "Another Inscribed Jar Handle from El-Jîb", *BASOR* 213 (1974) 46-48.

[ḥnnyh]w nrʾ

23. TELL EL HESI

23.001 Tell El Hesi Inscribed Pottery Fragment (8th cent.?)

F. J. Bliss, *A Mound of Many Cities* (London: Palestine Exploration Fund/A. P. Watt & Son, 1894), 88f, No. 194, 133 (cf. A. Lemaire, "Notes d'épigraphie nord-ouest sémitique", *Semitica* 35 (1985), 16f, Pl. III:B.)

plʿ

23.002 Tell El Hesi Inscribed Pottery Fragment (End of 8th cent.)

W. M. Flinders Petrie, *Tell el Hesy* (London: 1891), 50 (cf. A. Lemaire, *Semitica* 35 (1985), 17, Pl. III:C.)

lsmk {*or* lhmk}

24. HAZOR

24.001 Hazor Inscription 1 (Phoenician script) (mid-9th cent.)

Y. Yadin et al., *Hazor II: An Account of the Second Season of Excavations, 1956* (Jerusalem: Magnes Press, 1960), 70, Pl. CLXIX:1 (cf. B. Delavault and A. Lemaire, *RSF* 7 (1979), 6f, No. 8, Pl. IV:8).

]'w'[

24.002 Hazor Inscription 2 (Phoenician script) (mid-9th cent.)

Y. Yadin et al., *Hazor II*, 70f, Pl. CLXIX:2 (cf. B. Delavault and A. Lemaire, *RSF* 7 (1979), 7, No. 9, Pl. IV:9).

l'ẙ[

24.003 Hazor Inscription 3 (Phoenician?) (Phoenician script) (mid-9th cent.)

Y. Yadin et al., *Hazor II*, 71f, Pl. CLXIX:3 (cf. B. Delavault and A. Lemaire, *RSF* 7 (1979), 7f, No. 10, Pl. IV:10).

bt z. g {*or* 10} h

24.004 Hazor Inscription 4 (Phoenician script) (mid-9th cent.)

Y. Yadin et al., *Hazor II*, 72, Pl. CLXIX:4 (cf. B. Delavault and A. Lemaire, *RSF* 7 (1979), 8, No. 11, Pl. IV:11).

]tt'̊[

24.005 Hazor Inscription 5 (Phoenician script) (first half of 8th cent.)

Y. Yadin et al., *Hazor II*, 72f, Pl. CLXIX:5 (cf. B. Delavault and A. Lemaire, *RSF* 7 (1979), 8, No. 12, Pl. IV:12; J. Naveh, *EI* 15 (1981), 301-302).

lmkbrm {*or* lmkbdm}

24.006 Hazor Inscription 6 (Phoenician script) (first half of 8th cent.)

Y. Yadin et al., *Hazor II*, 73, Pl. CLXIX:6 (cf. B. Delavault and A. Lemaire, *RSF* 7 (1979), 9f, No. 13, Pl. IV:13).

grb‘ [l] {*or* [l]ẙrb‘̊[m]}
bn ’lm[ ] {*or* ’lm[lk]} {*or* ’lm[tn]}

24.007 Hazor Inscription 7 (mid-8th cent.)

Y. Yadin et al., *Hazor II*, 73f, Pls. CLXXI; CLXXII.

lpqḥ. smdr

24.008 Hazor Inscription 8 (mid-8th cent.)

Y. Yadin et al., *Hazor II*, 74f, Pl. CLXXII.

ldlyw

24.011 Hazor (1957-58) Ostracon No. 1 (B 4440) (Phoenician script) (second half of 10th/early 9th cent.)

Y. Yadin et al. (eds.), *Hazor III-IV* (Jerusalem: Magnes Press, 1961), Pl. 357:1 (cf. B. Delavault and A. Lemaire, *RSF* 7 (1979), 10, No. 14, Pl. V:14.)

m]š’ z šl[m {*or*]š’zšl[]}

24.012 Hazor (1957-58) Bowl Inscription, No. 2 (B 2712/1) (Phoenician script) (9th cent.)

Y. Yadin et al. (eds.), *Hazor III-IV*, Pl. 357:2; idem, “Excavations at Hazor, 1957: Preliminary Communiqué”, *IEJ* 8 (1958), 5 (cf. B. Delavault and A. Lemaire, *RSF* 7 (1979), 10f, No. 15, Pl. V:15.)

]̊. šṭrw [{*or*]t. šmrn} {*or* šṭrn}
yš̊[

24.013 Hazor (1957-58) Bowl Inscription, No. 3 (B 4851) (Phoenician script) (8th cent.)

Y. Yadin et al. (eds.), *Hazor III-IV*, Pl. 357:3 (cf. B. Delavault and A. Lemaire, *RSF* 7 (1979), 11, No. 16, Pl. V:16.)

10 ḥ {*or* gḥ[]}

24.014 Hazor (1957-58) Bowl Inscription, Nos. 4-6 (B 2423/1) (late 8th cent.)

Y. Yadin et al. (eds.), *Hazor III-IV*, Pl. 357:4-6; cf. idem, *IEJ* 8 (1958), 5; A. Lemaire, "A Note on Inscription XXX from Lachish", *Tel Aviv* 7 (1980), 92f.

mz
[ ]yhḥ. qdš
(on the rim)
qdš

24.015 Hazor (1957-58) Ostracon No. 7 (A 2088/1) (Phoenician script) (8th cent.)

Y. Yadin et al. (eds.), *Hazor III-IV*, Pl. 357:7. (cf. B. Delavault and A. Lemaire, *RSF* 7 (1979), 11, No. 17, Pl. V:17.)

]d̊ẙ {*or* ṣ}

24.016 Hazor (1957-58) Ostracon No. 8 (A 3008/2) (8th cent.)

Y. Yadin et al. (eds.), *Hazor III-IV*, Pl. 357:8.

]n̊

24.017 Hazor (1957-58) Ostracon No. 9 (A 2092/1) (8th cent.)

Y. Yadin et al. (eds.), *Hazor III-IV*, Pl. 357:9.

]ḥ[

24.018 Hazor (1957-58) Ostracon No. 10 (B 2407/1) (Phoenician script) (8th cent.)

Y. Yadin et al. (eds.), *Hazor III-IV*, Pl. 357:10. (cf. B. Delavault and A. Lemaire, *RSF* 7 (1979), 11, No. 18, Pl. V:18.)

]ḥb̊ʼ̊.̊ t[{*or* s̊p̊r̊ []}

24.019 Hazor (1957-58) Ostracon No. 11 (B 1912/1) (8th cent.)

Y. Yadin et al. (eds.), *Hazor III-IV*, Pl. 357f:11.

]yn

24.020 Hazor (1957-58) Ostracon No. 12 (B 2241/1) (Phoenician script) (8th cent.)

Y. Yadin et al. (eds.), *Hazor III-IV*, Pl. 357:12 (cf. B. Delavault and A. Lemaire, *RSF* 7 (1979), 12, No. 19, Pl. VI:19.)

lpdẙ[w

25. KHIRBET EL-QOM

25.001 Khirbet el-Qom Tomb Inscription 1 (mid-7th cent.)

W. G. Dever, "Iron-Age Epigraphic Material from the Area of Khirbet El-Kôm", *HUCA* 40-41 (1969-70), 151-156, Figs. 5, 10, Pl. VI:B, VII.

lʻwpy. bn
ntnyhw
h̊ḥdr. hzh

25.002 Khirbet el-Qom Tomb Inscription 2 (7th cent.)

W. G. Dever, *HUCA* 40-41 (1969-70), 156ff, Fig. 8, Pl. VI:A (cf. A. Lemaire, "Les inscriptions de Khirbet el-Qöm et l'ashérah de YHWH", *RB* 84 (1977), 597).

lʻwp̊ẙ. {*or* ʻwz̊h̊} b̊n̊. ntnyhw

25.003 Khirbet el-Qom Tomb Inscription 3 (mid-8th cent.)

W. G. Dever, *HUCA* 40-41 (1969-70), 159-169 (cf. J. M. Hadley, "The Khirbet el-Qom Inscription", *VT* 37 (1987), 51).

'ryhw. hʿ̊šr. ktbh
brk. 'ryhw. lyhwh
wmṣryh̊. l'šrth hwšʿ lh
[ ] l'nyhw
[ ] ẘl'̊šrth
[ ] '̊[š]r̊t̊h̊

25.004 Khirbet El-Qom Decanter Inscription (Graffito) (late 8th/early 7th cent.)

W. G. Dever, *HUCA* 40-41 (1969-70), 169-172, Pl. VIII:A.

lyḥml

25.005 Khirbet El-Qom Bowl Inscription (Graffito) (late 8th/early 7th cent.)

W. G. Dever, *HUCA* 40-41 (1969-70), 173f, Fig. 14, Pl. VIII:B.

'l

26. HEBRON AREA

26.001 Jar Inscription from Unspecified Site near Hebron (2nd half of 8th cent.)

N. Avigad, "Two Hebrew Inscriptions on Wine-Jars", *IEJ* 22 (1972), 1-5, Pls. 1, 2.

lyḥzyhw yyn kḥl *symbol 9*

26.002 Jar Inscription from Unspecified Site near Khirbet el-Qom (8th/7th cent.)

A. Lemaire, "Une nouvelle inscription paléo-hébraïque sur cruche", *Semitica* 25 (1975), 43-46, Pl. 3.

l‘m

26.003 Bowl Inscription from Unspecified Area near Khirbet el-Qom (late 8th cent.)

A. Lemaire, "Inscription paleo-hébraïque sur une assiette", *Semitica* 27 (1977), 21f, Pl. 4.

lšl

26.004 Jar Inscription from Unspecified Area near Khirbet el-Qom (2nd half of 8th cent.)

A. Lemaire, "Une nouvelle cruche inscrite en Paléo-Hébreu", *Maarav* 2 (1980), 159-162.

lqny

26.005 Jar Inscription from Unspecified Area near Hebron (symbols only) (8th/7th cent.)

A. Lemaire, "Une nouvelle inscription paléo-hébraïque sur carafe", *RB* 83 (1976), 55-58.

symbol 9 symbol 10 ṭ

26.006 Jug inscription from unspecified site in Hebron Area (8th cent.)

A. Lemaire, "Notes d'épigraphie nord-ouest sémitique", *Semitica* 32 (19, Pl. IV82), 17-19, Pl. IV.

lgmlyhw

27. KHIRBET EL-MAQARI

27.001 Khirbet el-Maqari Inscribed Sherd (8th/7th cent.)

F. M. Cross and J. T. Milik, "Excavations in the Judaean Buqê'ah", *BASOR* 142 (1956), 13-14.

l'[

28. MEGIDDO

28.001 Megiddo Jar Inscription (late 8th/early 7th cent.)

H. G. May, "An Inscribed Jar from Megiddo", *AJSL* 50 (1933-34), 10-14 (cf. R. S. Lamon and G. N. Shipton, *Megiddo I*, Seasons of 1925-34 (Chicago: The University of Chicago Press, 1939), Pl: 115.5).

lyw

29. TELL EL-HAMME

29.001 Tell el-Hamme Jar Handle Inscription (Graffito) (9th/8th cent.)

R. Gophna and Y. Porat, "The Land of Ephraim and Manasseh", in M. Kochavi (ed.), *Judaea, Samaria and the Golan: Archaeological Survey 1967-1968* (Jerusalem, 1972), 214 (Heb.).

l'ḥ'b

30. TELL EN-NAṢBEH

30.001 Tell en-Naṣbeh Fragmentary Inscription (c. 1000)

C. C. McCown, *Tell En-Naṣbeh: Excavated under the Direction of the Late William Frederic Badè*, vol. 1: *Archaeological and Historical Results* (Berkeley/New Haven, 1947), 167, Pl. 57:26.

lḥ[

30.002 Tell en-Naṣbeh Handle Inscription (mid-8th cent.)

C. C. McCown, *Tell En-Naṣbeh 1*, 167f, Pl. 57:22.

[lnt]n̊ẙẘ ẘlsm̊k̊[yw]

30.003 Tell en-Naṣbeh Fragmentary Inscription (8th cent.)

C. C. McCown, *Tell En-Naṣbeh 1*, 168, Pl. 57:21.

[ ]bn qn[yw] {*or* ʿn[yw]}

30.004 Tell en-Naṣbeh Graffito (late 8th/7th cent.)

C. C. McCown, *Tell En-Naṣbeh 1*, 168f, Pl. 57:23.

b]n mrsrzr[kn   mār-šarri-zēru-ukīn

30.005 Tell en-Naṣbeh Wall Graffito (8th/7th cent.)

C. C. McCown, *Tell En-Naṣbeh 1*, 169, Pl. 57:24.

ydw

30.006 Tell en-Naṣbeh Ostracon (Square Script) (3rd cent.)

C. C. McCown, *Tell En-Naṣbeh 1*, 169, Pl. 57:27.

ṣdq̊
ḥn̊[y

30.007 Tell en-Naṣbeh Cooking Pot Inscription (7th cent.)

C. C. McCown, *Tell En-Naṣbeh 1*, 169, Pl. 50:1.

b *symbol 4 symbol 4*

31. RAMAT RAḤEL

31.001 Ramat Raḥel Ostracon (c.700)

Y. Aharoni, "Excavations at Ramat-Raḥel", *BA* 24 (1961), 107.

'ḥyhw
ḥsdyhw

31.002 Ramat Raḥel Jar Handle Inscription (late 8th/early 7th cent.)

Y. Aharoni, *Ramat Raḥel 1961-1962* (Rome: Centro di Studi Semitici, University of Rome, 1964), 35, Fig. 37:4, Pl. 40:8.

nq[

32. KHIRBET EL-MESHASH

32.001 Khirbet el-Meshash Ostracon 1543/1 (2nd half of 7th cent.)

V. Fritz, "Ein Ostrakon aus Ḥirbet el-Mšaš", *ZDPV* 91 (1975), 131-134 (cf. V. Fritz and A. Kempinski, *Ergebnisse der Ausgrabungen auf der Ḥirbet el-Mšaš (Ṭēl Māśōs) 1972-1975, ADPV* (Wiesbaden: Harrassowitz, 1983), 134-5, Pl. 79).

zkr
ʿzr b[n]
ḥnnyhw b[n]
'ḥ' b[n]
b[

32.002 Khirbet el-Meshash Ostracon 1682/1 (2nd half of 7th cent.)

V. Fritz and A. Kempinski, *Ergebnisse*, 133, Pl. 78B.

[ ]
]sy[

32.003 Khirbet el-Meshash Ostracon 1682/2 (2nd half of 7th cent.)

V. Fritz and A. Kempinski, *Ergebnisse*, 134, Pl. 78C.

[ ]
mtn bn [
y]hw bn [ ]ny[ ]
zkryhw šm‘[yh]

32.004 Inscribed Sherd from Early Iron Age Settlement (illegible) (date unknown)

V. Fritz and A. Kempinski, *Ergebnisse*, Pl. 78A.

33. WADI MURABBA‘AT

33.001 Wadi Murabba'at Papyrus, A (earlier) text (pap. Mur. 17) (7th cent.)

P. Benoit, J. T. Milik and R. de Vaux, *Discoveries in the Judaean Desert, II. Les grottes de Murabba'at* (Oxford: Clarendon Press, 1961), 96f, Fig. 26, Pl. XXVIII.

’̊m̊r̊. [ ]yhw. lk. [š]lḥ. šlḥ̊t̊. ’t šlm bytk
w‘t. ’l. tšm‘̊ lk̊[l. d]b̊r̊ ’̊š̊r̊ ydbr. ’lyk.

33.002 Wadi Murabba'at Papyrus, B (later) text (pap. Mur. 17) (7th cent.)

P. Benoit, J. T. Milik and R. de Vaux, *Discoveries in the Judaean Desert, II. Les grottes de Murabba'at* (Oxford: Clarendon Press, 1961), 96f, Fig. 26, Pl. XXVIII.

nmṭr. hwšʿ *ephah* 10 4 {*or* 6}
ʾby. ṣby *ephah* 10
ʾlʿdh kršn *ephah* 5
šmʿyhw. ywʿzr *ephah* 6

34. NIMRUD

34.001 Nimrud Ivory Inscription (c. 750)

A. R. Millard, "Alphabetic Inscriptions on Ivories from Nimrud", *Iraq* 24 (1962), 45-49, Pl. 24a (cf. A. Lemaire, "Note sur quelques inscriptions sur ivoire provenant de Nimrud", *Semitica* 26 (1976), 67ff.)

]w. bš[ ]ypt. y[
mʾ]ḥry. {*or*]ḥdy} mmlk. gdl. w[ʿd. ʾš. ʾšr.
yb]ʾ. wmḥw[.] ʾ[t. hspr. hzh.]

34.002 Nimrud Ivory Inscription (c. 750)

A. R. Millard, *Iraq* 24 (1962), 49, Pl. 24b (cf. A. Lemaire, *Semitica* 26 (1976), 67.)

ʾlyšʿ

34.003 Nimrud Ivory Inscription (c. 750)

A. R. Millard, *Iraq* 24 (1962), 49, Fig. 2a (cf. A. Lemaire, *Semitica* 26 (1976), 67.)

zlʾ {*or* ṣlʾ}

35. IZBET ṢARṬAH

35.001 Izbet Ṣarṭah Ostracon (11th cent.)

M. Kochavi, "An Ostracon of the Period of the Judges from ʿIzbet Ṣarṭah", *Tel Aviv* 4 (1977), 1-13.

ʾlšdḥ̊ʾ t̊[ ]ʾʿ
ktnʿ q̊ḥʾ tlʾ d̊[ ]ṭʿ lṭṭ
ṣ̊[ ]qš̊qq
ʿ q̊p̊lnḥgʾ tbhdz̊qbʿ [ ]ʿ ʾʿ bʾ ḥlrʿ bš̊
ʾbgdhwḥzṭykl[m]nspʿ ṣqqšt

36. TELL EL-FUL

36.001 Tell el-Ful Jar Inscription (No. 19) (8th/7th cent.)

W. F. Albright, *Excavations and Results at Tell el-Fûl (Gibeah of Saul), AASOR* 4 (1922-23), 24, Pl. 32:19b.

b

36.002 Tell el-Ful Jar Inscription (No. 20) (8th/7th cent.)

W. F. Albright, *AASOR* 4 (1922-23), 24, Pl. 32:20.

t

37. HORVAT UZA

37.001 Horvat Uza Ostracon (7th/6th cent.)

I. Beit-Arieh, "The Ostracon of Aḥiqam from Ḥorvat ʿUza", *EI* 18 (1985), 94-96, Pl. 20 (Heb.); *Tel Aviv* 13-14 (1986-87), 32-38.

ʿ̊lm. {*or* š̊lm.} lʾḥqm. bn. m[n]ḥ̊m
ʿmdyhw. bn. zkr. mmldh
hwšʿyhw. bn. nwy. mrntn {*or* mrptn}
mky. bn. hṣlyhw. mmqdh

37.002 Horvat Uza Ostracon (list of names) (date unknown)

I. Beit-Arieh, "Ḥorvat ʿUza", *Ḥadashot Arkheologiyot* 89 (1987), 56; cf. *ESI* 5 (1986), 110.

ʾlyšb bn ʾprḥ [
[ ]
[ ]
[ ]
[ ]
[ ]
[ ]
[ ]

37.003 Horvat Uza Ostracon (date unknown)

I. Beit-Arieh, "Ḥorvat ʿUza - 1988", *ESI* 7-8 (1988-89), 181.

] bn ḥgb [ ] yhwmlk [

38. TELL EL-'ORÊME

38.001 Tell el-'Orême Water Jug Graffito (8th cent.)

V. Fritz, "Kinneret: Vorbericht über die Ausgrabungen auf dem *Tell el-'Orême* am See Genezaret in den Jahren 1982-1985", *ZDPV* 102 (1986), 38f.

l' lplṭ

38.002 Tell el-'Orême Sherd Graffito (late 8th cent.)

V. Fritz, *ZDPV* 102 (1986), 38f.

kd hš' r[

39. TEL 'AMAL

39.001 Tel 'Amal Jar Handle Inscription (Graffito) (2nd half of 10th cent.)

A. Lemaire, "A propos d'une inscription de Tel 'Amal", *RB* 80 (1973), 559; cf. S. Levy and G. Edelstein, "Cinq années de fouilles à Tel 'Amal (Nir David)", *RB* 79 (1972), 336, Pl. 25.4.

lnmš

40. TEL BATASH (TIMNAH)

40.001 Tel Batash Bowl Rim Inscription (Graffito) (10th cent.)

A. Mazar and G. L. Kelm, "Tel Batash (Timnah) – 1984-1985", *Ḥadashot Arkheologiyot* 88 (1986), 20 (Heb.). Cf. *ESI* 5 (1986), 8.

[b]n ḥnn

40.002 Tel Batash Jar Inscription (date unknown)

G. L. Kelm and A. Mazar, "Tel Batash (Timnah) Excavations Second Preliminary Report (1981-1983)", *BASOR Supplement* 23 (1985), 114-15.

lm‘[ ]

41. KHIRBET TANNIN

41.001 Khirbet Tannin Incised Sherd (11th cent.)

A. Lemaire, "Notes d'épigraphie nord-ouest sémitique", *Semitica* 35 (1985), 13ff, Pl. III:A.

š̊m̊n̊ {*or* n̊m̊š̊}

42. SHEIKH SHIBL

42.001 Sheikh Shibl Incised Sherd (Aramaic? Phoenician?) (8th/7th cent.)

A. Lemaire, "Notes d'épigraphie nord-ouest sémitique", *Semitica* 32 (1982), 16f, Pl. III:4b.

’[ ]

43. KHEIR'ALLA

43.001 Kheir'alla Incised Sherd (8th/7th cent.)

A. Lemaire, "Notes d'épigraphie nord-ouest sémitique", *Semitica* 32 (1982), 17, Pl. III:4c.

]yẘ

44. SITE NORTH OF JERUSALEM(?)

44.001 Inscribed "Moṣah" Jar Handle (6th cent.)

N. Avigad, "Two Hebrew Inscriptions on Wine-Jars", *IEJ* 22 (1972), 5-9, Fig. 4, Pl. 3.

hmṣh. šʿl

45. KHIRBET QUMRAN

45.001 Khirbet Qumran Ostracon (late 7th/early 6th cent.)

R. de Vaux, *Archaeology and the Dead Sea Scrolls* (Schweich Lectures), revised English edition (London: Oxford University Press, 1973), 2-3 (text as given in A. Lemaire, *Les ostraca hébreux de l'époque royale israélite* (doctoral thesis, Paris-Sorbonne, 1973), 1, n.2).

]yʿn[

99. UNIDENTIFIED SITE

99.001 Ivory Pomegranate Inscription (Late 8th cent.)

A. Lemaire, "Une Inscription Paléo-Hébraïque sur Grenade en Ivoire", *RB* 88 (1981), 236-239.

lby[t yhw]h qdš khnm

100. SEALS AND SEAL-IMPRESSIONS

100.001 Seal (provenance unknown) (genuine? Herr) (7th cent.)

C. Clermont-Ganneau, "Sceaux et cachets israélites, phéniciens et syriens, suivis d'épigraphes phéniciennes inédits sur divers objets", *JA* 8 (1883), 137, No. 11.

ʾbš
wʿ

100.002 Seal, Nablus (date unknown)

C. Clermont-Ganneau, *JA* 8 (1883), 133f, 506, No. 6.

ḥgy {*or* ḥpz} {*or* ḥgz}

100.003 Seal, Megiddo (8th cent.)

W. E. Staples, "An Inscribed Scaraboid from Megiddo", in P. L. O. Guy, *New Light from Armageddon. Second Provisional Report (1927-29) on the Excavations at Megiddo in Palestine, Oriental Institute Communications* 9 (Chicago, Ill.: University of Chicago Press, 1931), 49-68, Figs. 33-34.

ḥmn {*or* lḥmn}

100.004 Seal, Nablus (mid-8th cent.)

C. Clermont-Ganneau, *JA* 8 (1883), 133, No. 5.

pqḥ

CORPUS

100.005 Seal (provenance unknown) (8th cent.)

A. Jaussen and H. Vincent, "Notes d'épigraphie palestinienne", *RB* 10 (1901), 578f, No. 24.

l'l
ḥnn

100.007 Seal, Megiddo (2nd half of 8th cent.)

H. Guthe, A. Erman and E. Kautzsch, "Ein Siegelstein mit hebräischer Unterschrift vom Tell el-Mutsellim", *MNDPV* 5 (1906), 33-35, Fig. 32.

l'sp

100.008 Seal, Tell el-Far'ah (8th cent.)

W. M. F. Petrie, *Beth-Pelet (Tell Fara)* I, (London: British School of Archaeology in Egypt/Bernard Quaritch, 1930), 10, Pl. XXXV Fig. 427.

lḥym

100.009 Seal, Carthage (date unknown)

P. Delattre, *CRAIBL* (1905), 751.

lyw
'b {*or* l'byw}

100.011 Seal (provenance unknown) (date unknown)

A. H. Sayce, "New Phoenician and Israelitish Inscriptions", *The Bablyonian and Oriental Record* 1 (1886-87), 193f.

lmn̊ḥ

100.012 Seal (provenance unknown) (date unknown)

C. C. Torrey, "A few ancient seals", *AASOR* 2 (1923), 106, No. 4.

lstrh

100.013 Seal, Jerusalem (?) (mid-8th cent.)

M. Lidzbarski, *Handbuch der nordsemitischen Epigraphik nebst ausgewählten Inschriften,* I (Weimar: Emil Felber, 1898), 486.

lqnyw

100.014 Seal, Ashkelon (?) (1st half of 7th cent.)

C. Clermont-Ganneau, "Nouvelles intailles à légendes sémitiques provenant de Palestine", *CRAIBL* IV 20 (1892), 281f.

lrmʿ

100.015 Seal, Gezer (2nd half of 7th cent.)

E. J. Pilcher, "Old Hebrew signets from Gezer", *PEFQS* 45 (1913), 143f, Fig. 1.

lšbnyh̊w

100.016 Seal (provenance unknown) (mid-7th cent.)

C. Clermont-Ganneau, *JA* 8 (1883), 135, No. 9.

lšmʿ

100.018 Seal, Cyprus (date unknown)

J. C. Lindberg, *De inscriptione Melitensi phoenicio-graeco* (1828), 62.

lbnyhw
bn
[ ]ḥr {*or* bn ḥr}

100.019 Seal, Jerusalem (mid-7th cent.)

C. Clermont-Ganneau, *CRAIBL* IV 20 (1892), 278-281.

ldmlyhw
{*or* lrmlyhw} bn nryhw

100.020 Seal, Jerusalem (c.700)

C. W. Wilson and C. Warren, *The Recovery of Jerusalem* (London: Richard Bentley, 1871), 123, 493 with Figure.

lḥgy b
n šbnyhw

100.021 Seal (provenance unknown) (genuine? Herr) (date unknown)

C. C. Torrey, "A few ancient seals", *AASOR* 2 (1923), 105f, No. 3.

lḥwnn b
n y'znyh

100.022 Seal (provenance unknown) (late 8th cent.)

P. Berger, "Sur une nouvelle intaille à légende sémitique de la Bibliothèque Nationale", *RAAO* 4 (1897), 57-58.

lḥwrṣ
bn pqll

100.023 Seal, Babylonia (?) (Aramaic script) (late 8th/early 7th cent.)

H. C. Rawlinson, "Bilingual Readings – Cuneiform and Phoenician. Notes on some Tablets in the British Museum, containing Bilingual Legends (Assyrian and Phoenician)", *JRAS* 1 (1865), 241, No. 16.

lḥnnyh b
n tryh {*or* 'ryh} {*or* tdyh}

100.024 Seal, Jerusalem (late 7th cent.)

C. Clermont-Ganneau, *JA* 8 (1883), 129, No. 2.

lḥnnyhw
bn ʿzryhw

100.025 Seal, Jerusalem (mid-7th cent.)

C. Clermont-Ganneau, *JA* 8 (1883), 128f, No. 1.

lḥnnyhw
b̊n ʿkbr.

100.026 Seal (provenance unknown) (early 6th cent.)

M. Lidzbarski, *HNSE*, 486.

lyhwʿzr b
n ʿbdyhw

100.027 Seal, Palestine (mid-7th cent.)

C. C. Torrey, "Semitic epigraphical notes. I An old Hebrew Seal", *JAOS* 24 (1903), 205-206.

lyhwšʿ b
n ʿšyhw

100.030 Seal, Es-Soda (Tartus) (2nd half of 8th cent.)

W. Wright, "On Three Gems bearing Phoenician Inscriptions", *PSBA* 4 (1882), 54, No. 1.

lnḥmyhw
b̊n mykyhẘ

100.031 Seal (provenance unknown) (mid-7th cent.)

C. C. Torrey, "A Few Ancient Seals", *AASOR* 2/3 (1921-22), 105, No. 2 with Plate.

lntnyhw
bn bwzy

100.032 Seal, Es-Soda (Tartus) (mid-8th cent.)

E. Rödiger, "Ueber einen in Phoenicien gefundenen geschnittenen Stein", *ZDMG* 3 (1849), 243-244.

lntnyhw b
n ʿbdyhw

100.033 Seal, Syria (?) (8th/7th cent.)

M. de Vogüé, "Intailles à légendes sémitiques", *RA* 17 (1868), 447f, No. 37.

lsr̊yh b
n bnsmrnr

100.034 Seal, Cyrene (mid-7th cent.)

S. Saulcy, "Note sur un cachet punique", *RA* 3 (1846), 99-100.

lʿbdyhw
bn yšb

100.035 Seal (provenance unknown) (2nd half of 7th cent.)

C. Clermont-Ganneau, "Three new archaic israelitic seals", *PEFQS* 34 (1902), 266-268, C.

l̊ʿbdyhw b̊
[n] šḥrḥ[r] {*or* tḥrh[w]}

100.036 Seal (Syria?) (early 7th cent.)

M. de Vogüé, "Intailles à légendes sémitiques", *RA* 17 (1868), 450, No. 41.

lʿzʾ b
n bʿlḥnn

100.037 Seal, Palestine (date unknown)

I. Lévy, "Notes d'histoire et d'épigraphie. I Cachet d'Ouzziahou, fils de Hareph", *RÉJ* 41 (1900), 174-175.

lʿzyhw.
bn. ḥrp.

100.038 Seal (provenance unknown) (late 8th cent.)

M. A. Levy, *Siegel und Gemmen mit aramäischen, phönicischen, althebräischen, himjarischen, nabathäischen und altsyrischen Inschriften*, (Breslau: Schletter'sche Buchhandlung, 1869), 54f, Pl. III:7a.

lʿšyhw.
bn. ywqm.

100.039 Seal, Palestine (early 7th cent.)

W. Wright, "On three Gems bearing Phoenician Inscriptions", *PSBA* 4 (1882), 54, No. 2.

lšḥrḥr bn
ṣpnyhw

100.040 Seal (Aleppo?) (7th cent.)

M. de Vogüé, "Intailles à légendes sémitiques", *RA* 17 (1868), 445f, No. 34.

lšmʿyhw
bn ʿzryhw

100.042 Seal, Palestine (date unknown)

P. Schröder, "Vier Siegelsteine mit semitischen Legenden", *ZDPV* 37 (1914), 174-176, No. 2, Fig. 9.

lʾlzkr
bn
yhwḥyl

100.043 Seal, Palestine (date unknown)

P. Schröder, "Vier Siegelsteine mit semitischen Legenden", *ZDPV* 37 (1914), 174-176, No. 2, Fig. 9.

lšby b
n ʾlzkr

100.044 Seal, Jericho (Aramaic? Herr) (mid-8th cent.)

E. Sachau, "Aramäische Inschriften", *Sitzungsberichte der königlich preussischen Akademie der Wissenschaften zu Berlin* 41 (1896), 1064.

’ḥz
pqḥy

100.045 Seal, Jerusalem (date unknown)

F. J. Bliss, "Thirteenth Report on the Excavations at Jerusalem", *PEFQS* 29 (1897), 180.

yšm‘’[l]
p̊dyhw

100.046 Seal, Palestine (mid-8th cent.)

M. de Vogüé, "Intailles à légendes sémitiques", *RA* 17 (1868), 449, No. 38.

lzkr
hwš‘

100.047 Seal (provenance unknown) (2nd half of 7th cent.)

C. Clermont-Ganneau, *JA* 8 (1883), 132f, No. 4.

lzkr.
‘zr.

100.048 Seal, Beth Shemesh (early 7th cent.)

G. B. Gray, "Interpretation of scaraboid bead seal with Hebrew inscription", in D. Mackenzie (ed.), *Excavations at Ain Shems (Beth-Shemesh).* The Tombs of Beth-Shemesh (small finds from the chamber of tomb 8), *PEFA* 11 (1912-13), 91f, Fig. 11.

l̊ḥ’h {*or* lḥ’b}
b‘d’l̊

100.049 Seal, Jerusalem (late 8th/early 7th cent.)

G. Dalman, "Epigraphisches und Pseudepigraphisches", *MNDPV* 9 (1903), 30f, No. 12, Fig. 31 (cf. N. Avigad, *EI* 9 (1969), 2, No.3, Pl. 1:3 (Heb.)).

l̊ḥnn
ydlyh̊ẘ {*or* yd̊ʿyh[w]}

100.050 Seal, Jerusalem (7th cent.)

E. J. Pilcher, "Signet of Hananiah", *PEFQS* 55 (1923), 94-97.

lḥnnyhw
nryhw

100.051 Seal, Palestine (mid-7th cent.)

C. Clermont-Ganneau, "Un nouveau cachet israélite archaique", *CRAIBL* IV 24 (1896), 77f.

lyḥmlyh
w mʿšyhw

100.052 Seal, Palestine (date unknown)

N. Giron, "Notes épigraphiques 2. Deux cachets hébraïques", *Mélanges* 5 (1911), 76f.

lyšʿyhw
ḥlqyhw

100.053 Seal, Jerusalem (date unknown)

E. J. Pilcher, "An Old Hebrew Signet from Jerusalem", *PEFQS* 50 (19??), 93-94.

lyqmyhw
yšmʿʾl

100.054 Seal, Egypt (7th cent.)

M. Lidzbarski, "Altsemitische Inschriften auf Siegeln und Gewichten des Ashmolean Museum zu Oxford", *Ephemeris* I, 11, No. 4; A.R. Millard, *CNSAM III*, 45 (No. 297).

lyrm
zmryh
w

100.055 Seal, Tell el-Judeideh (date unknown)

H. Vincent, "Nouvelle intaille israélite", RB 11 (1902), 435f.

lmʿ šyhw
mšlm

100.056 Seal (provenance unknown) (date unknown)

S. Ronzevalle, "Intailles orientales", *Mélanges* 7 (1914-21), 186f, No. 3, Pl. XXI:3.

lnryhw
mšlm.

100.057 Seal, Lachish (1st half of 7th cent.)

S. H. Hooke, "An Israelite Seal from Tell Duweir", *PEFQS* 56 (1934), 97-98, Pl. VII (cf. D. Diringer, "On Ancient Hebrew Inscriptions discovered at Tell ed-Duweir (Lachish)-II", *PEQ* 73 (1941), 103, No. 3, Pl. VIII:3; O. Tufnell (ed.), *Lachish III*, 348).

lšbnʾ
ʾḥʾb

100.058 Seal, Egypt (date unknown)

C. Clermont-Ganneau, "Sur quelques cachets israélites archaïques", *RAO* 4 (1901), 256ff.

lšlm
yrmyhw

100.059 Seal (Palestine?) (Ammonite? Herr) (late 7th cent.)

M. A. Levy, *Siegel und Gemmen* (Breslau: Schletter'sche Buchhandlung, 1869), 36f, No. 4, Pl. III:3.

l'lšgb
bt 'lšm'

100.060 Seal (Palestine?) (late 7th cent.)

G. (W.) Gesenius, *Scripturae linguaeque Phoeniciae monumenta quotquot supersunt edita et inedita ad autographorum optimorumque exemplorum fidem edidit additisque de scriptura et lingua Phoenicum commentariis illustravit* (Lipsiae, 1837), 221, Pl. 31:67.

ln'hbt b
t rmlyhw {*or* dmlyhw}

100.061 Seal (provenance unknown) (early 7th cent.)

C. Clermont-Ganneau, "Three New Archaic Israelite Seals", *PEFQS* 34 (1902), 264-266, B.

l'mdyhw
bt šbnyhw

100.062 Seal, Ashkelon (date unknown)

A. Jaussen, "Inscriptions Palmyréniennes", *RB* 6 (1897), 597.

l'bgyl
'št
'šyhw

100.063 Seal (provenance unknown) (Phoenician? Galling) (date unknown)

R. Dussaud, *Syria* 16 (1935), 212.

l'ḥtm
lk'

št yšʿ

100.065 Seal (provenance unknown) (8th cent.)

O. Blau, Review of M.A. Levy, *Phönizische Studien I-II*, *ZDMG* 12 (1858), 726 (cf. ibid. 19 (1865), 535 (fig.)).

lʾbyw ʿbd
ʿzyw

100.067 Seal, Palestine (1st half of 8th cent.)

A. de Longpérier, "Sur une pierre gravée du temps du roi Osias", *CRAIBL* 7 (1864), 288-289.

lšbnyw
(verso)
lšbnyw
ʿbd ʿzyw

100.068 Seal, Megiddo (1st half of 8th cent.)

E. Kautzsch, "Ein althebräisches Siegel vom Tell el-Mutsellim", *MNDPV* 10 (1904), 1-14.

lšmʿ
ʿbd yrbʿm

100.069 Seal, Tell en-Naṣbeh (late 8th/7th cent.)

W. F. Badè, "The Seal of Jaazaniah", *ZAW* 10 (1933), 150-156 with Plate.

lyʾznyhw
ʿbd hmlk

100.070 Seal (provenance unknown) (date unknown)

P. Schröder, "Drei Siegelsteine mit phönecischen Aufschriften", *ZDMG* 34 (1880), 681-683, No. 1.

lʿbdyhw

ʿbd hmlk

100.071 Seal, Jerusalem (date unknown)

H. Vincent, "Notes d'épigraphie palestinienne", *RB* 12 (1903), 605, Fig. 1.

lšmʿ. ʿ
bd hmlk

100.072 Seal, Palestine (early 7th cent.)

A. H. Sayce, "Hebrew inscriptions of the preexilic period", *The Academy*, 2 August 1890.

lʾlšmʿ. b
n. hmlk.

100.074 Seal (provenance unknown) (Moabite? Herr, *IR*) (1st half of 7th cent.)

A. H. Sayce, "New Phoenician and Israelitish inscriptions", *The Babylonian and Oriental Record* 1 (1886-87), 193f.

ʾmṣ hspr

100.075 Seal (provenance unknown) (date unknown)

E. J. Pilcher, "Signet with old Hebrew inscription", *PEFQS* 51 (1919), 177-181.

lšlm
bn ʾdnyh
ḥ.pr.

100.078 Seal, Tell Zakariyah (date unknown)

F. J. Bliss, "Second Report on the Excavation at Tell Zakarîya", *PEFQS* 31 (1899), 108, Pl. 7:14.

ʾ z

100.079 Seal, Gezer (date unknown)

R. A. S. Macalister, *Gezer* II, 295, No. 9, Fig. 437:2.

h

100.080 Seal (provenance unknown) (Phoenician? Galling) (8th cent.)

W. Wright, "On Five Phoenician Gems", *PSBA* 5 (1883), 100, No. 1.

ʾny

100.081 Seal (provenance unknown) (Phoenician? Galling; Aramaic?) (8th/7th cent.)

P. Schröder, "Phönicische Miscellen. Drei Siegelsteine mit phönicischen Aufschriften", *ZDMG* 34 (1880), 683.

bʿlntn

100.082 Seal (provenance unknown) (Aramaic?) (date unknown)

P. Schröder, "Phönicische Miscellen. Drei Siegelsteine mit phönicischen Aufschriften", *ZDMG* 34 (1880), 683.

bʿlntn

100.083 Seal, Nablus (Aramaic? Herr) (1st half of 8th cent.)

C. Clermont-Ganneau, *JA* 8 (1883), 134, No. 7.

yḥzq

100.087 Seal (provenance unknown) (7th cent.?)

C. Clermont-Ganneau, "Quatre cachets israélites archaïques", *RAO* 6 (1905), 116f, D.

ʿbdk̊yn {*or* ʿbdʾ̊yẘ}

100.088 Seal (provenance unknown) (Ammonite? Herr) (late 8th cent.)

M. de Vogüé, "Intailles à légendes sémitiques", *RA* 17 (1868), No. 8.

ʿšnʾl

100.089 Seal, Beirut (7th cent.)

M. Lidzbarski, *Ephemeris* I (1900-02), 12, No. 6; A.R. Millard, *CNSAM III*, 45 (No. 296).

lbn {*or* lbm}

100.090 Seal, Phoenicia (7th/6th cent.)

E. Renan, *Mission de Phénicie* (Paris: Imprimerie Impériale, 1864), 144f with Figure.

lhnmy

100.092 Seal, Babylonia (Aramaic? Galling) (7th cent.)

W. H. Ward, "Two Seals with Phoenician Inscriptions", *AJA* 2 (1886), 156, No. 2.

lšʾl

100.094 Seal (provenance unknown) (Phoenician? Galling; Aramaic? Herr; Ammonite? Garbini) (early 5th cent.)

C. Clermont-Ganneau, *JA* 8 (1883), 145, No. 25, 508.

lʾlrm bn
t̊m̊ʾ

100.095 Seal, Cadiz (Spain) (Phoenician? Galling) (8th/7th cent.)

P. Schröder, "Phönicische Miscellen. Drei Siegelsteine mit phönicischen Aufschriften", *ZDMG* 34 (1880), 683f, No. 9.

lnʿmʾl
p̊ʾrt

100.096 Seal (provenance unknown) (date unknown)

W. Wright, "On Five Phoenician Gems", *PSBA* 5 (1883), 101, No. 4.

lqsr̊
'd̊ny

100.099 Seal, Samaria (8th cent.)

E. L. Sukenik, "An Israelite gem from Samaria", *PEFQS* 60 (1928), 51.

lšr

100.100 Seal, Jerusalem (?) (mid-7th cent.)

G. Dalman, "Ein neugefundenes Jahvebild", *PJB* 2 (1906), 44-50.

l'lšmʿ b
n gdlyhw

100.101 Seal, Beirut (Aramaic? Herr; Phoenician? Millard) (8th cent.)

M. Lidzbarski, *Ephemeris* I (1900-02), 12, No. 5; A.R. Millard, *CNSAM III*, 46 (No. 299).

lh'mn
bn {*or* br} grql {*or* prql}

100.105 Impression (on cuneiform tablet), Samaria (8th cent.)

G. A. Reisner, *HES*, 247.

'b['ḥy]

100.106 Jar Stamp, Tell el-Judeideh (7th cent.)

F. J. Bliss and R. A. S. Macalister, *Excavations in Palestine during 1898-1900*, (London: Palestine Exploration Fund, 1902), 122.

lšmr n[

100.107 Jar Stamps (x2), Beth Shemesh (late 8th cent.)

E. Grant and G. E. Wright, *Ain Shems Excavations (Palestine) V* (Haverford, 1939), 84, No.10.

lks'
zk'

100.108 Jar Stamp, Beth Shemesh (compare 100.277 and 100.486) (late 8th cent.)

E. Grant and G. E. Wright, *Ain Shems Excavations (Palestine) V*, 80 (cf. D. Diringer, *Iscrizioni*, 126, No. 9, Pl. XIV:11).

l'lyqm
[n]ʿr ywkn

100.109 Seal, Lachish (late 8th/7th cent.)

J. L. Starkey, "Lachish as Illustrating Bible History", *PEQ* 69 (1937), 177 (cf. D. Diringer, "On Ancient Hebrew Inscriptions discovered at Tell ed-Duweir (Lachish)-II", *PEQ* 73 (1941), 103, No. 4, Pl. VIII:4; O. Tufnell (ed.), *Lachish III*, 348).

lšpṭyh
wʿšyhw

100.110 Bulla, Beth-Zur (late 7th/early 6th cent.)

O. R. Sellers, *The Citadel of Bet-Zur* (Phiadelphia, 1933), 62.

lg'lyhw
bn hmlk

100.120 Jar Stamp, Tell el-Judeideh (compare 100.121, 100.295 and 100.296) (late 8th cent.)

I. Ben-Dor, "Two Hebrew Seals", *QDAP* 13 (1948), 66-67, Pl. XXVII:2.

š[l]m.
['ḥ'.]

100.121 Jar Stamp, Tell el-Judeideh (compare 100.120, 100.295 and 100.296) (late 8th cent.)

I. Ben-Dor, "Two Hebrew Seals", *QDAP* 13 (1948), 66-67, Pl. XXVII:3.

l̊šlm.
’ḥ’̊.

100.122 Seal (provenance unknown) (8th cent.)

I. Ben-Dor, "A Hebrew Seal", *QDAP* 13 (1948), 90-91, Pl. XXXIII:A, B.

lyqm
yhw

100.123 Seal, Palestine (8th cent.)

A. Reifenberg, "Some Ancient Hebrew Seals", *PEQ* 70 (1938), 113f, No. 2, Pl. VI:2.

l’byw

100.124 Seal (provenance unknown) (early 7th cent.?)

A. Reifenberg, *Ancient Hebrew Seals* (London: The East and West Library, 1950), 32.

l[[’]]ḥmlk

100.125 Seal, Tell Qasile (5th/4th cent.)

B. Maisler, "Excavations at Tell Qasîle", *BJPES* 15 (1949), 16, Pl. 5 (Heb.) (cf. M. Stern, *Material Culture*, 207).

lʿšnyhw. ʿbd. hmlk

100.126 Seal (provenance unknown) (Aramaic? Herr; Phoenician? *H-D*) (8th/7th cent.)

A. Reifenberg, "Ancient Jewish Stamps and Seals", *PEQ* 71 (1939), 197, No. 4, Pl. XXXIV:4.

lprʿ {*or* lgrʿ}

100.127 Seal (Palestine?) (Aramaic? Herr; Phoenician? *H-D*) (8th cent.)

D. Diringer, "Three Early Hebrew Seals", *ArOr* 18 (1950), 65-67, No. 3, Pl. 1:1.

lnry

100.128 Seal, Syria (Aramaic? Herr; Phoenician? *H-D*) (8th/7th cent.)

A. Reifenberg, *PEQ* 71 (1939), 198, No. 5, Pl. XXXIV:5.

šm'b

100.129 Seal, Transjordan (Phoenician? Herr; Aramaic? *H-D*) (7th cent.)

A. Reifenberg, *PEQ* 70 (1938), 113, No. 1, Pl. VI:1.

l'lsmky

100.130 Modern wax impression (provenance unknown) (Aramaic? Galling) (Persian period)

G. R. Driver, "Old and New Semitic Texts", *PEQ* 70 (1938), 188, Pl. XIV:1.

l'ḥymn

100.132 Seal, Judaea (?) (genuine? Herr) (date unknown)

A. Reifenberg, *PEQ* 70 (1938), 115, No. 8, Pl. VI:8.

lšnyw

100.136 Seal, Megiddo (Phoenician? Herr) (1st half of 7th cent.)

H. G. May, "The Seal of Elamar", *AJSL* 52 (1935-36), 197-199, Fig. 1.

l'l'mr

100.138 Seal (provenance unknown) (Aramaic? Herr; *H-D*) (8th/7th cent.)

A. Reifenberg, *PEQ* 71 (1939), 196, No. 2, Pl. XXXIV:2.

l'lntn

100.139 Seal (patronymic above symbol), Lachish (late 8th/7th cent.)

S. H. Hooke, "A Scarab and Sealing from Tell Duweir", *PEQ* 67 (1935), 197, Pl. XI (cf. D. Diringer, "On Ancient Hebrew Inscriptions discovered at Tell ed-Duweir (Lachish)-II", *PEQ* 73 (1941), 102, No. 2, Pl. VIII:2; O. Tufnell (ed.), *Lachish III*, 348).

smk
l'ḥmlk

100.140 Seal (provenance unknown) (late 8th cent.)

R. D. Barnett, "Hebrew, Palmyrene and Hittite Antiquities", *British Museum Quarterly* 14 (1939-40), 31, Pl. IX:B.

l'ldlh {*or* l'lrlh}

100.141 Seal (provenance unknown) (late 8th cent.)

C. C. Torrey, "A Hebrew Seal from the Reign of Ahaz", *BASOR* 79 (1940), 27-28, Fig. 1.

l'šn'. ʿ
bd. 'ḥz

100.142 Seal (Judaea?) (7th cent.)

A. Reifenberg, *PEQ* 70 (1938), 114, No. 5, Pl. VI:5.

lgdyhw {*or* lgryhw}
bn bṣy {*or* bṣm}

100.143 Seal (Near Jerusalem?) (early Persian period)

E. L. Sukenik, *Kedem* 2 (1945), 8, No. 1 (Heb.).

lblgy b
n šbnyhw

100.144 Seal, Jerusalem (late 8th/7th cent.)

A. Reifenberg, *PEQ* 70 (1938), 114, No. 3, Pl. VI:3.

lhwšʿyhw
bn šlmyhw

100.145 Seal (Judaea?) (Aramaic? Herr) (2nd half of 6th cent.)

A. Reifenberg, *PEQ* 70 (1938), 115f, No. 10, Pl. VI:10.

šlm’̊l
bn {*or* br} ʿmš’

100.146 Seal (Judaea?) (Ammonite? Herr) (c.600)

A. Reifenberg, *PEQ* 70 (1938), 114f, No. 6, Pl. VI:6.

lyšʿ
ʿd’l

100.147 Seal, Jerusalem (7th cent.)

A. Reifenberg, "Ancient Hebrew Seals, III", *PEQ* 74 (1942), 109, No. 1, Pl. XIV:1.

lšlm

100.148 Seal, Near Jerusalem (early Persian period)

E. L. Sukenik, *Kedem* 2 (1945), 9f, No. 2 (Heb.).

lpšḥr bn
ʿdyhw

100.149 Bulla, Lachish (2nd half of 7th cent.)

S. H. Hooke, "A Scarab and Sealing from Tell Duweir", *PEQ* 67 (1935), 195f (cf. D. Diringer, "On Ancient Hebrew Inscriptions discovered at Tell ed-Duweir (Lachish)-II", *PEQ* 73 (1941), 103-04, No. 5, Pl. VIII:5; O. Tufnell (ed.), *Lachish III*, 348).

lgdlyhw
[ʾ]šr ʿl hbyt̊

100.150 Bulla, Lachish (late 8th/7th cent.)

S. H. Hooke, Notes and News, *PEQ* 68 (1936), 118 (cf. D. Diringer, "On Ancient Hebrew Inscriptions discovered at Tell ed-Duweir (Lachish)-II", *PEQ* 73 (1941), 102, No. 1, Pl. VIII:1; J. A. Thompson, "On Some Stamps and Seals from Lachish", *BASOR* 86 (1942), 26; O. Tufnell (ed.), *Lachish III*, 348).

lḥlqyhw
bn mʾp̊s {*or* mʾs}

100.151 Seal (Judaea?) (7th cent.)

A. Reifenberg, *PEQ* 70 (1938), 114, No. 4, Pl. VI:4.

lʾyʿdh

100.152 Seal (Judaea?) (7th cent.)

A. Reifenberg, *PEQ* 70 (1938), 115, No. 7, Pl. VI:7.

lʾdtʾ ʾ
št pšḥr

100.153 Seal (Judaea?) (6th cent.)

A. Reifenberg, *PEQ* 70 (1938), 115, No. 9, Pl. VI:9.

mky
š̊qnyh {*or* yq̊myh}

100.154 Seal, Beth-Shemesh (late 8th/7th cent.)

E. Grant and G. E. Wright, *Ain Shems Excavations (Palestine)* V, 81, No. 4.

lʿdyhw
ʾḥmlk

100.155 Seal (provenance unknown) (7th/6th cent.)

A. Reifenberg, *PEQ* 71 (1939), 196, No. 1, Pl. XXXIV:1.

lsylʾ b
n hwdyh

100.156 Seal, Tell eṣ-Ṣafi (7th cent.)

A. Reifenberg, *PEQ* 74 (1942), 109, No. 2, Pl. XIV:2.

lyhwʿz̊
ʾ̊hʾ̊b {*or* ʾḥ̊ʾ̊b}

100.157 Seal, Amman (Ammonite? Herr, Garbini) (c.600)

A. Reifenberg, *PEQ* 74 (1942), 109f, No. 3, Pl. XIV:3.

lʿlyh. ʾ
št. {*or* ʾmt.} ḥnnʾl

100.158 Seal, Gaza (Phoenician? Herr, H-D) (5th cent.)

A. Reifenberg, *PEQ* 74 (1942), 110, No. 4, Pl. XIV:4.

lytm {*or* lytn} bn
yg[

100.160 Seal, Jerusalem (Aramaic? Herr, H-D) (5th cent.)

A. Reifenberg, *PEQ* 74 (1942), 111, No. 6, Pl. XIV:6.

lʾbʾ
bẘn̊[ ]

100.161 Seal, Jerusalem (7th cent.)

A. Reifenberg, *PEQ* 74 (1942), 111f, No. 7, Pl. XIV:7.

lrbyhw
hglnyh {*or* lrbyhwh. glnyh}

100.162 Seal, Palestine (7th cent.)

G. R. Driver, "Brief Notes. I A New Israelite Seal", *PEQ* 77 (1945), 5; A.R. Millard, *CNSAM III*, 46 (No. 298).

lmqnyhw b̊
n yhwmlk {*or* yhwkl}

100.163 Jar Stamp, Gezer (6th-4th cent.)

N. Avigad, "Epigraphical Gleanings from Gezer", *PEQ* 82 (1950), 43-46.

[l]ʾ̊bnr
[p]q̊dyw

100.167 Seal (provenance unknown) (c.700)

N. Avigad, "Seven Ancient Hebrew Seals", *BIES* 18 (1954), 148f, No. 2, Pl. 4:2 (Heb.).

lšmʿ b
n zkryw

100.168 Seal (provenance unknown) (1st half of 7th cent.)

N. Avigad, *BIES* 18 (1954), 147f, No. 1, Pl. 4:1 (Heb.).

šbnʾ

100.169 Seal, Judaea (mid-7th cent.)

N. Avigad, *BIES* 18 (1954), 149f, No. 3, Pl. 4:3 (Heb.).

lḥṣy b
n gmlyhw

100.170 Seal (provenance unknown) (Aramaic? Garbini; Bordreuil and Lemaire) (c.600)

N. Avigad, *BIES* 18 (1954), 150, No. 4, Pl. 4:4 (Heb.).

lʾlʿz
bn ʿzrʾl

100.171 Seal (provenance unknown) (early 7th cent.)

N. Avigad, *BIES* 18 (1954), 150f, No. 5, Pl. 4:5 (Heb.).

ywʿšh
zkr

100.172 Seal (provenance unknown) (1st half of 7th cent.?)

N. Avigad, *BIES* 18 (1954), 151f, No. 6, Pl. 4:6 (Heb.).

yẘʾmn
ʿbdy

100.174 Seal, Cairo (Aramaic? Herr) (2nd half of 6th cent.)

A. Reifenberg, "Hebrew Seals and Stamps, IV", *IEJ* 4 (1954), 139, No. 1, Pl. 13:1.

lʿbyw {*or* lʿnyw} b
n [ ]ʿyw

100.175 Seal (provenance unknown) (1st half of 6th cent.)

A. Reifenberg, *IEJ* 4 (1954), 140, No. 2, Pl. 13:2.

lʿzryh
bn nḥm

100.176 Seal, Judaea (mid-7th cent.)

A. Reifenberg, *IEJ* 4 (1954), 140, No. 3, Pl. 13:3.

lmlkyhw
ḥlṣyhw

100.177 Jar Stamp, Samaria (2nd half of 8th cent.)

A. Reifenberg, *IEJ* 4 (1954), 141f, No. 5, Pl. 13:5.

ly
p
rʿ
yw

100.178 Seal (provenance unknown) (2nd half of 8th cent.)

N. Avigad, "Three Ornamented Hebrew Seals", *IEJ* 4 (1954), 236f, No. 1, Pl. 21:B1.

lšʾl

100.179 Seal (provenance unknown) (early 7th cent.)

N. Avigad, *IEJ* 4 (1954), 237, No. 2, Pl. 21:B2.

lʿzʾ. bn. ḥts

100.180 Seal (provenance unknown) (Aramaic? Herr) (6th cent.)

N. Avigad, *IEJ* 4 (1954), 237f, No. 3, Pl. 21:B3.

pmn

100.181 Seal (provenance unknown) (8th/7th cent.)

G. R. Driver, "Hebrew Seals", *PEQ* 87 (1955), 183; A.R. Millard, *CNSAM III*, 44 (No. 292).

lhwšʿ̊

100.182 Seal, Aleppo (Aramaic? Herr, Millard) (late 8th/early 7th cent.)

G. R. Driver, "Hebrew Seals", *PEQ* 87 (1955), 183; A.R. Millard, *CNSAM III*, 44 (No. 291).

l̊mnḥm̊

100.185 Seal, Samaria (Moabite? Lemaire) (date unknown)

J. W. Crowfoot et al., *S-S 3*, 87.

klm {*or* km̊[š]}

100.186 Jar Stamp, Gibeon (compare 100.474 and 100.900) (late 8th cent.)

J. B. Pritchard, *Hebrew Inscriptions and Stamps from Gibeon*, (Philadelphia, 1959), 27, No. 2.

lnḥm
hṣlyhw

100.187 Jar Stamp, Gibeon (compare 100.776) (late 8th cent.)

J. B. Pritchard, *HISG*, 28, No. 3.

ltnḥ
m ngb

100.188 Jar Stamp, Gibeon (compare 100.289) (late 8th cent.)

J. B. Pritchard, *HISG*, 28, No. 4.

[ṣpn ʿ]
zry[hw]

100.189 Jar Stamp, Gibeon (compare 100.190) (late 8th cent.)

J. B. Pritchard, *HISG*, 28, No. 5.

l̊m̊šl
m ʾlntn

100.190 Jar Stamp, Gibeon (compare 100.189) (late 8th cent.)

J. B. Pritchard, *HISG*, 28, No. 6.

lm[šl]
m ʾl[ntn]

100.191 Jar Stamp, Gibeon (date unknown)

J. B. Pritchard, *HISG*, 28, No. 7.

l̊n̊[ ]n̊
[ ]

100.192 Jar Stamp, Gibeon (compare 100.404, 100.493 and 100.791) (late 8th cent.)

J. B. Pritchard, *HISG*, 29, No. 8.

ltnḥm
mgn

100.193 Seal Weight, Nebi Rubin (7th cent.)

N. Glueck, "A Seal Weight from Nebi Rubin", *BASOR* 153 (1959), 35-38.

lbrky

100.196 Jar Stamp, Ramat Raḥel (compare 100.789) (late 8th cent.)

Y. Aharoni, *Ramat Raḥel 1959-1960*, 16f.

lnr'
šbn'

100.197 Jar Stamp, Ramat Raḥel (late 8th cent.)

Y. Aharoni, *Ramat Raḥel 1959-1960*, 17f.

lmnḥm
ywbnh

100.198 Jar Stamp, Ramat Raḥel (compare 100.396) (late 8th cent.)

Y. Aharoni, *Ramat Raḥel 1959-1960*, 44.

yhwḥl
šḥr

100.199 Jar Stamps (x2), Ramat Raḥel (late 8th cent.)

Y. Aharoni, *BA* 24 (1961), 107.

yhwḥyl
šḥ[r]

100.202 Seal (provenance unknown) (1st half of 7th cent.)

N. Avigad, *BIES* 25 (1961), 242, No. 4, Pl. 5:4 (Heb.).

ln̊ḥ̊m̊ b
n ḥ̊mn̊

100.203 Seal, Tel Aviv (1st half of 7th cent.)

N. Avigad, *BIES* 25 (1961), 244, No. 6, Pl. 5:6 (Heb.).

lḥgy b
n [

100.204 Seal, Revadim, Valley of Aijalon (7th cent. (12th cent. Cross))

R. Giveon, "Two New Hebrew Seals and their Iconographic Background", *PEQ* 93 (1961), 38f, Pl. III:A.

l'b'

100.205 Seal, Region of Dan (Aramaic? Herr) (9th/8th cent.)

R. Giveon, "Two New Hebrew Seals and their Iconographic Background", *PEQ* 93 (1961), 40-42, Pl. III:B.

lʿz'

100.206 Seal, Shechem (2nd half of 7th cent.)

F. M. Cross, "An Inscribed Seal from the Excavation at Balâṭah (Shechem)", *BASOR* 167 (1962), 14-15 with Plate.

lmbn

100.207 Seal, En-Gedi (late 7th cent.)

B. Mazar, *Yediot* 26 (1962), 57.

l’ryhw
‘zryhw

100.208 Seal, En-Gedi (early 6th cent.)

B. Mazar, T. Dothan and I. Dunayevsky, *En Gedi, Excavations in 1961-62*, *‘Atiqot* 5 (1966), 34, Fig. 12, Pl. XXVI:1.

lnrt {*or* lmr’} {*or* lnr’}

100.209 Seal (provenance unknown) (c.700)

N. Avigad, “A Seal of ’Manasseh Son of the King’”, *IEJ* 13 (1963), 133-136, Pl. 18:C.

lmnšh bn
hmlk

100.210 Seal (provenance unknown) (late 8th cent.)

N. Avigad, “Two Newly Found Hebrew Seals”, *IEJ* 13 (1963), 322f, Pl. 34:C.

l‘kbr
’ḥ̊qm

100.211 Seal, Kiriath-jearim (late 7th/early 6th cent.)

N. Avigad, “Two Newly Found Hebrew Seals”, *IEJ* 13 (1963), 324, Pl. 34:D.

lyš‘yh
w’mryhw

100.212 Seal, Tell Arad (8th cent.)

Y. Aharoni, “Tell Arad”, *RB* 71 (1964), 395f; idem, *Arad Inscriptions*, 121, No. 109. (= Vattioni No. 434).

ldršyh
w bn ʿz[ ]

100.213 Seal, Jerusalem (mid-7th cent.)

J. Prignaud, "Un sceau hébreau de Jéreusalem et un Ketib du livre d'Esdras", *RB* 71 (1964), 372-376, Pl. XVI.

lḥgy
yšʾl

100.214 Seal, Nablus (?) (8th cent.)

R. B. Y. Scott, "The Seal of Šmryw", *VT* 14 (1964), 108-110 with Plate.

šmryw

100.215 Seal (provenance unknown) (Phoenician? IR, Herr) (late 8th/1st half of 7th cent.)

N. Avigad, "The Seal of Jezebel", *IEJ* 14 (1964), 274-276, Pl. 56:C.

yz
bl

100.218 Bulla (provenance unknown) (early 6th cent.)

N. Avigad, *IEJ* 14 (1964), 193f, B, Pl. 44:C.

lḥnnyhw b
n gdlyhw

100.220 Seal (provenance unknown) (c.700)

M. F. Martin, "Six Palestinian Seals", *RSO* 39 (1964), 208, No. 3, Pl. II:3.

lʾlrm
ḥsdyhw

100.222 Jar Stamp, Ramat Raḥel (Aramaic?) (date unknown)

Y. Aharoni, *Ramat Raḥel 1959-1960*, 19, No. 4, Fig. 14:5, Pl. 6:3.

l[ ]
t br'

100.223 Jar Stamps (x2), Ramat Raḥel (compare 100.288 and 100.472) (late 8th cent.)

Y. Aharoni, *Ramat Raḥel 1961-62*, 60, No. 1, Fig. 37:3, Pl. 40:3.

lšbn
' šḥr

100.224 Jar Stamp, Ramat Raḥel (date unknown)

Y. Aharoni, *Ramat Raḥel 1959-1960*, 18f, No. 3, Fig. 14:4, Pl. 6:1.

l[ ]
'lšm'

100.226 Seal (provenance unknown) (Aramaic? Avigad) (late 7th cent.)

N. Avigad, "Seals of Exiles", *IEJ* 15 (1965), 228-230, Pl. 40:E.

lyhwyšm'
bt šwššr' ṣr {*or* šnššr' ṣr}

100.228 Seal (provenance unknown) (late 8th cent.)

N. Avigad, "A Hebrew Seal with a Family Emblem", *IEJ* 16 (1966), 50-53, Pl. 4:C.

l'zry
w hgbh

100.230 Seal, Tell Arad (7th cent.)

Y. Aharoni, "Seals of Royal Functionaries from Arad", *EI* 8 (1967), 101f, No. 1, Pl. 12:1, 2 (Heb.); idem, *Arad Inscriptions*, 120f, No. 8.

lbrkyhw
bn [ ]hw
bn šlmyhw

100.231 Seal, Tell Arad (cf. 100.232, 100.282) (late 7th cent.)

Y. Aharoni, *EI* 8 (1967), 102f, No. 2, Pl. 12:3-6 (Heb.); idem, *Arad Inscriptions*, 119, No. 6.

l' lyšb
bn 'šyhw

100.232 Seal, Tell Arad (cf. 100.231, 100.282) (late 7th cent.)

Y. Aharoni, *EI* 8 (1967), 102f, No. 2, Pl. 12:7-8 (Heb.); idem, *Arad Inscriptions*, 119, No. 7.

l' lšb
[[b]]n 'šyh

100.233 Seal, Palestine (early 7th cent.)

S. H. Horn, "An Inscribed Seal from Jordan", *BASOR* 189 (2968), 41-43 with Plate.

lqlyhw
d̊ml' l {*or* rml' l}

100.235 Seal (provenance unknown) (late 7th cent.)

N. Avigad, "A Group of Hebrew Seals", *EI* 9 (1969), 1, No. 1, Pl. 1:1 (Heb.).

lpdyhw
bn psḥ

100.236 Seal (provenance unknown) (Aramaic? Herr) (1st half of 8th cent.)

N. Avigad, *EI* 9 (1969), 2, No. 2, Pl. 1:2 (Heb.).

pdh

100.238 Seal (provenance unknown) (8th cent.)

N. Avigad, *EI* 9 (1969), 2f, No. 4, Pl. 1:4 (Heb.).

ldlh

100.239 Seal (provenance unknown) (8th/7th cent.)

N. Avigad, *EI* 9 (1969), 3, No. 5, Pl. 1:5 (Heb.).

l’prḥ b[n]
smkyhw

100.240 Seal (provenance unknown) (late 8th/7th cent.)

N. Avigad, *EI* 9 (1969), 3, No. 6, Pl. 1:6 (Heb.).

lgdlyhw
bn smk

100.241 Seal (provenance unknown) (late 7th/early 6th cent.)

N. Avigad, *EI* 9 (1969), 3f, No. 7, Pl. 1:7 (Heb.).

ly’znyh {*or* ly’znyh̊[w]}
[b]n g̊dl

100.242 Bulla (provenance unknown) (6th cent.)

N. Avigad, *EI* 9 (1969), 4, No. 8, Pl. 1:8 (Heb.).

l’lyqm
bn m‘šyh {*or* m‘šyw}

100.243 Seal (provenance unknown) (7th cent.)

N. Avigad, *EI* 9 (1969), 4, No. 9, Pl. 1:9 (Heb.).

l‘šy
gryhw

100.244 Seal (provenance unknown) (7th/6th cent.)

N. Avigad, *EI* 9 (1969), 4f, No. 10, Pl. 1:10 (Heb.).

lnḥm
ʾlšmʿ̊

100.245 Seal (provenance unknown) (7th/6th cent.)

N. Avigad, *EI* 9 (1969), 5, No. 11, Pl. 2:11 (Heb.).

lʾply bn
šmʿ

100.246 Seal (provenance unknown) (7th cent.)

N. Avigad, *EI* 9 (1969), 5, No. 12, Pl. 2:12 (Heb.).

ʾḥyhw
šm

100.247 Seal (provenance unknown) (Aramaic? Herr) (8th/7th cent.)

N. Avigad, *EI* 9 (1969), 5f, No. 13, Pl. 2:13 (Heb.).

lbsy

100.248 Seal (provenance unknown) (8th cent.)

N. Avigad, *EI* 9 (1969), 6, No. 14, Pl. 2:14 (Heb.).

lyrmyhw

100.249 Seal (provenance unknown) (late 8th cent.)

N. Avigad, *EI* 9 (1969), 6, No. 15, Pl. 2:15 (Heb.).

lywʾr

100.250 Seal (provenance unknown) (Phoenician? Herr) (7th cent.)

N. Avigad, *EI* 9 (1969), 7, No. 16, Pl. 2:16 (Heb.).

lmlkrm

100.251 Seal (provenance unknown) (not Hebrew? Herr) (2nd half of 8th/1st half of 7th cent.)

N. Avigad, *EI* 9 (1969), 7f, No. 17, Pl. 2:17 (Heb.).

llḥš

100.252 Seal (provenance unknown) (late 7th/6th cent.)

N. Avigad, *EI* 9 (1969), 8, No. 21, Pl. 2:21 (Heb.).

lyhw’ḥz
bn hmlk

100.253 Bulla, Lachish (late 7th cent.)

Y. Aharoni, "Trial Excavations in the 'Solar Shrine' at Lachish. Preliminary Report", *IEJ* 18 (1968), 166, Pl. XI:1 (cf. idem, *Lachish V*, 20f., Pl.20:1).

lyhwkl
bn yhwḥ̊y

100.254 Bulla, Lachish (late 7th cent.)

Y. Aharoni, *IEJ* 18 (1968), 166, Pl. XI:2 (cf. idem, *Lachish V*, 21, Pl.20:2).

lnḥm b
n ʿnnyhẘ

100.255 Bulla, Lachish (late 7th cent.)

Y. Aharoni, *IEJ* 18 (1968), 166, Pl. XI:3 (cf. idem, *Lachish V*, 21, Pl. 20:3).

[l]n̊ryhw
[bn] p̊r̊ʿš̊

100.256 Bulla, Lachish (late 7th cent.)

Y. Aharoni, *IEJ* 18 (1968), 166, Pl. XI:4 (cf. idem, *Lachish V*, 21, Pl. 20:4).

lyhw’l
m̊ẙ’mn̊

100.257 Bulla, Lachish (late 7th cent.)

Y. Aharoni, *IEJ* 18 (1968), 166f, Pl. XI:5 (cf. idem, *Lachish V*, 21, Pl.20:5).

[l]šbnẙh̊ẘ
[ ] hmlk

100.258 Bullae (x2), Lachish (late 7th cent.)

Y. Aharoni, *IEJ* 18 (1968), 167, Pl. XI:6-7 (cf. idem, *Lachish V*, 21f., Pl.20:6-7).

lyrmyhw
bn ṣ̊pnẙhw
bn nby[ ] {*or* nby[’]}

100.268 Seal, Jerusalem (late 8th/7th cent.)

R. Amiran and A. Eitan, *Qedem* 3 (1970), 65.

lmtnyhw
‘zryhw

100.270 Jar Stamps (x3), Tell el-Judeideh (compare 100.455) (7th cent. (late 8th cent.: Herr))

F. J. Bliss, “Second Report on the Excavations at Tell ej-Judeideh”, *PEFQS* 32 (1900), 219f, Pl. VII:2.

š̊bnyhw
[‘]zryhw

100.272 Seal (provenance unknown) (first half of 8th cent.)

F. M. Cross, "Yahweh and the God of the Patriarchs", *HTR* 55 (1962), 251 (cf. F. M. Cross, "The Seal of Miqneyaw, Servant of Yahweh", in L. Gorelick and E. Williams-Forte (eds.), *Ancient Seals and the Bible* (Malibu: Undena Publications, 1983), 55-63, Pl. ix-x).

mqnyw
ʿbd. yhwh
(verso)
lmqnyw
ʿbd. yhwh

100.273 Seal, Gibeon (date unknown)

J. B. Pritchard, *Gibeon: Where the Sun Stood Still* (Princeton, NJ: Princeton University Press, 1962), 119f, Pl. 86.

lʾnyhw b
n hryhw

100.274 Jar Stamp, Jerusalem (compare 100.454 and 100.790) (late 8th cent.)

N. Avigad, "Excavations in the Jewish Quarter of the Old City of Jerusalem, 1970 (Second Preliminary Report)", *IEJ* 20 (1970), 131, Pl. 30:C.

lṣpn ʾ
bmʿ ṣ

100.275 Seal (provenance unknown) (Aramaic? *H-D*) (8th cent.)

IR, No. 10.

ʾbgd
hwzḥ

100.276 Seal (provenance unknown) (Aramaic? Ammonite?) (date unknown)

A. Salem, "Un cachet oriental de bronze inédit portant une inscription", *Semitica* 22 (1972), 21-23.

lb
wṭ {*or* lbw‘}

100.277 Jar Stamp, Ramat Raḥel (compare 100.108 and 100.486) (late 8th cent.)

Y. Aharoni, *Ramat Raḥel 1961-1962*, 33, Fig. 37:6; Pl. 40:4.

l’lyqm
[n‘]r ywkn

100.278 Seal (provenance unknown) (Aramaic? Galling; Ammonite? Garbini) (7th/6th cent.)

CIS II, 90.

l‘zy

100.279 Seal (provenance unknown) (4th/3rd cent.)

L. Baqués Estapé, "Escarabeos egipcios y sellos del museo biblico del Seminario diocesano de Palma (Mallorca)", *Boletin de la Asociatión Española de Orientalistas* 22 (1976), 133-147.

m’š

100.280 Jar Stamps (x2), Lachish (2nd half of 7th cent.(?))

D. Diringer, "On Ancient Hebrew Inscriptions discovered at Tell ed-Duweir (Lachish)-I", *PEQ* 73 (1941), 43-44, No. 5, Pl. III:9 (cf. O. Tufnell (ed.), *Lachish III*, 341; J. A. Thompson, *BASOR* 86 (1942), 25f).

lšlm.̊ {*or* lšlmh̊}
’ḥsmk̊ {*or* ’ḥ’mr̊}

100.281 Bulla, Beer-Sheba (8th cent.)

Y. Aharoni, *Beer-Sheba* I (Tel Aviv, 1973), 75, Pl. 32:1.

lʿbdyh
n̊r̊ẙh̊ẘ

100.282 Seal, Arad (cf. 100.231, 100.232) (late 7th cent.)

Y. Aharoni, *EJ* 16, 660, Fig. 3; idem, *Arad Inscriptions*, 119, No. 5.

lʾlyšb
bn ʾšyhw

100.288 Jar Stamps (x3), Tell en-Naṣbeh (compare 100.223 and 100.472) (late 8th cent.)

C. C. McCown, *Tell En-Naṣbeh 1*, 160.

lšbn
ʾ {*or* lšbnt} šḥr

100.289 Jar Stamps (x3), Lachish (compare 100.188) (late 8th cent.)

D. Diringer, "On Ancient Hebrew Inscriptions discovered at Tell ed-Duweir (Lachish)-I", *PEQ* 73 (1941), 38-40, No. 1, Pl. III:1 (cf. O. Tufnell (ed.), *Lachish III*, 341).

ṣpn ʿ
zryhw

100.291 Jar Stamp, Tell el-Judeideh (compare 100.470 and 100.743) (late 8th cent.)

F. J. Bliss, "Second Report on the Excavations at Tell el-Judeideh", *PEFQS* 32 (1900), 220.

lnḥm
ʿbdy

100.293 Seal, Beirut (date unknown)

P. Bordreuil, "Inscriptions sigillaires ouest-sémitiques I. Épigraphie ammonite", *Syria* 50 (1973), 185 n. 4.

lsl' bn 'l'

100.294 Seal, Hebron (late 8th cent.)

R. R. Stieglitz, "The Seal of Ma'aseyahu", *IEJ* 23 (1973), 236f, Pl. 63:D.

lmʿ śyhw
yšʿ yh[w]

100.295 Jar Stamp, Khirbet Rabud (compare 100.120, 100.121 and 100.296) (late 8th cent.)

M. Kochavi, "Khirbet Rabûd = Debir", *Tel Aviv* 1 (1974), 18.

lšlm
'ḥ'

100.296 Jar Stamp, Khirbet Rabud (compare 100.120, 100.121 and 100.295) (late 8th cent.)

M. Kochavi, "Khirbet Rabûd = Debir", *Tel Aviv* 1 (1974), 18.

lšlm
'ḥ'

100.299 Seal (provenance unknown) (2nd half of 8th cent.)

Y. Aharoni, "Three Hebrew Seals", *Tel Aviv* 1 (1974), 157, Fig. 1, Pl. 30:1.

bnyhw
gry

CORPUS

100.300 Seal (provenance unknown) (late 8th cent.)

Y. Aharoni, *Tel Aviv* 1 (1974), 157, Fig. 2, Pl. 30:2.

l'ldg[n]

100.301 Seal (provenance unknown) (genuine? Herr) (9th cent.(?))

Y. Aharoni, *Tel Aviv* 1 (1974), 157f, Fig. 3, Pl. 30:3.

lzry
hw hr
bt

100.307 Bullae (x10) (provenance unknown) (6th/5th cent.)

N. Avigad, *Bullae and Seals from a Post-exilic Judean Archive, Qedem* 4 (1976), No. 6, Pl. 6.

lyrmy
hspr

100.308 Bullae (x11) (provenance unknown) (6th/5th cent.)

N. Avigad, *Qedem* 4 (1976), 8, No. 7, Pl. 8.

lbrwk
bn šmʿy

100.309 Bullae (x11) (provenance unknown) (6th/5th cent.)

N. Avigad, *Qedem* 4 (1976), 8f, No. 8, Pl. 9.

lyg'l
bn zkry

100.310 Bullae (x9) (provenance unknown) (6th/5th cent.)

N. Avigad, *Qedem* 4 (1976), 9, No. 9, Pl. 12.

l'lʿzr
bn nḥm

100.311 Bullae (x4) (provenance unknown) (6th/5th cent.)

N. Avigad, *Qedem* 4 (1976), 9, No. 10, Pl. 13.

lš'l
bn nḥm

100.312 Bullae (x2) (provenance unknown) (Aramaic? Herr) (6th/5th cent.)

N. Avigad, *Qedem* 4 (1976), 9f, No. 11, Pl. 13.

[l]'l'zr

100.313 Bullae (x7) (provenance unknown) (Aramaic? Herr) (6th/5th cent.)

N. Avigad, *Qedem* 4 (1976), 10, No. 12, Pl. 14.

lmykh

100.316 Seal (Hebron area?) (not Hebrew? Herr) (8th/7th cent.)

P. Bordreuil and A. Lemaire, "Trois sceaux nord-ouest sémitiques inédits", *Semitica* 24 (1974), 27ff.

l'š'

100.317 Seal (provenance unknown) (Ammonite? Herr) (early 6th cent.)

P. Bordreuil and A. Lemaire, *Semitica* 24 (1974), 30ff.

l'lyš'
bn grgr {*or* grgd}

100.318 Seal (provenance unknown) (Ammonite? Herr) (early 7th cent.)

A. Reifenberg, *Ancient Hebrew Seals* (London: The East and West Library, 1950), 41, No. 33.

ltmk['']

bn
mqnmlk

100.321 Bulla, Hebron Area (late 8th/early 7th cent.)

R. Hestrin and M. Dayagi, "A Seal Impression of a Servant of King Hezekiah", *IEJ* 24 (1974), 27-29, Pl. 2:B, C.

lyhwzr̊
ḥ bn ḥlq̊
[y]hw ʿbd. ḥ̊
z̊q̊ẙh̊w

100.322 Seal (obverse of 100.323) (provenance unknown) (2nd half of 8th cent.)

N. Avigad, "The Priest of Dor", *IEJ* 25 (1975), 101-105, Pl. 10:C, D.

lṣdq
bn mkʾ

100.323 Seal (reverse of 100.322) (provenance unknown) (date unknown)

N. Avigad, *IEJ* 25 (1975), 101-105, Pl. 10:C, D.

[lz]kryw
khn dʾr

100.324 Seal (provenance unknown) (7th cent.)

N. Avigad, "New Names on Hebrew Seals", *EI* 12 (1975), 66, No. 1, Pl. 14:1 (Heb.).

lḥmyʿdn
bt ʾḥmlk

100.325 Seal (provenance unknown) (7th cent.)

N. Avigad, *EI* 12 (1975), 66, No. 2, Pl. 14:2.

lḥlqyhw
bn ddyhw {*or* ʿdyhw}

100.326 Seal (provenance unknown) (late 8th/7th cent.)

N. Avigad, *EI* 12 (1975), 67, No. 3, Pl. 14:3.

lmlkyhw
bn ḥyl'

100.327 Seal (provenance unknown) (8th-6th cent.)

N. Avigad, *EI* 12 (1975), 67, No. 4, Pl. 14:4.

šknyh
w ḥyl'

100.328 Seal (provenance unknown) (6th cent.)

N. Avigad, *EI* 12 (1975), 67, No. 5, Pl. 14:5.

yr'wyhw
'r'

100.329 Seal (provenance unknown) (7th-6th cent.)

N. Avigad, *EI* 12 (1975), 67, No. 6, Pl. 14:6.

lklkly
hw. z̊kr

100.330 Seal (provenance unknown) (8th-6th cent.)

N. Avigad, *EI* 12 (1975), 68, No. 7, Pl. 14:7.

l'br
yhw

100.331 Seal (provenance unknown) (8th-6th cent.)

N. Avigad, *EI* 12 (1975), 68, No. 8, Pl. 14:8.

ldltyhw

bn ḥlq

100.332 Seal (provenance unknown) (8th-6th cent.)

N. Avigad, *EI* 12 (1975), 69, No. 9, Pl. 14:9.

lšbnyhw
bṣr

100.333 Seal (provenance unknown) (8th-6th cent.)

N. Avigad, *EI* 12 (1975), 69, No. 10, Pl. 14:10.

lšlmyh
w. šrmlk

100.334 Seal (provenance unknown) (8th-6th cent.)

N. Avigad, *EI* 12 (1975), 69, No. 11, Pl. 14:11.

lšryhw

100.335 Seal (provenance unknown) (8th-6th cent.)

N. Avigad, *EI* 12 (1975), 69, No. 12, Pl. 14:12.

yhwqm

100.336 Seal (provenance unknown) (6th cent.)

N. Avigad, *EI* 12 (1975), 69, No. 13, Pl. 14:13.

yhwqm
yhwnd̊b̊

100.337 Seal (provenance unknown) (8th-6th cent.)

N. Avigad, *EI* 12 (1975), 69, No. 14, Pl. 14:14.

lšbʿ y
ḥmlyhw

100.338 Seal (provenance unknown) (8th-6th cent.)

N. Avigad, *EI* 12 (1975), 70, No. 15, Pl. 14:15.

ldršy
hw ḥml

100.339 Seal (provenance unknown) (8th-6th cent.)

N. Avigad, *EI* 12 (1975), 70, No. 16, Pl. 14:16.

l'ḥyw
bn š'l

100.340 Seal (provenance unknown) (8th-6th cent.)

N. Avigad, *EI* 12 (1975), 70, No. 17, Pl. 14:17.

lʿzr
'lʿš

100.341 Bulla (provenance unknown) (7th cent.)

N. Avigad, *EI* 12 (1975), 70f, No. 18, Pl. 14:18.

ldml'

100.342 Seal (provenance unknown) (8th-6th cent.)

N. Avigad, *EI* 12 (1975), 71, No. 19, Pl. 14:19.

lzqn
'ḥzyhw

100.343 Seal (provenance unknown) (7th cent.)

N. Avigad, *EI* 12 (1975), 71, No. 20, Pl. 14:20.

lšʿnp.
bn. nby

100.344 Seal (provenance unknown) (mid-7th cent.)

C. Graesser, "The Seal of Elijah", *BASOR* 220 (1975), 63-66.

l' lyhw
yqmyhw

100.345 Seal (provenance unknown) (mid-7th cent.)

P. Bordreuil, "Inscriptions sigillaires ouest-sémitiques II. Un cachet hébreu récemment acquis par le Cabinet des Medailles de la Bibliothèque Nationale", *Syria* 52 (1975), 107.

lm' š
bn. mnḥ.
hspr

100.346 Seal (provenance unknown) (late 7th/early 6th cent.)

P. Bordreuil, *Syria* 52 (1975), 110.

lšm' b
n ywstr

100.347 Seal (provenance unknown) (Phoenician? Galling; Ammonite? Garbini) (8th-6th cent.)

C. Clermont-Ganneau, *JA* 8 (1883), 144f, No. 23.

ltmk' l
bn ḥgt

100.351 Seal (provenance unknown) (8th cent.)

J. R. Bartlett, "The Seal of *Hnh* from the Neighbourhood of Tell ed-Duweir", *PEQ* 18 (1976), 59-61, Pl. VIII.

lḥnh

100.354 Seal (provenance unknown) (7th/6th cent.)

W. von Landau, *Beiträge zur Altertumskunde des Oriens*, 4 (Leipzig: Eduard Pfeiffer, 1905), 41-43, Pl. IV.

prʿš

100.355 Jar Stamps (multiple), Tell Zakariya and Gezer (late 8th cent.)

F. J. Bliss, "Fourth Report on the Excavations at Tell Zakarîya", *PEFQS* 32 (1900), 13, Pl. II:1.

lʿzr
ḥgy

100.358 Jar Stamps (x7), Lachish (compare 100.792) (late 8th cent.)

D. Diringer, "On Ancient Hebrew Inscriptions discovered at Tell ed-Duweir (Lachish)-I", *PEQ* 73 (1941), 41, No. 3, Pl. III:4-6 (cf. O. Tufnell (ed.), *Lachish III*, 341).

mšlm
ʾḥmlk

100.359 Seal (provenance unknown) (8th/7th cent.)

P. Bordreuil and A. Lemaire, "Nouveaux sceaux hébreux, araméens et ammonites", *Semitica* 26 (1976), 45f, No. 1, Pl. IV:1a, 1b.

lšʿryhw
bn ḥnyhw
(verso)
lhwdyhw
šʿryhw

100.360 Seal (provenance unknown) (7th cent.)

P. Bordreuil and A. Lemaire, *Semitica* 26 (1976), 46, No.2, Pl. IV:2a, 2b.

lṣpn

nryw

100.361 Seal (provenance unknown) (7th cent.)

P. Bordreuil and A. Lemaire, *Semitica* 26 (1976), 46f, No. 3, Pl. IV:3.

lyrymwt
bnyhw

100.362 Seal (provenance unknown) (7th cent.)

P. Bordreuil and A. Lemaire, *Semitica* 26 (1976), 47, No. 4, Pl. IV:4.

lʿzryhw b
n šmryhw

100.363 Seal (provenance unknown) (8th/7th cent.)

P. Bordreuil and A. Lemaire, *Semitica* 26 (1976), 47, No. 5, Pl. IV:5.

lšmryhw
bn pdyhw

100.364 Seal (provenance unknown) (8th/7th cent.)

P. Bordreuil and A. Lemaire, *Semitica* 26 (1976), 47f, No. 6, Pl. IV:6.

lyrmyhw
bn mnḥm

100.365 Seal (provenance unknown) (8th/7th cent.)

P. Bordreuil and A. Lemaire, *Semitica* 26 (1976), 48, No. 7, Pl. IV:7.

lʿšyhw
bn ḥwhyhw

100.366 Seal (provenance unknown) (7th cent.)

P. Bordreuil and A. Lemaire, *Semitica* 26 (1976), 48, No. 8, Pl. IV:8.

l'ḥ'mh
bn yqymyhw

100.367 Seal (provenance unknown) (8th/7th cent.)

P. Bordreuil and A. Lemaire, *Semitica* 26 (1976), 49, No. 9, Pl. IV:9.

lhwdyhw
mtnyhw

100.368 Seal (provenance unknown) (8th/7th cent.)

P. Bordreuil and A. Lemaire, *Semitica* 26 (1976), 49, No. 10, Pl. IV:10.

lmkyhw
bn šlm

100.369 Seal (provenance unknown) (8th/7th cent.)

P. Bordreuil and A. Lemaire, *Semitica* 26 (1976), 49, No. 11, Pl. IV:11.

lʿzr bn
mtnyhw

100.370 Seal (provenance unknown) (8th/7th cent.)

P. Bordreuil and A. Lemaire, *Semitica* 26 (1976), 50, No. 12, Pl. IV:12.

l'šyh
wʿzr

100.371 Seal (provenance unknown) (8th cent.)

P. Bordreuil and A. Lemaire, *Semitica* 26 (1976), 50, No. 13, Pl. IV:13.

lywzn b[n]ʿd

100.372 Seal (provenance unknown) (8th/7th cent.)

P. Bordreuil and A. Lemaire, *Semitica* 26 (1976), 50f, No. 14, Pl. IV:14.

lʿdyhw b
n špṭyhw

100.373 Seal (provenance unknown) (8th/7th cent.)

P. Bordreuil and A. Lemaire, *Semitica* 26 (1976), 51, No. 15, Pl. IV:15.

lšlm b
n nḥm

100.374 Seal (provenance unknown) (7th cent.)

P. Bordreuil and A. Lemaire, *Semitica* 26 (1976), 51, No. 16, Pl. IV:16.

lmtn

100.375 Seal (provenance unknown) (late 8th/7th cent.)

P. Bordreuil and A. Lemaire, *Semitica* 26 (1976), 51f, No. 17, Pl. IV:17.

lʾlyšb
bn šʿl

100.376 Seal (provenance unknown) (8th cent.)

P. Bordreuil and A. Lemaire, *Semitica* 26 (1976), 52, No. 18, Pl. IV:18.

lṭb'
l. pdy

100.377 Seal (provenance unknown) (Moabite?) (8th/7th cent.)

P. Bordreuil and A. Lemaire, *Semitica* 26 (1976), 52, No. 19, Pl. IV:19.

lrp'

100.378 Seal (provenance unknown) (date unknown)

P. Bordreuil and A. Lemaire, *Semitica* 26 (1976), 53, No. 20, Pl. IV:20.

l[ ]
bn̊ r̊p'

100.379 Bulla (provenance unknown) (8th/7th cent.)

P. Bordreuil and A. Lemaire, *Semitica* 26 (1976), 53, No. 21, Pl. IV:21.

lplṭyhw
ḥlqyhw

100.380 Bulla (provenance unknown) (date unknown)

P. Bordreuil and A. Lemaire, *Semitica* 26 (1976), 53, No. 22, Pl. IV:22.

l̊dl̊h
[ ]m̊lk

100.381 Bulla (provenance unknown) (7th cent.)

P. Bordreuil and A. Lemaire, *Semitica* 26 (1976), 53, No. 23, Pl. IV:23.

l̊š
l̊q̊y

100.392 Jar Stamp, Lachish (c. 700)

D. Diringer, "On Ancient Hebrew Inscriptions discovered at Tell ed-Duweir (Lachish)-I", *PEQ* 73 (1941), 51, No. 14, Pl. IV:6 (cf. O. Tufnell (ed.), *Lachish III*, 341).

lpn b̊n
yḥ̊ny

100.393 Seal, Buqeiʿah Valley (7th cent.)

L. E. Stager, "El-Bouqei'ah", *RB* 81 (1974), 95.

lbdyhw
{*or* ṭbyhw} bn m[

100.396 Jar Stamp, Lachish (compare 100.198) (late 8th cent.)

D. Ussishkin, "Tel Lachish, 1976", *IEJ* 27 (1977), 51 (cf. *Tel Aviv* 5 (1978), 81).

yhwḥl
šḥr

100.397 Seal (provenance unknown) (7th cent.)

P. Bordreuil and A. Lemaire, "Deux nouveaux sceaux nord-ouest sémitiques", *JA* 265 (1977), 18, Pl. 2.

lʾln b
n ʾlybr

100.402 Bulla (provenance unknown) (compare 100.510) (late 7th/early 6th cent.)

G. Barkay, "A Second Bulla of a Sar Ha'Ir", *Qadmoniot* 10 (1977), 69-71.

šr hʿr

100.404 Jar Stamps (x7), Lachish (compare 100.192, 100.493 and 100.791) (late 8th cent.)

D. Diringer, "On Ancient Hebrew Inscriptions discovered at Tell ed-Duweir (Lachish)-I", *PEQ* 73 (1941), 41-42, No. 4, Pl. III:7 (cf. O. Tufnell (ed.), *Lachish III*, 341).(cf. J. A. Thompson, *BASOR* 86 (1942), 24f).

ltnḥm
mgn {*or* mtn}

100.406 Seal (provenance unknown) (mid-7th cent.)

N. Avigad, "New Light on the Naʿar Seals", in F. M. Cross, W. E. Lemke and P. D. Miller (eds.), *Magnalia Dei. The Mighty Acts of God*, Essays in the Bible and Archaeology in Memory of G. E. Wright (Garden City, NY: Doubleday, 1976), 295f, Pl. 12:2.

lmlkyhw
nʿr špṭ

100.407 Seal (provenance unknown) (mid-7th cent.)

N. Avigad, "New Light on the Naʿar Seals", in F. M. Cross, W. E. Lemke and P. D. Miller (eds.), *Magnalia Dei. The Mighty Acts of God*, Essays in the Bible and Archaeology in Memory of G. E. Wright (Garden City, NY: Doubleday, 1976), 296f, Pl. 12:3.

l̊b̊nyh
ẘ nʿr ḥgy

100.408 Bulla, Wâdī ed-Dâliyeh (4th cent.)

F. M. Cross, "The Papyri and their historical importance", *Discoveries in the Wâdī ed-Dâliyeh*, *AASOR* 41 (1974), 18, Pl. 61.

[lyšʿ]yhw bn [snʾ]
blṭ pḥt šmr[n]

100.409 Jar Stamp, Beth-Shemesh (compare 100.499) (late 8th cent.)

E. Grant and G. E. Wright, *Ain Shems V*, 82-83, No. 7.

lbky.
šlm

100.410 Jar Stamps (x3, from two seals), Tell el-Judeideh (compare 100.469) (late 8th cent.)

F. J. Bliss and R. A. S. Macalister, *Excavations in Palestine during 1898-1900*, (London: Palestine Exploration Fund, 1902), 119f., Nos. 20, 30.

hwšʿ
ṣpn

100.411 Jar Stamp, Beth-Shemesh (7th/6th cent.)

E. Grant and G. E. Wright, *Ain Shems V*, 80, No. 1.

lḥsdʾ
yrmyhw

100.412 Seal, Jerusalem (7th cent.)

H-D, 51, No. 34.

lḥmyʾhl
bt mnḥm

100.413 Seal (provenance unknown) (8th/7th cent.)

H-D, 64, No. 40.

lʾšnʾ

100.414 Seal (provenance unknown) (late 8th cent.)

H-D, 70, No. 46.

lmnḥ̊[m]

100.415 Seal (provenance unknown) (7th/6th cent.)

H-D, 75, No. 51.

l'prḥ b
[ ]'[ ]

100.416 Seal (provenance unknown) (late 8th/7th cent.)

R. Hestrin and M. Dayagi, *Israel Museum News* 12 (1977), 76-77.

lḥlqyh[w]
bn šmʿ

100.418 Seal (provenance unknown) (late 8th/early 7th cent.)

H-D, 81, No. 57.

lyš̊m̊ʿ'l b
n ḥlqyhw

100.419 Seal (provenance unknown) (7th cent.)

H-D, 83, No. 59.

lhṣlyh
w ḥnnyhw

100.420 Seal (provenance unknown) (late 8th/7th cent.)

H-D, 84, No. 60.

lhṣlyhw
yšʿyhw

100.421 Seal (provenance unknown) (7th cent.)

H-D, 85, No. 61.

lyhwʿzr
ygdlyhw

100.422 Seal (provenance unknown) (7th cent.)

H-D, 89, No. 65.

lʿzyhw b
n nryhw

100.423 Seal (provenance unknown) (late 7th/6th cent.)

H-D, 96, No. 72.

lhwšʿyhw
ʾlšmʿ

100.424 Seal (provenance unknown) (7th/6th cent.)

R. Hestrin and M. Dayagi, *Israel Museum News* 12 (1977), 75.

lhwšʿyh
w ʾḥmlk

100.425 Seal (provenance unknown) (7th/6th cent.)

R. Hestrin and M. Dayagi, *Israel Museum News* 12 (1977), 76.

lʿbdyhw
yšʿʾ

100.426 Seal (provenance unknown) (7th cent.)

N. Avigad, *Yeivin Volume*, 306, No. 3.

lšʿl
yšʿyhw

100.427 Seal (provenance unknown) (7th cent.)

H-D, 101, No. 77.

lmʿšyh
ẙšmʿʾl

100.428 Seal (provenance unknown) (7th/6th cent.)

H-D, 102, No. 78.

lmnḥm
bn hwšʿ

100.429 Seal (provenance unknown) (late 8th/7th cent.)

H-D, 103, No. 79.

lʾryhw
ḥnnyhw

100.430 Seal (provenance unknown) (6th cent.)

H-D, 104, No. 80.

lʾryhw
ʾlntn̊

100.431 Seal (provenance unknown) (7th cent.)

H-D, 106, No. 82.

lbnyhw b
n ṣbly

100.432 Seal (provenance unknown) (7th cent.)

H-D, 107, No. 83.

smk
bqš

100.435 Seal (provenance unknown) (7th/6th cent.)

H-D, 114, No. 90.

ṣpn

100.436 Seal (provenance unknown) (7th cent.)

H-D, 115, No. 91.

l’lyqm
‘z’.

100.437 Seal (provenance unknown) (7th/6th cent.)

H-D, 118, No. 94.

my’mn
b̊[[n]] ‘dd

100.438 Seal (provenance unknown) (7th/6th cent.)

H-D, 120, No. 96.

lšpṭyhw
smk̊[yh]w

100.452 Jar Stamp, Tell Sandahannah (compare 100.453) (late 8th cent.)

F. J. Bliss and R. A. S. Macalister, *Excavations in Palestine*, 119, 121, and Pl. 56, No. 27.

lrpty
yhwk̊l

100.453 Jar Stamp, Tell eṣ-Ṣafi (compare 100.452) (late 8th cent.)

F. J. Bliss, “First Report on the Excavations at Tell eṣ-Ṣâfi”, *PEFQS* 31 (1899), 197-99.

l̊rpty
yhwk̊l

100.454 Jar Stamp, Tell Zakariya (compare 100.274 and 100.790) (late 8th cent.)

F. J. Bliss, *PEFQS* 32 (1900), 14-15.

lṣpn. ʾ
[b]mʿ ṣ

100.455 Jar Stamp, Tell Sandahannah (error?) (compare 100.270, 100.476?) (late 8th cent.)

D. Diringer, *Iscrizioni*, 122f. (No. 5a - cf. F. J. Bliss and R. A. S. Macalister, *Excavations in Palestine*, 119f.?).

[š]bnyhw
[ʿ]z̊ryhw

100.456 Jar Stamp, Tell el-Judeideh (date unknown)

F. J. Bliss, "Second Report on the Excavations at Tell el-Judeideh", *PEFQS* 32 (1900), 219f, Pl. VII:4.

šbnyh
ʿzryh

100.457 Jar Stamp, Tell el-Judeideh (compare 100.788) (late 8th cent.)

F. J. Bliss, *PEFQS* 32 (1900), 221, Pl. VII:6.

mnḥm
[y]ẘbnḥ̊

100.459 Jar Stamp, Gezer (date unknown)

R. A. S. Macalister, "Twenty-First Quarterly Report on the Excavations at Gezer", *PEFQS* 41 (1909), 96f, Fig. 2.

ypq̊d {*or* ypṭr}

100.460 Jar Stamp, Jerusalem ("1200 B.C.")

S. A. Cook, "Inscribed Hebrew Objects from Ophel", *PEFQS* 56 (1924), 183, No. 10, Pl. V:10.

ṭq̊h

CORPUS

100.461 Jar Stamp, Tell el-Judeideh (date unknown)

F. J. Bliss, *PEFQS* 32 (1900), 221, Pl. VII:10.

kbrh

100.462 Seal, Lachish (7th/6th cent.)

O. Tufnell (ed.), *Lachish III*, 348, No. 168 (cf. p.180).

]ḥ̊yhw

100.463 Jar Stamp, Gezer (date unknown)

R. A. S. Macalister, *Gezer* II, 211, Fig. 360.

t̊wšb

100.464 Jar Stamp, Tell el-Judeideh (date unknown)

F. J. Bliss, *PEFQS* 32 (1900), 221, Pl. VII:9.

mk'

100.465 Jar Stamp, Tell en-Naṣbeh (date unknown)

W. F. Badè, "The Excavations at Tell en-Nasbeh", *PEFQS* 59 (1927), 10.

lh[

100.466 Jar Stamp, Gezer (date unknown)

R. A. S. Macalister, *Gezer* II, 211.

lr[

100.467 Jar Stamp, Tell el-Judeideh (date unknown)

F. J. Bliss, *PEFQS* 32 (1900), 221.

l̊ẙḥ̊

100.468 Jar Stamp, Tell el-Judeideh (date unknown)

F. J. Bliss, *PEFQS* 32 (1900), 221, Pl. VII:7.

ḥ {*or* hw}

100.469 Jar Stamps (x3), Lachish (compare 100.410) (late 8th cent.)

D. Diringer, "On Ancient Hebrew Inscriptions discovered at Tell ed-Duweir (Lachish)-I", *PEQ* 73 (1941), 40, No. 2, Pl. III:3 (cf. O. Tufnell (ed.), *Lachish III*, 341).

hwšʿ
ṣpn

100.470 Jar Stamps (x7), Lachish (compare 100.291 and 100.743) (late 8th cent.)

D. Diringer, *PEQ* 73 (1941), 44f, No. 6 (cf. O. Tufnell (ed.), *Lachish III*, 341).

lnḥm
ʿbdy

100.471 Jar Stamp, Lachish (7th cent.)

D. Diringer, *PEQ* 73 (1941), 45, No. 7, Pl. III:8 (cf. O. Tufnell (ed.), *Lachish III*, 341).

lʿbd
y

100.472 Jar Stamp, Lachish (compare 100.223 and 100.288) (late 8th cent.)

D. Diringer, *PEQ* 73 (1941), 46, No. 8, Pl. IV:1 (cf. O. Tufnell (ed.), *Lachish III*, 341).

lšbn
ʾ šḥ̊[r]

100.473 Jar Stamp, Lachish (late 8th/early 7th cent.)

D. Diringer, *PEQ* 73 (1941), 47f, No. 9, Pl. IV:2 (cf. O. Tufnell (ed.), *Lachish III*, 341).

l̊šwk
h̊ šbn
ʾ

100.474 Jar Stamp, Lachish (compare 100.186 and 100.900) (late 8th cent.)

D. Diringer, *PEQ* 73 (1941), 48f, No. 10, Pl. IV:3 (cf. J. A. Thompson, *BASOR* 86 (1942), 26, and O. Tufnell (ed.), *Lachish III*, 341).

ln̊ḥm
hṣ̊lyh̊ẘ

100.475 Jar Stamp, Lachish (late 8th/early 7th cent.)

D. Diringer, *PEQ* 73 (1941), 49, No. 11, Pl. IV:4 (cf. O. Tufnell (ed.), *Lachish III*, 341).

lš[ ]
šbnẙh̊

100.476 Jar Stamp, Lachish (compare 100.270, 100.455?) (late 8th cent.)

D. Diringer, *PEQ* 73 (1941), 49f, No. 12, Pl. IV:5 (cf. O. Tufnell (ed.), *Lachish III*, 341).

šbnẙh̊
[w] ẙḥ̊ẙh̊ẘ {*or* šbnyh ʿ̊z̊r̊ẙh̊ẘ}

100.477 Jar Stamp, Lachish (late 8th/early 7th cent.)

D. Diringer, *PEQ* 73 (1941), 51f, No. 15, Pl. IV:7 (cf. O. Tufnell (ed.), *Lachish III*, 341).

kr̊my

ypy[hw]

100.478 Jar Stamp, Lachish (late 8th/early 7th cent.)

D. Diringer, *PEQ* 73 (1941), 52f, No. 17 (cf. O. Tufnell (ed.), *Lachish III*, 341).

k̊n̊b̊m̊

100.479 Jar Stamp, Lachish (late 8th/early 7th cent.)

D. Diringer, *PEQ* 73 (1941), 53, No. 19, Pl. IV:10 (cf. J. A. Thompson, *BASOR* 86 (1942), 26, and O. Tufnell (ed.), *Lachish III*, 341).

ẙ[r]š̊lm̊

100.480 Jar Stamp, Lachish (late 8th/early 7th cent.)

D. Diringer, *PEQ* 73 (1941), 53f, No. 20, Pl. IV:11 (cf. O. Tufnell (ed.), *Lachish III*, 341).

rkʿš {*or* dwdš}

100.481 Jar Stamp, Lachish (late 8th/early 7th cent.)

D. Diringer, *PEQ* 73 (1941), 54, No. 21, Pl. IV:8 (cf. O. Tufnell (ed.), *Lachish III*, 341).

ls[m]ky
ṣ̊p̊n̊ẙhw

100.482 Jar Stamp, Lachish (late 8th/early 7th cent.)

D. Diringer, *PEQ* 73 (1941), 54f, No. 22, Pl. IV:9 (cf. O. Tufnell (ed.), *Lachish III*, 341).

ṣ̊pnyh̊

100.483 Seal, Lachish (late 8th/early 7th cent.)

D. Diringer, "On Ancient Hebrew Inscriptions discovered at Tell ed-Duweir (Lachish)-II", *PEQ* 73 (1941), 104, No. 6, Pl. VIII:6 (cf. O. Tufnell (ed.), *Lachish III*, 348).

lšlm̊
ʿ̊ḥ̊ʿ̊š̊

100.485 Seal, Beirut (Aramaic? Herr) (late 8th cent.)

K. Galling, "Beschriftete Bildsiegel des ersten Jahrtausends v.Chr vornehmlich aus Syrien und Palastina", *ZDPV* 64 (1941), 173, No. 5, Table 12 (cf. G. Garbini, "I sigilli del Regno di Israele", *Oriens Antiquus* 21 (1982), 166).

lʾbʾ

100.486 Jar Stamps (x2), Tell Beit Mirsim (compare 100.108 and 100.277) (late 8th cent.)

W. F. Albright, *The Excavation of Tell Beit Mirsim in Palestine*, vol. 1 (New Haven: Yale University Press, 1932), 78.

lʾlyqm
nʿr ywkn

100.488 Jar Stamp, Ramat Raḥel (compare 100.771) (late 8th cent.)

Y. Aharoni, "Excavations at Ramat Raḥel, 1954 Preliminary Report", *IEJ* 6 (1956), 145, Pl. 25:1.

mnḥm
wyhbnh

100.489 Jar Stamp, Lachish (date unknown)

D. Diringer, *PEQ* 73 (1941), 51, No. 13 (cf. O. Tufnell (ed.), *Lachish III*, 341).

n̊ḥ̊m̊

100.490 Jar Stamp, Ramat Raḥel (date unknown)

Y. Aharoni, *IEJ* 6 (1956), 146, Pl. 26:4.

[ ]nr
[ ]nh

100.491 Jar Stamp, Ramat Raḥel (date unknown)

Y. Aharoni, *Ramat Raḥel 1959-1960*, 44, Fig. 31:1, Pl. 27:3.

štl
'[ ] {*or* štl'}

100.493 Jar Stamp, Ramat Raḥel (compare 100.192, 100.404 and 100.791) (late 8th cent.)

Y. Aharoni, *Ramat Raḥel 1961-1962*, 32.

ltnḥm
mgn {*or* mtn}

100.494 Seal (provenance unknown) (mid-7th cent.)

N. Avigad, "Six Ancient Hebrew Seals", in *Yeivin Volume*, 305, No. 1.

lkšy
ydʿyhw

100.495 Seal (provenance unknown) (mid-8th cent.)

N. Avigad, *Yeivin Volume*, 306, No. 2.

l'ry
hw

100.496 Seal (provenance unknown) (late 7th cent.)

N. Avigad, *Yeivin Volume*, 307, No. 4.

ʿzryhw
ḥlqyhw

100.497 Seal (provenance unknown) (late 7th/early 6th cent.)

N. Avigad, *Yeivin Volume*, 307, No. 5.

lblgy
smk

100.498 Seal (provenance unknown) (early 7th cent.)

N. Avigad, *Yeivin Volume*, 307, No. 6.

l' lyṣr

100.499 Jar Stamp, Khorvat Shovev (compare 100.409) (late 8th cent.)

L. Rachmani, "A Hebrew Seal-Impression from Khorvat Shovev", *Atiqot* (Hebrew Series) 5 (1969), 82-83.

lbky
šlm

100.501 Bulla, Tell Beit Mirsim Area (?) (late 7th/early 6th cent.)

N. Avigad, *Hebrew Bullae from the Time of Jeremiah: Remnants of a Burnt Archive* (Jerusalem: Israel Exploration Society, 1986), 21, No. 1.

l' dnyhw.
' šr ' l hbyt

100.502 Bullae (x2), Tell Beit Mirsim Area (?) (late 7th/early 6th cent.)

N. Avigad, *Burnt Archive*, 21, No. 2.

l' dnyhw.
' šr ' l hbyt

100.503 Bulla, Tell Beit Mirsim Area (?) (late 7th/early 6th cent.)

N. Avigad, *Burnt Archive*, 22, No. 3.

lntn ' šr
[']l byt

100.504 Bulla, Tell Beit Mirsim Area (?) (late 7th/early 6th cent.)

N. Avigad, *Burnt Archive*, 23, No. 4.

lʾlšmʿ
[ʿ]bd hmlk

100.505 Bulla, Tell Beit Mirsim Area (?) (late 7th/early 6th cent.)

N. Avigad, *Burnt Archive*, 24, No. 5.

lgdlyhw
ʿbd hmlk

100.506 Bulla, Tell Beit Mirsim Area (?) (late 7th/early 6th cent.)

N. Avigad, *Burnt Archive*, 25f, No. 6.

lgʾlyhw b
n̊ hmlk

100.507 Bulla, Tell Beit Mirsim Area (?) (late 7th/early 6th cent.)

N. Avigad, *Burnt Archive*, 26, No. 7.

lnrẙ[hw b]
n hmlk

100.508 Bulla, Tell Beit Mirsim Area (?) (late 7th/early 6th cent.)

N. Avigad, *Burnt Archive*, 27, No. 8.

lyrḥmʾl
bn hmlk

100.509 Bulla, Tell Beit Mirsim Area (?) (late 7th/early 6th cent.)

N. Avigad, *Burnt Archive*, 28, No. 9.

lbrkyhw
bn nryhw
hspr

100.510 Bulla, Tell Beit Mirsim Area (?) (compare 100.402) (late 7th/early 6th cent.)

N. Avigad, *Burnt Archive*, 30, No. 10.

šr hʿr

100.511 Bulla, Tell Beit Mirsim Area (?) (late 7th/early 6th cent.)

N. Avigad, *Burnt Archive*, 33, No. 11.

lʾdnyhw b
n yqmyhw

100.512 Bulla, Tell Beit Mirsim Area (?) (late 7th/early 6th cent.)

N. Avigad, *Burnt Archive*, 34, No. 12.

lp̊d̊yhw
yhwqm

100.513 Bulla, Tell Beit Mirsim Area (?) (late 7th/early 6th cent.)

N. Avigad, *Burnt Archive*, 34, No. 13.

[lʾ]ḥ̊yhw
[ʾ]byhw

100.514 Bulla, Tell Beit Mirsim Area (?) (late 7th/early 6th cent.)

N. Avigad, *Burnt Archive*, 34, No. 14.

lʾḥqm b[n]
ṭbyhw

100.515 Bulla, Tell Beit Mirsim Area (?) (late 7th/early 6th cent.)

N. Avigad, *Burnt Archive*, 35, No. 15.

lʾḥqm
nryhw

100.516 Bulla, Tell Beit Mirsim Area (?) (late 7th/early 6th cent.)

N. Avigad, *Burnt Archive*, 35, No. 16.

'ḥqm
'ḥ'b

100.517 Bulla, Tell Beit Mirsim Area (?) (late 7th/early 6th cent.)

N. Avigad, *Burnt Archive*, 36, No. 17.

l'lʿz
bn 'ḥ'b

100.518 Bullae (x3), Tell Beit Mirsim Area (?) (late 7th/early 6th cent.)

N. Avigad, *Burnt Archive*, 36, No. 18.

l'lʿz bn
'ḥ'b

100.519 Bulla, Tell Beit Mirsim Area (?) (late 7th/early 6th cent.)

N. Avigad, *Burnt Archive*, 37, No. 19.

l'ḥ'b
bn 'prḥ

100.520 Bulla, Tell Beit Mirsim Area (?) (late 7th/early 6th cent.)

N. Avigad, *Burnt Archive*, 38, No. 20.

[l']prḥ bn
yhwšʿ

100.521 Bulla, Tell Beit Mirsim Area (?) (late 7th/early 6th cent.)

N. Avigad, *Burnt Archive*, 38, No. 21.

l'prḥ b
n yhwšʿ bn
mtnyhw

100.522 Bulla, Tell Beit Mirsim Area (?) (late 7th/early 6th cent.)

N. Avigad, *Burnt Archive*, 38f, No. 22.

[l']p̊rḥ
[bn] š̊ḥr

100.523 Bulla, Tell Beit Mirsim Area (?) (late 7th/early 6th cent.)

N. Avigad, *Burnt Archive*, 39, No. 23.

l' prḥ [b
n šḥ]r bn
[g]d̊yhw

100.524 Bullae (x4), Tell Beit Mirsim Area (?) (late 7th/early 6th cent.)

N. Avigad, *Burnt Archive*, 39, No. 24.

lšḥr bn
gdyhw

100.525 Bullae (x2), Tell Beit Mirsim Area (?) (late 7th/early 6th cent.)

N. Avigad, *Burnt Archive*, 40f, No. 25.

lšḥr [b]
n gdy

100.526 Bulla, Tell Beit Mirsim Area (?) (late 7th/early 6th cent.)

N. Avigad, *Burnt Archive*, 41, No. 26.

lšḥr
[g]dyh[w]

100.527 Bulla, Tell Beit Mirsim Area (?) (late 7th/early 6th cent.)

N. Avigad, *Burnt Archive*, 41, No. 27.

[l]' lyhw b̊

[n] mykh

100.528 Bulla, Tell Beit Mirsim Area (?) (late 7th/early 6th cent.)

N. Avigad, *Burnt Archive*, 42, No. 28.

lʾlyʿz
bn hwšʿy[hw]

100.529 Bulla, Tell Beit Mirsim Area (?) (late 7th/early 6th cent.)

N. Avigad, *Burnt Archive*, 42, No. 29.

lʾlyrm̊
šmʿyhẘ

100.530 Bulla, Tell Beit Mirsim Area (?) (late 7th/early 6th cent.)

N. Avigad, *Burnt Archive*, 42, No. 30.

lʾln[t]n
bn yʾš

100.531 Bullae (x2), Tell Beit Mirsim Area (?) (late 7th/early 6th cent.)

N. Avigad, *Burnt Archive*, 43, No. 31.

[l]ʾmryhw
bn
yhwʾb

100.532 Bulla, Tell Beit Mirsim Area (?) (late 7th/early 6th cent.)

N. Avigad, *Burnt Archive*, 44, No. 32.

l̊ʾšḥr̊ b
[n]ʿšyhw

100.533 Bulla, Tell Beit Mirsim Area (?) (late 7th/early 6th cent.)

N. Avigad, *Burnt Archive*, 44, No. 33.

lʾšyhw
bn šmʿyhw

100.534 Bulla, Tell Beit Mirsim Area (?) (late 7th/early 6th cent.)

N. Avigad, *Burnt Archive*, 45, No. 34.

[lʾš]rḥy
ʿšyhw

100.535 Bulla, Tell Beit Mirsim Area (?) (late 7th/early 6th cent.)

N. Avigad, *Burnt Archive*, 45, No. 35.

lbnyhw
ʿlyhw

100.536 Bulla, Tell Beit Mirsim Area (?) (late 7th/early 6th cent.)

N. Avigad, *Burnt Archive*, 46, No. 36.

lbʿdyhw
[

100.537 Bulla, Tell Beit Mirsim Area (?) (late 7th/early 6th cent.)

N. Avigad, *Burnt Archive*, 46, No. 37.

lbʿdyh̊[w]
šryhw

100.538 Bulla, Tell Beit Mirsim Area (?) (late 7th/early 6th cent.)

N. Avigad, *Burnt Archive*, 47, No. 38.

[l]brkyh̊ẘ
[bn š]mʿyhw

100.539 Bulla, Tell Beit Mirsim Area (?) (late 7th/early 6th cent.)

N. Avigad, *Burnt Archive*, 47, No. 39.

lgʿly b
n ʾlysmk

100.540 Bulla, Tell Beit Mirsim Area (?) (late 7th/early 6th cent.)

N. Avigad, *Burnt Archive*, 48, No. 40.

lgʿly b
n ʾl[[y]]smk

100.541 Bulla, Tell Beit Mirsim Area (?) (late 7th/early 6th cent.)

N. Avigad, *Burnt Archive*, 48, No. 41.

lgd[ly]hw
hw[š]ʿyhw

100.542 Bullae (x3), Tell Beit Mirsim Area (?) (late 7th/early 6th cent.)

N. Avigad, *Burnt Archive*, 49, No. 42.

ldmlyhw
bn rpʾ

100.543 Bullae (x2), Tell Beit Mirsim Area (?) (late 7th/early 6th cent.)

N. Avigad, *Burnt Archive*, 50, No. 43.

ldmlyhw [b]
n hwšʿyh[w]

100.544 Bulla, Tell Beit Mirsim Area (?) (late 7th/early 6th cent.)

N. Avigad, *Burnt Archive*, 50, No. 44.

[ld]mlyhw
[bn h]wšʿyhw

100.545 Bulla, Tell Beit Mirsim Area (?) (late 7th/early 6th cent.)

N. Avigad, *Burnt Archive*, 50, No. 45.

ld[mlyhw]
bn hw[šʿyhw]

100.546 Bulla, Tell Beit Mirsim Area (?) (late 7th/early 6th cent.)

N. Avigad, *Burnt Archive*, 50, No. 46.

ldmly[hw]
hwš[ʿyhw]

100.547 Bullae (x2), Tell Beit Mirsim Area (?) (late 7th/early 6th cent.)

N. Avigad, *Burnt Archive*, 51, No. 47.

lhwšʿyhw
ḥlṣyhw

100.548 Bulla, Tell Beit Mirsim Area (?) (late 7th/early 6th cent.)

N. Avigad, *Burnt Archive*, 51, No. 48.

lhwšʿyhw
šmʿ

100.549 Bullae (x2), Tell Beit Mirsim Area (?) (late 7th/early 6th cent.)

N. Avigad, *Burnt Archive*, 52, No. 49.

lhṣlyhw
bn šbnyhw

100.550 Bulla, Tell Beit Mirsim Area (?) (late 7th/early 6th cent.)

N. Avigad, *Burnt Archive*, 52, No. 50.

lzkr bn
nryhw

100.551 Bulla, Tell Beit Mirsim Area (?) (late 7th/early 6th cent.)

N. Avigad, *Burnt Archive*, 53, No. 51.

[lz]kr bn
[ ]yhw

100.552 Bulla, Tell Beit Mirsim Area (?) (late 7th/early 6th cent.)

N. Avigad, *Burnt Archive*, 53, No. 52.

lḥb' b
n mtn

100.553 Bullae (x2), Tell Beit Mirsim Area (?) (late 7th/early 6th cent.)

N. Avigad, *Burnt Archive*, 54, No. 53.

lḥgb bn
ṣpnyhw

100.554 Bullae (x2), Tell Beit Mirsim Area (?) (late 7th/early 6th cent.)

N. Avigad, *Burnt Archive*, 54, No. 54.

lḥgb bn
ṣpny[hw]

100.555 Bulla, Tell Beit Mirsim Area (?) (late 7th/early 6th cent.)

N. Avigad, *Burnt Archive*, 54f, No. 55.

[l]ḥgy bn
hwdwyhw

100.556 Bullae (x3), Tell Beit Mirsim Area (?) (late 7th/early 6th cent.)

N. Avigad, *Burnt Archive*, 55, No. 56.

lḥṭš

šp ṭyhw

100.557 Bulla, Tell Beit Mirsim Area (?) (late 7th/early 6th cent.)

N. Avigad, *Burnt Archive*, 56, No. 57.

lḥlq b
n ʿzr

100.558 Bulla, Tell Beit Mirsim Area (?) (late 7th/early 6th cent.)

N. Avigad, *Burnt Archive*, 56, No. 58.

lḥlqyhw b
[n]yhw

100.559 Bulla, Tell Beit Mirsim Area (?) (late 7th/early 6th cent.)

N. Avigad, *Burnt Archive*, 56, No. 59.

lḥlqyhw
bn [

100.560 Bulla, Tell Beit Mirsim Area (?) (late 7th/early 6th cent.)

N. Avigad, *Burnt Archive*, 57, No. 60.

[l]ḥlṣ b[n]
ʾḥʾb

100.561 Bulla, Tell Beit Mirsim Area (?) (late 7th/early 6th cent.)

N. Avigad, *Burnt Archive*, 57, No. 61.

lḥnnyhw
nḥmy[hw]

100.562 Bulla, Tell Beit Mirsim Area (?) (late 7th/early 6th cent.)

N. Avigad, *Burnt Archive*, 58, No. 62.

ḥnnyh̊ẘ
zrḥ

100.563 Bulla, Tell Beit Mirsim Area (?) (late 7th/early 6th cent.)

N. Avigad, *Burnt Archive*, 58, No. 63.

[lḥ]nn bn
[ʿ]zyhw bn
[

100.564 Bulla, Tell Beit Mirsim Area (?) (late 7th/early 6th cent.)

N. Avigad, *Burnt Archive*, 58, No. 64.

[l]ḥnn bn
šmʿyhw

100.565 Bulla, Tell Beit Mirsim Area (?) (late 7th/early 6th cent.)

N. Avigad, *Burnt Archive*, 59, No. 65.

lṭby[hw]
ʿbdʾ

100.566 Bulla, Tell Beit Mirsim Area (?) (late 7th/early 6th cent.)

N. Avigad, *Burnt Archive*, 59, No. 66.

lyʾš bn
ʾlšmʿ

100.567 Bulla, Tell Beit Mirsim Area (?) (late 7th/early 6th cent.)

N. Avigad, *Burnt Archive*, 59, No. 67.

lyʾš
[b]n pdyhw

100.568 Bullae (x2), Tell Beit Mirsim Area (?) (late 7th/early 6th cent.)

N. Avigad, *Burnt Archive*, 60, No. 68.

lydʿyhw
bn krmy

100.569 Bulla, Tell Beit Mirsim Area (?) (late 7th/early 6th cent.)

N. Avigad, *Burnt Archive*, 60, No. 69.

lydʿyhw
bn šʿl.

100.570 Bulla, Tell Beit Mirsim Area (?) (late 7th/early 6th cent.)

N. Avigad, *Burnt Archive*, 61, No. 70.

lyhwʾ
bn
mšmš

100.571 Bulla, Tell Beit Mirsim Area (?) (late 7th/early 6th cent.)

N. Avigad, *Burnt Archive*, 61, No. 71.

lyhwʾḥ
ʾlyʿz

100.572 Bulla, Tell Beit Mirsim Area (?) (late 7th/early 6th cent.)

N. Avigad, *Burnt Archive*, 62, No. 72.

[l]yhwʾḥ
ʾlʿz

100.573 Bulla, Tell Beit Mirsim Area (?) (late 7th/early 6th cent.)

N. Avigad, *Burnt Archive*, 62, No. 73.

[lyh]wʾḥ b
[n] ʾlʿz

100.574 Bullae (x2), Tell Beit Mirsim Area (?) (late 7th/early 6th cent.)

N. Avigad, *Burnt Archive*, 62, No. 74.

lyhwʿz
bn mtn

100.575 Bullae (x3), Tell Beit Mirsim Area (?) (late 7th/early 6th cent.)

N. Avigad, *Burnt Archive*, 63, No. 75.

lyqmyhw
bn mšlm

100.576 Bulla, Tell Beit Mirsim Area (?) (late 7th/early 6th cent.)

N. Avigad, *Burnt Archive*, 63, No. 76.

lyqm[yhw]
s[

100.577 Bulla, Tell Beit Mirsim Area (?) (late 7th/early 6th cent.)

N. Avigad, *Burnt Archive*, 64, No. 77.

lyqmyhw
bn nḥm

100.578 Bulla, Tell Beit Mirsim Area (?) (late 7th/early 6th cent.)

N. Avigad, *Burnt Archive*, 64, No. 78.

lyrm[yhw]
yšmʿʾ[l]

100.579 Bulla, Tell Beit Mirsim Area (?) (late 7th/early 6th cent.)

N. Avigad, *Burnt Archive*, 65, No. 79.

lyšmʿʾl
[b]n šʿl bn
[ḥl]ṣyh[w]

100.580 Bulla, Tell Beit Mirsim Area (?) (late 7th/early 6th cent.)

N. Avigad, *Burnt Archive*, 65, No. 80.

lyšm[ʿʾl]
[b]n mḥsy[hw]

100.581 Bulla, Tell Beit Mirsim Area (?) (late 7th/early 6th cent.)

N. Avigad, *Burnt Archive*, 65, No. 81.

lyšm[ʿʾ]l

100.582 Bulla, Tell Beit Mirsim Area (?) (late 7th/early 6th cent.)

N. Avigad, *Burnt Archive*, 66, No. 82.

lyšm[ʿʾ]l

100.583 Bulla, Tell Beit Mirsim Area (?) (late 7th/early 6th cent.)

N. Avigad, *Burnt Archive*, 66, No. 83.

lyšʿyhw
bn ḥml

100.584 Bulla, Tell Beit Mirsim Area (?) (late 7th/early 6th cent.)

N. Avigad, *Burnt Archive*, 67, No. 84.

[ly]šʿyhw
[ʾ]lṣd[q]

100.585 Bulla, Tell Beit Mirsim Area (?) (late 7th/early 6th cent.)

N. Avigad, *Burnt Archive*, 67, No. 85.

lmḥsyhw
ʾlyhw

100.586 Bulla, Tell Beit Mirsim Area (?) (late 7th/early 6th cent.)

N. Avigad, *Burnt Archive*, 67, No. 86.

lmḥ[sy]hw
bn plṭyhw

100.587 Bulla, Tell Beit Mirsim Area (?) (late 7th/early 6th cent.)

N. Avigad, *Burnt Archive*, 68, No. 87.

[lmʿ]šyhw
myʾmn

100.588 Bulla, Tell Beit Mirsim Area (?) (late 7th/early 6th cent.)

N. Avigad, *Burnt Archive*, 69, No. 88.

[lm]ẙʾmn
[bn] ʿpy

100.589 Bulla, Tell Beit Mirsim Area (?) (late 7th/early 6th cent.)

N. Avigad, *Burnt Archive*, 69, No. 89.

lmyr[b]
yšmʿʾl

100.590 Bulla, Tell Beit Mirsim Area (?) (late 7th/early 6th cent.)

N. Avigad, *Burnt Archive*, 70, No. 90.

lmkyhw
bn ʾlʿz

100.591 Bulla, Tell Beit Mirsim Area (?) (late 7th/early 6th cent.)

N. Avigad, *Burnt Archive*, 70, No. 91.

lmkyh[w]
yšʿy[hw]

100.592 Bulla, Tell Beit Mirsim Area (?) (late 7th/early 6th cent.)

N. Avigad, *Burnt Archive*, 70, No. 92.

lmkyhw
bn mšlm

100.593 Bulla, Tell Beit Mirsim Area (?) (late 7th/early 6th cent.)

N. Avigad, *Burnt Archive*, 71, No. 93.

[ls]mkyh̊[w]
bn ʿmdyh[w]

100.594 Bulla, Tell Beit Mirsim Area (?) (late 7th/early 6th cent.)

N. Avigad, *Burnt Archive*, 72, No. 94.

lmky[hw]
plṭyhw

100.595 Bulla, Tell Beit Mirsim Area (?) (late 7th/early 6th cent.)

N. Avigad, *Burnt Archive*, 72, No. 95.

lmky[hw] b
n šḥ[r]

100.596 Bulla, Tell Beit Mirsim Area (?) (late 7th/early 6th cent.)

N. Avigad, *Burnt Archive*, 72, No. 96.

lmkyhw
šbnyhw

100.597 Bulla, Tell Beit Mirsim Area (?) (late 7th/early 6th cent.)

N. Avigad, *Burnt Archive*, 73, No. 97.

lmkyhw
šbnyhw

100.598 Bulla, Tell Beit Mirsim Area (?) (late 7th/early 6th cent.)

N. Avigad, *Burnt Archive*, 73, No. 98.

[l]mlkyhw
ḥlq

100.599 Bulla, Bulla, Tell Beit Mirsim Area (?) (late 7th/early 6th cent.)

N. Avigad, *Burnt Archive*, 73, No. 99.

lmlkyhw
bn pdyhw

100.600 Bulla, Tell Beit Mirsim Area (?) (late 7th/early 6th cent.)

N. Avigad, *Burnt Archive*, 74, No. 100.

[l]mnḥ̊m̊
ḥnnẙh̊ẘ

100.601 Bulla, Tell Beit Mirsim Area (?) (late 7th/early 6th cent.)

N. Avigad, *Burnt Archive*, 74, No. 101.

lmnḥm bn
yšmʿʾl

100.602 Bulla, Tell Beit Mirsim Area (?) (late 7th/early 6th cent.)

N. Avigad, *Burnt Archive*, 74, No. 102.

lmn[ḥm bn]
yš[mʿʾl]

100.603 Bulla, Tell Beit Mirsim Area (?) (late 7th/early 6th cent.)

N. Avigad, *Burnt Archive*, 75, No. 103.

lmnḥm b
n mnš

100.604 Bulla, Tell Beit Mirsim Area (?) (late 7th/early 6th cent.)

N. Avigad, *Burnt Archive*, 75, No. 104.

lmnḥm̊
pgy

100.605 Bullae (x2), Tell Beit Mirsim Area (?) (late 7th/early 6th cent.)

N. Avigad, *Burnt Archive*, 76, No. 105.

lmʿ šy[hw]
ʾšyhw

100.606 Bulla, Tell Beit Mirsim Area (?) (late 7th/early 6th cent.)

N. Avigad, *Burnt Archive*, 76, No. 106.

lmsp̊r̊ b̊n̊
[ ]ẙẘʿ̊[ ]

100.607 Bulla, Tell Beit Mirsim Area (?) (late 7th/early 6th cent.)

N. Avigad, *Burnt Archive*, 77, No. 107.

lmʿ šy[hw]
ḥlqyhw

100.608 Bulla, Tell Beit Mirsim Area (?) (late 7th/early 6th cent.)

N. Avigad, *Burnt Archive*, 77, No. 108.

mṣr [b]
n šlm

100.609 Bulla, Tell Beit Mirsim Area (?) (late 7th/early 6th cent.)

N. Avigad, *Burnt Archive*, 77, No. 109.

lmqnmlk
[

100.610 Bulla, Tell Beit Mirsim Area (?) (late 7th/early 6th cent.)

N. Avigad, *Burnt Archive*, 78, No. 110.

lmšlm.
ʾšyhw

100.611 Bulla, Tell Beit Mirsim Area (?) (late 7th/early 6th cent.)

N. Avigad, *Burnt Archive*, 78, No. 111.

l̊m̊š̊l̊m̊ b̊
n̊ rp'yhw

100.612 Bulla, Tell Beit Mirsim Area (?) (late 7th/early 6th cent.)

N. Avigad, *Burnt Archive*, 78, No. 112.

lmš'n b[n]
šḥr.

100.613 Bulla, Tell Beit Mirsim Area (?) (late 7th/early 6th cent.)

N. Avigad, *Burnt Archive*, 79, No. 113.

lmtn bn
[']dnyḥy
[bn š]ḥr

100.614 Bulla, Tell Beit Mirsim Area (?) (late 7th/early 6th cent.)

N. Avigad, *Burnt Archive*, 79, No. 114.

lmt̊n bn
p̊lṭyhw

100.615 Bulla, Tell Beit Mirsim Area (?) (late 7th/early 6th cent.)

N. Avigad, *Burnt Archive*, 80, No. 115.

lmtn bn
[p]lṭyhw

100.616 Bullae (x2), Tell Beit Mirsim Area (?) (late 7th/early 6th cent.)

N. Avigad, *Burnt Archive*, 80, No. 116.

lmtn b[n]
plṭyh[w]

100.617 Bulla, Tell Beit Mirsim Area (?) (late 7th/early 6th cent.)

N. Avigad, *Burnt Archive*, 81, No. 117.

lmtn bn
hwdwyhw

100.618 Bulla, Tell Beit Mirsim Area (?) (late 7th/early 6th cent.)

N. Avigad, *Burnt Archive*, 81, No. 118.

lmtn b[n]
ẙhwzrḥ

100.619 Bulla, Tell Beit Mirsim Area (?) (late 7th/early 6th cent.)

N. Avigad, *Burnt Archive*, 81, No. 119.

lmt̊nyhw b
n smkyhw

100.620 Bulla, Tell Beit Mirsim Area (?) (late 7th/early 6th cent.)

N. Avigad, *Burnt Archive*, 82, No. 120.

lngby b
n mlkyhw

100.621 Bulla, Tell Beit Mirsim Area (?) (late 7th/early 6th cent.)

N. Avigad, *Burnt Archive*, 82, No. 121.

ln̊[ḥ]m bn
rp' [yhw]

100.622 Bulla, Tell Beit Mirsim Area (?) (late 7th/early 6th cent.)

N. Avigad, *Burnt Archive*, 83, No. 122.

lnmš b
[n] n̊r̊ẙhw

100.623 Bulla, Tell Beit Mirsim Area (?) (late 7th/early 6th cent.)

N. Avigad, *Burnt Archive*, 83, No. 123.

lnmšr.
bn šʿl.

100.624 Bulla, Tell Beit Mirsim Area (?) (late 7th/early 6th cent.)

N. Avigad, *Burnt Archive*, 84, No. 124.

lnmšr bn
šbnyhw

100.625 Bulla, Tell Beit Mirsim Area (?) (late 7th/early 6th cent.)

N. Avigad, *Burnt Archive*, 84, No. 125.

lnryhw
ʾdny[hw]

100.626 Bullae (x14), Tell Beit Mirsim Area (?) (late 7th/early 6th cent.)

N. Avigad, *Burnt Archive*, 84, No. 126.

lnryhw
ʾšrḥy

100.627 Bulla, Tell Beit Mirsim Area (?) (late 7th/early 6th cent.)

N. Avigad, *Burnt Archive*, 86, No. 127.

lnryhw
[ʾ]šryḥt

100.628 Bulla, Tell Beit Mirsim Area (?) (late 7th/early 6th cent.)

N. Avigad, *Burnt Archive*, 87, No. 128.

lnryhw b
n hṣlyhw

100.629 Bulla, Tell Beit Mirsim Area (?) (late 7th/early 6th cent.)

N. Avigad, *Burnt Archive*, 87, No. 129.

lntn ’ḥ
mlk

100.630 Bulla, Tell Beit Mirsim Area (?) (late 7th/early 6th cent.)

N. Avigad, *Burnt Archive*, 88, No. 130.

lntn
pdyhw

100.631 Bulla, Tell Beit Mirsim Area (?) (late 7th/early 6th cent.)

N. Avigad, *Burnt Archive*, 88, No. 131.

ls’l b
n ysp

100.632 Bulla, Tell Beit Mirsim Area (?) (late 7th/early 6th cent.)

N. Avigad, *Burnt Archive*, 88, No. 132.

[l]sl’ b
n ksl’̊

100.633 Bullae (x2), Tell Beit Mirsim Area (?) (late 7th/early 6th cent.)

N. Avigad, *Burnt Archive*, 89, No. 133.

lsʿdyh[w]
[b]n z[ ]

100.634 Bulla, Tell Beit Mirsim Area (?) (late 7th/early 6th cent.)

N. Avigad, *Burnt Archive*, 90, No. 134.

lʿbdyhw
b̊n mtn

100.635 Bullae (x2), Tell Beit Mirsim Area (?) (late 7th/early 6th cent.)

N. Avigad, *Burnt Archive*, 90, No. 135.

lʿzr
plṭyhw

100.636 Bulla, Tell Beit Mirsim Area (?) (late 7th/early 6th cent.)

N. Avigad, *Burnt Archive*, 91, No. 136.

lʿzryh[w]
bn s[mk]

100.637 Bulla, Tell Beit Mirsim Area (?) (late 7th/early 6th cent.)

N. Avigad, *Burnt Archive*, 91, No. 137.

lʿzryhw
b̊n̊ pdyhw

100.638 Bullae (x2), Tell Beit Mirsim Area (?) (late 7th/early 6th cent.)

N. Avigad, *Burnt Archive*, 91, No. 138.

lʿzrqm
bn prpr

100.639 Bulla, Tell Beit Mirsim Area (?) (late 7th/early 6th cent.)

N. Avigad, *Burnt Archive*, 93, No. 139.

[l]ʿzrqm
[bn] ṣdq’

100.640 Bulla, Tell Beit Mirsim Area (?) (late 7th/early 6th cent.)

N. Avigad, *Burnt Archive*, 93, No. 140.

lʿkb[r

100.641 Bulla, Tell Beit Mirsim Area (?) (late 7th/early 6th cent.)

N. Avigad, *Burnt Archive*, 93, No. 141.

lʿlyhw
rpʾ

100.642 Bulla, Tell Beit Mirsim Area (?) (late 7th/early 6th cent.)

N. Avigad, *Burnt Archive*, 94, No. 142.

l̊ʿ̊lyhw
ḥlṣ̊

100.643 Bullae (x2), Tell Beit Mirsim Area (?) (late 7th/early 6th cent.)

N. Avigad, *Burnt Archive*, 94, No. 143.

lplṭyhw b
n hwšʿyhw

100.644 Bullae (x2), Tell Beit Mirsim Area (?) (late 7th/early 6th cent.)

N. Avigad, *Burnt Archive*, 95, No. 144.

lplṭyhw
hwšʿyhw

100.645 Bullae (x2), Tell Beit Mirsim Area (?) (late 7th/early 6th cent.)

N. Avigad, *Burnt Archive*, 95, No. 145.

[l]plṭyhw
hwšʿyhw

100.646 Bulla, Tell Beit Mirsim Area (?) (late 7th/early 6th cent.)

N. Avigad, *Burnt Archive*, 95, No. 146.

lplṭyhw

[hwšʿ]ẙhw

100.647 Bulla, Tell Beit Mirsim Area (?) (late 7th/early 6th cent.)

N. Avigad, *Burnt Archive*, 95, No. 147.

lplṭyhw
hwšʿyhw

100.648 Bulla, Tell Beit Mirsim Area (?) (late 7th/early 6th cent.)

N. Avigad, *Burnt Archive*, 96, No. 148.

lplṭyhw
bn hwšʿyhw

100.649 Bulla, Tell Beit Mirsim Area (?) (late 7th/early 6th cent.)

N. Avigad, *Burnt Archive*, 96, No. 149.

lplṭyhw
bn ḥlq

100.650 Bulla, Tell Beit Mirsim Area (?) (late 7th/early 6th cent.)

N. Avigad, *Burnt Archive*, 97, No. 150.

lpn[ ]b[ ]
ḥnny

100.651 Bulla, Tell Beit Mirsim Area (?) (late 7th/early 6th cent.)

N. Avigad, *Burnt Archive*, 97, No. 151.

lpšḥr bn
'ḥ'mh

100.652 Bulla, Tell Beit Mirsim Area (?) (late 7th/early 6th cent.)

N. Avigad, *Burnt Archive*, 98, No. 152.

lpšḥr bn
mnḥm.

100.653 Bulla, Tell Beit Mirsim Area (?) (late 7th/early 6th cent.)

N. Avigad, *Burnt Archive*, 98, No. 153.

lptḥ b
n nḥm

100.654 Bulla, Tell Beit Mirsim Area (?) (late 7th/early 6th cent.)

N. Avigad, *Burnt Archive*, 99, No. 154.

lṣpn.
mqnyhw

100.655 Bulla, Tell Beit Mirsim Area (?) (late 7th/early 6th cent.)

N. Avigad, *Burnt Archive*, 99, No. 155.

lṣpnyhw
š'lh

100.656 Bulla, Tell Beit Mirsim Area (?) (late 7th/early 6th cent.)

N. Avigad, *Burnt Archive*, 100, No. 156.

lqrb'r
b̊n̊ ʿzr'l

100.657 Bullae (x2), Tell Beit Mirsim Area (?) (late 7th/early 6th cent.)

N. Avigad, *Burnt Archive*, 100, No. 157.

lr̊'yhw
ḥ̊lṣyhw

100.658 Bulla, Tell Beit Mirsim Area (?) (late 7th/early 6th cent.)

N. Avigad, *Burnt Archive*, 101, No. 158.

lšlm b
n 'lšm̊[ʿ]

100.659 Bulla, Tell Beit Mirsim Area (?) (late 7th/early 6th cent.)

N. Avigad, *Burnt Archive*, 101, No. 159.

[lšl]m bn
[’l]šm‘

100.660 Bulla, Tell Beit Mirsim Area (?) (late 7th/early 6th cent.)

N. Avigad, *Burnt Archive*, 101, No. 160.

lšl[m bn]
’[l]š̊[m‘]

100.661 Bulla, Tell Beit Mirsim Area (?) (late 7th/early 6th cent.)

N. Avigad, *Burnt Archive*, 102, No. 161.

lšlm b[n]
hwš‘yhw

100.662 Bulla, Tell Beit Mirsim Area (?) (late 7th/early 6th cent.)

N. Avigad, *Burnt Archive*, 102, No. 162.

[l]šm‘yhw
y’zn

100.663 Bulla, Tell Beit Mirsim Area (?) (late 7th/early 6th cent.)

N. Avigad, *Burnt Archive*, 102, No. 163.

lšm‘yhw
[

100.664 Bulla, Tell Beit Mirsim Area (?) (late 7th/early 6th cent.)

N. Avigad, *Burnt Archive*, 102, No. 164.

lš‘l bn
yšm‘’l

100.665 Bulla, Tell Beit Mirsim Area (?) (late 7th/early 6th cent.)

N. Avigad, *Burnt Archive*, 103, No. 165.

lšp̊ṭ̊y[hw]
'dnyhw

100.666 Bulla, Tell Beit Mirsim Area (?) (late 7th/early 6th cent.)

N. Avigad, *Burnt Archive*, 103, No. 166.

lšp̊ṭ b[n]
'̊ḥyhw

100.667 Bulla, Tell Beit Mirsim Area (?) (late 7th/early 6th cent.)

N. Avigad, *Burnt Archive*, 104, No. 167.

lšbny[hw]
šryhw

100.668 Bulla, Tell Beit Mirsim Area (?) (late 7th/early 6th cent.)

N. Avigad, *Burnt Archive*, 104, No. 168.

ltnḥ̊[m]
hṣl[yhw]

100.669 Bulla, Tell Beit Mirsim Area (?) (late 7th/early 6th cent.)

N. Avigad, *Burnt Archive*, 104, No. 169.

[ ]
bn
gdyhw

100.670 Bulla, Tell Beit Mirsim Area (?) (late 7th/early 6th cent.)

N. Avigad, *Burnt Archive*, 105, No. 170.

[ ]
[d]mlyhw bn[

100.671 Bulla, Tell Beit Mirsim Area (?) (late 7th/early 6th cent.)

N. Avigad, *Burnt Archive*, 105, No. 171.

[ ]
yhwq[m]

100.672 Bulla, Tell Beit Mirsim Area (?) (late 7th/early 6th cent.)

N. Avigad, *Burnt Archive*, 105, No. 172.

[ ]
yqmyh[w]

100.673 Bulla, Tell Beit Mirsim Area (?) (late 7th/early 6th cent.)

N. Avigad, *Burnt Archive*, 105, No. 173.

[ ]
yšmʿʾl

100.674 Bulla, Tell Beit Mirsim Area (?) (late 7th/early 6th cent.)

N. Avigad, *Burnt Archive*, 105, No. 174.

lš[ʿ]l b[n]
ml[k]yh̊[w]

100.675 Bulla, Tell Beit Mirsim Area (?) (late 7th/early 6th cent.)

N. Avigad, *Burnt Archive*, 106, No. 175.

[ ]
mlk[yhw]

100.676 Bulla, Tell Beit Mirsim Area (?) (late 7th/early 6th cent.)

N. Avigad, *Burnt Archive*, 106, No. 176.

[ ]
bn nḥm [

100.677 Bulla, Tell Beit Mirsim Area (?) (late 7th/early 6th cent.)

N. Avigad, *Burnt Archive*, 106, No. 177.

[
]ʿzyh[w]

100.678 Bulla, Tell Beit Mirsim Area (?) (late 7th/early 6th cent.)

N. Avigad, *Burnt Archive*, 106, No. 178.

[ ]
pdyhw

100.679 Bulla, Tell Beit Mirsim Area (?) (late 7th/early 6th cent.)

N. Avigad, *Burnt Archive*, 106, No. 179.

[ ]yhw
šmʿyhw

100.680 (b) Bulla, Tell Beit Mirsim Area (?) (late 7th/early 6th cent.)

N. Avigad, *Burnt Archive*, 106, No. 180b.

[
šp]ṭyhw

100.680 Bullae (x2), Tell Beit Mirsim Area (?) (late 7th/early 6th cent.)

N. Avigad, *Burnt Archive*, 106, No. 180.

[ ]
bn špṭyhw

100.681 Bulla, Tell Beit Mirsim Area (?) (late 7th/early 6th cent.)

N. Avigad, *Burnt Archive*, 107, No. 181.

[ ]mb
[ ]y'l

100.682 Bulla, Tell Beit Mirsim Area (?) (late 7th/early 6th cent.)

N. Avigad, *Burnt Archive*, 107, No. 182.

[ ]šʿ
[ ]yh[

100.683 Bulla, Tell Beit Mirsim Area (?) (late 7th/early 6th cent.)

N. Avigad, *Burnt Archive*, 107, No. 183.

[ ]yhw
[pš]ḥr

100.684 Bulla, Tell Beit Mirsim Area (?) (late 7th/early 6th cent.)

N. Avigad, *Burnt Archive*, 107, No. 184.

lm[ ]
bn [

100.685 Bulla, Tell Beit Mirsim Area (?) (late 7th/early 6th cent.)

N. Avigad, *Burnt Archive*, 107, No. 185.

[ ]ʿyhw
[ ]šyhw

100.686 Bulla, Tell Beit Mirsim Area (?) (late 7th/early 6th cent.)

N. Avigad, *Burnt Archive*, 107, No. 186.

[ ]yhw
[ ]yhw

100.687 Bulla, Tell Beit Mirsim Area (?) (late 7th/early 6th cent.)

N. Avigad, *Burnt Archive*, 107, No. 187.

[ ]yhw
[ ]yhw

100.688 Bulla, Tell Beit Mirsim Area (?) (late 7th/early 6th cent.)

N. Avigad, *Burnt Archive*, 108, No. 188.

[ ]nyhw
[ ]hw

100.689 Bulla, Tell Beit Mirsim Area (?) (late 7th/early 6th cent.)

N. Avigad, *Burnt Archive*, 108, No. 189.

lyhw[

100.690 Bulla, Tell Beit Mirsim Area (?) (late 7th/early 6th cent.)

N. Avigad, *Burnt Archive*, 108, No. 190.

lyhw[
]ʿyh[

100.691 Bulla, Tell Beit Mirsim Area (?) (late 7th/early 6th cent.)

N. Avigad, *Burnt Archive*, 108, No. 191.

[ ]ʾyhw
[

100.692 Bulla, Tell Beit Mirsim Area (?) (late 7th/early 6th cent.)

N. Avigad, *Burnt Archive*, 108, No. 192.

[ ]yhw
[ ]lyhw

100.693 Bulla, Tell Beit Mirsim Area (?) (late 7th/early 6th cent.)

N. Avigad, *Burnt Archive*, 109, No. 193.

[
]yh[

100.694 Bulla, Tell Beit Mirsim Area (?) (late 7th/early 6th cent.)

N. Avigad, *Burnt Archive*, 109, No. 194.

[ ]yhw b
[n]ʿy[

100.695 Bulla, Tell Beit Mirsim Area (?) (late 7th/early 6th cent.)

N. Avigad, *Burnt Archive*, 109, No. 195.

ʿml̊[

100.696 Bulla, Tell Beit Mirsim Area (?) (late 7th/early 6th cent.)

N. Avigad, *Burnt Archive*, 109, No. 196.

lšl[m

100.697 Bulla, Tell Beit Mirsim Area (?) (late 7th/early 6th cent.)

N. Avigad, *Burnt Archive*, 109, No. 197.

[ ]lyhw
[

100.698 Bulla, Tell Beit Mirsim Area (?) (not legible) (late 7th/early 6th cent.)

N. Avigad, *Burnt Archive*, 109, No. 198.

100.699 Bulla, Tell Beit Mirsim Area (?) (late 7th/early 6th cent.)

N. Avigad, *Burnt Archive*, 110, No. 199.

[ ]nyhw[ ]

100.700 Bulla, Tell Beit Mirsim Area (?) (late 7th/early 6th cent.)

N. Avigad, *Burnt Archive*, 110, No. 200.

]r[

100.701 Bulla, Tell Beit Mirsim Area (?) (not legible) (late 7th/early 6th cent.)

N. Avigad, *Burnt Archive*, 110, No. 201.

100.702 Bulla, Tell Beit Mirsim Area (?) (late 7th/early 6th cent.)

N. Avigad, *Burnt Archive*, 110f, No. 202.

[n]ḥm
[š]bʿ

100.703 Bulla, Tell Beit Mirsim Area (?) (late 7th/early 6th cent.)

N. Avigad, *Burnt Archive*, 111, No. 203.

zy[ ] {*or* ṣy[ ]}

100.704 - 711 Bullae, Tell Beit Mirsim Area (?) (no legible inscriptions) (late 7th/early 6th cent.)

N. Avigad, *Burnt Archive*, 111f, Nos. 204-211.

100.712 Seal (provenance unknown) (late 8th cent.)

P. Bordreuil, *Catalogue des Sceaux Ouest-Sémitiques Inscrits de la Bibliothèque Nationale, du Musée du Louvre et du Musée biblique de Bible et Terre Sainte* (Paris: Bibliothèque Nationale, 1986), 47f, No. 44.

l
ʾb
šʿl

100.713 Seal (provenance unknown) (late 8th cent.)

P. Bordreuil, *Paris Catalogue*, 48, No. 45.

lšbnyhw
bn [

100.714 Seal (provenance unknown) (2nd half of 7th cent.)

P. Bordreuil, *Paris Catalogue*, 52, No. 52.

lplṭh bn
yšmʿʾl

100.715 Seal (provenance unknown) (late 7th/early 6th cent.)

P. Bordreuil, *Paris Catalogue*, 52, No. 53.

lḥnnyhw b
n qwlyhw

100.716 Seal (provenance unknown) (early 6th cent.)

P. Bordreuil, *Paris Catalogue*, 54, No. 57.

[l]ṣpnyh
mtnyh

100.717 Seal (provenance unknown) (8th/7th cent.)

P. Bordreuil, *Paris Catalogue*, 55, No. 58.

yḥ̊[ ]
hw[ ]
lm[ ]

100.718 Seal (provenance unknown) (7th/6th cent.)

P. Bordreuil, *Paris Catalogue*, 55, No. 59.

l̊dmlyhw b
n yhw[ ]

100.719 Seal, Judaean (7th cent.)

N. Avigad, "Three Ancient Seals", *BA* 49 (1986), 51.

lnryhw
bn hmlk

100.720 Seal (provenance unknown) (date unknown)

N. Avigad, *BA* 49 (1986), 52.

l[[n]]tn’l

100.721 Seal (provenance unknown) (7th cent.)

A. Lemaire, "Nouveaux sceaux nord-ouest sémitiques", *Semitica* 33 (1983), 17f, Pl. 1.1.

lbnyhw
mtnyhw

100.722 Seal (provenance unknown) (7th cent.)

A. Lemaire, *Semitica* 33 (1983), 18, Pl. 1.2.

ly’znyh
m‘bdyh

100.723 Bulla (provenance unknown) (7th cent.)

A. Lemaire, *Semitica* 33 (1983), 19, Pl. 1.3.

lrp’ bn
ḥlqyhw

100.724 Seal (provenance unknown) (7th cent.)

A. Lemaire, "Sept sceaux nord-ouest sémitiques inscrits", *EI* 18 (1985), 29, No. 1 (Pl. III).

lyw‘ lyh̊ẘ
yšm‘’l

100.725 Seal (provenance unknown) (7th/early 6th cent.)

A. Lemaire, *EI* 18 (1985), 29, No. 2 (Pl. III).

lsmkyh̊[ ]
‘ms

100.726 Seal (provenance unknown) (7th/early 6th cent.)

A. Lemaire, *EI* 18 (1985), 30, No. 3 (Pl. III).

sʿ̊d̊yh
ʾlsmk

100.727 Seal (provenance unknown) (7th cent.)

A. Lemaire, *EI* 18 (1985), 30, No. 4 (Pl. III).

l̊n̊r̊yhẘ
g̊šmy

100.728 Seal (provenance unknown) (late 8th or 7th cent.)

A. Lemaire, *EI* 18 (1985), 30, No. 5 (Pl. III).

lʿzryhw
ḥlqʾ

100.729 Bulla (provenance unknown) (7th cent.)

A. Lemaire, *EI* 18 (1985), 31, No. 6 (Pl. III).

lʾlšmʿ
ḥlṣyhw

100.730 Seal (provenance unknown) (8th/7th cent.)

N. Avigad, "A Hebrew Seal Depicting a Sailing Ship", *BASOR* 246 (1982), 59-61.

lʾnyhw. b
n. myrb

100.731 Seal, En-Gedi (late 7th/early 6th cent.)

"En-Gedi", *IEJ* 12 (1962), 146.

ṭbš
lm.

100.733 Jar Stamp, Jerusalem (7th cent.)

N. Avigad, "A Note on an Impression from a Woman's Seal", *IEJ* 37 (1987), 18-19, with Pl.1 (cf. *Qedem* 29 (1989), 130).

lḥnh b
tʿzryh

100.734 Seal (provenance unknown) (late 8th/early 7th cent.)

J. Elayi, "Le Sceau du Prêtre Ḥanan, Fils de Ḥilqiyahu", *Semitica* 36 (1986), 43-46.

lḥnn b
n ḥlqyhw
hkhn

100.735 Seal (provenance unknown) (Ammonite? Phoenician?) (9th/8th cent.)

A. Lemaire, "Nouveaux sceaux nord-ouest sémitiques", *Syria* 63 (1986), 307-309, No. 2.

lmqn

100.736 Seal (provenance unknown) (7th cent.)

A. Lemaire, *Syria* 63 (1986), 309f.

lʿmd
yh̊w
bt. ʿz
ryhw

100.737 Seal (provenance unknown) (8th/7th cent.)

A. Lemaire, *Syria* 63 (1986), 310f.

lḥ̊lq̊yh̊ẘ
b̊n̊ p̊d̊ẙ

100.738 Seal (provenance unknown) (7th cent.)

A. Lemaire, *Syria* 63 (1986), 312.

[lš]ʿ̊l
[ʿ]bdyhẘ

100.739 Seal (provenance unknown) (7th cent.)

A. Lemaire, *Syria* 63 (1986), 312f.

l̊nrẙ
ʾ̊ḥ̊m̊lk

100.740 Seal (provenance unknown) (Phoenician? Ammonite?) (8th/7th cent.)

A. Lemaire, *Syria* 63 (1986), 314f.

l̊š̊r̊.

100.743 Jar Stamp, Naḥal ʿArugot (compare 100.291 and 100.470) (late 8th cent.)

G. Hadas, "Naḥal ʿArugot, Seal Impression", *Ḥadashot Arkheologiyot* 82 (1983), 62 (Heb.); *ESI* 2 (1983), 77.

[lnḥ]m
[ʿbd]y

100.744 Seal (provenance unknown) (c. 700)

P. Bordreuil and A. Lemaire, "Nouveaux sceaux hébreux et araméens", *Semitica* 32 (1982), 21f, Pl. V:1.

lʾlyʾr.
pdyhw

100.745 Seal (provenance unknown) (c. 700)

P. Bordreuil and A. Lemaire, *Semitica* 32 (1982), 22f, Pl. V:2.

lnryhw

mtn

100.746 Seal (provenance unknown) (c. 700)

P. Bordreuil and A. Lemaire, *Semitica* 32 (1982), 23, Pl. V:3.

lyknyhw
bn ḥkl

100.747 Seal (provenance unknown) (c. 700)

P. Bordreuil and A. Lemaire, *Semitica* 32 (1982), 24, Pl. V:4.

lntn.
ʾlyhw

100.748 Seal (provenance unknown) (c. 700)

P. Bordreuil and A. Lemaire, *Semitica* 32 (1982), 24f, Pl. V:5.

lmnšh
mlkyhw

100.749 Seal (provenance unknown) (c. 700)

P. Bordreuil and A. Lemaire, *Semitica* 32 (1982), 25, Pl. V:6.

lmkr
mkyhw

100.750 Seal (provenance unknown) (7th cent.)

P. Bordreuil and A. Lemaire, *Semitica* 32 (1982), 25f, Pl. V:7.

lh̊[ ]yh
pdyhw

100.751 Seal (provenance unknown) (late 8th/7th cent.)

P. Bordreuil and A. Lemaire, *Semitica* 32 (1982), 26, Pl. V:8.

lsʿgyhw
mlkyhw

100.752 Seal (provenance unknown) (7th cent.)

P. Bordreuil and A. Lemaire, *Semitica* 32 (1982), 26f, Pl. V:9.

l’ṣlyhw
bn ydw

100.753 Seal (provenance unknown) (c. 700)

P. Bordreuil and A. Lemaire, *Semitica* 32 (1982), 27-29, Pl. V:10.

š̊l̊m bn šp
ṭ̊yhw

100.754 Seal (provenance unknown) (c. 700)

P. Bordreuil and A. Lemaire, *Semitica* 32 (1982), 29f, Pl. VI:11.

lmr
ymwt

100.755 Seal (provenance unknown) (c. 700)

P. Bordreuil and A. Lemaire, *Semitica* 32 (1982), 30, Pl. VI:12.

l’lšm‘
šrmlk

100.756 Seal (provenance unknown) (c. 700)

P. Bordreuil and A. Lemaire, *Semitica* 32 (1982), 30f, Pl. VI:13.

lḥzq

100.757 Seal (provenance unknown) (late 8th-early 6th cent.)

P. Bordreuil and A. Lemaire, *Semitica* 32 (1982), 31f, Pl. VI:14.

lmšlm̊
’spẙ

100.758 Seal (provenance unknown) (c. 700)

P. Bordreuil and A. Lemaire, *Semitica* 32 (1982), 32f, Pl. VI:15.

lmnr

100.759 Seal, Umm el Qanafid (Jordan) (late 7th cent.)

W. J. Fulco, "A Seal from Umm el Qanâfid, Jordan: *g'lyhw 'bd hmlk*", *Orientalia* 48 (1979), 107f.

g' lyhw
'bd hmlk

100.760 Seal (provenance unknown) (late 8th cent.)

P. Bordreuil and A. Lemaire, "Nouveau groupe de sceaux hébreux, araméens et ammonites", *Semitica* 29 (1979), 71f, Pl. III:1.

lgdyhw
bn
hmlk

100.761 Seal (provenance unknown) (late 8th/early 7th cent.)

P. Bordreuil and A. Lemaire, *Semitica* 29 (1979), 72f, Pl. III:2.

lmlkyhw
bn mtn

100.762 Seal (provenance unknown) (7th cent.)

P. Bordreuil and A. Lemaire, *Semitica* 29 (1979), 73, Pl. III:3.

l' lyhw.
'ḥmlk

100.763 Seal (provenance unknown) (c. 700)

P. Bordreuil and A. Lemaire, *Semitica* 29 (1979), 73f, Pl. III:4.

l' ly' r b
n yrmyhw

100.764 Seal (provenance unknown) (late 8th/7th cent.)

P. Bordreuil and A. Lemaire, *Semitica* 29 (1979), 74, Pl. III:5.

ʾḥqm̊
plṭyh̊ẘ

100.765 Bronze Ring (provenance unknown) (7th cent.)

P. Bordreuil and A. Lemaire, *Semitica* 29 (1979), 74f, Pl. III:6.

lntn
mʾ̊s

100.766 Seal (provenance unknown) (7th cent.)

P. Bordreuil and A. Lemaire, *Semitica* 29 (1979), 75, Pl. IV:7.

lytm.
bn. ʾlzkr

100.767 Seal (provenance unknown) (late 8th/7th cent.)

P. Bordreuil and A. Lemaire, *Semitica* 29 (1979), 75f, Pl. IV:8.

l[s]m̊k̊.
[pd]y

100.768 Jar Stamp (provenance unknown) (Second half of 5th cent.)

F. M. Cross, "Judean Stamps", *EI* 9 (1969), 26f, Pl. V:3-4.

šlmy
hʿd {*or* šlmy
h ʿd}

100.769 Bulla, Tell en-Naṣbeh (7th cent.)

C. C. McCown, *Tell en-Naṣbeh I*, 163, No. 3.

ʾḥzyh
ẘ tnyh[w]

CORPUS

100.770 Seal, Ophel (early 7th cent.)

L. G. Herr, *Scripts*, 105, No. 48.

yšmʿʾl̊
ʾ̊ryhw

100.771 Jar Stamp, Beth Shemesh (compare 100.488) (late 8th cent.)

E. Grant and G. E. Wright, *Ain Shems Excavations V*, 81f, No. 5.

m̊nḥm̊
wyhbnh

100.772 Jar Stamp, Beth Shemesh (late 8th cent.)

E. Grant and G. E. Wright, *Ain Shems Excavations V*, 83, No. 8.

lṣdq
smk

100.773 Bulla, Beth Shemesh (late 8th cent.)

E. Grant and G. E. Wright, *Ain Shems Excavations V*, 80f, No. 3.

ṣ̊pn.
ʿzr.

100.774 Jar Stamp, Jerusalem (7th cent.)

Y. Nadelman, in E. Mazar and B. Mazar, *Excavations in the South of the Temple Mount*, *Qedem* 29 (1989), 130-1.

hwšʿm {*or* hwšʿ [[b]]n}
ḥgy

100.776 Jar Stamp, Beth Shemesh (compare 100.187) (late 8th cent.)

E. Grant and G. E. Wright, *Ain Shems Excavations V*, 83f, No. 9.

ltnḥ
m ngb

100.777 Seal, Sebastieh (Samaria) (8th cent.)

P. Bordreuil and A. Lemaire, "Deux nouveaux sceaux nord-ouest sémitiques", *JA* 265 (1977), 17.

lggy

100.778 Bulla, Tell el-Ḥesi (late 7th/early 6th cent.)

K. G. O'Connell, "An Israelite Bulla from Tell el-Ḥesi", *IEJ* 27 (1977), 197-199, Pl. 26G.

lmtnyhw
yšmʿʾl

100.779 Bulla, Lachish (date unknown)

Y. Aharoni, *Lachish V: The Sanctuary and Residency* (Tel Aviv: Gateway Publishers Inc., 1975), 22, Pl. 20:9.

[l]yhwrm

100.780 Seal (provenance unknown) (7th cent.)

N. Avigad, "The Seal of Seraiah (Son of) Neriah", *EI* 14 (1978), 86f.

lšryhw
nryhw

100.781 Seal (provenance unknown) (7th cent.)

N. Avigad, "The King's Daughter and the Lyre", *IEJ* 28 (1978), 146, Pl. 26:C.

lmʿdnh
bt hmlk

100.782 Seal (provenance unknown) (7th cent.)

N. Avigad, "The Chief of the Corvee", *IEJ* 30 (1980), 170-173, Pl. 18:D-E.

lplʾyh

w mttyhw
(verso)
lpl'yhw
'šr ʿl
hms

100.783 Seal (provenance unknown) (7th cent.)

N. Avigad, "Titles and Symbols on Hebrew Seals", *EI* 15 (1981), 303, No. 1, Pl. 57 (Heb.).

lntbyhw
nʿr mtn

100.784 Seal (provenance unknown) (early 6th cent.)

N. Avigad, *EI* 15 (1981), 304, No. 2, Pl. 57 (Heb.).

lšbnyhw
bn hmlk

100.785 Seal (provenance unknown) (late 8th/early 7th cent.)

N. Avigad, *EI* 15 (1981), 305, No. 3, Pl. 57 (Heb.).

lʿrb
nby

100.786 Seal, Jerusalem (date unknown)

G. Barkay, *A Treasure Facing Jerusalem's Walls, Ketef Hinnom*, Israel Museum Catalogue 274 (Jerusalem: Israel Museum, 1976), 34.

plṭh

100.787 Jar Stamp, Jerusalem (late 8th cent.)

N. Avigad, *Discovering Jerusalem* (Nashville etc.: Nelson, 1983), 45.

lnry b

n šbnyw

100.788 Jar Stamp, Jerusalem (compare 100.457) (late 8th cent.)

N. Avigad, *Discovering Jerusalem* (Nashville etc.: Nelson, 1983), 44.

lmnḥm
ywbnh

100.789 Jar Stamp, Jerusalem (compare 100.196) (late 8th cent.)

N. Avigad, *Discovering Jerusalem* (Nashville etc.: Nelson, 1983), 44-45.

lnr'
šbn'

100.790 Jar Stamp, Tel Batash (compare 100.274 and 100.454) (late 8th cent.)

A. Mazar and G. Kelm, "Canaanites, Philistines and Israelites at Timna/Tel Batash", *Qadmoniot* 13 (1980), 96 (Heb.).

lṣpn '
bm' ṣ

100.791 Jar Stamp, Lachish (compare 100.192, 100.404 and 100.493) (late 8th cent.)

D. Ussishkin, "Excavations at Tel Lachish 1973-1977, Preliminary Report", *Tel Aviv* 5 (1978), 81.

ltnḥm
mgn

100.792 Jar Stamp, Lachish (compare 100.358) (late 8th cent.)

D. Ussishkin, "Royal Judean Storage Jars and Private Seal Impressions", *BASOR* 223 (1976), 5-6.

mšlm
'ḥymlk

CORPUS

100.801 Bulla, City of David (late 7th/early 6th cent.)

Y. Shiloh, "A Group of Hebrew Bullae from the City of David", *IEJ* 36 (1986), 28f, No. 1.

lblgy b
n dlyh[w]

100.802 Bulla, City of David (late 7th/early 6th cent.)

Y. Shiloh, *IEJ* 36 (1986), 28f, No. 2.

lgmryhw
[b]n špn

100.803 Bulla, City of David (late 7th/early 6th cent.)

Y. Shiloh, *IEJ* 36 (1986), 28f, No. 3.

lḥ̊nmlk̊
yšm‘’l

100.804 Bulla, City of David (late 7th/early 6th cent.)

Y. Shiloh, *IEJ* 36 (1986), 28f, No. 4.

[lṭbšlm]
bn zkr
hrp’

100.805 Bulla, City of David (late 7th/early 6th cent.)

Y. Shiloh, *IEJ* 36 (1986), 28f, No. 5.

lšm‘yhw
bn y’zny[h]

100.807 Bulla, City of David (late 7th/early 6th cent.)

Y. Shiloh, *IEJ* 36 (1986), 28f, No. 7.

l’lšm‘ b
n smkyh

100.808 Bulla, City of David (late 7th/early 6th cent.)

Y. Shiloh, *IEJ* 36 (1986), 28f, No. 8.

lmky[hw]
bn ḥṣy

100.809 Bulla, City of David (late 7th/early 6th cent.)

Y. Shiloh, *IEJ* 36 (1986), 28f, No. 9.

l'prḥ
'ḥyhw

100.810 Bulla, City of David (late 7th/early 6th cent.)

Y. Shiloh, *IEJ* 36 (1986), 28f, No. 10.

l'lšmʻ
bn yhw'b {*or* yhw'r}

100.812 Bulla, City of David (late 7th/early 6th cent.)

Y. Shiloh, *IEJ* 36 (1986), 28f, No. 12.

ydʻyhw
bn mšlm

100.813 Bulla, City of David (late 7th/early 6th cent.)

Y. Shiloh, *IEJ* 36 (1986), 28f, No. 13.

lgdyhw
bn ʻzr

100.814 Bulla, City of David (late 7th/early 6th cent.)

Y. Shiloh, *IEJ* 36 (1986), 28f, No. 14.

lšmʻy[hw]
m̊ḥsy[hw]

100.817 Bulla, City of David (late 7th/early 6th cent.)

Y. Shiloh, *IEJ* 36 (1986), 28f, No. 17.

lrp'yhw
bn 'prḥ

100.819 Bulla, City of David (late 7th/early 6th cent.)

Y. Shiloh, *IEJ* 36 (1986), 28f, No. 19.

lgmryh
bn mgn

100.820 Bulla, City of David (late 7th/early 6th cent.)

Y. Shiloh, *IEJ* 36 (1986), 28f, No. 20.

[l]'lntn
bn blgy

100.823 Bulla, City of David (late 7th/early 6th cent.)

Y. Shiloh, *IEJ* 36 (1986), 28f, No. 23.

lšm'yhw
[b]n plṭyhw

100.827 Bulla, City of David (late 7th/early 6th cent.)

Y. Shiloh, *IEJ* 36 (1986), 28f, No. 27.

l'zryhw b
n ḥlqyhw

100.828 Bulla, City of David (late 7th/early 6th cent.)

Y. Shiloh, *IEJ* 36 (1986), 28f, No. 28.

lṭbšlm̊
bn zkr

100.829 Bulla, City of David (late 7th/early 6th cent.)

Y. Shiloh, *IEJ* 36 (1986), 28f, No. 29.

lʾlyqm̊
bn ʾwhl

100.831 Bulla, City of David (late 7th/early 6th cent.)

Y. Shiloh, *IEJ* 36 (1986), 28f, No. 31.

lbnyhw b
n hwšʿyhw

100.832 Bulla, City of David (late 7th/early 6th cent.)

Y. Shiloh, *IEJ* 36 (1986), 28f, No. 32.

lʿzrqm
mkyhw

100.833 Bulla, City of David (late 7th/early 6th cent.)

Y. Shiloh, *IEJ* 36 (1986), 28f, No. 33.

lbrkyhw
bn mlky

100.834 Bulla, City of David (late 7th/early 6th cent.)

Y. Shiloh, *IEJ* 36 (1986), 28f, No. 34.

lḥnnyh[w] b
n ʾḥʾ

100.835 Bulla, City of David (late 7th/early 6th cent.)

Y. Shiloh, *IEJ* 36 (1986), 28f, No. 35.

lsylʾ b
n ʾlšmʿ

100.836 Bulla, City of David (late 7th/early 6th cent.)

Y. Shiloh, *IEJ* 36 (1986), 28f, No. 36.

lnryhw
dmlyhw

100.839 Bulla, City of David (late 7th/early 6th cent.)

Y. Shiloh, *IEJ* 36 (1986), 28f, No. 39.

lšpṭyhw
bn ṣpn

100.845 Bulla, City of David (late 7th/early 6th cent.)

Y. Shiloh, *IEJ* 36 (1986), 28f, No. 45.

lʾḥymh̊
ḥnnyh

100.848 Bulla, City of David (late 7th/early 6th cent.)

Y. Shiloh, *IEJ* 36 (1986), 28f, No. 48.

lyʾznyh[w]
[b]n mʿšyhw

100.850 Bulla, City of David (late 7th/early 6th cent.)

Y. Shiloh, *IEJ* 36 (1986), 28f, No. 50.

lšpṭyhw
bn dmlẙ[hw]

100.851 Bulla, City of David (late 7th/early 6th cent.)

Y. Shiloh, *IEJ* 36 (1986), 28f, No. 51.

[l]nḥm bn
šʾlh

100.852 Seal (provenance unknown) (7th cent.)

A. Lemaire, "Notes d'épigraphie nord-ouest sémitique", *Semitica* 37 (1987), 47-8, Pl. 1.

lnmš bn
mkyhw

100.853 Seal (provenance unknown) (7th cent.)

N. Avigad, "On the Identification of Persons Mentioned in Hebrew Epigraphic Sources", *EI* 19 (1987), 237, No. 5.

l'ṣlyhw
bn mšlm

100.854 Seal (provenance unknown) (date unknown)

N. Avigad, "The Contribution of Hebrew Seals to an Understanding of Israelite Religion and Society", in P. D. Miller, P. D. Hanson, S. Dean McBride (eds.), *Ancient Israelite Religion*, F. M. Cross Festschrift, (Philadelphia: Fortress Press, 1987), 200, Fig. 2.

lʿlyw

100.855 Seal (provenance unknown) (7th cent.)

N. Avigad, *Cross Volume*, 206, Fig. 13.

lyhwʿdn
bt 'ryhw

100.856 Seal (provenance unknown) (date unknown)

N. Avigad, *Cross Volume*, 206 (cf. 201, Fig. 14 - the *waw* cannot be seen on the photograph)

lmšwlmt

100.857 Seal (provenance unknown) (date unknown)

N. Avigad, "Hebrew Seals and Sealings and their Significance for Biblical Research", *SVT* 40 (1988), 8.

yhwbʿl

100.858 Bulla (provenance unknown) (date unknown)

N. Avigad, *SVT* 40 (1988), 10.

lʿzryhw šʿr hmsgr

100.859 Seal (provenance unknown) (date unknown)

N. Avigad, *SVT* 40 (1988), 14.

ʿmnyhw

100.860 Seal from Hecht Collection (provenance unknown) (7th cent.)

N. Avigad, "A Group of Hebrew Seals from the Hecht Collection", in *Hecht Volume*, 119f, No. 1.

[l]ydw ʾšr
[ʿ]l hbyt

100.861 Seal from Hecht Collection (provenance unknown) (8th cent.)

N. Avigad, *Hecht Volume*, 120f, No. 2.

[lʾ]šnʾ

100.862 Seal from Hecht Collection (provenance unknown) (7th cent.)

N. Avigad, *Hecht Volume*, 121, No. 3.

lyšʿyhw
ʿmlyhw

100.863 Seal from Hecht Collection (provenance unknown) (date unknown)

N. Avigad, *Hecht Volume*, 121f, No. 4.

l[ ]yhw
bn ʿmlyhw

100.864 Seal from Hecht Collection (provenance unknown) (date unknown)

N. Avigad, *Hecht Volume*, 122, No. 5.

ldlyhw bn
gmlyhw

100.865 Seal from Hecht Collection (provenance unknown) (date unknown)

N. Avigad, *Hecht Volume*, 122f, No. 6.

lʾḥyqm
mtn

100.866 Seal from Hecht Collection (provenance unknown) (8th/7th cent.)

N. Avigad, *Hecht Volume*, 123, No. 7.

lʿzr

100.867 Seal from Hecht Collection (provenance unknown) (8th/7th cent.)

N. Avigad, *Hecht Volume*, 124, No. 8.

lʾbgyl b
t ʾlḥnn

100.868 Seal from Hecht Collection (provenance unknown) (late 8th cent.)

N. Avigad, *Hecht Volume*, 124f, No. 9.

lklkl
mnḥm

100.869 Seal from Hecht Collection (provenance unknown) (8th cent.)

N. Avigad, *Hecht Volume*, 125, No. 10.

lyw'l b
n yhwkl

100.870 Seal from Hecht Collection (provenance unknown) (7th cent.)

N. Avigad, *Hecht Volume*, 126, No. 11.

lydnyhw
bn ntnyhw

100.871 Seal from Hecht Collection (provenance unknown) (8th/7th cent.)

N. Avigad, *Hecht Volume*, 126, No. 12.

lʿzr

100.872 Seal from Hecht Collection (provenance unknown) (late 7th/early 6th cent.)

N. Avigad, "Another Group of West-Semitic Seals from the Hecht Collection", *Michmanim* 4 (July 1989), 8.

l'lyš
b ḥgy

100.873 Seal from Hecht Collection (provenance unknown) (7th cent.)

N. Avigad, *Michmanim* 4 (1989), 8f.

gdyhw
p[

100.874 Seal from Hecht Collection (provenance unknown) (7th cent.)

N. Avigad, *Michmanim* 4 (1989), 9.

gdlyhw
bn šby

100.875 Seal from Hecht Collection (provenance unknown) (8th/7th cent.)

N. Avigad, *Michmanim* 4 (1989), 9f.

lmlyhw
yhwšʿ

100.876 Seal from Hecht Collection (provenance unknown) (date unknown)

N. Avigad, *Michmanim* 4 (1989), 10.

lmtn
ʾḥʾb

100.877 Seal from Hecht Collection (provenance unknown) (8th cent.)

N. Avigad, *Michmanim* 4 (1989), 10f.

lpḥʾ

100.878 Seal from Hecht Collection (provenance unknown) (late 7th cent.)

N. Avigad, *Michmanim* 4 (1989), 11.

lṣpn
ʾḥymlk

100.879 Seal from Hecht Collection (provenance unknown) (late 7th/early 6th cent.)

N. Avigad, *Michmanim* 4 (1989), 11.

l[š]lmyh[w]
[b]n ʾlyšb

100.880 Seal from Hecht Collection (provenance unknown) (late 7th cent.)

N. Avigad, *Michmanim* 4 (1989), 12.

lšpn
pdyhw

100.881 Bulla from Hecht Collection (provenance unknown) (8th cent.)

N. Avigad, *Michmanim* 4 (1989), 12f.

dlh {*or* dly}

100.882 Jar Stamp, Tel Dan (8th cent.)

A. Biran, "Tel Dan 1987, 1988", *IEJ* 39 (1989), 93.

zkryw

100.883 Seal (provenance unknown) (7th cent.)

N. Avigad, "Two Seals of Women and Other Hebrew Seals", *EI* 20 (1989), 90, No. 1 (Heb.).

lʿmnwyhw
bt gdl

100.884 Seal (provenance unknown) (end of 8th cent.)

N. Avigad, *EI* 20 (1989), 91, No. 2 (Heb.).

lsʿdh

100.885 Seal (provenance unknown) (7th cent.)

N. Avigad, *EI* 20 (1989), 91, No. 3 (Heb.).

lʿbdʾ
šryhw
yḥy

100.886 Seal (provenance unknown) (7th cent.)

N. Avigad, *EI* 20 (1989), 91f, No. 4 (Heb.).

lmḥsyhw

nby

100.887 Seal (provenance unknown) (7th cent.)

N. Avigad, *EI* 20 (1989), 92, No. 5 (Heb.).

lpl̦ṭyhw
bn kslʾ

100.888 Seal (provenance unknown) (late 7th/early 6th cent.)

N. Avigad, *EI* 20 (1989), 92, No. 6 (Heb.).

lplṭyhw
ḥlqyhw

100.889 Seal (provenance unknown) (7th cent.)

N. Avigad, *EI* 20 (1989), 92f, No. 7 (Heb.).

lʿtyhw
mtnyhw

100.890 Seal (provenance unknown) (7th cent.)

N. Avigad, *EI* 20 (1989), 93, No. 8 (Heb.).

lʾḥ̊ml̊k̊
yhwʾb {*or* yhwʾr}

100.891 Seal (provenance unknown) (7th cent.)

N. Avigad, *EI* 20 (1989), 93, No. 9 (Heb.).

lʾdnyh
w. smʿ.

100.892 Seal (provenance unknown) (7th cent.)

N. Avigad, *EI* 20 (1989), 93f, No. 10 (Heb.).

lhṣlyhw
ʿbdʾ

100.893 Seal (provenance unknown) (7th cent.)

N. Avigad, *EI* 20 (1989), 94, No. 11 (Heb.).

lšlm
hdyhw

100.894 Seal (provenance unknown) (7th cent.)

N. Avigad, *EI* 20 (1989), 94, No. 12 (Heb.).

lšmryhw b
n yrmyhw

100.895 Seal (provenance unknown) (7th cent.)

N. Avigad, *EI* 20 (1989), 94, No. 13 (Heb.).

lpdyhw
špl

100.896 Seal (provenance unknown) (7th cent.)

N. Avigad, *EI* 20 (1989), 94f, No. 14 (Heb.).

lpšḥr

100.897 Seal (provenance unknown) (7th cent.)

N. Avigad, *EI* 20 (1989), 95, No. 15 (Heb.).

lgmryhw b
n ʾlntn

100.898 Seal (provenance unknown) (8th/7th cent.)

N. Avigad, *EI* 20 (1989), 95, No. 16 (Heb.).

lrpʾ bn
bnʿnt

100.899 Seal, Babylon(?) (8th/7th cent.)

L.A. Wolfe and F. Sternberg, *Objects with Semitic Inscriptions, 1100 B.C.-A.D.700. Jewish, Early Christian and Byzantine Antiquities* (Auction Catalogue: Jerusalem and Zurich, 1989), 13, no.11.

lyrmyhw
bn ʿšʾ[ ]

100.900 Jar Stamp, Jerusalem (compare 100.186 and 100.474) (late 8th cent.)

Y. Nadelman, in E. Mazar and B. Mazar, *Excavations in the South of the Temple Mount*, *Qedem* 29 (1989), 131.

lnḥm
hṣlyhw

105. ROYAL STAMPS

Classification according to A. Lemaire, "Classification des Estampilles Royales Judéennes", *EI* 15 (1981), 54-60: H(ebron), Z(iph), S(okoh), M(amshit), X (no place name), 0 (no inscription); I (flying scarab), II (flying sun-disk). On the distribution of the stamps see Y. Garfinkel, *BASOR* 271 (1988), 70.

105.001 Royal Stamp, Type H Ia (elaborate) (8th cent.)

A. Lemaire, *EI* 15 (1981), 57, 59, Pl. VIII; P. Welten, *Die Königs-Stempel*, *ADPV* (Wiesbaden: Harrassowitz, 1969), 36.

lmlk ḥbrn

105.002 Royal Stamp, Type H Ib (stylized) (8th cent.)

A. Lemaire, *EI* 15 (1981), 57, 59, Pl. VIII; P. Welten, *Königs-Stempel*, 36f.

lmlk ḥbrn

105.003 Royal Stamp, Type H IIa (elaborate) (8th cent.)

A. Lemaire, *EI* 15 (1981), 57, 59, Pl. VIII; P. Welten, *Königs-Stempel*, 37.

lmlk ḥbrn

105.004 Royal Stamp, Type H IIb (stylized) (8th cent.)

A. Lemaire, *EI* 15 (1981), 57, 59, Pl. VIII; P. Welten, *Königs-Stempel*, 37.

lmlk ḥbrn

105.005 Royal Stamp, Type H IIc (place name only) (8th cent.)

A. Lemaire, *EI* 15 (1981), 57, 59, Pl. VIII

ḥbrn

105.006 Royal Stamp, Type Z Ia (elaborate) (8th cent.)

A. Lemaire, *EI* 15 (1981), 57, 59, Pl. VIII; P. Welten, *Königs-Stempel*, 38.

lmlk zyp

105.007 Royal Stamp, Type Z Ib (stylized) (8th cent.)

A. Lemaire, *EI* 15 (1981), 57, 59, Pl. VIII; P. Welten, *Königs-Stempel*, 38.

lmlk zp

105.008 Royal Stamp, Type Z IIa (elaborate) (8th cent.)

A. Lemaire, *EI* 15 (1981), 57, 59, Pl. VIII; P. Welten, *Königs-Stempel*, 40.

lmlk zyp

105.009 Royal Stamp, Type Z IIb (stylized) (8th cent.)

A. Lemaire, *EI* 15 (1981), 57, 59, Pl. VIII; P. Welten, *Königs-Stempel*, 39.

lmlk zyp

105.010 Royal Stamp, Type Z IIc (place name only) (8th cent.)

A. Lemaire, *EI* 15 (1981), 57, 59, Pl. VIII; P. Welten, *Königs-Stempel*, 40.

zp

105.011 Royal Stamp, Type S Ia (elaborate) (8th cent.)

A. Lemaire, *EI* 15 (1981), 57, 59, Pl. VIII; P. Welten, *Königs-Stempel*, 40.

lmlk šwkh

105.012 Royal Stamp, Type S Ib (stylized) (8th cent.)

A. Lemaire, *EI* 15 (1981), 57, 59, Pl. VIII; P. Welten, *Königs-Stempel*, 40.

lmlk šwkh

105.013 Royal Stamp, Type S IIa (elaborate) (8th cent.)

A. Lemaire, *EI* 15 (1981), 57, 59, Pl. VIII; P. Welten, *Königs-Stempel*, 40f.

lmlk šwkh

105.014 Royal Stamp, Type S IIb (stylized) (8th cent.)

A. Lemaire, *EI* 15 (1981), 57, 59, Pl. VIII; P. Welten, *Königs-Stempel*, 41.

lmlk šwkh

105.015 Royal Stamp, Type S IIc (place name only) (8th cent.)

A. Lemaire, *EI* 15 (1981), 57, 59, Pl. VIII; P. Welten, *Königs-Stempel*, 41.

šwkh

105.016 Royal Stamp, Type M Ia (elaborate) (8th cent.)

A. Lemaire, *EI* 15 (1981), 57, 59, Pl. VIII; P. Welten, *Königs-Stempel*, 41.

lmlk mmšt

105.017 Royal Stamp, Type M Ib (stylized) (8th cent.)

A. Lemaire, *EI* 15 (1981), 57, 59, Pl. VIII; P. Welten, *Königs-Stempel*, 41f.

lmlk mmšt

105.018 Royal Stamp, Type M IIa (elaborate) (8th cent.)

A. Lemaire, *EI* 15 (1981), 57, 59, Pl. VIII; P. Welten, *Königs-Stempel*, 42, 44.

lmlk mmšt

105.019 Royal Stamp, Type M IIb (stylized) (8th cent.)

A. Lemaire, *EI* 15 (1981), 57, 59, Pl. VIII; P. Welten, *Königs-Stempel*, 42-44.

lmlk mmšt

105.020 Royal Stamp, Type M IIc (place name only) (8th cent.)

A. Lemaire, *EI* 15 (1981), 57, 59, Pl. VIII; P. Welten, *Königs-Stempel*, 44.

mmšt

106. "JUDAH" AND "JERUSALEM" STAMPS AND COINS

106.001 "Yehud" Stamps (defective spelling) (late 5th/4th cent. (Avigad: 6th-5th cent.))

E. Stern, *Material Culture of the Land of the Bible in the Persian Period 538-332 B.C.* (Warminster: Aris and Phillips; Jerusalem: Israel Exploration Society, 1982), 202-206, Type D, Pl. 336.

yhd

106.002 "Yehud" Stamps (plene spelling) (late 5th/4th cent. (Avigad: 6th-5th cent.))

E. Stern, *Material Culture*, 202-206, Type B (1) and (2), Pl. 334.

yhwd

106.003 Jar Stamp, Ramat Raḥel (late 5th/4th cent. (Avigad: 6th-5th cent.))

Y. Aharoni, *Ramat Raḥel 1959-1960*, 7 (cf. *IEJ* 6 (1956), 145f, Figs. 13-14, Pl. 25:5; J. Naveh, *The Development of the Aramaic Script* (Jerusalem: The Israel Academy of Sciences and Humanities, 1970), 60).

yhwd {*or* lyhʿzr}

106.004 *têt* -"Yehud" Stamps (defective spelling) (Hebrew script) (3rd/2nd cent.)

E. Stern, *Material Culture*, 202-206, Type C, Pl. 335.

ṭ yhd

106.005 *têt* -"Yehud" Stamps (plene spelling) (Aramaic script) (4th cent.)

E. Stern, *Material Culture*, 202-206, Type C.

ṭ yhwd

106.006 "YH" Stamps (late 5th/4th cent. (Avigad: 6th-5th cent.))

E. Stern, *Material Culture*, 202-206, Type E, Pl. 337.

yh

106.007 "H" Stamps (late 5th/4th cent. (Avigad: 6th-5th cent.))

E. Stern, *Material Culture*, 202-206, Type F, Pls. 338, 339.

h

106.008 "Yehud" Jar Stamp with Personal Name (late 5th/4th cent. (Avigad: 6th-5th cent.))

P. C. Hammond, "A Note on Two Seal Impressions from Tell es-Sulṭan", *PEQ* (1957), 68f, Pl. XVI (cf. N. Avigad, "A New Class of Yehud Stamps", *IEJ* 7 (1957), 146-153, Fig. 1, Pl. 33:A).

yhwd
ʾwryw

106.009 "Yehud" Jar Stamp with Personal Name (late 5th/4th cent. (Avigad: 6th-5th cent.))

N. Avigad, *Bullae and Seals from a Post-exilic Judean Archive*, *Qedem* 4 (1976), 3f, No. 3, Pl. 5; Y. Aharoni, *Ramat Raḥel 1961-1962*, 33.

yhwd
ḥnnh

106.010 "Yehud" Jar Stamp with Personal Name (late 5th/4th cent. (Avigad: 6th-5th cent.))

N. Avigad, *Qedem* 4 (1976), 5, No. 4, Pl. 5.

yhwd
[ ]n[

106.011 "Yehud" Jar Stamp with Personal Name (5th cent.)

A.R. Millard, *Levant* 21 (1989), 61, fig.14.

y'l
br yšʿ̊
yhwd

106.012 Seal of Judaean Provincial Official (provenance unknown) (2nd half of 6th cent.?)

P. Bordreuil, "Charges et fonctions en Syrie-Palestine d'après quelques sceaux ouest-sémitiques du second at du premier millénaire", *CRAIBL*, (1986), 305-307.

lpqd yhd

106.013 "Yehud"-Governor Stamp (late 5th/4th cent. (Avigad: 6th-5th cent.))

Y. Aharoni, *Ramat Raḫel 1959-1960*, 8; *Ramat Raḫel 1961-1962*, 22, 45 (cf. Stern, *Material Culture*, 202-206).

yhwd
pḥw'

106.014 "Yehud"-Governor Stamp with Personal Name (late 5th/4th cent. (Avigad: 6th-5th cent.))

Y. Aharoni, *Ramat Raḫel 1959-1960*, 7, 33; *Ramat Raḫel 1961-1962*, 21 (cf. F.M. Cross, *EI* 9 (1969), 24-26; Stern, *Material Culture*, 202-206).

yhwd
yhwʿzr
pḥw' {*or* pḥr'}

106.015 Jar Stamp, possibly of Governor or "Yehud" type (late 5th/4th cent. (Avigad: 6th-5th cent.))

Y. Aharoni, *Ramat Raḫel 1961-62*, 46f, Fig. 37:8, Pl. 20:10-11 (cf. F. M. Cross, *EI* 9 (1969), 26; Naveh, *Development*, 60 n. 178; Stern, *Material Culture*, 202-206).

ʿzbq ṣdqyh {*or* lzbdyw ṭ yhd} {*or* yhʿzr pḥw'} {*or* yhʿzr pḥr'}

106.016 Governor Jar Stamp with Personal Name (late 5th/4th cent. (Avigad: 6th-5th cent.))

Y. Aharoni, *Ramat Raḥel 1959-1960*, 33-34; *Ramat Raḥel 1961-1962*, 22,45; Y. Shiloh, "Jerusalem, The City of David, 1979", *IEJ* 29 (1979), 246 (cf. F.M. Cross, *EI* 9 (1969), 26; (1969), 26; Stern, *Material Culture*, 202-206).

l'ḥzy {*or* l'ḥyw}
pḥw' {*or* pḥr'}

106.017 Governor Bulla with Personal Name (Aramaic? Herr) (late 5th/4th cent. (Avigad: 6th-5th cent.))

N. Avigad, *Qedem* 4 (1976), 5f, No. 5, Pl. 6 (cf. Stern, *Material Culture*, 202-206).

l'lntn
pḥw' {*or* pḥr'}

106.018 Seal with Personal Names and Governor Title (Aramaic? Herr) (late 5th/4th cent. (Avigad: 6th-5th cent.))

N. Avigad, *Qedem* 4 (1976), 11f, No. 14, Pl. 15 (cf. Stern, *Material Culture*, 207).

l̊šlmyt
'mt 'ln̊
tn pḥ̊[w'] {*or* pḥ̊[r']}

106.019 Governor Jar Stamp (late 5th/4th cent. (Avigad: 6th-5th cent.))

Y. Aharoni, *Ramat Raḥel 1959-1960*, 8-9.

]pḥw'

106.021 "Jerusalem" Stamps (3rd cent.)

E. Stern, *Material Culture*, 209.

yršlm

106.031 "Moṣah" Stamps (plene) (late 6th/5th cent.)

E. Stern, *Material Culture*, 207-209.

mwṣh

106.032 "Moṣah" Stamps (defective) (late 6th/5th cent.)

E. Stern, *Material Culture*, 207-209.

mṣh

106.041 Silver Drachm (*BMC Palestine*, Pl. 19:29) (1st half of 4th cent.)

L. Mildenberg, "Yehud: A Preliminary Study of the Provincial Coinage of Judaea", in O. Mørkholm and N.M. Waggoner (eds.), *Greek Numismatics and Archaeology*, Essays in Honor of Margaret Thompson (Wetteren, 1979), 183-186, 192, Pl. 21:1 (cf. Stern, *Material Culture*, 224-7, (1)).

yhd

106.042 Minute Silver Coins, Persian Period, Groups 1 and 2 (mid-4th cent.)

L. Mildenberg, *Thompson Volume*, 186-187, 192-4, Pl. 21:2-13 (cf. Stern, *Material Culture*, 224-7, (2),(3) and (4)).

yhd

106.043 Minute Silver Coins, Persian Period, Group 3 (2nd half of 4th cent.)

L. Mildenberg, *Thompson Volume*, 187f, 194, Pl. 21:14-18 (cf. Stern, *Material Culture*, 224-7, (5)).

yḥzqyh hpḥh

106.044 Minute Silver Coins, Macedonian Period (late 4th cent.)

L. Mildenberg, *Thompson Volume*, 188f, 194f, Pl. 21:19-20.

yḥzqyh

106.045 Minute Silver Coins, Ptolemaic Period, Group 1 (early 3rd cent.)

L. Mildenberg, *Thompson Volume*, 189, 195, Pl. 21:21-2.

yhd

106.046 Minute Silver Coins, Ptolemaic Period, Groups 2 and 3 (early 3rd cent.)

L. Mildenberg, *Thompson Volume*, 189f, 195f, Pl. 21:23-28.

yhdh

106.047 Minute Silver Coin (from Samaria?) (2nd half of 4th cent.)

A. Spaer, "A Coin of Jeroboam?", *IEJ* 29 (1979), 218.

yrbʿm̊ {*or* yrbʿl̊}

106.048 Minute Silver Coins, Nablus Hoard (2nd half of 4th cent.)

L. Mildenberg, in H. Weippert, *Palästina in vorhellenistischer Zeit* Handbuch der Archäologie (Munich, 1988), 728.

šmrn

106.049 Silver Coin (mid-4th cent.)

D. P. Barag, "A Silver Coin of Yohanan the High Priest", *Qadmoniot* 17 (1984), 59-61 (Heb.) (cf. *BA* 48 (1985), 166-68); idem, "A Silver Coin of Yoḥanan the High Priest and the Coinage of Judaea in the Fourth Century B.C.", *INJ* 9 (1986/87), 4-21 with Plate 1.

ywḥn[n]
hkwhn

106.050 Silver Coin (Aramaic Script) (1st half of 4th cent.)

A. Spaer, "Jaddua the High Priest?", *INJ* 9 (1986/87), 1-3 with Plate 2.1-2.

ẙdwʿ

106.051 Silver Hemidrachm, Ptolemaic Period (early 3rd cent.)

Y. Meshorer, "New Types of Judaean Silver Coins", *INJ* 5 (1981), 4 with Pl.2.1.

yhdh

106.052 Silver Hemidrachm, Ptolemaic Period (early 3rd cent.)

Y. Meshorer, "New Types of Judaean Silver Coins", *INJ* 5 (1981), 4 with Pl.2.2.

[y]hdh

107. OTHER OFFICIAL STAMPS

107.001 "*bʾ*" Stamp (date unknown)

E. Stern, *Material Culture*, 209.

bʾ

108. INSCRIBED WEIGHTS

108.001 "Gerah" Weight (x3) (hieratic numeral only) (date unknown)

G. Barkay, "Iron Age Gerah Weights", *EI* 15 (1981), 288f, No. 1, Pl. 55:1 (Heb.).

3

108.002 "Gerah" Weight (x2) (hieratic numeral only) (date unknown)

G. Barkay, *EI* 15 (1981), 289, Nos. 2 and 3, Pl. 55:2 (Heb.).

4

108.003 "Gerah" Weights (hieratic numeral only) (date unknown)

R. B. Y. Scott, "Shekel-fraction Markings on Hebrew Weights", *BASOR* 173 (1964), 58, No. 4; G. Barkay, *EI* 15 (1981), 289, No. 4, Pl. 55:3 (Heb.).

5

108.004 "Gerah" Weight (x6) (hieratic numeral only) (date unknown)

G. Barkay, *EI* 15 (1981), 289f, Nos. 5 and 6, Pl. 55:4, 5 (Heb.).

6

108.005 "Gerah" Weight (hieratic numeral only) (date unknown)

A. Lemaire, "Poids inscrits inédits de Palestine", *Semitica* 26 (1976), 39, No. 16; cf. G. Barkay, *EI* 15 (1981), 290f, No. 7, Pl. 56:6 (Heb.).

7

108.006 "Gerah" Weight (hieratic numeral only) (date unknown)

R. B. Y. Scott, *BASOR* 173 (1964), 63, No. 12; cf. G. Barkay, *EI* 15 (1981), 291, No. 8, Pl. 56:7 (Heb.).

8

108.007 "Gerah" Weight (hieratic numeral only) (date unknown)

G. Barkay, *EI* 15 (1981), 291f, No. 9, Pl. 56:8 (Heb.).

10

108.008 "Gerah" Weight (x4) (hieratic numeral and symbol) (date unknown)

G. Barkay, *EI* 15 (1981), 292f, No. 10, Pl. 56:9 (Heb.).

symbol 11 10

108.009 "Gerah" Weight (hieratic numeral only) (date unknown)

G. Barkay, *EI* 15 (1981), 293, No. 11, Pl. 56:10 (Heb.).

10 1

108.011 "Beqa'" Weights (half-shekel) (date unknown)

E. Stern, "Middot u-Mishqalot", *EB* 4, 871f; E. M. Cook, "Weights and Measures", *International Standard Bible Encyclopedia* 4 (Grand Rapids: Eerdmans, 1988), 1053f.

bqʿ

108.012 "Beqa'" Weight with (?) Hieratic Numeral (date unknown)

R. B. Y. Scott, *BASOR* 173 (1964), 57-58, No. 20 (cf. I. T. Kaufman, *BASOR* 188 (1967), 41).

bqʿ
10 5 {*or* $\frac{2}{3}$}

108.013 "Zuz" Weights (?) (date unknown)

D. Diringer, *PEQ* 74 (1942), 97 (cf. O. Tufnell (ed.), *Lachish III*, 352 and Pl. 50:10); A. Lemaire, *Semitica* 26 (1976), 36-37, No. 11 (and 12?); A. Lemaire and P. Vernus, "L'ostracon paléo-hébreu No.6 de Tell Qudeirat (Qadesh-Barnéa)", in M. Görg (ed.), *Fontes atque pontes: eine Festgabe für Hellmut Brunner*, *Ägypten und Altes Testament* 5 (Wiesbaden: Harrassowitz, 1983), 309.

z

108.021 "Payim" Weights (date unknown)

A. Ben-David, "The Philistine Talent from Ashdod, the Ugarit Talent from Ras Shamra, the 'PYM' and the 'N-Ṣ-P'", *UF* 11 (1979), 36-41.

pym

108.022 "P[ayim]" Weights (date unknown)

A. Ben-David, *UF* 11 (1979), 36-41, 43.

p

108.023 "Pay[im]" Weights (date unknown)

A. Ben-David, *UF* 11 (1979), 36-41, 43.

py

108.031 "Neṣef" Weights (date unknown)

R. B. Y. Scott, "The N-Ṣ-P Weights from Judah", *BASOR* 200 (1970), 62-66; A. Ben-David, *UF* 11 (1979), 41-45.

nṣp

108.032 "N[eṣef]" Weights (date unknown)

A. Ben-David, *UF* 11 (1979), 41-45.

n

108.033 "1/4 Neṣef" Weight (Phoenician? Delavault/Lemaire) (date unknown)

T. Chaplin, "An ancient Hebrew Weight from Samaria", *PEFQS* 22 (1890), 267-268. (cf. B. Delavault and A. Lemaire, "Les inscriptions phéniciennes de Palestine", *RSF* 7 (1979), 20, No. 58; F. Bron and A. Lemaire, "Poids inscrits phénico-araméens du VIIIe siecle av. J.-C.", in *Atti del I Congresso Internazionale di Studi Fenici e Punici*, Vol. 3 (Rome: Consiglio Nazionale delle Ricerche, 1983), 769f.)

rbʿ nṣp
(verso)
rbʿ šl

108.041 "1 Shekel" Weights (date unknown)

R. B. Y. Scott, "The Shekel Sign on Stone Weights", *BASOR* 153 (1959), 32-35; E. Stern, "Middot u-Mishqalot", *EB*, 866f.

shekel 1

108.042 "2 Shekel" Weights (date unknown)

R. B. Y. Scott, *BASOR* 153 (1959), 32-35; W. G. Dever, *HUCA* 40-41 (1969-1970), 178, Pl. IX:3, 4; E. Stern, "Middot u-Mishqalot", *EB* 4, 866f.

shekel 2

108.043 "Royal 2 Shekel" Weight (date unknown)

R. A. S. Macalister, "The Excavation of Gezer: Supplementary Details", *PEFQS* 41 (1909), 189 (cf. p. 292).

2 lmlk

108.044 "4 Shekel" Weights (date unknown)

R. B. Y. Scott, *BASOR* 153 (1959), 32-35; W. G. Dever, *HUCA* 40-41 (1969-1970), 176f, Pl. IX:1; E. Stern, "Middot u-Mishqalot", *EB* 4, 866f.

shekel 5

108.045 "8 Shekel" Weights (date unknown)

R. B. Y. Scott, *BASOR* 153 (1959), 32-35; E. Stern, "Middot u-Mishqalot", *EB* 4, 866f.

shekel 10

108.046 "16 Shekel" Weights (date unknown)

V. I. Kerkhof, "An Inscribed Shekel Weight from Shechem", *BASOR* 184 (1966), 20-21 (also 16); cf. A. Lemaire, *Semitica* 26 (1976), 40, No. 18.

20 *shekel*

108.047 "24 Shekel" Weight (date unknown)

R. B. Y. Scott, "The Scale Weights from Ophel, 1963-64", *PEQ* 97 (1965), 131-135, Pl. 23.4.

shekel 30

108.048 "40 Shekel" Weight (date unknown)

Y. Aharoni, "A 40 Shekel Weight with a Hieratic Numeral", *BASOR* 201 (1971), 35f.

50 *shekel*

108.051 "Half of 1/4" Weight (Phoenician? Delavault/Lemaire) (6th/5th cent.)

A. Reifenberg, "Ein neues hebräische Gewicht", *JPOS* 16 (1936), 39-43, Pl. III:A (cf. B. Delavault and A. Lemaire, *RSF* 7 (1979), 32, No. 61; F. Bron and A. Lemaire, *Atti del I Congresso Internazionale di Studi Fenici e Punici* (1983), 767f.)

šql̊
(verso)
plg rbʿ
t

108.052 "$\frac{1}{3}$" Weight (date unknown)

M. Lidzbarski, *Ephemeris* I, 13f, No. 11.

šlšt

108.053 Samaria, "5" Weight (Phoenician? Delavault/Lemaire) (8th cent.)

G. A. Barton, "Three objects in the collection of Mr. Herbert Clark, of Jerusalem", *JAOS* 28 (1906), 400, No. 1 (cf. B. Delavault and A. Lemaire, *RSF* 7 (1979), 31, No. 59.)

ḥmš

108.054 Inscribed "Payim" Weight (late 7th cent.)

G. A. Barton, "Two New Hebrew Weights. I: A Unique Hebrew Weight", *JAOS* 24 (1903), 384-386.

pym
lzkry
hw. y'r

108.055 Inscribed Shekel-weight from Lachish "Solar Shrine" (late 7th/early 6th cent.)

Y. Aharoni, "Trial Excavation in the 'Solar Shrine' at Lachish: Preliminary Report", *IEJ* 18 (1968), 164f, Pl. 10:B, 3 (cf. *Lachish V* (Tel Aviv: Gateway Publishers Inc., 1975), 19, Pl. 17:4B.

l̊n̊d̊b
yh

108.056 "1 Shekel" Weight with "Mem" (date unknown)

A. Lemaire, *Semitica* 26 (1976), 33-34, No.2.

shekel 1
m

109. INSCRIBED MEASURES

109.001 Susa, "1 Hin and 3/4 Log" Measure (date unknown)

C. Clermont-Ganneau, "Note sur deux alabastra israélites archaïques découverts à Suse (Mission de Morgan)", *CRAIBL* (1906), 237-248 with Plate.

hn 1 wḥṣy. hlg wrbʿt. hlg

109.002 Susa, "1/4 Log" Measure (date unknown)

C. Clermont-Ganneau, "Note sur deux alabastra israélites archaïques découverts à Suse (Mission de Morgan)", *CRAIBL* (1906), 237-248 with Plate.

rbʿ]t hlg

CONCORDANCE

’ *incised letters* (4)

3.201.1	’
8.001.1	’
15.001.1	’ ’rr | yšr mḥr {*or* [[’]]šr
100.078.1	’ z

’b *uncertain* (1)

3.309.2 lḥl̊‘[ ] | ’b

’b’ *PN* (3)

100.160.1	l’b’ | b̊ẘn[ ]
100.204.1	l’b’
100.485.1	l’b’

’b’ḥy *PN* (1)

100.105.1 ’b[’ḥy]

’bb‘l *PN* (1)

3.002.4 h‘š|rt. lgdyw. | m’zh. | ’bb‘l. 2 | ’ḥz. 2 | šb‘. 1 |

’bgd *alphabetic sequence* (2)

1.024.1	’bgd {*or* ’bgr}
9.006.8	] 1000 2̊ | *(col. 8)* ’bg̊d̊ [ ] 400 300 200

’bgdh *alphabetic sequence* (1)

1.105.1 ’bgdh

’bgdhwzḥ *alphabetic sequence* (1)

100.275.1 ’bgd|hwzḥ

ʼbgdhwḥzṭyklmnspʻṣqqšt *alphabetic sequence* (1)
35.001.5]ʻʼʻbʼḥlrʻbš̊ | ʼbgdhwḥzṭyklmnspʻṣqqšt

ʼbgyl *PN* (2)
100.062.1 lʼbgyl | ʼšt | ʻšyhw
100.867.1 lʼbgyl b|t ʼlḥnn

ʼbgr *PN* (1)
1.024.1 ʼbgd {*or* ʼbgr}

ʼby *PN* (1)
33.002.2 *ephah* 10 4̊ {*or* 6} | ʼby. ṣ̊by *ephah* 10 |

ʼbyh *PN* (1)
10.001.8 } | yrḥw zmr | yrḥ qṣ | ʼby[h] |(*verso*) p̊n̊ẙh̊[

ʼbyhw *PN* (2)
2.027.6 | ḥl̊dy[g]rʼ | [ ] bn ʼbyh̊w | [y]hw
100.513.2 [lʼ]ḥyhw | [ʼ]byhw

ʼbyw *PN* (5)
3.050.2 | ʻbdyw. lʼryw. {*or* lʼbyw.}
3.052.2 t̊bʻ[ ] {*or* m̊n̊ʻ[h]} | ʼbyw.[ ]
100.009.2 lyw|ʼb {*or* lʼbyw}
100.065.1 lʼbyw ʻbd | ʻzyw
100.123.1 lʼbyw

ʼbyḥy *PN* (1)
2.039.11 | yhwʼb bn ḥldy | ʼbyḥy

'bmʿṣ *PN* (3)
100.274.1 lṣpn '|bmʿṣ
100.454.1 lṣpn. '|[b]mʿṣ
100.790.1 lṣpn '|bmʿṣ

'bnʿm *PN* (2)
3.009.2 my|ṣt. l'[ ]nʿm. {*or* l'b̊nʿm} {*or* l'd̊nʿm} |
3.010.3 m|yṣt. l'[ ]nʿ|m. {*or* l'b̊nʿm.} {*or* l'd̊nʿm}

'bnr *PN* (1)
100.163.1 [l]'̊bnr | [p]q̊dyw

'bʿzr *LN* (2)
3.013.1 bšt. hʿšrt. m'bʿ|zr̊. lšmryw. nbl. | yn.
3.028.1 bšt. 10 5 m'bʿzr. l'š|'. 'ḥmlk. | bʿl'.

'bryhw *PN* (1)
100.330.1 l'br|yhw

'bšwʿ *PN* (1)
100.001.1 'bš|wʿ

'bšʿl *PN* (1)
100.712.1 l|'b|šʿl

'gn *n.* (1)
2.001.10 lhm. l|ḥm. myyn̊. | h'gnt. ttn

'dm *n.* (3)
1.004.5 dbr bythrpd̊. 'yn. šm̊. '|dm̊ wsm̊kyhw lqḥh.
2.021.5 yhwh. l'dn[y |] 'dm ḥyh̊[wh |]h [
4.401.2 'mth '̊[t]h 'rwr h'dm̊ 'šr | yp̊t̊ḥ 't̊ z't̊

ʾdm *PN* (1)

2.039.1	[ʾ]dm bn yqmyhw |

ʾdm *LN* (3)

2.024.20	ʾt. ʾlyš|ʿ. pn. tbʾ. ʾdm. šmh
2.040.9	ydʿth [hmktbm m]|ʾdm. nttm lʾdny [bṭrm
2.040.15	ʾt h[wz]|ʾt hrʿh. ʾš[r] ʾd[m ʿšth]

ʾdm *gentilic* (1)

2.003.12	[ ] | ry[ ] | l[ ]3 | wʾdmm. h[| [ ] | [ ]m

ʾdn *n.* (40)

1.002.1	ʾl ʾdny. yʾwš yšmʿ. | yhwh.
1.002.2	yʾwš yšmʿ. | yhwh. ʾt ʾdny. š[m]ʿt šl|m. ʿt.
1.002.4	my. ʿbd|k klb ky. zkr. ʾdny. ʾt. | [ʿ]bdh. ybkr.
1.002.5	{*or* yʿkr.} yhwh ʾt ʾ|[dn]y {*or* ʾy} dbr. ʾšr
1.003.2	hwšʿyhw. šlḥ. l|hg[d] l[ʾd]ny yʾw[š] yšmʿ. |
1.003.3	yšmʿ. | yhwh [ʾt] ʾdny šmʿt. šlm | w[
1.003.6	| šlḥth. ʾl ʿbdk {*or* šlḥ ʾd[ny] lʿbdk} ʾmš. ky. lb
1.003.8	ʾl. ʿbd|k wky ʾmr. ʾdny. lʾ. ydʿth. | qrʾ. spr
1.003.21	hšmr. šlḥh. ʿb[[d]]k. ʾl. ʾdny.
1.004.1	yšmʿ. yhwh [ʾt] ʾdny. ʿt kym. | šmʿt ṭb.
1.004.2	ṭb. wʿt kkl ʾšr. šlḥ ʾdny. | kn. ʿšh. ʿbdk
1.004.4	ʿl hdlt kkl. | ʾšr šlḥ [ʾdny ʾ]ly. {*or* šlḥ[th ʾ]ly
1.004.4	šlḥ[th ʾ]ly} wky. šlḥ ʾ|dny. ʿl. dbr bythrpd.
1.004.12	kkl. hʾtt. ʾšr ntn | ʾdny. ky lʾ. nrʾh ʾt ʿz|qh
1.005.1	yšmʿ [yhwh ʾt ʾd]ny | [šmʿt šl]m wṭb
1.005.7	} hšb. ʿbdk. hspr|m. ʾl ʾdny. yrʾk y|hwh hqṣr
1.006.1	ʾl ʾdny yʾwš. yrʾ. yhwh ʾ|t.
1.006.2	yʾwš. yrʾ. yhwh ʾ|t. ʾdny ʾt hʿt hzh. šlm my
1.006.3	my | ʿbdk. klb ky. šlḥ. ʾdny ʾ[t sp]|r hmlk [wʾt]
1.006.8	ʿ[ ]} | [ ] ʾnk[y] ʾ]dny hlʾ tk|tb ʾlh[m] {*or*
1.008.1	yšmʿ y[hwh] ʾt. ʾd[ny šm]|ʿt ṭb ʿt ky[m

1.008.7	[ ]y[ ]ʽkz̊b	[y]ʼs̊̊ ʼdny šmh̊
1.009.1	yšmʽ yhwh ʼt ʼd̊	n̊ẙ š[mʽt] šlm. ẘ[	
1.012.1	]k̊lb. ʼdny. h[	s]pr[	
1.012.6	[ʼ]th ʽbd[k	[ ]	] ʼdny[	]h̊. ʽbdk [	
1.017.2	ʽbd̊[	] ʼdny[	ʼ]d̊n̊ẙ g̊[
1.017.3	ʽbd̊[	] ʼdny[	]d̊n̊ẙ g̊[
1.018.3	̊b[dk] hspr ʽšr	šlḥ. ʼdny [ ]zr. h̊̊yr̊h̊
2.018.1	ʼl ʼdny. ʼly|šb. yhwh yš|ʼl
2.021.3	l̊[yhw]	ḥ. wʽt. hn. ʽšh. ʼdny. [	]yšlm.
2.021.4	[	]yšlm. yhwh. lʼdn[y	] ʼdm ḥyh̊[wh
2.026.2	[ ] ʼryhw [	] m̊n̊ ʼdny. šr[	]qws wyh[w
2.026.4		]q̊ws wyh[w	] ʼdny [	[ ]	[ ]
2.040.6	ʼšr ʽm[rt wktbt]y	ʼl ʼd̊n̊y [ʼt kl ʼšr r]	ṣh. hʼyš
2.040.10	m]|ʼ dm. nttm lʼd̊ny [bṭrm y]|rd ym.
7.001.1	yš̊mʽ ʼdny. hšr	ʼt dbr ʽbdh.
8.021.1	ʼmr ʼmryw ʼmr l. ʼdny hšlm. ʼt brktk.
8.021.2	wyšmrk wyhy ʽm. ʼd[n]y[ ]k
9.007.1	lʼdny[{or lʼdny[hw]}
20.002.7	]	brk.bgy[ ]mlk	brk. ʼdny[{or ʼdny[hw}	[

ʼdn *uncertain* (1)
2.071.3   ]r. tn. [|]t̊. ʼšr l[|]̊dn. gdy[hw |*(verso)*]ʼ.

ʼdny *PN* (1)
100.096.2   lqsr̊ | ʼdn̊y

ʼdnyh *PN* (1)
100.075.2   lšlm | bn ʼdnyh | ḥ.pr.

ʼdnyhw *PN* (8)
9.007.1   lʼdny[{or lʼdny[hw]}
20.002.7   ]mlk | brk. ʼdny[{or ʼdny[hw} | [ ] |
100.501.1   lʼdnyhw. | ʽšr ʽl hbyt

100.502.1 l'dnyhw. | 'šr 'l hbyt
100.511.1 l'dnyhw b|n yqmyhw
100.625.2 lnryhw | 'dny[hw]
100.665.2 lšpṭy[hw] | 'dnyhw
100.891.1 l'dnyh|w. sm'.

'dnyw *PN* (1)
3.042.3 } | lyd'yw. | mrnyw. {*or* 'dnyw.} gdy[w] | m'šrt [

'dnyḥy *PN* (1)
100.613.2 lmtn bn | [']dnyḥy | [bn š]ḥr

'dn'm *PN* (2)
3.009.2]n'm. {*or* l'bn'm} {*or* l'dn'm} | [n]bl. y[n.]
3.010.3]n'|m. {*or* l'bn'm.} {*or* l'dn'm} nbl. yn.. | yšn..

'dt' *PN* (1)
100.152.1 l'dt' '|št pšḥr

'h'b *PN* (1)
100.156.2 lyhw'z | 'h'b {*or* 'ḥ'b}

'hb *v.* (3)
4.301.3 yhw[| [ ] | [ ]|']hb hbr[yt | wh]ḥsd
4.301.5]|']hb hbr[yt | wh]ḥsd l'h[by] {*or* l'h[byw]}
4.301.5 | wh]ḥsd l'h[by] {*or* l'h[byw]} {*or* l'h[rn]} |

'hd *PN* (1)
13.004.1 'hd

CONCORDANCE

'hl *n.* (1)
2.015.5] | [ ]. nʿr [| ']hl w'ḥ[k |

'hrn *PN* (1)
4.301.5 {*or* l̊'̊h[byw]} {*or* l̊'̊h[rn]} | [w]b̊šm̊ry[|

'whl *PN* (1)
100.829.2 l'lyqm̊ | bn 'whl

'wryhw *PN* (2)
2.031.2 ḥṭm. | 'wryhw bn rg' ʿ {*or:*
4.101.8 [ ] b̊n̊ hwd̊yhw h[ ] {*or* '̊ẘryhw h[ ]}

'wryw *PN* (1)
106.008.2 yhwd | 'wryw

'z *adv.* (2)
1.003.7 ky. lb | [ʿ]bd[k] d̊ẘh̊. m'z. šlḥk. 'l. ʿbd|k wky
1.006.13 ḥy. yhwh. 'lh|yk k[y m]'z qr' ʿb|dk '̊t̊ hsp̊r̊[m]

'zh *LN* (2)
3.002.3 bšt. hʿš|rt. lgdyw. | m'zh. | 'bbʿl. 2 | 'ḥz. 2 |
3.017.1 bšt. hʿšrt. m'z|h. lgdyw. nbl. šm|n.

'zn *n.* (1)
1.003.5] ẘʿ̊t̊. hpqḥ | n'[.] 't 'zn {*or* rzm} ʿ̊bdk̊. lspr.

'ḥ *n.* (5)
2.015.1 'ḥ[k šlḥ lšlm 'ly]|šb ẘ[
2.015.5] | [ ]. nʿr [| ']hl w'ḥ[k |
2.016.1 'ḥk. ḥnnyhw. šlḥ lšl|m.
7.001.10 lqḥ 't bgd ʿbdk | wk̊l 'ḥy. yʿnw ly. hqṣrm 'ty
7.001.11 hqṣrm 'ty bḥm | [ ] 'ḥy. yʿnw ly. 'mn n̊qty.

'ḥ' *PN* (10)

2.049.5 1 pdyhw. ḥ 10 1 bny. 'ḥ'. ḥ 3
2.067.4 1 | [ ]r 1 | [ ]yhw 2 | [']ḥ' 2 | zkr 1
2.074.2 [ ] | 'ḥ'[ ] | yqm[yhw] | bn
3.051.3 bšt. h' šrt. l̊[| [ ] | 'ḥ'. hyhd[y
32.001.4] | ḥnnyhw b[n] | 'ḥ' b[n] | b[
100.120.2 š[l]m. | ['ḥ'.]
100.121.2 l̊šlm. | 'ḥ'̊.
100.295.2 lšlm | 'ḥ'
100.296.2 lšlm | 'ḥ'
100.834.2 lḥnnyh[w] b|n 'ḥ'

'ḥ'b *PN* (9)

29.001.1 l'ḥ'b
100.057.2 lšbn' | 'ḥ'b
100.156.2 lyhw'z̊ | '̊h'̊b {*or* 'ḥ̊'̊b}
100.516.2 'ḥqm | 'ḥ'b
100.517.2 l'l'z | bn 'ḥ'b
100.518.2 l'l'z bn | 'ḥ'b
100.519.1 l'ḥ'b | bn 'prḥ
100.560.2 [l]ḥlṣ b[n] | 'ḥ'b
100.876.2 lmtn | 'ḥ'b

'ḥ'mh *PN* (2)

100.366.1 l'ḥ'mh | bn yqymyhw
100.651.2 lpšḥr bn | 'ḥ'mh

'ḥ'mr *PN* (1)

100.280.2 {*or* lšlmh̊} | 'ḥsmk̊ {*or* 'ḥ'mr̊}

'ḥz *PN* (4)
3.002.5 | m'zh. | 'bb'l. 2 | 'ḥz. 2 | šb'. 1 | mrb'l. 1
3.307.1 brk 'ḥz
100.044.1 'ḥz | pqḥy
100.141.2 l'šn'. '|bd. 'ḥz

'ḥzy *PN* (2)
3.025.3 5] mḥl[q | ']ḥmlk | 'ḥzy. m|ḥṣrt
106.016.1 l'ḥzy {*or* l'ḥyw} | pḥw'

'ḥzyhw *PN* (2)
100.342.2 lzqn | 'ḥzyhw
100.769.1 'ḥzyh|w tnyh[w]

'ḥy *PN* (1)
2.039.6 yd'yhw | [ ]yhw bn 'ḥy[|]yhw bn š|m'yhw

'ḥy'yl *PN* (1)
2.035.3] bn. 'šy[hw] | šlm bn 'ḥy'yl | gmryhw bn[

'ḥy'l *PN* (2)
4.122.1 'ḥy'l
4.123.1]'ḥy'[l] | 'ḥyq[m] |

'ḥyhw *PN* (8)
1.003.17 |(*verso*) hwdwyhw bn 'ḥyhw w|'nšw šlḥ. lqḥt.
4.101.2 {*or* . bšd šrqm yhw[ ]} | 'ḥyhw bn hšrq b'mq
11.001.3 wm'h [ ] | ḥyhw {*or* [']ḥyhw}
31.001.1 'ḥyhw | ḥsdyhw
100.246.1 'ḥyhw | šm
100.513.1 [l']ḥyhw | [']byhw
100.666.2 lšpṭ b[n] | 'ḥyhw
100.809.2 l'prḥ | 'ḥyhw

'ḥyw *PN* (2)
100.339.1 l'ḥyw | bn š'l
106.016.1 l'ḥzy {*or* l'ḥyw} | pḥw' {*or* pḥr'}

'ḥymh *PN* (1)
100.845.1 l'ḥymh̊ | ḥnnyh

'ḥymlk *PN* (2)
100.792.2 mšlm | 'ḥymlk
100.878.2 lṣpn | 'ḥymlk

'ḥymn *PN* (1)
100.130.1 l'ḥymn

'ḥyqm *PN* (3)
2.031.5 {*or* sdryhw} *lethech* | 'ḥyqm bn šm'ẙhw 7̊ |
4.123.2]'ḥy'[l] | 'ḥyq[m] | qrb['r
100.865.1 l'ḥyqm | mtn

'ḥk *PN* (1)
17.001.1 'ḥk

'ḥm' *PN* (4)
3.032.3 | lḥlṣ. [ ] | 'ḥm'. [ ]
3.037.2 bšt. 10 5 mšmyd'. | l'ḥm'. | 'š'. b'l'zkr.
3.038.2 bšt. 10 5 mšmy|d'. l'ḥm'. | 'lh. {*or* dlh.} 'l'.
3.039.2 bšt. 10 5 mšmyd'. | [l]'ḥm'. | ['š]'.

'ḥmlk *PN* (20)
2.072.2 2 mnḥm 1 | ppy 1 'ḥmlk 1 | g̊d̊' 1 [ ] 3 |
3.022.2 bšt. 10 5 mḥ|lq. l'š'. 'ḥ|mlk. | ḥlṣ. mḥṣrt
3.023.2 bšt. 10 5 mḥlq. | l'š'. 'ḥmlk. | ḥlṣ. mḥṣrt.

3.024.1 h10 5 [mḥ]lq. l'š['] '̊ḥml[k.] | rp'. 'nmš̊.
3.025.2 [bšt 10 5] m̊ḥ̊l̊[q | ']ḥmlk̊ | 'ḥzy. m|ḥṣrt
3.026.1 [bšt. 10 5 mḥl]q. l'š' ['ḥmlk. | lḥl]ṣ. hẙn.
3.027.2 bšt. 10 5 mḥlq. l'š'. | 'ḥmlk. | b'l'. b'lm'ny.
3.028.2 bšt. 10 5 m'b'zr. l'š|'. 'ḥmlk. | b'l'. m'lmtn.
3.029.2 10 5 mš̊[myd'. l]'š' | 'ḥmlk. | q̊dr. {*or* gmr.}
3.048.2 {*or* mšr[q].} lyd'yw | 'ḥmlk. | y'š. myšb.
100.124.1 l[['']]ḥmlk
100.139.2 smk | l'ḥmlk
100.154.2 l'dyhw | 'ḥmlk
100.324.2 lḥmy'dn | bt 'ḥmlk
100.358.2 mšlm | 'ḥmlk
100.424.2 lhwš'yh|w 'ḥmlk
100.629.1 lntn 'ḥ|mlk
100.739.2 l̊nrẙ | '̊ḥ̊m̊lk
100.762.2 l'lyhw. | 'ḥmlk
100.890.1 l'ḥ̊mlk̊ | yhw'b {*or* yhw'r

'ḥn'm *PN* (1)
3.019.3 | myṣ̊t. nbl. | šmn. rḥṣ. l|'ḥn'm.

'ḥsmk *PN* (1)
100.280.2 lšlm̊. {*or* lšlmh̊} | 'ḥsmk̊ {*or* 'ḥ'mr̊}

'ḥqm *PN* (6)
37.001.1 '̊lm. {*or* š̊lm.} l'ḥqm. bn. m[n]ḥ̊m |
100.210.2 l'kbr | 'ḥq̊m
100.514.1 l'ḥqm b[n] | ṭbyhw
100.515.1 l'ḥqm | nryhw
100.516.1 'ḥqm | 'ḥ'b
100.764.1 'ḥq̊m | plṭẙh̊w

’ḥr *v.* (1)
2.002.6 yyn wh|sbt mḥr. ’l t’ḥr. | w’m. ‘wd. ḥmṣ.

’ḥr *adv.* (1)
1.003.12 yb’. ’ly ’m. | qr’ty. ’th ’ḥr {*or* [wl]’} ’tnnhw ’l.

’ḥr *prep.* (1)
34.001.2]w. bš[ ]ypt. y[| m’]ḥry. {*or*]ḥdy} mmlk.

’ḥtmlk *PN* (1)
100.063.1 l’ḥtm|lk ’|št yš‘

’y *particle* (1)
1.002.6 } yhwh ’t ’|[dn]y {*or* ’y} dbr. ’šr l’. yd‘th

’yn *particle* (4)
1.004.5 ’|dny. ‘l. dbr bythrpd. ’yn. šm. ’|dm wsmkyhw
1.004.7 w|y‘lhw. h‘yrh w‘bdk. ’yn[n]|y šlḥ šmh ’t h‘[d]
2.040.13 yd‘. mlk. yhwd[h ky ’y]|nnw. yklm. lšlḥ. ’t h[
4.401.1]yhw ’šr ‘l hbyt. ’yn [p]h ksp. wzhb | [ky]

’y‘dh *PN* (1)
100.151.1 l’y‘dh

’kzb *LN* (2)
1.008.6] r[ ] |(*verso*) [ ]y[ ]’kzb | [y]’ṣ ’dny šmh
1.022.10 l’lyš[b] | l[ ] | lbyt ’kzy[b]

’l *prep.* (46)
1.002.1 ’l ’dny. y’wš yšm‘. |
1.003.6 ‘bdk. lspr. ’šr. | šlḥth. ’l ‘bdk {*or* šlḥ ’d[ny]
1.003.7 dwh. m’z. šlḥk. ’l. ‘bd|k wky ’mr. ’dny.
1.003.11 wgm. | kl sp[r] ’šr yb’. ’ly ’m. | qr’ty. ’th ’ḥr

1.003.12	'ḥr {*or* [wl]'} 'tnnhw	'l. {*or* 'tn bh w|kl. }
1.003.20	ṭbyhw 'bd. hmlk. hb' |	'l. šlm. bn yd'. m't.
1.003.21	hšmr. šlḥh. 'b[[d]]k.	'l. 'dny.
1.004.4	hdlt kkl. | 'šr šlḥ ['dny	']ly. {*or* šlḥ[th ']ly} wky.
1.004.4	['dny ']ly. {*or* šlḥ[th	']ly} wky. šlḥ '|dny. 'l.
1.004.10	hbqr [ ] | wyd'. ky	'l. mš't lkš. nḥ|nw
1.005.4	'bdk | klb. ky [šl]ḥt	'l 'bd|k 't [h]s[pr]m
1.005.7	} hšb. 'bdk. hspr|m.	'l 'dny. yr'k y|hwh hqṣr
1.005.9	mh. l'bdk. {*or* hym h'l. 'bdk} y' [ ] {*or* y[[b]]'	
1.006.1		'l 'dny y'wš. yr'. yhwh
1.006.9	] ']dny hl' tk|tb	'lh[m] {*or* 'ly[hm]}
1.006.9	hl' tk|tb 'lh[m] {*or*	'ly[hm]} [l'mr lm]h
1.009.5	lḥm 10 w|[yyn] 2 hšb. |	'[l] 'bdk d|br b |*(verso)*
1.021.1	]z	'l. [ ]|h. 't[|]št klb[ ]y[
2.001.1		'l. 'lyšb. w|'t. ntn. lktym
2.002.1		'l. 'lyšb. w't. ntn l|ktym.
2.003.1		'l. 'lyšb. w't. | tn. mn.
2.003.9	whl|ḥm wlqḥt |*(verso)*	'lk [ ] | ry[ ] | l[ ]3 |
2.004.1		'l 'lyšb tn lktym š|mn 1
2.005.1		'l 'lyšb. w'|t. šlḥ. m'tk |
2.006.1		'l 'lyšb. w['t] | šlḥ m'tk
2.006.2	'lyšb. w['t] | šlḥ m'tk	'l | yḥzy[hw] | lḥ[m] 3
2.007.1		'l 'lyšb. w'|t. ntn. lktym.
2.008.1		[']l 'lyšb. w't. ntn
2.008.8	| [ ]š | [ ]nt b[ ] |	'ly. w[ ] | [ ] 'šr lbn |
2.009.1		['l 'lyš]b [ ] | [šlḥ]
2.010.1		['l 'ly]šb. w't. | [ntn
2.011.1		'l. 'lyšb | w't ntn lktym |
2.012.1		['l 'ly]šb. q[ḥ] šmn 1 w|[
2.014.1		['l ']lyš[b w't | ntn
2.017.1		'l. nḥm. [w]'t b|' byth.
2.018.1		'l 'dny. 'ly|šb. yhwh
2.024.1		'l | 'lyšb[ ]bm[ ] | ls[

2.040.5 | w‘t. hṭh̊ [‘]b̊d̊k̊ [l]b̊h | ’l. ’šr ’m̊[rt wktbt]y | ’l
2.040.6 | ’l. ’šr ’m̊[rt wktbt]y | ’l ’d̊n̊y [’t kl ’šr r]|ṣh.
4.116.2 mnpm. ’t.] | hgrzn. ’š. ’l. r‘w. wb‘wd. šlš. ’mt.
4.116.3 wyšm]‘.} ql. ’š. q|[r]’. ’l. r‘w. ky. hyt. zdh. bṣr.
4.116.5] | hmym. mn. hmwṣ’.’l. hbrkh. bm’ty[m.
4.202.3 šl[|]n. wlbqr [|]’l. bqy. byt | [ ]l’[|
4.302.10 pnyẘ | [’l]yk wẙ|š̊m lk š|l̊ẘ[m] |
7.001.13 ’t bgd] ‘b̊̊[dk wtt]n ’lw. rḥ̊|[mm]t ’t [
33.001.2 lk̊[l. d]b̊r̊ ’̊š̊r̊ ydbr. ’lyk.

’l *DN* (5)

4.201.3]yhw[|]mkyhw [| ’l] qn ’rṣ
8.023.1 wbzrḥ [ ] ’l wymsn hrm [ ] | brk
8.023.3 bym mlḥ[mh] | lšm ’l bym mlḥ[mh
15.007.1 } {*or* nqh yh} ’th {*or* ’l} ḥn̊n̊t̊ {*or* ḥnn.} nwh
25.005.1 ’l

’l *particle* (2)

2.002.6 hḥmr. yyn wh|sbt mḥr. ’l t’ḥr. | w’m. ‘wd. ḥmṣ.
33.001.2 šl̊ḥ̊t. ’t šlm bytk | w‘t. ’l. tšm̊‘ lk̊[l. d]b̊r̊ ’̊š̊r̊

’l’ *PN* (2)

3.038.3 l’ḥm’. | ‘lh. {*or* dlh.} ’l’.
100.293.1 lsl’ bn ’l’

’l’mr *PN* (1)

100.136.1 l’l’mr

’lb’ *PN* (1)

3.001.6 ’lyš‘. 2 | ‘z’. q̊[ ]bš 1 | ’lb’ [ ] 1 | b‘l’. ’lyš[‘]

CONCORDANCE

'ldgn *PN* (1)
100.300.1 l'ldg[n]

'ldlh *PN* (1)
100.140.1 l'ldlh {*or* l'lrlh}

'lhm *DN* (5)
1.006.12 h̊d̊[b]|r̊ h̊z̊h̊. ḥy. yhwh. 'lh|yk k[y m]'z qr' ʻb|dk
15.005.1 ẙhwh̊ 'lhy kl h'rṣ̊ hw {*or* hrẙ} |
15.005.2 {*or* yhd̊ lw} {*or* yhẘd̊h̊} 'lh̊y. {*or* l'l[h]y.} yršlm
15.005.2 {*or* yhẘd̊h̊} 'lh̊y. {*or* l'l[h]y.} yršlm
15.006.1 ['ny] yhwh 'lhykh. 'rṣh | ʻ̊ry yhd̊h̊

'lzkr *PN* (3)
100.042.1 l'lzkr | bn | yhwḥyl
100.043.2 lšby b|n 'lzkr
100.766.2 lytm. | bn. 'lzkr

'lḥnn *PN* (2)
100.005.1 l'l|ḥnn
100.867.2 l'bgyl b|t 'lḥnn

'ly'r *PN* (3)
2.021.2 šlḥ. lšlm. gdlyhw [bn] | 'ly'r. wlšlm. bytk. brktk
100.744.1 l'ly'r. | pdyhw
100.763.1 l'ly'r b|n yrmyhw

'lybr *PN* (1)
100.397.2 l'ln b|n 'lybr

'lyhw *PN* (6)

4.110.1		l'lyhw
100.344.1		l'lyhw | yqmyhw
100.527.1		[l]'lyhw b|[n] mykh
100.585.2	lmḥsyhw |	'lyhw
100.747.2	lntn. |	'lyhw
100.762.1		l'lyhw. | 'ḥmlk

'lysmk *PN* (2)

100.539.2	lg'ly b|n	'lysmk
100.540.2	lg'ly b|n	'l[[y]]smk

'ly'z *PN* (2)

100.528.1		l'ly'z | bn hwš'y[hw]
100.571.2	lyhw'ḥ |	'ly'z

'lyṣr *PN* (1)

100.498.1		l'lyṣr

'lyqm *PN* (6)

100.108.1		l'lyqm | [n]'r ywkn
100.242.1		l'lyqm | bn m'šyh
100.277.1		l'lyqm | [n']r ywkn
100.436.1		l'lyqm | 'z'.
100.486.1		l'lyqm | n'r ywkn
100.829.1		l'lyqm | bn 'whl

'lyrb *PN* (1)

1.032.1		l'lyrb

CONCORDANCE

'lyrm *PN* (1)

100.529.1 l'lyrm̊ | šm'yhẘ

'lyšb *PN* (28)

1.022.8 l' šyhw bn [ ]'[ ]*seah* | l'lyš[b] | l[ ] | lbyt
2.001.1 'l. 'lyšb. w|'t. ntn. lktym |
2.002.1 'l. 'lyšb. w't. ntn l|ktym.
2.003.1 'l. 'lyšb. w't. | tn. mn.
2.004.1 'l 'lyšb tn lktym š|mn 1
2.005.1 'l 'lyšb. w' |t. šlḥ. m'tk |
2.006.1 'l 'lyšb. w['t] | šlḥ m'tk 'l
2.007.1 'l 'lyšb. w' |t. ntn. lktym. |
2.008.1 [']l 'lẙš̊b. w't. ntn l|kt̊[y]m̊
2.009.1 ['l 'lyš]b̊ [ ] | [šlḥ] m't[k
2.010.1 ['l 'ly]šb. w't. | [ntn lkt]ym.
2.011.1 'l. 'lyšb | w't ntn lktym̊ | [
2.012.1 ['l 'ly]šb. q[ḥ] šmn 1 w|[ ]
2.014.1 ['l 'l]yš[b w't | ntn l]ktym [
2.015.1 'ḥ[k šlḥ lšlm 'ly]|šb ẘ[ ] | 'dy[ ] |
2.016.2 'ḥk. ḥnnyhw. šlḥ lšl|m. 'lyšb. wlšlm bytk br|ktk
2.017.2 'l. nḥm. [w]'t b|' byth. 'lyšb. | bn 'šyh̊ẘ. wlqḥ|t.
2.018.1 'l 'dny. 'ly|šb. yhwh yš|'l lšlmk.
2.024.2 '̊l̊ | 'lyšb̊[ ]bm[ ] | ls[ ]
2.038.5 | šb̊' b̊n̊ r[ ] 1 | [ ] bn 'lyšb 1 | ḥnn 2 | [z]kr 1
2.047.1 ['l]yšb. 3 | [ ]n
2.064.2 gry[ ] | 'lyš̊[b
37.002.1 'lyšb bn 'prḥ [| [ ] | [
100.231.1 l'lyšb | bn 'šyhw
100.282.1 l'lyšb | bn 'šyhw
100.375.1 l'lyšb | bn š'l
100.872.1 l'lyš|b ḥgy
100.879.2 l[š]lmyh[w] | [b]n 'lyšb

'lyš' *PN* (6)

2.024.15 whb|qydm. 'l. yd **'lyš'** bn yrmy|hw.
2.024.19 | bkm. hym. h'nšm. 't. **'lyš|'**. pn. tb'. 'dm. šmh
3.001.4 nbl [yn] | yšn. | r̊g'. **'lyš'**. 2 | 'z'. q̊[ ]bš 1 |
3.001.7 1 | 'lb' [ ] 1 | b'l'. **'lyš['**] 2̊ | yd'yw[1]
34.002.1 **'lyš'**
100.317.1 l'**lyš'** | bn grgr {*or* grgd}

'lmlk *PN* (1)

24.006.2 } | bn 'lm[ ] {*or* **'lm[lk]**} {*or* 'lm[tn]}

'lmtn *LN* (1)

3.028.3 l'š|'. 'ḥmlk. | b'l'. m'**lmtn**.

'lmtn *PN* (1)

24.006.2 'lm[ ] {*or* 'lm[lk]} {*or* **'lm[tn]**}

'ln *PN* (2)

2.069.6 [ ]h̊w' | [ ]l[|]'**ln**[|]'
100.397.1 l'**ln** b|n 'lybr

'lntn *PN* (12)

1.003.15 {*or* [y]knyh̊w} bn **'lntn** lb'. | mṣrymh. w't
1.011.3 [ ] | [ ] | **'l̊n̊t̊n̊**[ ] | mkyhw[ ]
2.110.1 šmyh mšlm. n'r **'lnt[n**] | mky. n'r.
100.138.1 l'**lntn**
100.189.2 l̊m̊šl|m **'lntn**
100.190.2 lm[šl]|m **'l[ntn]**
100.430.2 l'ryhw | **'lntn̊**
100.530.1 l'**ln[t]n** | bn y'š
100.820.1 [l]'**lntn** | bn blgy
100.897.2 lgmryhw b|n **'lntn**
106.017.1 l'**lntn** | pḥw' {*or* pḥr'}

106.018.2 l̊šlmyt | 'mt 'ln̊|tn pḥ̊[w'] {or pḥ̊[r']}

'lsmk *PN* (1)

100.726.2 s'̊d̊yh | 'lsmk

'lsmky *PN* (1)

100.129.1 l'lsmky

'l'dh *PN* (1)

33.002.3 } | 'by. ṣ̊by *ephah* 10 | 'l̊'̊d̊h kršn *ephah* 5 |

'l'z *PN* (6)

100.170.1 l'l'z | bn 'zr'l

100.517.1 l'l'z | bn 'ḥ'b

100.518.1 l'l'z bn | 'ḥ'b

100.572.2 [l]yhw'ḥ | 'l'z

100.573.2 [lyh]w'ḥ b|[n] 'l'z

100.590.2 lmkyhw | bn 'l'z

'l'zr *PN* (2)

100.310.1 l'l'zr | bn nḥm

100.312.1 [l]'l'zr

'l'š *PN* (1)

100.340.2 l'zr | 'l'š

'lp *num.* (4)

4.116.5 hbrkh. bm'ty[m. w]'lp. 'mh. wm[']|t. 'mh.

9.006.3 7̊0̊0̊0̊ [8000 9000] 10 'lpm | *(col. 4)* 1 2 3 4̊

9.006.6 7000 8000 9000 10 'lpm | *(verso) (col. 7)* [

11.001.1 lmlk 'l[p] | šmn wm'h̊ [ ] |

'lplṭ *PN* (1)
38.001.1 l'lplṭ

'lṣdq *PN* (1)
100.584.2 [ly]š'yhw | [']lṣd[q]

'lṣr *PN* (1)
5.002.1]hw[ ]h[ ] {*or* 'lṣr} | *ḥq3t* 1

'lrlh *PN* (1)
100.140.1 l'ldlh {*or* l'lrlh}

'lrm *PN* (2)
100.094.1 l'lrm bn | t̊m̊'
100.220.1 l'lrm | ḥsdyhw

'lšb *PN* (1) (*cf.* **'lyšb**)
100.232.1 l'lšb | [[b]]n 'šyh

'lšgb *PN* (1)
100.059.1 l'lšgb | bt 'lšm'

'lšm' *PN* (16)
100.059.2 l'lšgb | bt 'lšm'
100.072.1 l'lšm'. b|n. hmlk.
100.100.1 l'lšm' b|n gdlyhw
100.224.2 l[ ] | 'lšm'
100.244.2 lnḥm | 'lšm'̊
100.423.2 lhwš'yhw | 'lšm'
100.504.1 l'lšm' | [']bd hmlk
100.566.2 ly'š bn | 'lšm'
100.658.2 lšlm b|n 'lšm̊[']
100.659.2 [lšl]m bn | ['l]šm'

100.660.2 lšl[m bn] | '[l]š̊[m']

100.729.1 l'lšm' | ḥlṣyhw

100.755.1 l'lšm' | šrmlk

100.807.1 l'lšm' b|n smkyh

100.810.1 l'lšm' | bn yhw'b

100.835.2 lsyl' b|n 'lšm'

'm *conj.* (7)

1.003.9 | qr'̊. spr ḥyhwh. 'm. nsh. '|yš̊. lqr' ly spr

1.003.11 | kl sp[r] 'šr yb'. 'ly 'm. | qr'ty. 'th '̊ḥ̊r

1.004.9 [hym]} |*(verso)* ky 'm. btsbt hbqr [ ] |

2.002.7 wh|sbt mḥr. 'l t'ḥr. | w'm. 'wd. ḥmṣ. wnt|t̊.

2.021.8 |] wkl 'š[r |]w'm. 'wd [|]'š[|

4.401.2 [p]ḥ ksp. wz̊ḥ̊b | [ky] 'm̊ ['ṣmtw] ẘ'ṣm[t]

7.001.12 't] bgdy w'ml'. {*or* w'm l'.} lšr lhš|[b 't bgd]

'm *uncertain* (2)

2.016.8 whš̊[ ] | 't ksp[ ] w'm[ ] | ṣbk[ ] šlḥ | '̊t

2.028.6 |]dn[ ]h[|]t[|]'m̊[|] brkh. ẘt̊[

'mh *n.* (3)

4.116.2 'š. 'l. r'w. wb'wd. šlš. 'mt. lhnq̊[b. nšm]'.

4.116.5 hbrkh. bm'ty[m. w]'lp. 'mh. wm[']|t. 'mh. hyh.

4.116.6 w]'lp. 'mh. wm[']|t. 'mh. hyh. gbh. hṣr. 'l.

'mh *n.* (3)

4.401.2 'm̊ ['ṣmtw] ẘ'ṣm[t] 'mth '̊[t]h 'rwr h'dm̊

100.157.2 l'lyh. '|št. {*or* 'mt.} ḥnn'l

106.018.2 l̊šlmyt | 'mt 'ln̊|tn pḥ̊[w']

'mn *particle* (1)
7.001.11 | [ ] 'ḥy. y'nw ly. 'mn nqty. m'|[šm hšb

'mṣ *v.* (1)
2.088.2 'ny. mlkty. bk[l] | 'mṣ. zr'. w[ ] | mlk.

'mṣ *PN* (3)
5.001.4 } | 2 | byt.'mm {*or* bz'. 'mṣ} | 3
19.001.1 l'mṣ
100.074.1 'mṣ hspr

'mr *v.* (12)
1.003.8 šlḥk. 'l. 'bd|k wky 'mr. 'dny. l'. yd'th. |
1.003.14 wl'bdk. hgd. | l'mr. yrd šr. hṣb'. |
1.003.20 bn yd'. m't. hnb'. l'm|r. hšmr. šlḥh.
1.006.4 hmlk [w't] spry hšr[m l'm]|r qr' n' whnh. dbry.
1.006.9 'lh[m] {*or* 'ly[hm]} [l'mr lm]h t'šw. | kz't
1.021.7 |]wh'[|(*verso*) [ ] | [']|mr ḥyn [m]|ḥr.'[ ] |
2.040.5 hṭh [']bdk [l]bh | 'l. 'šr 'm[rt wktbt]y | 'l 'dny
8.017.1 'mr. '[šyw] h[ml]k. 'mr.
8.017.1 'mr. '[šyw] h[ml]k. 'mr. lyhl[l'l] wlyw'šh.
8.021.1 'mr 'mryw 'mr l.'dny
8.021.1 'mr 'mryw 'mr l.'dny hšlm. 't
33.001.1 'mr. [ ]yhw. lk. [š]lḥ.

'mr *PN* (1)
3.029.3 | qdr. {*or* gmr.} {*or* 'mr.} mspr. {*or* msq.}

'mryhw *PN* (11)
5.006.2 lnryhw | l'mryhw
5.007.1 l'm[ryhw]
22.014.1 gb'n gdr 'mryhw
22.015.1 [gb]'n. gdr 'mryhw

22.016.1 [gb]ʿn. gdr. ʾmryhw
22.017.1 [gbʿn. gd]r. ʾmryhw
22.018.1 gbʿn. gd[r. ʾ]mryhw
22.019.1 gbʿn gdr [ʾmryhw]
22.061.1 gbʿn gdr ʾmr[y]hw
100.211.2 lyšʿyh|w ʾmryhw
100.531.1 [l]ʾmryhw | bn | yhwʾb

ʾmryw *PN* (1)
8.021.1 ʾmr ʾmryw ʾmr l.ʾdny hšlm.

ʾmš *adv.* (1)
1.003.6 {*or* šlḥ ʾd[ny] lʿbdk} ʾmš. ky. lb | [ʿ]bd[k]

ʾmtym *uncertain* (1)
2.010.3 1 | [ ]m {*or* [wlḥ]m.} ʾm̊tym. {*or* [[mʾ]]tym.}

ʾn *error* (1)
2.038.2 hkws | šʿl ʾn {*or* [[b]]n} ḥn[n] |

ʾny *pron.* (2)
2.088.1 ʾny. mlkty. bk[l] | ʾmṣ.
15.006.1 [ʾny] yhwh ʾlhykh. ʾrṣh |

ʾny *PN* (1)
100.080.1 ʾny

ʾnyhw *PN* (4)
4.302.2]h̊ br̊ẘ[k] | [ ]ʾ̊nyhw {*or*]ẘnyhw} [|
25.003.4 lʾšrth hwšʿ lh | [ ] lʾnyhw | [ ] ẘlʾ̊šrth | [
100.273.1 lʾnyhw b|n hryhw
100.730.1 lʾnyhw. b|n. myrb

ʾnky *pron.* (1)
1.006.8 w]h̊[ʿ]yr̊ ʿ[ ]] | [ ] ʾnk̊[y] ʾ]d̊n̊ẙ hlʾ

ʾsm *v.* (3)
7.001.5 wyqṣr ʿbdk | wykl wʾs̊m kẙmm. lpny šb|t
7.001.6 kʾšr kl̊ [ʿ]b̊dk ʾt qṣrw ʾ|sm {*or* qṣr wʾsm}
7.001.7 ʾt qṣrw ʾ|sm {*or* qṣr wʾsm} kẙm̊m wybʾ.

ʾsp *n.* (1)
10.001.1 ẙrḥw ʾsp. yrḥw z̊|rʿ. yrḥw lqš |

ʾsp *PN* (1)
100.007.1 lʾsp

ʾspy *PN* (1)
100.757.2 lmšl̊m | ʾspẙ

ʾph *n.* (2)
4.207.1 lšr hʾ w[pym] {*or* hʾp̊[m]}
4.207.1 lšr hʾ w[pym] {*or* hʾp̊[m]}

ʾply *PN* (1)
100.245.1 lʾply bn | šmʿ

ʾpṣḥ *PN* (2)
3.031.2 h10 5 mšmydʿ. | lḥlṣ. ʾpṣḥ. | bʿlʾ. zk̊r̊.
3.090.2 h10 5]m̊šmydʿ | [lḥl]ṣ̊ ʾ̊pṣ[ḥ]

ʾpr *LN* (1)
11.002.1 z̊hb. ʾpr. lbyt.ḥrn. [ ] | š 30

'prḥ *PN* (10)
37.002.1 'lyšb bn 'prḥ [| [ ] | [ ] | [
100.239.1 l'prḥ b[n] | smkyhw
100.415.1 l'prḥ b|[ ]'[ ]
100.519.2 l'ḥ'b | bn 'prḥ
100.520.1 [l']prḥ bn | yhwš'
100.521.1 l'prḥ b|n yhwš' bn |
100.522.1 [l']prḥ | [bn] šḥr
100.523.1 l'prḥ [b|n šḥ]r bn |
100.809.1 l'prḥ | 'ḥyhw
100.817.2 lrp'yhw | bn 'prḥ

'ṣ *v.* (1)
1.008.7 [ ]y[ ]'kzb | [y]'ṣ 'dny šmh

'ṣlyhw *PN* (2)
100.752.1 l'ṣlyhw | bn ydw
100.853.1 l'ṣlyhw | bn mšlm

'r *v.* (2)
4.301.16 yhwh [w|y]šmrk [y|]'r yhwh | [p]n[yw |
4.302.8 | yhwh w|[y]šmrk | y'r *symbol 12*

'r' *PN* (1)
100.328.2 yr'wyhw | 'r'

'rb' *num.* (2)
2.002.2 l|ktym. *bath* 2 yyn. l|'rb't hymm w | 300 lḥm
7.007.2 {*or* 'nyb'l} | [ ]. šql 'rb' ksp. *shekel* 5 šy {*or*

'ryh *PN* (1)
100.023.2   lḥnnyh b|n tryh {or 'ryh} {or tdyh}

'ryhw *PN* (9)
2.026.1   [ ] 'ryhw [|] m̊n̊ 'dny.
25.003.1   'ryhw. h°šr. ktbh | brk.
25.003.2   'ryhw. h°šr. ktbh | brk. 'ryhw. lyhwh | wmṣryh̊.
100.207.1   l' ryhw | ˙zryhw
100.429.1   l' ryhw | ḥnnyhw
100.430.1   l' ryhw | 'lntn̊
100.495.1   l' ry|hw
100.770.2   yšm˙˙'I̊ | °ryhw
100.855.2   lyhw˙dn | bt 'ryhw

'ryw *PN* (2)
3.050.2   5 lgmr. mn˙h. |˙bdyw. l' ryw. {or l' byw.}
3.304.4   } | qlyw[ ] | smk̊[yw] | 'rẙ[w] | mn[ḥm]

'rk *n.* (1)
8.015.1   ]b̊rk. {or]°rk.} ymm. wyšb˙w[|

'rṣ *n.* (3)
1.006.7   ydy h'[ ] yd̊˙[ ] {or h'[rṣ w]h̊[˙]yr̊˙[ ]} | [ ]
4.201.3 |]mkyhw [| 'l] qn 'rṣ
15.005.1   ẙhwh̊ 'lhy kl h' rṣ hw {or hrẙ} | yhwh 't

'rr *v.* (10)
4.401.2   ẘ˙ṣm[t] 'mth °[t]h 'rwr h˙dm̊ 'šr | ypt̊ḥ 't
15.001.1   ˙ 'rr | yšr mḥr {or [[']]šr
15.002.1   'r {or 'rr}
15.002.1   'r {or 'rr}
15.003.1   'rr ḥ {or 'rr hw} {or 'rr
15.003.1   'rr ḥ {or 'rr hw} {or 'rr ḥ|rpk}

15.003.1	'rr ḥ {*or* 'rr hw} {*or* 'rr ḥ|rpk}
15.004.1	'wrr {*or* 'rr}
15.004.1	'wrr {*or* 'rr}
20.002.1	'rr. 'šr. ymḥh|[ ]nh[|

'š *n.* (10)

1.003.9	spr ḥyhwh. 'm. nsh. '|yš. lqr' ly spr lnṣḥ.
1.003.17	hwdwyhw bn 'ḥyhw w|'nšw šlḥ. lqḥt. mzh.
2.024.19	lh'yd | bkm. hym. h'nšm. 't. 'lyš|'. pn. tb'.
2.040.7	'dny ['t kl 'šr r]|ṣh. h'yš [w'šyhw b]|'. m'tk.
2.040.8	[w'šyhw b]|'. m'tk. w'yš [l' ntn l]|hm. whn.
4.116.2	mnpm. 't.] | hgrzn. 'š. 'l. r'w. wb'wd. šlš.
4.116.2	nšm]'. {*or* wyšm]'.} ql. 'š. q|[r]'. 'l. r'w. ky. hyt.
4.116.4	h|nqbh. hkw. hḥṣbm. 'š. lqrt. r'w. grzn. 'l.
8.022.1	kl 'šr yš'l m'š ḥnn [ ] wntn lh yhw
34.001.2	]ḥdy} mmlk. gdl. w['d. 'š. 'šr. | yb]'. wmḥw[.]

'š' *PN* (12)

3.022.2	bšt. 10 5 mḥ|lq. l'š'. 'ḥ|mlk. | ḥlṣ. mḥṣrt
3.023.2	bšt. 10 5 mḥlq. | l'š'. 'ḥmlk. | ḥlṣ. mḥṣrt.
3.024.1	bšt. h10 5 [mḥ]lq. l'š['] 'ḥml[k.] | rp'.
3.026.1	[bšt. 10 5 mḥl]q. l'š' ['ḥmlk. | lḥl]ṣ. hyn.
3.027.1	bšt. 10 5 mḥlq. l'š'. | 'ḥmlk. | b'l'.
3.028.1	bšt. 10 5 m'b'zr. l'š|'. 'ḥmlk. | b'l'.
3.029.1	bšt. 10 5 mš[myd'. l]'š' | 'ḥmlk. | qdr.
3.037.3	10 5 mšmyd'. | l'ḥm'. | 'š'. b'l'zkr.
3.039.3	5 mšmyd'. | [l]'ḥm'. | ['š]'.
3.102.1	l[']š[']
4.111.1	l[']š'
100.316.1	l'š'

ʾšh *n.* (4)

100.062.2	lʾbgyl | ʾšt | ʿšyhw
100.063.2	lʾḥtm|lk ʾ|št yšʿ
100.152.1	lʾdtʾ ʾ|št pšḥr
100.157.1	lʿlyh. ʾ|št. {*or* ʾmt.} ḥnnʾl

ʾšḥr *PN* (2)

3.013.3	lšmryw. nbl. | yn. yšn lʾš|ḥr mttl {*or* mtwl}
100.532.1	lʾšḥr b|[n] ʿšyhw

ʾšyh *PN* (1)

100.232.2	lʾlšb | [[b]]n ʾšyh

ʾšyhw *PN* (13)

1.022.6	] | lsmk[yhw] | lʾš[yhw] *homer* | lʿšyhw
2.017.3	b|ʾ byth. ʾlyšb. | bn ʾšyhw. wlqḥ|t. mšm. 1
2.035.2	[ ]ʾb | [ ] bn. ʾšy[hw] | šlm bn ʾḥyʾyl |
2.040.7	[ʾt kl ʾšr r]|ṣh. hʾyš [wʾšyhw b]|ʾ. mʾtk. wʾyš
2.040.11	lʾdny [bṭrm y]|rd ym. w[ʾ]š[yh]w. ln [bbyty] |
2.051.1	ʾšyhw | bn ʿzr
4.206.1	lʾš[yhw
100.231.2	lʾlyšb | bn ʾšyhw
100.282.2	lʾlyšb | bn ʾšyhw
100.370.1	lʾšyh|w ʿzr
100.533.1	lʾšyhw | bn šmʿyhw
100.605.2	lmʿšy[hw] | ʾšyhw
100.610.2	lmšlm. | ʾšyhw

ʾšyw *PN* (1)

8.017.1	ʾmr. ʾ[šyw] h[ml]k. ʾmr.

’škr *n.* (1)

9.010.1 ’škr ṭb[

’šm *n.* (1)

7.001.11 y‘nw ly. ’mn nqty. m’|[šm hšb n’ ’t] bgdy

’šn’ *PN* (3)

100.141.1 l’šn’. ‘|bd. ’ḥz

100.413.1 l’šn’

100.861.1 [l’]šn’

’šph *n.* (1)

1.013.3 yḥprhw [|] ’t. ’špt 4

’šr *particle* (33)

1.002.6 ’t ’|[dn]y {*or* ’y} dbr. ’šr l’. yd‘ th

1.003.5 {*or* rzm} ‘bdk. lspr. ’šr. | šlḥth. ’l ‘bdk

1.003.11 lnṣḥ. wgm. | kl sp[r] ’šr yb’. ’ly ’m. | qr’ty.

1.004.2 kym. | šm‘t ṭb. w‘t kkl ’šr. šlḥ ’dny. | kn. ‘šh.

1.004.4 ‘bdk ktbty ‘l hdlt kkl. | ’šr šlḥ [’dny ’]ly.

1.004.11 nḥ|nw šmrm. kkl. h’tt. ’šr ntn | ’dny. ky l’.

1.009.7 b |*(verso)* yd šlmyhw. ’|šr n‘šh. m|ḥr

1.018.2]šlm yšlḥ ‘b[dk] hspr ’šr | šlḥ. ’dny [ ]zr.

2.005.4 | m‘wd hqmḥ. | h[r]’[šn ’]šr. | [ ]qm|[ḥ l‘št] lḥm

2.005.10 | [ ] b[ ]hwk [|]’šr. y|[šlḥ] lk ’t hm‘|[šr]

2.008.9 b[ ] | ’ly. w[ ] | [ ] ’šr lbn |

2.018.7 | ttn. *homer* wld|br. ’šr. ṣ|wtny. šlm. | [ ] byt.

2.021.7 |]h [ ]‘t[|] wkl ’š[r |]w’m. ‘wd [|

2.029.7]n[ ]b | 10 ksp lm[ ] | w’šr bkb[

2.040.5 hṭh [‘]bdk [l]bh | ’l. ’šr ’m[rt wktbt]y | ’l

2.040.6 wktbt]y | ’l ’dny [’t kl ’šr r]|ṣh. h’yš [w’šyhw

2.040.15 lšlḥ. ’t h[wz]|’t hr‘h. ’š[r] ’d[m ‘šth]

2.071.2]r. tn. [|]t. ’šr l[|]’dn. gdy[hw

3.312.1]'šr. [
4.401.1 z't [qbrt]yhw 'šr ʿl hbyt. 'yn [p]h ksp.
4.401.2 'mth '[t]h 'rwr h'dm 'šr | ypth 't z't
4.404.2 [z't] qbrt. z[ ] | 'šr yp[tḥ |]dʿ
8.022.1 kl 'šr yš'l m'š ḥnn [ ]
15.001.2 ' 'rr | yšr mḥr {*or* [['']]šr [[y]]mḥh}
20.002.1 'rr. 'šr. ymḥh|[ ]nh[|
33.001.2 | wʿt. 'l. tšmʿ lk[l. d]br 'šr ydbr. 'lyk.
34.001.2 } mmlk. gdl. w[ʿd. 'š. 'šr. | yb]'. wmḥw[.] '[t.
100.149.2 lgdlyhw | [']šr ʿl hbyt
100.501.2 l'dnyhw. | 'šr ʿl hbyt
100.502.2 l'dnyhw. | 'šr ʿl hbyt
100.503.1 lntn 'šr | [ʿ]l byt
100.782.4 |*(verso)* lpl'yhw | 'šr ʿl | hms
100.860.1 [l]ydw 'šr | [ʿ]l hbyt

'šrh *n.* (7)
8.015.2 yhwh [ ]ytnw. l[ ]'šrt[
8.016.1 lyhwh. htmn. wl'šrth.
8.017.1 'tkm. lyhwh. šmrn. wl'šrth.
8.021.2 brktk. lyhwh tmn | wl'šrth. ybrk. wyšmrk
25.003.3 lyhwh | wmṣryh. l'šrth hwšʿ lh | [ ]
25.003.5] l'nyhw | [ ] wl'šrth | [ ] '[š]rth
25.003.6 | [ ] wl'šrth | [ ] '[š]rth

'šrḥy *PN* (2)
100.534.1 [l'š]rḥy | ʿšyhw
100.626.2 lnryhw | 'šrḥy

'šryḥt *PN* (1)
100.627.2 lnryhw | [']šryḥt

't *particle* (47)

1.002.2	y'wš yšm'. | yhwh. 't 'dny. š[m]'t šl|m. 't.
1.002.4	'bd|k klb ky. zkr. 'dny. 't. | [']bdh. ybkr.
1.002.5	ybkr. {*or* y'kr.} yhwh 't '|[dn]y {*or* 'y} dbr.
1.003.3	y'w[š] yšm'. | yhwh ['t] 'dny šm't. šlm | w[
1.003.5	] w't. hpqḥ | n'[.] 't 'zn {*or* rzm} 'bdk.
1.003.12	'šr yb'. 'ly 'm. | qr'ty. 'th 'ḥr {*or* [wl]'}
1.003.16	'lntn lb'. | mṣrymh. w't |*(verso)* hwdwyhw bn
1.004.1	yšm'. yhwh ['t] 'dny. 't kym. | šm't
1.004.8	'yn[n]|y šlḥ šmh 't h'[d] {*or* 'th 'wd
1.004.8	šlḥ šmh 't h'[d] {*or* 'th 'wd [hym]} |*(verso)*
1.004.12	ntn | 'dny. ky l'. nr'h 't 'z|qh
1.005.1	yšm' [yhwh 't 'd]ny | [šm't šl]m wṭb
1.005.5	| klb. ky [šl]ḥt 'l 'bd|k 't [h]s[pr]m {*or* h[šml]h}
1.006.1	'dny y'wš. yr'. yhwh '|t. 'dny 't h't hzh. šlm
1.006.2	yr'. yhwh '|t. 'dny 't h't hzh. šlm my |
1.006.3	'bdk. klb ky. šlḥ. 'dny '[t sp]|r hmlk [w't] spry
1.006.4	'dny '[t sp]|r hmlk [w't] spry hšr[m l'm]|r qr'
1.006.14	k[y m]'z qr' 'b|dk 't hspr[m] l['] h[y]h |
1.008.1	yšm' y[hwh] 't. 'd[ny šm]|'t ṭb 't
1.009.1	yšm' yhwh 't 'd|ny š[m't] šlm. w[
1.012.4	[ ]y[ ]'y[ ] | q[r]'ty [']th 'bd[k | [ ] |]
2.005.11	[|]'šr. y|[šlḥ] lk 't hm'|[šr] *bath* 3. bṭrm.
2.012.2	1 w|[ ] 2 qmḥ wtn. '[tm | lqw]s'nl mhrh. ṣ[ ]
2.012.5	]ṣy[ ] | s[ ]š wtn[']|t hlḥm. wb[ ]'yl [ ] |
2.013.2	[ ]. tš|[lḥ 't hš]mn hzh | [wḥtm].
2.016.4	kṣ'ty | mbytk wšlḥty 't | h[k]sp 8 š lbny
2.016.6	[b]|y[d ']zryhw w't [ ] | [ ] 'tk whš[
2.016.8	] | [ ] 'tk whš[ ] | 't ksp[ ] w'm[ ] |
2.016.10	] | ṣbk[ ] šlḥ | 't nḥm wl' tšlḥ l[
2.017.6	{*or* lḥm} mhrh. w|ḥtm. 'th bḥ|tmk |*(verso)* b
2.024.13	]|h. wšlḥtm. 'tm. rmtng[b by]|d.
2.024.16	} brmtngb. pn. yqrh. 't h|'yr. dbr. wdbr hmlk

2.040.6 wktbt]y | 'l 'dny ['t kl 'šr r]|ṣh. h'yš
2.040.14 ky 'y]|nnw. yklm. lšlḥ. 't h[wz]|'t hr‘h. 'š[r]
4.116.1 b‘wd [hḥṣbm. mnpm. 't.] | hgrzn. 'š. 'l. r‘w.
4.401.3 'rwr h'dm 'šr | yptḥ 't z't
7.001.2 yšm‘ 'dny. hšr | 't dbr ‘bdh. ‘bdk | qṣr.
7.001.6 lpny šb|t k'šr kl [‘]bdk 't qṣrw '|sm {*or* qṣr
7.001.8 } bn šb|y. wyqḥ. 't bgd ‘bdk k'šr klt | 't
7.001.9 't bgd ‘bdk k'šr klt | 't qṣry zh ymm lqḥ 't
7.001.9 | 't qṣry zh ymm lqḥ 't bgd ‘bdk | wkl 'ḥy.
7.001.12 nqty. m'|[šm hšb n' 't] bgdy w'ml'. {*or* w'm
7.001.13 {*or* w'm l'.} lšr lhš|[b 't bgd] ‘b[dk wtt]n 'lw.
7.001.14 wtt]n 'lw. rḥ|[mm]t 't [‘]bdk wl' tdhm n[
8.017.1 wlyw‘šh. w[ ] brkt. 'tkm. lyhwh. šmrn.
33.001.1 [ ]yhw. lk. [š]lḥ. šlḥt. 't šlm bytk | w‘t. 'l.
34.001.3 'š. 'šr. | yb]'. wmḥw[.] '[t. hspr. hzh.]

't *prep.* (13)

1.003.20 hb' | 'l. šlm. bn yd‘. m't. hnb'. l'm|r. hšmr.
1.013.2 [ ] | msmk[yhw ']t ‘bdh h[ ]
1.013.3] {*or* yḥprhw [|] 't. 'špt 4
2.003.6 wṣrrt {*or* wṣrr.} | 'tm. bṣq. {*or* bṣr.} w|spr.
2.005.2 'l 'lyšb. w‘|t. šlḥ. m'tk | m‘wd hqmḥ. |
2.006.2 'l 'lyšb. w[‘t] | šlḥ m'tk 'l | yḥzy[hw] | lḥ[m
2.009.2 ['l 'lyš]b [ ] | [šlḥ] m't[k | yyn] *bath* b[
2.016.7 w't [ ] | [ ] 'tk whš[ ] | 't ksp[ ]
2.024.17 h|‘yr. dbr. wdbr hmlk 'tkm | bnbškm. hnh
2.024.19 | bkm. hym. h'nšm. 't. 'lyš|‘. pn. tb'. 'dm.
2.040.8 h'yš [w'šyhw b]|'. m'tk. w'yš [l' ntn l]|hm.
4.401.2 [‘ṣmtw] w‘ṣm[t] 'mth ‘[t]h 'rwr h'dm 'šr |
7.001.10 'ḥy. y‘nw ly. hqṣrm 'ty bḥm | [ ] 'ḥy. y‘nw

CONCORDANCE

't *n.* (1)

1.004.11	nḥ|nw šmrm. kkl. h'tt. 'šr ntn	| 'dny. ky l'.

't *uncertain* (1)

4.102.7	'l[ ] | šdh. w[ ] |	't. nbl[ ] | ṣ'[ ] | nb[l

'th *pron.* (3)

8.021.1	'mr l.'dny hšlm.	't brktk. lyhwh tmn |
15.005.2	h'rṣ hw {or hry} | yhwh	't {or yhd lw} {or yhwdh
15.007.1	pqd yh} {or nqh yh}	'th {or 'l} ḥnnt {or ḥnn.

b *incised letters* (3)

3.202.1		b
3.226.1		b
36.001.1		b

b *prep.* (114)

1.003.12	} 'tnnhw 'l. {or 'tn	bh w|kl. } m'wm[h]
1.004.9	} |(*verso*) ky 'm.	btsbt hbqr [ ] | wyd'.
1.006.10	lm]h t' šw. | kz't	[wbyr]šlm h[n]h l|mlk
1.007.6	] | [ ]yhw. spr. b[ ]	|bšlm h[
1.009.6	] 2 hšb. | '[l] 'bdk d|br	b |(*verso*) yd šlmyhw.
1.020.1		btš'yt byt[ ]yhw |
1.029.1		brb't | qlm. pkmt. | *bath* |
2.003.6	wṣrr.} | 'tm. bsq. {or	bṣr.} w|spr. hḥtm.
2.005.12	lk 't hm' |[šr] *bath* 3.	bṭrm. y|'br hḥdš. wm|ytr
2.007.3	w' |t. ntn. lktym. | l'šry	b 1 lḥd|š. 'd hššh | lḥdš
2.007.6	*bath* 3 [w]|ktbth lpnyk.	b|šnym lḥdš. b' š|ry wšmn
2.007.7	lpnyk. b|šnym lḥdš.	b' š|ry wšmn ḥ|[tm
2.012.6	s[ ]š wtn[']|t hlḥm.	wb[ ]'yl [ ] |
2.013.3	't hš]mn hzh | [wḥtm].	bḥtmk | wšlḥw | [y]hw.
2.016.5	8 š lbny g'lyhw.	[b]|y[d ']zryhw w't [ ]
2.017.6	lhm} mhrh. w|ḥtm. 'th	bḥ|tmk |(*verso*) b 20 4

2.017.8	'th bḥ|tmk |(verso)	b 20 4 lḥdš ntn nḥm
2.017.9	4 lḥdš ntn nḥm š|mn	byd hkty. 1
2.020.1		bšlšt | yr̊ḥ. ṣḥ (or gr̊° bn̊°
2.024.13	wšlḥtm. 'tm. rmtng̊[b	by]|d. mlkyhw bn
2.024.16	yrmy|hw. (or yqmyhw.)	brmtngb. pn. yqrh. 't
2.024.18	dbr. wdbr hmlk 'tk̊m |	bnbškm. hnh šlḥty lh'yd
2.024.19	hnh šlḥty lh'yd |	bkm. hym. h'nšm. 't.
2.029.7	]b | 10 ks̊p lm[ ] | w'šr	bkb[
2.032.1		b 8 lḥdš [ḥṣr]swsh. k[
2.040.10	m]|'dm. nttm̊ l'dn̊ẙ [bṭrm y]|rd ym.	
2.040.11	ym. w['̊]š[yh]w. ln̊ [bbyty] | wh'. hmk̊tb̊. bqš	
2.088.1	'ny. mlkty. bk[l] | 'mṣ. zr'. w[ ] |	
2.111.2	]d°̊ bn̊ °n̊[ ]|rt wbmšmr [y]|r'. m'd	
3.001.1		bšt. h' šrt. lšm|ryw.
3.002.1		bšt. h' š|rt. lgdyw. | m'zh.
3.003.1		bšt. h' šrt. l[ ]|'.
3.004.1		[b]št. htš'̊ t. mq|[ṣh.]
3.005.1		bšt. ht[š' t.] | mqṣh.
3.006.1		bš̊t. htš' t. | mqṣh. lgd|yw.
3.007.1		bšt. [htš' t. mqṣ]|h.
3.008.1		[bšt. h]tš' t. mgb|['.
3.009.1		bšt. htš' t. my|ṣt. l' [
3.010.1		bšt. htš' t. m|yṣt. l' [
3.012.1		bšt. htš' t. | mšptn.
3.013.1		bšt. h' šrt. m'b'|z̊r.
3.014.1		bšt[.] ḣtš[' t.] m'[ ]|t̊
3.016.1		bš̊t. h' šrt. ms|pr.
3.017.1		bšt. h' šrt. m'z|h. lgdyw.
3.018.1		bšt. h' šrt. mḥṣrt | lgdyw.
3.019.1		bšt. h' šrt. | myṣ̊t. nbl. |
3.020.1		bšt. h°̊[šrt.] | mkrm.
3.021.1		bšt. h' šrt. lšmr|yw. mttl.
3.022.1		bšt. 10 5 mḥ|lq. l'š'.

3.023.1 bšt. 10 5 mḥlq. | l’š’.

3.024.1 bšt. h10 5 [mḥ]lq. l’š[’]

3.025.1 [bšt 10 5] mḥl[q |

3.026.1 [bšt. 10 5 mḥl]q. l’š’

3.027.1 bšt. 10 5 mḥlq. l’š’. |

3.028.1 bšt. 10 5 m’bʿzr. l’š|’.

3.029.1 bšt. 10 5 mš[mydʿ. l]’š’ |

3.030.1 bšt. 10 5 mšmydʿ[ ] |

3.031.1 bšt. h10 5 mšmydʿ. |

3.032.1 bšt. 10 5 mš[[m]]ydʿ. |

3.033.1 [bšt. h10] 5 mšmy|[dʿ.

3.034.1 [bš]t. h10 5 m[š]my[dʿ.] |

3.035.1 bšt. 10 5 mš[mydʿ.] |

3.036.1 [bšt. h10 5] mšmyd[ʿ] | [

3.037.1 bšt. 10 5 mšmydʿ. |

3.038.1 bšt. 10 5 mšmy|dʿ.

3.039.1 bšt. 10 5 mšmydʿ. |

3.042.1 [b]št. 10 5 mšr’l (*or* mšrq

3.043.1 bšt. h[l]|ḥnn [ ] |

3.044.1 [bšt]. h10 5 mškm. | [l

3.045.1 bšt. h10 5 mḥgl[h] | lḥnn.

3.046.1 bšt. 10 5 [mḥglh] | lḥnn.

3.047.1 [bšt. 10 5 m]ḥglh. lḥnn.

3.048.1 bšt. 10 5 mšr[’l].

3.049.1 bš[t. 10 5 mšmyd]|ʿ. lḥl[ṣ

3.050.1 bšt. 10 5 lgmr. mnʿh. |

3.051.1 bšt. hʿšrt. l[| [ ] |

3.052.1 b10 5 tbʿ[ ] (*or* mnʿ[h

3.053.1 bšt. hʿšrt. yn. | krm. htl.

3.053.2 hʿšrt. yn. | krm. htl. bnbl. šmn. | rḥṣ.

3.054.1 bšt. hʿšrt. yn. k|rm. htl.

3.055.1 bšt. hʿšrt. kr|m. yḥwʿly.

3.056.1 bšt. 10 5 mht[l.] | lnmš[y]

3.058.1 bšt. 10 5 lbdyw | krm.
3.059.2 nbl. šmn. [rḥ]|ṣ. bšt. 10 [5] {or bšt. h[ ]}
3.059.2 [rḥ]|ṣ. bšt. 10 [5] {or bšt. h[ ]}
3.061.2 krm. htl. | bšt. 10 5
3.063.1 bšt. 10 5 2 {or 10 w2} |
3.072.1 bšt. hʿšrt. yn. krm. | htl.
3.072.2 hʿšrt. yn. krm. | htl. bnbl. šmn. rḥṣ.
3.073.1 bšt. [hʿšrt] | yn. kr[m htl
3.073.2 [hʿšrt] | yn. kr[m htl bnbl] | šmn. [rḥṣ]
3.090.1 [bšt h10 5]mšmydʿ |
3.100.1 bšt. htš[ʿt]
4.101.1 {or yḥ[z]qyhw} bn qrʾh bšrš bqyhw {or . bšd
4.101.1 qrʾh bšrš bqyhw {or . bšd šrqm yhw[ ]} | ʾḥyhw
4.101.2]} | ʾḥyhw bn hšrq bʿmq yhw[špṭ] {or yrt}
4.101.3 qrzy {or qrṣ} {or qry.} bʿmq yhw[špṭ] {or yrt}
4.116.1 wzh. hyh. dbr. hnqbh. bʿwd [hḥṣbm. mnpm. ʾt.]
4.116.2 | hgrzn. ʾš. ʾl. rʿw. wbʿwd. šlš. ʾmt. lhnq[b.
4.116.3 ʾl. rʿw. ky. hyt. zdh. bṣr. mymn. w[ʿd šmʾ]l.
4.116.3 mymn. w[ʿd šmʾ]l. wbym. h|nqbh. hkw.
4.116.5 mn. hmwṣʾ.ʾl. hbrkh. bmʾty[m. w]ʾlp. ʾmh.
4.120.2]ṣbr. h[|] bšbʿ. ʿšr[|]rbʿy. w[
4.125.3 lz[ ]|rk. hmym [ ] | byrkty h[ ] | nsḥh ks[
4.202.5 | [ ]lʾ[|]bms. {or bms.} [ ] lbqr
4.203.1]b ʾ[
4.301.6 } {or lʾh[rn]} | [w]bšmry[|]bk[|]ḥh ʿl
4.402.1 ḥd[r] bktp hṣr {or hṣr[ḥ]}
7.001.3 ʿbdk | qṣr. hyh. ʿbdk. bḥ|ṣrʾsm. wyqṣr ʿbdk |
7.001.10 yʿnw ly. hqṣrm ʾty bḥm | [ ] ʾḥy. yʿnw ly.
8.023.1 wbzrḥ [ ] ʾl wymsn hrm
8.023.2 hrm [ ] | brk bʿl bym mlḥ[mh] | lšm ʾl
8.023.3 bym mlḥ[mh] | lšm ʾl bym mlḥ[mh
30.007.1 b *symbol 4*

b' *v.* (9)

1.003.11	wgm. | kl sp[r] 'šr yb'. 'ly 'm. | qr'ty. 'th
1.003.15	[y]knyhw} bn 'lntn lb'. | mṣrymh. w't
1.003.19	ṭbyhw ʿbd. hmlk. hb' | 'l. šlm. bn ydʿ. m't.
1.005.9	h'l. ʿbdk} y'[ ] {*or* y[[b]]'} | ṭbyhw. zrʿ lmlk
2.017.1	'l. nḥm. [w]ʿt b|' byth. 'lyšb. | bn
2.024.20	h'nšm. 't. 'lyš|ʿ. pn. tb'. 'dm. šmh
2.040.7	'šr r]|ṣh. h'yš [w'šyhw b]|'. m'tk. w'yš [l' ntn
7.001.7	qṣr w'sm} kymm wyb'. hwšʿyhw {*or* ḥšbyhw
34.001.3	gdl. w[ʿd. 'š. 'šr. | yb]'. wmḥw[.] '[t. hspr.

b' *uncertain* (1)

107.001.1	b'

b'r *n.* (1)

3.044.2	| [l]hp[ ]r. {*or* hb['r.} | [ ]. hyn.

b'rym *LN* (1)

3.001.2	bšt. hʿšrt. lšm|ryw. mb'rym. nbl [yn] | yšn. |

b'ršbʿ *LN* (1)

2.003.3	*bath* w|ṣwk. ḥnnyhw. ʿl b|'ršbʿ ʿm. mš' ṣ|md.

bgd *n.* (4)

7.001.8	} bn šb|y. wyqḥ. 't bgd ʿbdk k'šr klt | 't
7.001.9	| 't qṣry zh ymm lqḥ 't bgd ʿbdk | wkl 'ḥy. yʿnw
7.001.12	m'|[šm hšb n' 't] bgdy w'ml'. {*or* w'm l'.
7.001.13	w'm l'.} lšr lhš|[b 't bgd] ʿb[dk wtt]n 'lw.

bdyhw *PN* (1)

100.393.1	lbdyhw | {*or* ṭbyhw} bn

bdyw *PN* (1)

3.058.1 bšt. 10 5 lb̊dyw | krm. htl.

bhn *uncertain* (1)

3.310.1 [ ]b̊hn̊ {*or* [ ]r̊hm̊}

bwzy *PN* (1)

100.031.2 lntnyhw | bn bwzy

bwṭ *PN* (1)

100.276.1 lb|wṭ {*or* lbwʿ}

bwn *PN* (1)

100.160.2 lʾbʾ | bẘn̊[ ]

bwʿ *PN* (1)

100.276.2 lb|wṭ {*or* lbwʿ}

bzʾ *PN* (1)

5.001.4 ʿ̊b̊d] | 2 | byt.ʾmm {*or* bz̊ʾ. ʾmṣ} | 3

byt *n.* (17)

1.020.1 btšʿyt byt[ ]yhw | ḥklẙ[hw]

1.022.10 | lʾlyš[b] | l[ ] | lbyt ʾkzẙ[b]

2.016.2 šlḥ lšl|m. ʾlyšb. wlšlm bytk br|ktk lyhwh. wʿt

2.016.4 lyhwh. wʿt kṣʾty | mbytk wšlḥty ʾt | h[k]sp 8

2.017.2 ʾl. nḥm. [w]ʿt b|ʾ byth. ʾlyšb. | bn ʾšyh̊ẘ.

2.018.9 ʾšr. ṣ|wtny. šlm. | [ ] byt. yhwh. |*(verso)* hʾ.

2.021.2 [bn] | ʾlyʾr. wlšlm. bytk. brktk l̊[yhw]|h. wʿt.

2.040.11 ym. w[ʾ]š[yh]w. ln̊ [bbyty] | whʾ. hm̊k̊t̊b. bqš

4.202.3 |]n. wlbqr [|]ʾl. bqy. byt | [ ]lʾ[|]b̊ms.

4.401.1 [qbrt]ẙhw ʾš̊r ʿl hbyt. ʾyn̊ [p]h̊ ksp. wz̊h̊b |

33.001.1 lk. [š]lḥ. šl̊ḥ̊t. ʾt šlm bytk | wʿt. ʾl. tšmʿ̊ lk̊[l.

99.001.1 lby[t yhw]h qdš khnm
100.149.2 lgdlyhw | [']šr 'l hbyt̊
100.501.2 l'dnyhw. | 'šr 'l hbyt
100.502.2 l'dnyhw. | 'šr 'l hbyt
100.503.2 lntn 'šr | [']l byt
100.860.2 [l]ydw 'šr | [']l hbyt

byt.'mm *LN* (1)
5.001.4 {*or* p̊n̊'l. 'b̊d̊} | 2 | byt.'mm {*or* bz̊'. 'mṣ} | 3

bythrpd *LN* (1)
1.004.5 } wkẙ. šlḥ '|dny. 'l̊. dbr bythrpd̊. 'yn. šm̊. '|dm̊

byt.ḥrn *LN* (1)
11.002.1 z̊hb. 'pr. lbyt.ḥrn. [ ] | š 30

bky *PN* (2)
100.409.1 lbky. | šlm
100.499.1 lbky | šlm

bkr *v.* (1)
1.002.5 zkr̊. 'dnẙ. 't. | [']bdh. ybkr. {*or* ẙ'kr.} yhwh 't

blgy *PN* (4)
100.143.1 lblgy b|n šbnyhw
100.497.1 lblgy | smk
100.801.1 lblgy b|n dlyh[w]
100.820.2 [l]'lntn | bn blgy

bms *uncertain* (1)
4.202.5 bqy. byt | [ ]l'[|]b̊ms. {*or* b̊ms.} [ ] lb̊q̊r̊

bn *n.* (382)

1.001.1	gmryhw.	bn hṣlyhw. | y'znyhw. bn
1.001.2	bn hṣlyhw. | y'znyhw.	bn ṭbšlm. | ḥgb. bn.
1.001.3	bn ṭbšlm. | ḥgb.	bn. y'znyhw. |
1.001.4	y'znyhw. | mbṭḥyhw.	bn. yrmyhw | mtnyhw.
1.001.5	bn. yrmyhw | mtnyhw.	bn. nryhw
1.003.15	| knyhw {*or* [y]knyhw}	bn 'lntn lb'. | mṣrymh.
1.003.17	w't |(*verso*) hwdwyhw	bn 'ḥyhw w|'nšw šlḥ.
1.003.20	hmlk. hb' | 'l. šlm.	bn yd'. m't. hnb'. l'm|r.
1.016.4	{*or* š]lḥ h'[} | s]pr.	bny[{*or* bn y[} | y]hw
1.016.4	h'[} | s]pr. bny[{*or*	bn y[} | y]hw hnb'[|
1.019.1		bn 'ṣ. {*or* 'zr} 10 | pqḥ.
1.022.7	] *homer* | l'šyhw	bn [ ]'[ ]*seah* | l'lyš[b
1.028.1	[ly]hwbnh {*or* [ln]ryhw	bn r[}
1.031.2	[|]n. ybrk[{*or*	b]n. ybrk[yhw} |]bgy[
1.031.4	y]hwy[qm} |]n. qr[{*or*	b]n. qr[ḥ} |]n. ygr.
1.031.5	b]n. qr[ḥ} |]n. ygr. {*or*	b]n. y'r.}
2.008.9	] | 'ly. w[ ] | [ ]'šr	lbn |
2.010.4	} wšmn 1 | [ ]tm.	lbn 'bdyhw š[ ] | [ ]ktym
2.016.5	wšlḥty 't | h[k]sp 8 š	lbny g'lyhw. [b]|y[d
2.017.3	[w]'t b|' byth. 'lyšb. |	bn 'šyhw. wlqḥ|t. mšm. 1
2.020.2	bšlšt | yrḥ. ṣḥ {*or* gr'	bn 'zyhw}
2.021.1		bnk. yhwkl. šlḥ. lšlm.
2.021.1	šlḥ. lšlm. gdlyhw	[bn] | 'ly'r. wlšlm. bytk.
2.022.1	lbrkyhw	b[n] | l'zr b[n |]
2.022.2	lbrkyhw b[n] | l'zr	b[n |] 4 *homer* |
2.022.4	|] 4 *homer* | lm'šy	bn [ ] 3 |(*verso*) lyh[w
2.023.3	[| |]b[n	] | b[n]
2.023.4	[| |]b[n] |	b[n] | mḥs[yhw]
2.023.6	] | mḥs[yhw] |	bn [ ] | 'zr [ ] | bn
2.023.8	] | bn [ ] | 'zr [ ] |	bn ntny[hw |]
2.024.14	rmtng[b by]|d. mlkyhw	bn qrb'wr. whb|qydm. 'l.
2.024.15	whb|qydm. 'l. yd 'lyš'	bn yrmy|hw. {*or* yqmyhw.

2.027.2	[ ]yhw | ʿbdy[hw]	bn šmʿyhw | [ ]l[
2.027.4	| [ ]l[ ] | ydnyhw	bn šb[nyhw] | ḥldy[
2.027.6	| ḥldy[g]r' | [ ]	bn 'byhw | [y]hw
2.031.2	ḥṭm. | 'wryhw	bn rg' ʿ {or: *ephah*}
2.031.3	*lethech seah* | nḥmyhw	bn yhwʿz 8 | nryhw bn
2.031.4	bn yhwʿz 8 | nryhw	bn sʿryhw {*or* sdryhw}
2.031.5	} *lethech* | 'ḥyqm	bn šmʿyhw 7 | gḥm
2.035.2	[ ]'b | [ ]	bn. 'šy[hw] | šlm bn
2.035.3	| [ ] bn. 'šy[hw] | šlm	bn 'ḥy'yl | gmryhw bn[
2.035.4	bn 'ḥy'yl | gmryhw	bn[
2.036.2	| '[ ]	bn nḥmyh[w] | [ ] |
2.038.2	hkws | šʿl 'n {*or* [[b]]n} ḥn[n] | gmryhw bn	
2.038.3	[[b]]n} ḥn[n] | gmryhw	bn š[ ] | šbʿ bn r[ ] 1 |
2.038.4	| gmryhw bn š[ ] | šbʿ	bn r[ ] 1 | [ ] bn 'lyšb
2.038.5	] | šbʿ bn r[ ] 1 | [ ]	bn 'lyšb 1 | ḥnn 2 | [z]kr
2.039.1	['[dm	bn yqmyhw | šmʿyhw bn
2.039.2	bn yqmyhw | šmʿyhw	bn mlkyhw | mšlm bn
2.039.3	bn mlkyhw | mšlm	bn ndbyhw | tnḥm bn
2.039.4	bn ndbyhw | tnḥm	bn ydʿyhw | g'lyhw bn
2.039.5	bn ydʿyhw | g'lyhw	bn ydʿyhw | [ ]lyhw bn
2.039.6	bn ydʿyhw | [ ]lyhw	bn 'ḥy[|]lyhw bn
2.039.7	]lyhw bn 'ḥy[|]lyhw	bn š|mʿyhw |*(verso)*
2.039.9	|*(verso)* y'znyhw	bn bnyhw | yhw'b bn
2.039.10	bn bnyhw | yhw'b	bn ḥldy | 'byḥy
2.040.1		bnkm. gmr[yhw]
2.049.1	*(on the base)*	bny. bṣl 3 bny. qrḥ 2 bn.
2.049.1	bny. bṣl 3	bny. qrḥ 2 bn. glgl 1 bny
2.049.1	bny. bṣl 3 bny. qrḥ 2	bn. glgl 1 bny knyhw |
2.049.1	3 bny. qrḥ 2 bn. glgl 1	bny knyhw | *(col. 1)* [
2.049.5	[ ]lyhw 1 | *(col. 4)*	[b]n. ṣmḥ 1 [ ]d'l [ ]' 2
2.049.5	2 šʿl 1 pdyhw. ḥ 10 1	bny. 'ḥ'. ḥ 3
2.051.2	'šyhw |	bn ʿzr
2.055.1		bn ḥmd' | pdy {*or* šy}

2.056.1		bn nt|nyhw
2.057.2	[ ]'l | [bn]	ḥšy {*or* šy}
2.058.2	ʿdyhw | klb	bn [ ] | ʿzr bn ʿ[ ] |
2.058.3	| klb bn [ ] | ʿzr	bn ʿ[ ] | y'ḥṣ
2.059.1	yhw'b	bn y[ ] | yqmyhw bn [
2.059.2	bn y[ ] | yqmyhw	bn [ ]my[| nḥmyhw bn
2.059.3	bn [ ]my[| nḥmyhw	bn [ ] | ʿmšlm
2.059.4	| ʿmšlm {*or* ʿb[[d]]šlm}	bn [ ] | y'zn bn
2.059.5	} bn [ ] | y'zn	bn ṣpn[yhw]
2.071.4	gdy[hw |*(verso)*]'.	bn [|]p
2.074.4	] | 'ḥ'[ ] | yqm[yhw] |	bn
2.076.1		bn b[ḥṭ]m [ ] | bn ḥ[
2.076.2	bn b[ḥṭ]m [ ] |	bn ḥ[ ] *ḥqʒt* 1 | bn
2.076.3	[ ] | bn ḥ[ ] *ḥqʒt* 1 |	bn mn[ ] 1 *ḥqʒt* | ṣ[
2.111.1	]dʿ	bn 'n[ ]|rt wbmšmr [
4.101.1	{*or* yḥ[z]qyhw}	bn qr'h bšrš bqyhw {*or* .
4.101.2	šrqm yhw[ ]} | 'ḥyhw	bn hšrq bʿmq yhw[špṭ]
4.101.3	| [ ]yhw {*or* ṣp[n]yhw}	bn qrzy {*or* qrṣ} {*or* qry.
4.101.8	| [ ] | [ ] | [ ] | [ ]	bn hwdyhw h[ ]
7.001.7	hwšʿyhw {*or* ḥšbyhw}	bn šb|y. wyqḥ. 't bgd
7.002.1	lḥšbyhw	bn y'[
8.011.1	lʿbdyw	bn ʿdnh brk h' lyhw
8.012.1	šmʿyw	bn ʿzr
24.006.2	grbʿ[l] {*or* [l]yrbʿ[m]} |	bn 'lm[ ] {*or* 'lm[lk]}
25.001.1	lʿwpy.	bn | ntnyhw | hḥdr. hzh
25.002.1	lʿwpy. {*or* ʿwzh}	bn. ntnyhw
30.003.1		[ ]bn qn[yw] {*or* ʿn[yw]}
30.004.1		b]n mrsrzr[kn
32.001.2	zkr | ʿzr	b[n] | ḥnnyhw b[n] |
32.001.3	| ʿzr b[n] | ḥnnyhw	b[n] | 'ḥ' b[n] | b[
32.001.4	] | ḥnnyhw b[n] | 'ḥ'	b[n] | b[
32.003.2	[ ] | mtn	bn [| y]hw bn [ ]ny[
32.003.3	] | mtn bn [| y]hw	bn [ ]ny[ ]|zkryhw

37.001.1 ʿl̊m. {*or* š̊lm.} lʾḥqm. bn. m[n]ḥ̊m | ʿmdyhw.

37.001.2 bn. m[n]ḥ̊m | ʿmdyhw. bn. zkr. mmldh |

37.001.3 mmldh | hwšʿyhw. bn. nwy. mrntn

37.001.4 {*or* mrptn} | mky. bn. hṣlyhw. mmqdh

37.002.1 ʾlyšb bn ʾprḥ [| [ ] | [ ] | [

37.003.1] bn ḥgb [ ] yhwmlk [

40.001.1 [b]n ḥnn

100.018.2 lbnyhw | bn | [ ]ḥr {*or* bn ḥr}

100.018.3 lbnyhw | bn | [ ]ḥr {*or* bn ḥr}

100.019.2 ldmlyhw | {*or* lrmlyhw} bn nryhw

100.020.1 lḥgy b|n šbnyhw

100.021.1 lḥwnn b|n yʾznyh

100.022.2 lḥwrṣ | bn pqll

100.023.1 lḥnnyh b|n tryh {*or* ʾryh}

100.024.2 lḥnnyhw | bn ʿzryhw

100.025.2 lḥnnyhw | b̊n ʿkbr.

100.026.1 lyhwʿzr b|n ʿbdyhw

100.027.1 lyhwšʿ b|n ʿšyhw

100.030.2 lnḥmyhw | b̊n mykyhẘ

100.031.2 lntnyhw | bn bwzy

100.032.1 lntnyhw b|n ʿbdyhw

100.033.1 lsr̊yh b|n bnsmrnr

100.034.2 lʿbdyhw | bn yšb

100.035.1 l̊ʿbdyhw b̊|[n] šḥrḥ[r] {*or* tḥrh[w]}

100.036.1 lʿzʾ b|n bʿlḥnn

100.037.2 lʿzyhw. | bn. ḥrp.

100.038.2 lʿšyhw. | bn. ywqm.

100.039.1 lšḥrḥr bn | ṣpnyhw

100.040.2 lšmʿyhw | bn ʿzryhw

100.042.2 lʾlzkr | bn | yhwḥyl

100.043.1 lšby b|n ʾlzkr

100.072.1 lʾlšmʿ. b|n. hmlk.

100.075.2 lšlm | bn ʾdnyh | ḥ.pr.

100.094.1 lʾlrm bn | tmʾ
100.100.1 lʾlšmʿ b|n gdlyhw
100.101.2 lhʾmn | bn {*or* br} grql {*or* prql}
100.110.2 lgʾlyhw | bn hmlk
100.142.2 lgdyhw {*or* lgryhw} | bn bṣy {*or* bṣm}
100.143.1 lblgy b|n šbnyhw
100.144.2 lhwšʿyhw | bn šlmyhw
100.145.2 šlmʾl | bn {*or* br} ʿmšʾ
100.148.1 lpšḥr bn | ʿdyhw
100.150.2 lḥlqyhw | bn mʾps {*or* mʾs}
100.155.1 lsylʾ b|n hwdyh
100.158.1 lytm {*or* lytn} bn | yg[
100.162.1 lmqnyhw b|n yhwmlk {*or* yhwkl}
100.167.1 lšmʿ b|n zkryw
100.169.1 lḥṣy b|n gmlyhw
100.170.2 lʾlʿz | bn ʿzrʾl
100.174.1 lʿbyw {*or* lʿnyw} b|n [ ]ʿyw
100.175.2 lʿzryh | bn nḥm
100.179.1 lʿzʾ. bn. ḥts
100.202.1 lnḥm b|n ḥmn
100.203.1 lḥgy b|n [
100.209.1 lmnšh bn | hmlk
100.212.2 ldršyh|w bn ʿz[ ]
100.218.1 lḥnnyhw b|n gdlyhw
100.230.2 lbrkyhw | bn [ ]hw | bn šlmyhw
100.230.3 lbrkyhw | bn [ ]hw | bn šlmyhw
100.231.2 lʾlyšb | bn ʾšyhw
100.232.2 lʾlšb | [[b]]n ʾšyh
100.235.2 lpdyhw | bn psḥ
100.239.1 lʾprḥ b[n] | smkyhw
100.240.2 lgdlyhw | bn smk
100.241.2 {*or* lyʾznyh[w]} | [b]n gdl
100.242.2 lʾlyqm | bn mʿšyh {*or* mʿšyw}

100.245.1 lʾply bn | šmʿ
100.252.2 lyhwʾḥz | bn hmlk
100.253.2 lyhwkl | bn yhwḥ̊y
100.254.1 lnḥm b|n ʿnnyhẘ
100.255.2 [l]n̊ryhw | [bn] p̊r̊ʿš̊
100.258.2 lyrmyhw | bn ṣp̊nẙhw | bn nby[ ] {*or*
100.258.3 lyrmyhw | bn ṣp̊nẙhw | bn nby[ ] {*or* nby[ʾ]}
100.273.1 lʾnyhw b|n hryhw
100.282.2 lʾlyšb | bn ʾšyhw
100.293.1 lslʾ bn ʾlʾ
100.308.2 lbrwk | bn šmʿy
100.309.2 lygʾl | bn zkry
100.310.2 lʾlʿzr | bn nḥm
100.311.2 lšʾl | bn nḥm
100.317.2 lʾlyšʿ | bn grgr {*or* grgd}
100.318.2 ltmk[ʾ] | bn | mqnmlk
100.321.2 lyhwzr̊|ḥ bn ḥlq̊|[y]hw ʿbd.
100.322.2 lṣdq | bn mkʾ
100.325.2 lḥlqyhw | bn ddyhw {*or* ʿdyhw}
100.326.2 lmlkyhw | bn ḥylʾ
100.331.2 ldltyhw | bn ḥlq
100.339.2 lʾḥyw | bn šʾl
100.343.2 lšʿnp. | bn. nby
100.345.2 lmʾš | bn. mnḥ. | hspr
100.346.1 lšmʿ b|n ywstr
100.347.2 ltmkʾl | bn ḥgt
100.359.2 lšʿryhw | bn ḥnyhw |*(verso)*
100.362.1 lʿzryhw b|n šmryhw
100.363.2 lšmryhw | bn pdyhw
100.364.2 lyrmyhw | bn mnḥm
100.365.2 lʿšyhw | bn ḥwhyhw
100.366.2 lʾḥʾmh | bn yqymyhw
100.368.2 lmkyhw | bn šlm

100.369.1 lʿzr bn | mtnyhw
100.371.1 lywzn b[n]ʿd
100.372.1 lʿdyhw b|n špṭyhw
100.373.1 lšlm b|n nḥm
100.375.2 lʾlyšb | bn šʿl
100.378.2 l[ ] | bn̊ r̊pʾ
100.392.1 lpn b̊n | yḥ̊ny
100.393.2 lbdyhw | {*or* ṭbyhw} bn m[
100.397.1 lʾln b|n ʾlybr
100.408.1 [lyšʿ]yhw bn [snʾ]|blṭ pḥt šmr[n]
100.416.2 lḥlqyh[w] | bn šmʿ
100.418.1 lyš̊mʿ̊ʾl b|n ḥlqyhw
100.422.1 lʿzyhw b|n nryhw
100.428.2 lmnḥm | bn hwšʿ
100.431.1 lbnyhw b|n ṣbly
100.437.2 myʾmn | b̊[[n]] ʿdd
100.506.1 lgʾlyhw b|n̊ hmlk
100.507.1 lnrẙ[hw b]|n hmlk
100.508.2 lyrḥmʾl | bn hmlk
100.509.2 lbrkyhw | bn nryhw | hspr
100.511.1 lʾdnyhw b|n yqmyhw
100.514.1 lʾḥqm b[n] | ṭbyhw
100.517.2 lʾlʿz | bn ʾḥʾb
100.518.1 lʾlʿz bn | ʾḥʾb
100.519.2 lʾḥʾb | bn ʾprḥ
100.520.1 [lʾ]prḥ bn | yhwšʿ
100.521.1 lʾprḥ b|n yhwšʿ bn | mtnyhw
100.521.2 lʾprḥ b|n yhwšʿ bn | mtnyhw
100.522.2 [lʾ]p̊rḥ | [bn] š̊ḥr
100.523.1 lʾprḥ [b|n šḥ]r bn | [g]d̊yhw
100.523.2 lʾprḥ [b|n šḥ]r bn | [g]d̊yhw
100.524.1 lšḥr bn | gdyhw
100.525.1 lšḥr [b]|n gdy

100.527.1 [l]'lyhw b̊|[n] mykh
100.528.2 l'ly'z | bn hwš'y[hw]
100.530.2 l'ln[t]n | bn y'š
100.531.2 [l]'mryhw | bn | yhw'b
100.532.1 l̊'šḥr b|[n] 'šyhw
100.533.2 l'šyhw | bn šm'yhw
100.538.2 [l]brkyh̊ẘ | [bn š]m'yhw
100.539.1 lg'ly b|n 'lysmk
100.540.1 lg'ly b|n 'l[[y]]smk
100.542.2 ldmlyhw | bn rp'
100.543.1 ldmlyhw [b]|n hwš'yh[w]
100.544.2 [ld]mlyhw | [bn h]wš'yhw
100.545.2 ld[mlyhw] | bn hw[š'yhw]
100.549.2 lhṣlyhw | bn šbnyhw
100.550.1 lzkr bn | nryhw
100.551.1 [lz]kr bn | [ ]yhw
100.552.1 lḥb' b|n mtn
100.553.1 lḥgb bn | ṣpnyhw
100.554.1 lḥgb bn | ṣpny[hw]
100.555.1 [l]ḥgy bn | hwdwyhw
100.557.1 lḥlq b|n 'zr
100.558.1 lḥlqyhw b|[n]yhw
100.559.2 lḥlqyhw | bn [
100.560.1 [l]ḥlṣ b[n] | 'ḥ'b
100.563.1 [lḥ]nn bn | [']zyhw bn | [
100.563.2 [lḥ]nn bn | [']zyhw bn | [
100.564.1 [l]ḥnn bn | šm'yhw
100.566.1 ly'š bn | 'lšm'
100.567.2 ly'š | [b]n pdyhw
100.568.2 lyd'yhw | bn krmy
100.569.2 lyd'yhw | bn š'l.
100.570.2 lyhw' | bn | mšmš
100.573.1 [lyh]w'ḥ b|[n] 'l'z

100.574.2 lyhwʿz | bn mtn
100.575.2 lyqmyhw | bn mšlm
100.577.2 lyqmyhw | bn nḥm
100.579.2 lyšmʿʾl | [b]n šʿl bn | [ḥl]ṣyh[w]
100.579.2 lyšmʿʾl | [b]n šʿl bn | [ḥl]ṣyh[w]
100.580.2 lyšm[ʿʾl] | [b]n mḥsy[hw]
100.583.2 lyšʿyhw | bn ḥml
100.586.2 lmḥ[sy]hw | bn plṭyhw
100.588.2 [lm]yʾmn | [bn] ʿpy
100.590.2 lmkyhw | bn ʾlʿz
100.592.2 lmkyhw | bn mšlm
100.593.2 [ls]mkyh[w] | bn ʿmdyh[w]
100.595.1 lmky[hw] b|n šḥ[r]
100.599.2 lmlkyhw | bn pdyhw
100.601.1 lmnḥm bn | yšmʿʾl
100.602.1 lmn[ḥm bn] | yš[mʿʾl]
100.603.1 lmnḥm b|n mnš
100.606.1 lmspr bn | [ ]ywʿ[ ]
100.608.1 mṣr [b]|n šlm
100.611.1 lmšlm b|n rpʾyhw
100.612.1 lmšʿn b[n] | šḥr.
100.613.1 lmtn bn | [ʾ]dnyḥy | [bn š]ḥr
100.613.3 lmtn bn | [ʾ]dnyḥy | [bn š]ḥr
100.614.1 lmtn bn | plṭyhw
100.615.1 lmtn bn | [p]lṭyhw
100.616.1 lmtn b[n] | plṭyh[w]
100.617.1 lmtn bn | hwdwyhw
100.618.1 lmtn b[n] | yhwzrḥ
100.619.1 lmtnyhw b|n smkyhw
100.620.1 lngby b|n mlkyhw
100.621.1 ln[ḥ]m bn | rpʾ[yhw]
100.622.1 lnmš b|[n] nryhw
100.623.2 lnmšr. | bn šʿl.

100.624.1 lnmšr bn | šbnyhw
100.628.1 lnryhw b|n hṣlyhw
100.631.1 ls'l b|n ysp̊
100.632.1 [l]sl' b|n ksl'̊
100.633.2 lsʿdyh[w] | [b]n z[ ]
100.634.2 lʿbdyhw | b̊n mtn
100.636.2 lʿzryh[w] | bn s[mk]
100.637.2 lʿzryhw | b̊n̊ pdyhw
100.638.2 lʿzrqm | bn prpr
100.639.2 [l]ʿzrqm | [bn] ṣdq'
100.643.1 lplṭyhw b|n hwšʿyhw
100.648.2 lplṭyhw | bn hwšʿyhw
100.649.2 lplṭyhw | bn ḥlq
100.651.1 lpšḥr bn | 'ḥ'mh
100.652.1 lpšḥr bn | mnḥm.
100.653.1 lptḥ b|n nḥm
100.656.2 lqrb'r | b̊n̊ ʿzr'l
100.658.1 lšlm b|n 'lšm̊[ʿ]
100.659.1 [lšl]m bn | ['l]šmʿ
100.660.1 lšl[m bn] | '[l]š̊[mʿ]
100.661.1 lšlm b[n] | hwšʿyhw
100.664.1 lšʿl bn | yšmʿ'l
100.666.1 lšp̊ṭ b[n] | '̊ḥyhw
100.669.2 [ ] | bn | gdyhw
100.670.2 [ ] | [d]mlyhw bn[|
100.674.1 lš[ʿ]l b[n] | ml[k]yḥ̊[w]
100.676.2 [ ] | bn nḥm [
100.680.2 [ ] | bn špṭyhw
100.684.2 lm[ ] | bn [
100.694.1 [ ]yhw b|[n]ʿy[
100.713.2 lšbnyhw | bn [
100.714.1 lplṭh bn | yšmʿ'l
100.715.1 lḥnnyhw b|n qwlyhw

100.718.1 l̊dmlyhw b|n yhw[ ]
100.719.2 lnryhw | bn hmlk
100.723.1 lrp' bn | ḥlqyhw
100.730.1 l'nyhw. b|n. myrb
100.734.1 lḥnn b|n ḥlqyhw | hkhn
100.737.2 lḥ̊lq̊yh̊ẘ | b̊n̊ p̊d̊ẙ
100.746.2 lyknyhw | bn ḥkl
100.752.2 l'ṣlyhw | bn ydw
100.753.1 š̊l̊m bn šp|ṭ̊yhw
100.760.2 lgdyhw | bn | hmlk
100.761.2 lmlkyhw | bn mtn
100.763.1 l'ly'r b|n yrmyhw
100.766.2 lytm. | bn. 'lzkr
100.774.1 hwš'm {*or* hwš' [[b]]n} | ḥgy
100.784.2 lšbnyhw | bn hmlk
100.787.1 lnry b|n šbnyw
100.801.1 lblgy b|n dlyh[w]
100.802.2 lgmryhw | [b]n špn
100.804.2 [lṭbšlm] | bn zkr | hrp'
100.805.2 lšm'yhw | bn y'zny[h]
100.807.1 l'lšm' b|n smkyh
100.808.2 lmky[hw] | bn ḥṣy
100.810.2 l'lšm' | bn yhw'b {*or* yhw'r}
100.812.2 lyd'yhw | bn mšlm
100.813.2 lgdyhw | bn 'zr
100.817.2 lrp'yhw | bn 'prḥ
100.819.2 lgmryh | bn mgn
100.820.2 [l]'lntn | bn blgy
100.823.2 lšm'yhw | [b]n plṭyhw
100.827.1 l'zryhw b|n ḥlqyhw
100.828.2 lṭbšlm̊ | bn zkr
100.829.2 l'lyqm̊ | bn 'whl
100.831.1 lbnyhw b|n hwš'yhw

100.833.2	lbrkyhw | bn mlky
100.834.1	lḥnnyh[w] b|n ʾḫʾ
100.835.1	lsylʾ b|n ʾlšmʿ
100.839.2	lšpṭyhw | bn ṣpn
100.848.2	lyʾznyh[w] | [b]n mʿšyhw
100.850.2	lšpṭyhw | bn dmlẙ[hw]
100.851.1	[l]nḥm bn | šʾlh
100.852.1	lnmš bn | mkyhw
100.853.2	lʾṣlyhw | bn mšlm
100.863.2	l[ ]yhw | bn ʿmlyhw
100.864.1	ldlyhw bn | gmlyhw
100.869.1	lywʾl b|n yhwkl
100.870.2	lydnyhw | bn ntnyhw
100.874.2	gdlyhw | bn šby
100.879.2	l[š]lmyh[w] | [b]n ʾlyšb
100.887.2	lplṭyhw | bn kslʾ
100.894.1	lšmryhw b|n yrmyhw
100.897.1	lgmryhw b|n ʾlntn
100.898.1	lrpʾ bn | bnʿnt
100.899.2	lyrmyhw | bn ʿšʾ[ ]

bnyhw *PN* (9)

2.039.9	|(verso) yʾznyhw bn bn̊ẙh̊w | yhwʾb bn ḥldy |
100.018.1	lbnyhw | bn | [ ]ḥr (or bn
100.299.1	bnyhw | gry
100.361.2	lyrymwt | bnyhw
100.407.1	l̊bnyh|ẘ nʿr ḥgy
100.431.1	lbnyhw b|n ṣbly
100.535.1	lbnyhw | ʿlyhw
100.721.1	lbnyhw | mtnyhw
100.831.1	lbnyhw b|n hwšʿyhw

bnsmrnr *PN* (1)

100.033.2 lsr̊yh b|n bnsmrnr

bnʿnt *PN* (1)

100.898.2 lrpʾ bn | bnʿnt

bsy *PN* (1)

100.247.1 lbsy

bʿdʾl *PN* (1)

100.048.2 l̊ḥʾh {*or* lḥʾb} | bʿdʾl̊

bʿdyhw *PN* (2)

100.536.1 lbʿdyhw | [

100.537.1 lbʿdyh̊[w] | šryhw

bʿl *PN* (1)

3.012.3 | mšptn. lbʿl|zmr. {*or* lbʿl.̊ zmr.} nbl. yn. | yšn

bʿl *DN* (1)

8.023.2 wymsn hrm [ ] | brk bʿl bym mlḥ[mh] | lšm

bʿlʾ *PN* (5)

3.001.7 q̊[ ]bš 1 | ʾlbʾ [ ] 1 | bʿlʾ. ʾlyš[ʿ] 2̊ | ydʿyw[

3.003.3 nbl [yn. y]|šn. lbʿlʾ. ʿ̊[ ]

3.027.3 5 mḥlq. lʾšʾ. | ʾḥmlk. | bʿlʾ. bʿlmʿny.

3.028.3 mʾbʿzr. lʾš|ʾ. ʾḥmlk. | bʿlʾ. mʾlmtn.

3.031.3 mšmydʿ. | lḥlṣ. ʾpṣḥ. | bʿlʾ. z̊k̊r.

bʿlzmr *PN* (1)

3.012.2 bšt. htšʿt. | mšptn. lbʿl|zmr. {*or* lbʿl.̊ zmr.}

bʿlḥnn *PN* (1)
100.036.2 lʿzʾ b|n bʿlḥnn

bʿlmʿny *PN* (1)
3.027.3 lʾšʾ. | ʾḥmlk. | bʿlʾ. bʿlmʿny.

bʿlntn *PN* (2)
100.081.1 bʿlntn
100.082.1 bʿlntn

bʿlʿzkr *PN* (1)
3.037.3 mšmydʿ. | lʾḥmʾ. | ʾšʾ. bʿlʿzkr.

bʿrʾ *PN* (3)
3.045.2 h10 5 mḥgl̊[h] | lḥnn. b[ʿr]ʾ [ ] | ywntn.
3.046.2 10 5 [mḥglh] | lḥnn. b[ʿrʾ] | ʾ[ ]
3.047.1 [bšt. 10 5 m]ḥ̊glh. lḥnn. bʿrʾ. m|[ ]. myṣt.

bṣy *PN* (1)
100.142.2 {*or* lgryhw} | bn bṣy {*or* bṣm}

bṣl *PN* (1)
2.049.1 *(on the base)* bny. bṣl 3 bny. qrḥ 2 bn. glgl

bṣm *PN* (1)
100.142.2 lgryhw} | bn bṣy {*or* bṣm}

bṣq *n.* (1)
2.003.6 wṣrrt {*or* wṣrr.} | ʾtm. bṣq̊. {*or* bṣr.} w|spr̊.

bṣr *PN* (1)
100.332.2 lšbnyhw | bṣr

bqd *v.* (1) (*i.e.* **pqd**)
2.024.14 mlkyhw bn qrb'wr. whb|qydm. ʿl. yd ʾlyšʿ bn

bqy *PN* (1)
4.202.3 |]n. wlbqr [|]'l. bqy. byt | [ ]l'[|

bqyhw *PN* (1)
4.101.1 } bn qr'h bšr̊š bqyhw {*or* . bšd šr̊q̊m̊

bqʿ *n.* (2)
108.011.1 bqʿ
108.012.1 bqʿ | 10 5 {*or* ⅖}

bqr *n.* (3)
1.004.9 |(*verso*) ky ʾm. btsbt hbqr [ ] | wydʿ. ky ʾl.
4.202.2]r̊ḥ. šl[|]n. wlbqr [|]'l. bqy. byt | [
4.202.5 |]b̊ms. {*or* b̊ms.} [ ] lb̊q̊r̊

bqš *v.* (1)
2.040.12 [bbyty] | wh'. hm̊k̊t̊b̊. bqš [wl' ntt]|y. yd̊ʿ. mlk̊.

bqš *PN* (1)
100.432.2 smk | bqš

br *n.* (3)
100.101.2 lh'mn | bn {*or* br} grql {*or* prql}
100.145.2 šlm̊'l | bn {*or* br} ʿmš'
106.011.2 y'l | br yš̊ʿ | yhwd

br' *PN* (1)

100.222.2 l[ ]|t br'

bryt *n.* (1)

4.301.4 |[ ] |[ ]|']hb hb̊r[yt | wh]ḥsd l̊'̊h[by] {*or*

brk *v.* (17)

1.031.2 [|]n̊. ybrk[{*or* b]n̊. ybrk[yhw} |
2.016.2 lšl|m. 'lyšb. wlšlm bytk br|ktk lyhwh. w‛t kṣ'ty |
2.021.2 | 'ly'r. wlšlm. bytk. brktk l̊[yhw]|h. w‛t. hn.
2.040.3 šlḥ[w} lšlm] | mlkyhw b̊r̊k̊t[k lyhw]h | w‛t. hṭh̊
3.307.1 brk 'ḥz
4.301.14 yhwh[|]šẙn̊mw[ ]|k̊wr ybr|k̊ yhwh [w|y]šmrk
4.302.5 h[ ] {*or* r̊‛ h[ ]} | [ ]š̊ ybrk̊ | ẙhwh ẘ|[y]šmrk |
8.011.1 l‛bdyw bn ‛dnh brk h' lyhw
8.015.1]b̊rk. {*or*]'̊rk.} ymm.
8.017.1 lyhl[l' l] wlyw‛ šh. w[ ] brkt. 'tkm. lyhwh. šmrn.
8.021.1 'mr l.'dny hšlm. 't brktk. lyhwh tmn |
8.021.2 lyhwh tmn | wl'šrth. ybrk. wyšmrk wyhy ‛m.
8.023.2] 'l wymsn hrm [ ] | brk b‛l bym mlḥ[mh] |
20.002.4]nh̊[|]yh[ ] | brk. yhw[h {*or* yhw[} |
20.002.6 yhw[} |]ẘb[ ] | brk.bgy[ ]mlk | brk.
20.002.7] | brk.bgy[ ]mlk | brk. 'dny[{*or* 'dny[hw} |
25.003.2 'ryhw. h‛̊šr. ktbh | brk. 'ryhw. lyhwh |

brk *PN* (4)

3.301.1 brk šlm̊[ ] | brk 2̊ hr‛m
3.301.2 brk šlm̊[ ] | brk 2̊ hr‛m {*or* hd̊‛m}
4.302.1]h̊ br̊ẘ[k] | [ ]'̊nyhw
100.308.1 lbrwk | bn šm‛y

brkh *n.* (2)
2.028.1   [ ]b̊[r]kh. z̊[|] ntn. bt[
2.028.7   ]h[|]t[|]'m̊[|] brkh. wt̊[

brkh *n.* (1)
4.116.5   mn. hmwṣ'.'l. hbrkh. bm'ty[m. w]'lp.

brky *PN* (1)
100.193.1   lbrky

brkyhw *PN* (6)
2.022.1   lb̊r̊kẙh̊w b[n   ] | l'z̊r b[n
13.001.1   mpqd. brkyhw | gbḥ | mwqr |
100.230.1   lbrkyhw | bn [ ]hw | bn
100.509.1   lbrkyhw | bn nryhw | hspr
100.538.1   [l]brkyh̊ẘ | [bn š]m'yhw
100.833.1   lbrkyhw | bn mlky

bšl *uncertain* (1)
2.006.6   3 (*or* 300) | [ ]hšmn | bšl[| [   ] | [ ]m[

bt *n.* (12)
100.059.2   l'lšgb | bt 'lšm'
100.060.1   ln'hbt b|t rmlyhw (*or* dmlyhw)
100.061.2   l'mdyhw | bt šbnyhw
100.226.2   lyhwyšm' | bt šwššr'ṣr (*or* šnššr'ṣr)
100.324.2   lḥmy'dn | bt 'ḥmlk
100.412.2   lḥmy'hl | bt mnḥm
100.733.1   lḥnh b|t 'zryh
100.736.2   l'md|yh̊w | bt. 'z|ryhw
100.781.2   lm'dnh | bt hmlk
100.855.2   lyhw'dn | bt 'ryhw
100.867.1   l'bgyl b|t 'lḥnn

100.883.2 l‘mnwyhw | bt gdl

bt *n.* (2) (*see also ‘bath’*)

1.102.1 bt lmlk

18.001.1 bt [lmlk]

bt *uncertain* (1)

24.003.1 bt z. g {*or* 10} h

g *incised letter* (1)

3.203.1 g

g *abbreviation* (1)

24.003.1 bt z. g {*or* 10} h

g’l *v.* (1)

15.006.2 ’rṣh | ‘̊ry yhd̊h̊ wg̊’l̊ty yršlm

g’lyhw *PN* (5)

2.016.5 ’t | h[k]sp 8 š lbny g’lyhw. [b]|y[d ‘]zryhw

2.039.5 | tnḥm bn yd‘yhw | g’lyhw bn yd‘yhw | [

100.110.1 lg’lyhw | bn hmlk

100.506.1 lg’lyhw b|n̊ hmlk

100.759.1 g’lyhw | ‘bd hmlk

gbh *n.* (1)

4.116.6 wm[’]|t. ’mh. hyh. gbh. hṣr. ‘l. r’š. hḥṣb[m.

gbḥ *PN* (1)

13.001.2 mpqd. brkyhw | gbḥ | mwqr | šlmyhw

gbʿ *LN* (1)

3.008.1 [bšt. h]tšʿt. mgb|[ʿ.]ʿm. nbl. | [yn.

gbʿn *LN* (37)

22.001.1 gbʿn. gdr. ʿzryhw
22.002.1 [gbʿn. gd]r. ʿzryhw
22.003.1 [gbʿn.]gdr. ʿ[zryhw]
22.004.1 [gbʿn. gdr. ʿ]zryh[w]
22.005.1 [gbʿn. gdr. ʿ]zryhw
22.006.1 [gbʿn. gdr] ʿzr[yhw]
22.007.1 [gb]ʿn. gdr. ʿz[ryhw]
22.008.1 gbʿn. gdr. [ ]
22.009.1 gbʿn. gd[r]
22.010.1 gbʿn. gdr̊[ ]
22.011.1 gbʿn [[g]]dr[
22.012.1 [gbʿn. gdr. ʿzr]yhw
22.014.1 gbʿn gdr ʾmryhw
22.015.1 [gb]ʿn. gdr ʾmryhw
22.016.1 [gb]ʿn. gdr. ʾmryhw
22.017.1 [gbʿn. gd]r. ʾmryhw
22.018.1 gbʿn. gd[r. ʾ]mryhw
22.019.1 gbʿn gdr [ʾmryhw]
22.021.1 gbʿn. dmlʾ. šb̊ʾl
22.023.1 gbʿn[ ]
22.025.1 [g]bʿn. gdr. [ ]
22.026.1 [d]mlʾ gbʿn
22.027.1 gbʿn. dmlʾ[ ]
22.028.1 [dm]lʾ gbʿn
22.029.1 [g]bʿn. dml[ʾ]
22.030.1 [g]bʿn [ ]
22.031.1 gbʿn. gdr[ ]
22.032.1 gbʿn. gdr | ḥnnyhw nrʾ
22.034.1 [g]bʿn gdr [ ]

22.036.1 gbʿn. gdr.
22.051.1 gbʿn l̊gdr l̊ḥnn[yhw]
22.054.1 [g]bʿn gdr
22.055.1 [g]bʿn gdr
22.056.1 gb[ʿn]
22.059.1 [gbʿ]n. gdr
22.060.1 gbʿn. g[dr]
22.061.1 gbʿn gdr ʾmr[y]hw

gbr *PN* (1)
13.003.1 lgbr mgn

gbryhw *PN* (1)
2.060.5 1 | mqnyhw. tn | lgb |*(verso)* [ryhw] 6

ggy *PN* (1)
100.777.1 lggy

gdʾ *PN* (1)
2.072.3 1 | ppy 1 ʾḥmlk 1 | g̊d̊ʾ 1 [ ] 3 | ʿzʾ 3 | ʿb̊[

gdhwzḥṭ *alphabetic sequence* (1)
1.023.1]g̊d̊h̊ẘz̊ḥṭ. g̊

gdy *PN* (1)
100.525.2 lšḥr [b]|n gdy

gdyhw *PN* (9)
2.071.3 tn. [|]ṭ̊. ʾšr l[|]ʾ̊dn. gdy[hw |*(verso)*]ʾ. bn [|
100.142.1 lgdyhw {*or* lgryhw} | bn
100.523.3 lʾprḥ [b|n šḥ]r bn | [g]d̊yhw
100.524.2 lšḥr bn | gdyhw
100.526.2 lšḥr | [g]dyh[w]

100.669.3 [ ] | bn | gdyhw
100.760.1 lgdyhw | bn | hmlk
100.813.1 lgdyhw | bn ʿzr
100.873.1 gdyhw | p[

gdyw *PN* (13)
3.002.2 bšt. hʿš|rt. lgdyw. | mʾzh. | ʾbbʿl. 2 |
3.004.2 [b]št. htšʿt. mq|[ṣh.] lgdyw. nbl. | [yn. yšn.]
3.005.2 bšt. ht[šʿt.] | mqṣh. l[gd]yw[ ] | nbl. yn. yšn.
3.006.2 bšt. htšʿt. | mqṣh. lgd|yw. nbl. yn. | yšn.
3.007.2 bšt. [htšʿt. mqṣ]|h. lgd[yw. nbl. yn. y]|šn.
3.016.2 hʿšrt. ms|pr. {*or* msq.} lgdyw. nbl. | šmn. rḥṣ.
3.017.2 bšt. hʿšrt. mʾz|h. lgdyw. nbl. šm|n. rḥṣ.
3.018.2 bšt. hʿšrt. mḥṣrt | lgdyw. nbl. šmn. | rḥṣ.
3.030.2 10 5 mšmydʿ[ ] | lḥlṣ. gdyw. | grʾ. ḥnʾ. {*or* ḥnʾb
3.033.2 h10] 5 mšmy|[dʿ. lḥ]lṣ. gdyw. | [ ]mnt.
3.034.2 5 m[š]my[dʿ.] | [lḥlṣ g]dyw. ṣ[ ]
3.035.2 10 5 mš[mydʿ.] | lḥlṣ. gd[yw.] | yw[ ]
3.042.3 | mrnyw. {*or* ʾdnyw.} gdy[w] | mʿšrt [ ]

gdl *adj.* (1)
34.001.2 {*or*]ḥdy} mmlk. gdl. w[ʿd. ʾš. ʾšr. | yb]ʾ.

gdl *PN* (2)
100.241.2 {*or* lyʾznyh[w]} | [b]n gdl
100.883.2 lʿmnwyhw | bt gdl

gdl *uncertain* (1)
4.106.1 nqm. gdl[

CONCORDANCE

gdlyh *PN* (1)

2.110.2 ʾlnt[n] | mky. nʿr. gdlẙh̊ q[

gdlyhw *PN* (9)

2.021.1 bnk. yhwkl. šlḥ. lšlm. gdlyhw [bn] | ʾlyʾr.

22.058.1 m[gd]lyh[w]

100.100.2 lʾlšmʿ b|n gdlyhw

100.149.1 lgdlyhw | [ʾ]šr ʿl hbyt̊

100.218.2 l̊ḥnnyhw b|n gdlẙhw

100.240.1 lgdlyhw | bn smk

100.505.1 lgdlyhw | ʿbd hmlk

100.541.1 lgd[ly]hw | hw[š]ʿyhw

100.874.1 gdlyhw | bn šby

gdr *uncertain* (29)

22.001.1 gbʿn. gdr. ʿzryhw

22.002.1 [gbʿn. gd]r. ʿzryhw

22.003.1 [gbʿn.]gdr. ʿ[zryhw]

22.004.1 [gbʿn. gdr. ʿ]zryh[w]

22.005.1 [gbʿn. gdr. ʿ]zryhw

22.006.1 [gbʿn. gdr] ʿzr[yhw]

22.007.1 [gb]ʿn. gdr. ʿz[ryhw]

22.008.1 gbʿn. gdr. [ ]

22.009.1 gbʿn. gd[r]

22.010.1 gbʿn. gdr̊[ ]

22.011.1 gbʿn [[g]]dr[

22.012.1 [gbʿn. gdr. ʿzr]yhw

22.014.1 gbʿn gdr ʾmryhw

22.015.1 [gb]ʿn. gdr ʾmryhw

22.016.1 [gb]ʿn. gdr. ʾmryhw

22.017.1 [gbʿn. gd]r. ʾmryhw

22.018.1 gbʿn. gd[r. ʾ]mryhw

22.019.1 gbʿn gdr [ʾmryhw]

22.025.1 [g]bʿn. gdr. [ ]

22.031.1 gbʿn. gdr[ ]

22.032.1 gbʿn. gdr | ḥnnyhw nrʾ

22.034.1 [g]bʿn gdr [ ]

22.036.1 gbʿn. gdr.

22.051.1 gbʿn l̊gdr l̊ḥnn[yhw]

22.054.1 [g]bʿn gdr

22.055.1 [g]bʿn gdr

22.059.1 [gbʿ]n. gdr

22.060.1 gbʿn. g[dr]

22.061.1 gbʿn gdr ʾmr[y]hw

gḥm *PN* (1)

2.031.6 | ʾḥyqm bn šmʿẙhw 7̊ | gḥm *lethech* | ydʿyhẘ

glgl *PN* (1)

2.049.1 bṣl 3 bny. qrḥ 2 bn. glgl 1 bny k̊n̊ẙh̊ẘ |

glnyh *PN* (1)

100.161.2 | hglnyh {*or* lrbyhwh. glnyh}

gm *particle* (1)

1.003.10 ʾ|yš̊. lqrʾ ly spr lnṣḥ. wgm. | kl sp[r] ʾšr ybʾ. ʾly

gmlyhw *PN* (3)

26.006.1 lgmlyhw

100.169.2 lḥṣy b|n gmlyhw

100.864.2 ldlyhw bn | gmlyhw

gmr *PN* (2)

3.029.3 l]ʾš | ʾḥmlk. | q̊dr. {*or* gmr.} {*or* ʾ̊m̊r.} mspr.

3.050.1 bšt. 10 5 lgmr. mnʿh. | ʿbdyw.

gmryh *PN* (1)

100.819.1 lgmryh | bn mgn

gmryhw *PN* (7)

1.001.1 gmryhw. bn hṣlyhw. |
2.031.8 | ydʿyhẘ *lethech* | gmryhẘ *lethech* | [ ]ẙhw
2.035.4 | šlm bn ʾḥyʾyl̊ | g̊mryhw bn[
2.038.3 ʾn {*or* [[b]]n} ḥn[n] | gmryhw bn š̊[ ] | šb̊ʿ b̊n̊
2.040.1 bnkm. gmr[yhw] wnḥ|myhw.
100.802.1 lgmryhw | [b]n špn
100.897.1 lgmryhw b|n ʾlntn

gntl *uncertain* (1)

16.001.1 g̊n̊tl

gʿly *PN* (2)

100.539.1 lgʿly b|n ʾlysmk
100.540.1 lgʿly b|n ʾl[[y]]smk

grʾ *PN* (5)

2.020.2 bšlšt | ẙr̊ḥ. ṣḥ {*or* g̊r̊ʾ b̊n̊ ̊ʿ̊zyhw}
2.027.5 bn šb[nyhw] | ḥld̊y[g]rʾ | [ ] bn ʾbyhẘ | [
3.030.3] | lḥlṣ. gdyw. | grʾ. ḥnʾ. {*or* ḥnʾb̊}
3.036.3 5] m̊šmyd[ʿ] | [ ] | [g]r̊ʾ. ywyš[ ]
18.004.1 [l]g̊rʾ

grbʿl *PN* (1)

24.006.1 grbʿ[l] {*or* [l]ẙrb̊ʿ[m]} |

grgd *PN* (1)

100.317.2 lʾlyšʿ | bn grgr {*or* grgd}

grgr *PN* (1)
100.317.2   l' lyš' | bn grgr {or grgd}

grh *n.* (11)
9.003.1   [   ] 5̊ 8̊ [ ] 2̊ 100 g̊r̊h 100 [[grh]] 1̊0̊0̊ g̊r̊h̊ |
9.003.1   5̊ 8̊ [ ] 2̊ 100 g̊r̊h 100 [[grh]] 1̊0̊0̊ g̊r̊h̊ | [   ] 6̊
9.003.1   100 g̊r̊h 100 [[grh]] 1̊0̊0̊ g̊r̊h̊ | [   ] 6̊ 20 2̊ [ ] 4
9.003.3   4 8 10 7̊ 8 | 9̊0̊ [ ] 100 g̊r[h] 200 gr[h] 300 g[rh]
9.003.3   8 | 9̊0̊ [ ] 100 g̊r[h] 200 gr[h] 300 g[rh] 400 g[rh]
9.003.3   100 g̊r[h] 200 gr[h] 300 g[rh] 400 g[rh] 500 gr̊h
9.003.3   200 gr[h] 300 g[rh] 400 g[rh] 500 gr̊h 600 gr̊h
9.003.3   300 g[rh] 400 g[rh] 500 gr̊h 600 gr̊h 700 grh 800
9.003.3   400 g[rh] 500 gr̊h 600 gr̊h 700 gr̊h 800 gr̊h
9.003.3   500 gr̊h 600 gr̊h 700 grh 800 gr̊h
9.003.3   600 grh 700 grh 800 gr̊h

grzn *n.* (3)
4.116.2   [hḥṣbm. mnpm. 't.] | hgrzn. 'š. 'l. r' w. wb' wd.
4.116.4   hḥṣbm. 'š. lqrt. r' w. grzn. 'l. [g]rzn. wylkw[.]
4.116.4   'š. lqrt. r' w. grzn. 'l. [g]rzn. wylkw[.] | hmym.

gry *PN* (2)
2.064.1   gry[ ] | 'lyš̊[b
100.299.2   bnyhw | gry

gryhw *PN* (2)
100.142.1   lgdyhw {or lgryhw} | bn bṣy {or bṣm
100.243.2   l' šy | gryhw

gr' *PN* (1)
100.126.1   lpr' {or lgr'}

grql *PN* (1)
100.101.2 lh'mn | bn {*or* br} grql {*or* prql}

gšmy *PN* (1)
100.727.2 lnryhw | gšmy

gt *LN* (2)
3.014.2 htš[' t.] m'[ ]|t {*or* mgt} pr'n. lšmryw. | nbl.
4.105.6 | 5 šmnm | 8 |*(verso)* gt. prḥ.

d *incised letter* (1)
3.204.1 d

d'r *LN* (1)
100.323.2 [lz]kryw | khn d'r

dbr *v.* (1)
33.001.2 'l. tšm' lk[l. d]br 'šr ydbr. 'lyk.

dbr *n.* (13)
1.002.6 yhwh 't '|[dn]y {*or* 'y} dbr. 'šr l'. yd'th
1.004.5 } wky. šlḥ '|dny. 'l. dbr bythrpd. 'yn. šm.
1.006.5 l'm]|r qr' n' whnh. dbry. h[šrm] {*or* h[nb']}
1.006.11 hlmlk} [t]' šw hd[b]|r hzh. ḥy. yhwh.
1.009.5] 2 hšb. | '[l] 'bdk d|br b |*(verso)* yd
1.016.10]w[|]'[|]šlḥ '[|]dbr wḥ[
2.018.6 wlqrsy | ttn. *homer* wld|br. 'šr. ṣ|wtny. šlm. | [ ]
2.024.17 pn. yqrh. 't h|'yr. dbr. wdbr hmlk 'tkm |
2.024.17 yqrh. 't h|'yr. dbr. wdbr hmlk 'tkm | bnbškm.
2.111.4 w'tn [ ] | ylqḥ nšb dbr [ ] | hyh. hsws [
4.116.1 } hnqbh. wzh. hyh. dbr. hnqbh. b'wd
7.001.2 yšm' 'dny. hšr | 't dbr 'bdh. 'bdk | qṣr.
33.001.2 | w't. 'l. tšm' lk[l. d]br 'šr ydbr. 'lyk.

ddyhw *PN* (1)
100.325.2 lḥlqyhw | bn ddyhw {*or* ʿdyhw}

dhm *v.* (1)
7.001.14]t ʾt [ʿ]bdk wlʾ tdhm n̊[

dwdš *PN* (1)
100.480.1 rkʿš {*or* dwdš}

dwh *v.* (1)
1.003.7 } ʾmš. ky. lb | [ʿ]bd[k] d̊ẘh̊. mʾz. šlḥk. ʾl. ʿbd|k

dlh *PN* (4)
3.038.3 lʾḥmʾ. | ʿlh. {*or* dlh.} ʾlʾ.
100.238.1 ldlh
100.380.1 l̊d̊l̊h̊ | [ ]m̊lk
100.881.1 dlh {*or* dly}

dly *PN* (1)
100.881.1 dlh {*or* dly}

dlyhw *PN* (3)
1.022.4 l̊[ ] | l̊[ ] | l̊ʾ̊l̊[ ] | l̊d̊l̊[yhw] | lsmk[yhw] |
100.801.2 lblgy b|n dlyh[w]
100.864.1 ldlyhw bn | gmlyhw

dlyw *PN* (1)
24.008.1 ldlyw

dlt *n.* (1)
1.004.3 kn. ʿšh̊. ʿbdk ktbty ʿl hdlt kkl. | ʾšr šlḥ [ʾdny

dltyhw *PN* (1)
100.331.1 ldltyhw | bn ḥlq

dm *uncertain* (1)
4.102.2 š]d̊h[ ]|h̊m. whnh̊ r̊[ ]|d̊m. lʿm. lkr̊[ ]|m̊. hʿz̊b̊.

dmlʾ *PN* (7)
3.308.1 ldmlʾ {*or* lrmlʾ}
22.021.1 gbʿn. dmlʾ. šb̊ʾl
22.026.1 [d]mlʾ gbʿn
22.027.1 gbʿn. dmlʾ[ ]
22.028.1 [dm]lʾ gbʿn
22.029.1 [g]bʿn. dml[ʾ]
100.341.1 ldmlʾ

dmlʾl *PN* (1)
100.233.2 lqlyhw | d̊mlʾl {*or* rmlʾl}

dmlyhw *PN* (11)
100.019.1 ldmlyhw | {*or* lrmlyhw}
100.060.2 lnʾhbt b|t rmlyhw {*or* dmlyhw}
100.542.1 ldmlyhw | bn rpʾ
100.543.1 ldmlyhw [b]|n hwšʿyh[w]
100.544.1 [ld]mlyhw | [bn h]wšʿyhw
100.545.1 ld[mlyhw] | bn hw[šʿyhw]
100.546.1 ldmly[hw] | hwš[ʿyhw]
100.670.2 [ ] | [d]mlyhw bn[|
100.718.1 l̊dmlyhw b|n yhw[ ]
100.836.2 lnryhw | dmlyhw
100.850.2 lšpṭyhw | bn dmlẙ[hw]

dršyhw *PN* (2)

100.212.1 ldršyh|w bn ʿz̊[ ]
100.338.1 ldršy|hw ḥml

h *particle* (4)

1.005.9]|h̊. mh. lʿbdk. {*or* hẙm h̊ʾ̊l̊. ʿbdk} yʾ[ ]
1.006.8 | [ ] ʾnk̊[y] ʾ]d̊n̊ẙ hlʾ t̊k|tb ʾlh̊[m]
1.006.11 l|m̊lk̊ {*or* [wnq]y šl̊mh hm̊lk̊} [t]ʿšw h̊d̊[b]|r̊
8.021.1 ʾmr ʾmryw ʾmr l.ʾdny hšlm. ʾt brktk. lyhwh

h *abbreviation* (4)

2.060.1 kkl *symbol 6* h nṭ|lty *ḥqȝt* 2 ¼ |
24.003.1 bt z. g {*or* 10} h
100.079.1 h
106.007.1 h

h *incised letter* (1)

3.219.1 h

hʾ *pron.* (3)

2.018.10 | [ ] byt. yhwh. |*(verso)* hʾ. yšb
2.040.12 ln̊ [bbyty] | whʾ. hm̊k̊t̊b̊. bqš [wlʾ
8.011.1 lʿbdyw bn ʿdnh brk hʾ lyhw

hʾmn *PN* (1)

100.101.1 lhʾmn | bn {*or* br} grql

hgbh *PN* (1)

100.228.2 lʿzry|w hgbh

hglnyh *PN* (1)
100.161.2 lrbyhw | hglnyh {*or* lrbyhwh.

hdyhw *PN* (1)
100.893.2 lšlm | hdyhw

hw *pron.* (2)
15.003.1 'rr ḥ {*or* 'rr hw} {*or* 'rr ḥ|rpk}
15.005.1 ẙhwh̊ 'lhy kl h'rṣ̊ hw {*or* hrẙ} | yhwh 't

hwdwyhw *PN* (3)
1.003.17 | mṣrymh. w't |*(verso)* hwdwyhw bn 'ḥyhw
100.555.2 [l]ḥgy bn | hwdwyhw
100.617.2 lmtn bn | hwdwyhw

hwdyh *PN* (1)
100.155.2 lsyl' b|n hwdyh

hwdyhw *PN* (3)
4.101.8] | [ ] | [ ] | [ ] b̊n̊ hwd̊yhw h[ ] {*or* '̊ẘryhw
100.359.3 | bn ḥnyhw |*(verso)* lhwdyhw | šʿryhw
100.367.1 lhwdyhw | mtnyhw

hwšʿ *PN* (7)
33.002.1 nm̊ṭ̊r̊. hwšʿ *ephah* 10 4̊ {*or* 6} |
100.046.2 lzkr | hwšʿ
100.181.1 lhwšʿ̊
100.410.1 hwšʿ | ṣpn
100.428.2 lmnḥm | bn hwšʿ
100.469.1 hwšʿ | ṣpn
100.774.1 hwšʿm {*or* hwšʿ [[b]]n} | ḥgy

ANCIENT HEBREW INSCRIPTIONS

hwšʻyhw *PN* (22)

1.003.1	ʻbdk. hwšʻyhw. šlḥ. l|h̊g[d]
7.001.7	wʼsm} kẙm̊m wybʼ. hwšʻyhw {or ḥšbyhw}
37.001.3	bn. zkr. mmldh | hwšʻyhw. bn. nwy.
100.144.1	lhwšʻyhw | bn šlmyhw
100.423.1	lhwšʻyhw | ʼlšmʻ
100.424.1	lhwšʻyh|w ʼḥmlk
100.528.2	lʼlyʻz | bn hwšʻy[hw]
100.541.2	lgd[ly]hw | hw[š]ʻyhw
100.543.2	ldmlyhw [b]|n hwšʻyh[w]
100.544.2	[ld]mlyhw | [bn h]wšʻyhw
100.545.2	ld[mlyhw] | bn hw[šʻyhw]
100.546.2	ldmly[hw] | hwš[ʻyhw]
100.547.1	lhwšʻyhw | ḥlṣyhw
100.548.1	lhwšʻyhw | šmʻ
100.643.2	lplṭyhw b|n hwšʻyhw
100.644.2	lplṭyhw | hwšʻyhw
100.645.2	[l]plṭyhw | hwšʻyhw
100.646.2	lplṭyhw | [hwšʻ]ẙhw
100.647.2	lplṭyhw | hwšʻyhw
100.648.2	lplṭyhw | bn hwšʻyhw
100.661.2	lšlm b[n] | hwšʻyhw
100.831.2	lbnyhw b|n hwšʻyhw

hwšʻm *PN* (1)

100.774.1	hwšʻm {or hwšʻ [[b]]n} |

hyh *v.* (7)

1.006.14	ʻb|dk °t̊ hsp̊r̊[m] l[ʻ] h[y]h̊ | l°b̊[dk]
2.111.5	] | ylqḥ nšb dbr [ ] | hyh. hsws [ ]|r. hʻbr ẘ[
4.116.1	{or [tmt.]} hnqbh. wzh. hyh. dbr. hnqbh. bʻwd
4.116.3	ʼš. q|[r]ʼ. ʼl. rʻw. ky. hyt. zdh. bṣr. mymn.
4.116.6	ʼmh. wm[ʼ]|t. ʼmh. hyh. gbh. ḥṣr. ʻl. rʼš.

7.001.3 ʼt dbr ʻbdh. ʻbdk | qṣr. hyh. ʻbdk. bḥ|ṣr̊ʼs̊m.
8.021.2 ybrk. wyšmrk wyhy ʻm. ʼd[n]y[ ]k

hkws *PN* (1)
2.038.1 hkws | šʻl ʼn {*or* [[b]]n}

hlk *v.* (1)
4.116.4 rʻ w. grzn. ʻl. [g]rzn. wylkw[.] | hmym. mn.

hm *uncertain* (1)
4.102.1 š]d̊h[ ]|h̊m. whnh̊ r̊[ ]|d̊m. lʻm.

hmk *PN* (1)
23.002.1 lsmk {*or* lhmk}

hn *n.* (1)
109.001.1 hn 1 wḥṣy. hlg wrbʻt.

hn *particle* (2)
2.021.3 brktk l̊[yhw]|h. wʻt. hn. ʻšh. ʼdny. [|
2.040.9 wʼyš̊ [lʼ ntn l]|hm. whn. ydʻth [hmktbm

hnh *particle* (5)
1.006.5 hšr[m lʼm]|r̊ qr̊ʼ n̊ʼ̊ whnh̊ dbry. h[šrm]
1.006.10 tʻ šw. | kzʼt [̊wbyr]šlm̊ h̊[n]h l|ml̊k̊ {*or* [wnq]y
1.008.2 ṭ̊b̊ ʻ̊t̊ k̊ẙ[m ʻt] k̊ẙm̊ h̊n̊|h̊ [ ]n̊b̊[ ] {*or* [k]m̊š̊[
2.024.18 hmlk ʼtkm̊ | bnbškm. hnh šlḥty lhʻyd | bkm.
4.102.2 š]d̊h[ ]|h̊m. whnh̊ r̊[ ]|d̊m. lʻm. lkr̊[

hnmy *PN* (1)
100.090.1 lhnmy

hṣlyhw *PN* (11)
1.001.1 gmryhw. bn hṣlyhw. | y’znyhw. bn
37.001.4 {*or* mrptn} | mky. bn. hṣlyhw. mmqdh
100.186.2 lnḥm | hṣlyhw
100.419.1 lhṣlyh|w ḥnnyhw
100.420.1 lhṣlyhw | yš‘yhw
100.474.2 lnḥm | hṣlyhw
100.549.1 lhṣlyhw | bn šbnyhw
100.628.2 lnryhw b|n hṣlyhw
100.668.2 ltnḥ[m] | hṣl[yhw]
100.892.1 lhṣlyhw | ‘bd’
100.900.2 lnḥm | hṣlyhw

hr *n.* (2)
8.023.1 wbzrḥ [ ] ’l wymsn hrm [ ] | brk b‘l bym
15.005.1 ’lhy kl h’rṣ hw {*or* hry} | yhwh ’t {*or* yhd

hryhw *PN* (1)
100.273.2 l’nyhw b|n hryhw

w *conj.* (171)
1.003.4 [’t] ’dny šm‘t. šlm | w[ ] w‘t. hpqḥ |
1.003.4 šm‘t. šlm | w[ ] w‘t. hpqḥ | n’[.] ’t ’zn
1.003.8 m’z. šlḥk. ’l. ‘bd|k wky ’mr. ’dny. l’. yd‘th.
1.003.10 ’|yš. lqr’ ly spr lnṣḥ. wgm. | kl sp[r] ’šr yb’.
1.003.12 ’m. | qr’ty. ’th ’ḥr {*or* [wl]’} ’tnnhw ’l. {*or* ’tn
1.003.12 } ’tnnhw ’l. {*or* ’tn bh w|kl. } m’wm[h] wl‘bdk.
1.003.13 ’tn bh w|kl. } m’wm[h] wl‘bdk. hgd. | l’mr. yrd
1.003.16 bn ’lntn lb’. | mṣrymh. w’t |(*verso*) hwdwyhw
1.003.17 hwdwyhw bn ’ḥyhw w|’nšw šlḥ. lqḥt. mzh.
1.003.19 lqḥt. mzh. {*or* myh.} | wspr. ṭbyhw ‘bd. hmlk.
1.004.2 ’dny. ‘t kym. | šm‘t ṭb. w‘t kkl ’šr. šlḥ ’dny. |
1.004.4 ’]ly. {*or* šlḥ[th ’]ly} wky. šlḥ ’|dny. ‘l. dbr

1.004.6 bythrpd. ʾyn. šm. ʾ|dm wsmkyhw lqḥh. šmʿyhw

1.004.6 lqḥh. šmʿyhw w|yʿlhw. hʿyrh wʿbdk.

1.004.7 w|yʿlhw. hʿyrh wʿbdk. ʾyn[n]|y šlḥ šmh

1.004.10 ky ʾm. btsbt hbqr [ ] | wydʿ. ky ʾl. mšʾt lkš.

1.005.2 ʾt ʾd]ny | [šmʿt šl]m wṭb [ʿt | kym] ʿt ky[m]

1.006.4 ʾdny ʾ[t sp]|r hmlk [wʾt] spry hšr[m lʾm]|r

1.006.5 hšr[m lʾm]|r qrʾ nʾ whnh. dbry. h[šrm]

1.006.7 [lhš]|qṭ {*or* ydy. kšdm [wlš]qṭ} ydy hʾ[ ] ydʿ[

1.006.7 hʾ[ ] ydʿ[ ] {*or* hʾ[rṣ w]h[ʿ]yr ʿ[ ]} | [ ]

1.006.10 [lʾmr lm]h tʿšw. | kzʾt [wbyr]šlm h[n]h l|mlk

1.006.11 h[n]h l|mlk {*or* [wnq]y šlmh hlmlk} [

1.009.2 ʾt ʾd|ny š[mʿt] šlm. w[| wʿt] tn. lḥm

1.009.3 š[mʿt] šlm. w[| wʿt] tn. lḥm 10 w|[yyn]

1.009.3 | wʿt] tn. lḥm 10 w|[yyn] 2 hšb. | ʾ[l] ʿbdk

1.016.7 hnbʾ[|]m[|*(verso)*]w[|]ʿ[|]šlḥ ʾ[|]dbr

1.016.10 |]ʿ[|]šlḥ ʾ[|]dbr wḥ[

2.001.1 ʾl. ʾlyšb. w|ʿt. ntn. lktym | yyn.

2.001.3 lktym | yyn. *bath* 3 w|ktb. šm hym. | wmʿwd.

2.001.5 *bath* 3 w|ktb. šm hym. | wmʿwd. hqmḥ | hrʾšn.

2.002.1 ʾl. ʾlyšb. wʿt. ntn l|ktym. *bath* 2

2.002.3 2 yyn. l|ʾrbʿt hymm w | 300 lḥm w|mlʾ. hḥmr.

2.002.4 hymm w | 300 lḥm w|mlʾ. hḥmr. yyn wh|sbt

2.002.5 lḥm w|mlʾ. hḥmr. yyn wh|sbt mḥr. ʾl tʾḥr. |

2.002.7 wh|sbt mḥr. ʾl tʾḥr. | wʾm. ʿwd. ḥmṣ. wnt|t.

2.002.7 tʾḥr. | wʾm. ʿwd. ḥmṣ. wnt|t. lhm.

2.003.1 ʾl. ʾlyšb. wʿt. | tn. mn. hyyn. 3

2.003.2 | tn. mn. hyyn. 3 *bath* w|ṣwk. ḥnnyhw. ʿl

2.003.5 ʿm. mšʾ ṣ|md. ḥmrm. wṣrrt {*or* wṣrr.} | ʾtm.

2.003.5 ṣ|md. ḥmrm. wṣrrt {*or* wṣrr.} | ʾtm. bṣq.

2.003.6 } | ʾtm. bṣq. {*or* bṣr.} w|spr. hḥṭm. whl|ḥm

2.003.7 {*or* bṣr.} w|spr. hḥṭm. whl|ḥm wlqḥt |*(verso)*

2.003.8 } w|spr. hḥṭm. whl|ḥm wlqḥt |*(verso)* ʾlk [ ] |

2.003.12 ʾlk [ ] | ry[ ] | l[ ]3 | wʾdmm. h[| [ ] | [ ]m

2.004.2 tn lktym š|mn 1 ḥtm wšlḥnw w|yyn *bath* 1 tn
2.004.2 š|mn 1 ḥtm wšlḥnw w|yyn *bath* 1 tn lhm̊.
2.005.1 ’l ’lyšb. w‘|t. šlḥ. m’tk | m‘wd
2.005.13 3̊. bṭrm. y|‘br hḥdš. wm|ytr [ ] h‘bdh | [ ]ḥ̊[
2.006.1 ’l ’lyšb. w[‘t] | šlḥ m’tk ’l |
2.007.1 ’l ’lyšb. w‘|t. ntn. lktym. | l‘šr̊y b
2.007.5 ‘d̊ hššh | lḥdš *bath* 3 [w]|ktbth lpnyk. b|šnym
2.007.8 b|šnym lḥdš. b‘š|ry wšmn ḥ|[tm
2.008.1 [’]l ’lẙš̊b. w‘t. ntn l|kt̊[y]m̊ *homer* 1̊̊
2.008.5 ‘d ḥ̊|š̊mnh̊. ‘šr lḥdš | [w]yyn *bath* 3 | [ ]š | [
2.008.8]š | [ ]nt b[ ] | ’ly. w[ ] | [ ] ’šr lbn |
2.010.1 [’l ’ly]šb. w‘t. | [ntn lkt]ym. yyn
2.010.3 yyn *bath* 1 | [ ]m {*or* [wlḥ]m.} ’m̊tym.
2.010.3 ’m̊tym. {*or* [[m’]]tym.} wšmn 1 | [ ]t̊m. lbn
2.011.2 ’l. ’lyšb | w‘t ntn lktym̊ | [ ]
2.011.4] *bath* 2 yyn | [ ] w[ ] | [ ]m [n]ḥmẙhw
2.012.1 [’l ’ly]šb. q[ḥ] šmn 1 w|[ ] 2 qmḥ wtn. ’[tm |
2.012.2 šmn 1 w|[ ] 2 qmḥ wtn. ’[tm | lqw]s‘nl
2.012.5 | [ ]’lb[ ]ṣy[ ] | s[ ]š wtn[’]|t hlḥm. wb[ ]’yl
2.012.6 | s[ ]š wtn[’]|t hlḥm. wb[ ]’yl [ ] |
2.013.3]. tš|[lḥ ’t hš]mn hzh | [wḥtm]. bḥtmk | wšlḥw | [
2.013.4 hzh | [wḥtm]. bḥtmk | wšlḥw | [y]hw. t[
2.014.1 [’l ’l]yš[b w‘t | ntn l]ktym [|
2.014.3 w‘t | ntn l]ktym [| w]šlḥ 1 šmn̊
2.015.2 ’ḥ[k šlḥ lšlm ’ly]|šb ẘ[ ] | ‘dy[ ] | [ ].
2.015.5] | [ ]. n‘r [| ’]hl w’ḥ[k |
2.016.2 šlḥ lšl|m. ’lyšb. wlšlm bytk br|ktk lyhwh.
2.016.3 bytk br|ktk lyhwh. w‘t kṣ’ty | mbytk wšlḥty
2.016.4 w‘t kṣ’ty | mbytk wšlḥty ’t | h[k]sp 8 š
2.016.6 g’lyhw. [b]|y[d ‘]zryhw w’t [ ] | [ ] ’tk whš̊[
2.016.7 w’t [ ] | [ ] ’tk whš̊[ ] | ’t ksp[ ]
2.016.8 whš̊[ ] | ’t ksp[ ] w’m[ ] | ṣbk[ ] šlḥ |
2.016.10] | ṣbk[ ] šlḥ | ’̊t nḥm̊ wl’ t̊šlḥ̊ l̊[

2.017.1 'l. nḥm. [w]ʿt b|' byth. 'lyšb. | bn
2.017.3 byth. 'lyšb. | bn 'šyhw. wlqḥ|t. mšm. 1 šmn.
2.017.4 wlqḥ|t. mšm. 1 šmn. w|šlḥ. lzp {or lḥm}
2.017.5 lzp {or lḥm} mhrh. w|ḥtm. 'th bḥ|tmk
2.018.3 yhwh yš|'l lšlmk. wʿt | tn. lšmryhw |
2.018.5 | tn. lšmryhw | *lethech.* wlqrsy | ttn. *homer*
2.018.6 wlqrsy | ttn. *homer* wld|br. 'šr. ṣ|wtny. šlm. |
2.021.2 gdlyhw [bn] | 'ly'r. wlšlm. bytk. brktk
2.021.3 bytk. brktk l[yhw]|h. wʿt. hn. ʿšh. 'dny. [|
2.021.7 |]h [ ]ʿt[|] wkl 'š[r |]w'm. ʿwd [
2.021.8 |] wkl 'š[r |]w'm. ʿwd [|]'š[
2.024.12 mʿrd 5 {or 50} wmqyn[h]|h. wšlḥtm.
2.024.13 {or 50} wmqyn[h]|h. wšlḥtm. 'tm. rmtng[b
2.024.14 mlkyhw bn qrb'wr. whb|qydm. ʿl. yd 'lyšʿ
2.024.17 pn. yqrh. 't h|ʿyr. dbr. wdbr hmlk 'tkm |
2.026.3] mn 'dny. šr[|]qws wyh[w |] 'dny [| [
2.028.7 |]t[|]'m[|] brkh. wt[
2.029.7]n[ ]b | 10 ksp lm[ ] | w'šr bkb[
2.030.3 [ ]qb[|]m[|]w[|]w[ ] *seah*
2.030.4 |]m[|]w[|]w[ ] *seah*
2.033.2 ḥṭm *seah*[ ] | *ḥqȝt* 5 3 wḥṭm | ḥṭm. *lethech* b[ ]
2.033.4 | ḥṭm. *lethech* b[ ] | wḥ[ṭm | [ ] | ḥṭ]m.
2.033.7 | [ ] | ḥṭ]m. *seah* | wḥ[ṭ]m | [ḥ]ṭm
2.040.1 bnkm. gmr[yhw] wnḥ|myhw. šlḥ[m
2.040.4 mlkyhw brkt[k lyhw]h | wʿt. hṭh [ʿ]bdk [l]bh | 'l.
2.040.5 [l]bh | 'l. 'šr 'm[rt wktbt]y | 'l 'dny ['t kl
2.040.7 ['t kl 'šr r]|ṣh. h'yš [w'šyhw b]|'. m'tk. w'yš
2.040.8 [w'šyhw b]|'. m'tk. w'yš [l' ntn l]|hm. whn.
2.040.9 w'yš [l' ntn l]|hm. whn. ydʿth [hmktbm
2.040.11 l'dny [bṭrm y]|rd ym. w['] š[yh]w. ln [bbyty] |
2.040.12 w[']š[yh]w. ln [bbyty] | wh'. hmktb. bqš [wl'
2.040.12 | wh'. hmktb. bqš [wl' ntt]|y. ydʿ. mlk.
2.040.14 yklm. lšlḥ. 't h[wz]|'t hrʿh. 'š[r] 'd[m

2.043.3	]t[| [ ] |]w[ ]šn[| [ ] | [ ] |
2.061.4	2 | [ ]r̊ |(verso) [ ]w[| [ ] |]h
2.068.4	|]ḥl.[|] rg' [|(verso)]w | [|]' š
2.088.2	bk[l] | 'mṣ. zr'. w[ ] | mlk. mṣrym. l[
2.111.2	]d̊ bn 'n̊[ ]|rt wbmšmr [y]|r'. m'd
2.111.3	wbmšmr [y]|r'. m'd w'tn [ ] | ylqḥ nšb dbr [
2.111.6	| hyh. hsws [ ]|r. h'br ẘ[ ] | lšm'. [ ] | mym.[
3.063.1	bšt. 10 5 2 (or 10 w2) | mšmyd̊
3.083.1	w m'[ ]
3.088.2	[ ][̊ |]w[
3.301.2	} hq̊šbw[ ] (or hqšb w[ ]} | ymnh š' rm 10 3
4.102.2	š]d̊h[ ]|h̊m. whnh̊ r̊[ ]|dm. l'm. lkr̊[
4.102.5	lkr̊[ ]|m. h'zb̊. h̊[ ]|h. w'rw. 'l[ ] | šdh. w[ ] |
4.102.6	]|h. w'rw. 'l[ ] | šdh. w[ ] | 't. nb̊l[ ] | ṣ̊'[ ]
4.116.1	(or [tmt.]} hnqbh. wzh. hyh. dbr. hnqbh.
4.116.2	't.] | hgrzn. 'š. 'l. r'w. wb'wd. šlš. 'mt. lhnq̊[b.
4.116.2	'mt. lhnq̊[b. nšm]'. (or wyšm]'.} ql. 'š. q|[r]'. 'l.
4.116.3	hyt. zdh. bṣr. mymn. w['d šm']l̊. wbym.
4.116.3	bṣr. mymn. w['d šm']l̊. wbym. h|nqbh. hkw.
4.116.4	r'w. grzn. 'l. [g]rzn. wylkw[.] | hmym. mn.
4.116.5	hbrkh. bm'ty[m. w]'lp. 'mh. wm[']|t.
4.116.5	bm'ty[m. w]'lp. 'mh. wm[']|t. 'mh. hyh. gbh.
4.120.3	h[|] bšb'. 'šr[|]rb'y. w[
4.202.2	]rḥ̊. šl[|]n. wlbqr [|]'l. bqy. byt |
4.301.5	[ ] | [ ]|']hb hb̊r[yt | wh]ḥsd l̊'h[by]
4.301.6	} (or l̊'h[rn]} | [w]bšmry[|]b̊k[|]ḥ̊h
4.301.10	]} | [ ]bh[ ]h mkl | [ ] wmhr' [ ] | k̊ybwg̊'l | hky
4.301.15	]|kwr ybr|k̊ yhwh [w|y]šmrk [y|]'r yhwh |
4.302.6	]} | [ ]š ybr̊k | yhwh w|[y]šmrk | y'r
4.302.9	pnyẘ | ['l]yk wy|šm lk š|l̊w[m] | [ ]
4.401.1	'l hbyt. 'yn̊ [p]ḥ̊ ksp. wzhb | [ky] 'm ['ṣmtw]
4.401.2	| [ky] 'm ['ṣmtw] w' ṣm[t] 'mth '[t]h 'rwr
7.001.4	hyh. 'bdk. bḥ|ṣr' sm. wyqṣr 'bdk | wykl w'sm

7.001.5 bḥ|ṣr’sm. wyqṣr ‘bdk | wykl w’sm kymm. lpny
7.001.5 wyqṣr ‘bdk | wykl w’sm kymm. lpny šb|t
7.001.7 ’t qṣrw ’|sm {*or* qṣr w’sm} kymm wyb’.
7.001.7 {*or* qṣr w’sm} kymm wyb’. hwš‘yhw
7.001.8 {*or* ḥšbyhw} bn šb|y. wyqḥ. ’t bgd ‘bdk k’šr
7.001.10 ymm lqḥ ’t bgd ‘bdk | wkl ’ḥy. y‘nw ly. hqṣrm
7.001.12 hšb n’ ’t] bgdy w’ml’. {*or* w’m l’.} lšr
7.001.12 n’ ’t] bgdy w’ml’. {*or* w’m l’.} lšr lhš|[b ’t
7.001.13 lšr lhš|[b ’t bgd] ‘b[dk wtt]n ’lw. rḥ|[mm]t
7.001.14]t ’t [‘]bdk wl’ tdhm n[
8.015.1]brk. {*or*]’rk.} ymm. wyšb‘w[|] hyṭb. yhwh
8.016.1 lyhwh. htmn. wl’šrth.
8.017.1 h[ml]k. ’mr. lyhl[l’l] wlyw‘šh. w[ ] brkt.
8.017.1 ’mr. lyhl[l’l] wlyw‘šh. w[ ] brkt. ’tkm. lyhwh.
8.017.1 ’tkm. lyhwh. šmrn. wl’šrth.
8.021.2 ’t brktk. lyhwh tmn | wl’šrth. ybrk. wyšmrk
8.021.2 tmn | wl’šrth. ybrk. wyšmrk wyhy ‘m.
8.021.2 | wl’šrth. ybrk. wyšmrk wyhy ‘m. ’d[n]y[ ]k
8.022.1 ’šr yš’l m’š ḥnn [ ] wntn lh yhw klbbh
8.023.1 wbzrḥ [ ] ’l wymsn
8.023.1 wbzrḥ [ ] ’l wymsn hrm [ ] | brk b‘l
9.002.2 ml’. ml[’] | wt‘ṣr. | wt[‘ ṣ]r.
9.002.3 ml’. ml[’] | wt‘ṣr. | wt[‘ ṣ]r.
10.001.5 | yrḥ qṣr š‘rm | yrḥ qṣr wkl {*or* qṣrw kl} | yrḥw
11.001.2 lmlk ’l[p] | šmn wm’h [ ] | ḥyhw {*or* [
15.006.2 ’lhykh. ’rṣh | ‘ry yhdh wg’lty yršlm
25.003.3 | brk. ’ryhw. lyhwh | wmṣryh. l’šrth hwš‘ lh |
25.003.5 | [ ] l’nyhw | [ ] wl’šrth | [ ] ’[š]rth
30.002.1 [lnt]nyw wlsmk[yw]
33.001.2 [š]lḥ. šlḥt. ’t šlm bytk | w‘t. ’l. tšm‘ lk[l. d]br
34.001.1]w. bš[ ]lypt. y[|
34.001.2 {*or*]ḥdy} mmlk. gdl. w[‘d. ’š. ’šr. | yb]’.
34.001.3 w[‘d. ’š. ’šr. | yb]’. wmḥw[.] ’[t. hspr. hzh.]

100.488.2 mnḥm | wyhbnh
100.771.2 m̊nḥ̊m | wyhbnh
109.001.1 hn 1 wḥṣy. hlg wrb‘t. hlg
109.001.1 hn 1 wḥṣy. hlg wrb‘t. hlg

w *incised letters* (2)
3.205.1 w
3.218.1 w {*or*]ẙw}

wzḥ *alphabetic sequence* (1)
2.090.1]ws̊ḥ {*or*]wzḥ[]}

z *incised letters* (5)
3.206.1 z
3.207.1 z
3.220.1 z
3.221.1 z
100.078.1 ’ z

z *abbreviation for ‘zuz̊’* (1)
108.013.1 z

zbdyw *PN* (1)
106.015.1 ‘zbq ṣdqyh {*or* lzbdyw ṭ yhd} {*or* yh‘zr

zdh *n.* (1)
4.116.3 q|[r]’. ’l. r‘w. ky. hyt. zdh. bṣr. mymn. ẘ[‘d

zh *pron.* (18)
1.003.18 w|’nšw šlḥ. lqḥt. mzh. {*or* myh.} | wspr.
1.005.5 {*or* h̊[šml]ḥ̊} k̊z’|[t] {*or* h̊z’[t]} hšb.
1.005.6 h̊[šml]ḥ̊} k̊z’|[t] {*or* h̊z’[t]} hšb. ‘bdk. hsp̊r|m.
1.006.2 yhwh ’|t̊. ’dny ’t̊ h̊‘t hzh. šlm my | ‘bdk̊. klb

1.006.10 } [l’mr lm]h t‘šw. | kz’t [wbyr]šlm h[n]h l|mlk
1.006.12 } [t]‘šw hd[b]|r hzh. ḥy. yhwh. ’lh|yk k[y
2.013.2 [ ]. tš|[lḥ ’t hš]mn hzh | [wḥtm]. bḥtmk |
2.040.14 yklm. lšlḥ. ’t h[wz]|’t hr‘h. ’š[r] ’d[m
4.116.1 [z’t.] {*or* [tmt.]} hnqbh.
4.116.1 {*or* [tmt.]} hnqbh. wzh. hyh. dbr. hnqbh.
4.401.1 z’t [qbrt]yhw ’šr ‘l
4.401.3 ’rwr h’dm ’šr | ypth ’t z’t
4.404.1 [z’t] qbrt. z[ ] | ’šr
7.001.9 ‘bdk k’šr klt | ’t qṣry zh ymm lqḥ ’t bgd ‘bdk |
24.003.1 bt z. g {*or* 10} h
24.011.1 m]š’ z šl[m {*or*]š’zšl[}
25.001.3 bn | ntnyhw | hḥdr. hzh
34.001.3 wmḥw[.] ’[t. hspr. hzh.]

zhb *n.* (2)
4.401.1 ‘l hbyt. ’yn [p]h ksp. wzhb | [ky] ’m [‘ṣmtw]
11.002.1 zhb. ’pr. lbyt.ḥrn. [ ] | š

zḥṭ *alphabetic sequence* (1)
9.001.1]zḥṭ[

zk’ *PN* (1)
100.107.2 lks’ | zk’

zkr *v.* (1)
1.002.4 kym my. ‘bd|k klb ky. zkr. ’dny. ’t. | [‘]bdh.

zkr *PN* (14)
2.038.7 [ ] bn ’lyšb 1 | ḥnn 2 | [z]kr 1
2.048.3]‘rd | [ ]r. 6 [k]s[p] | [z]kr 3
2.067.5 1 | [ ]yhw 2 | [’]ḥ’ 2 | zkr 1
3.031.3 | lḥlṣ. ’pṣḥ. | b‘l’. zkr.

32.001.1	zkr | ʿzr b[n] | ḥnnyhw
37.001.2	m[n]ḥ̊m | ʿmdyhw. bn. zkr. mmldh | hwšʿyhw.
100.046.1	lzkr | hwšʿ
100.047.1	lzkr. | ʿzr.
100.171.2	ywʿšh | zkr
100.329.2	lklkly|hw. z̊kr
100.550.1	lzkr bn | nryhw
100.551.1	[lz]kr bn | [ ]yhw
100.804.2	[lṭbšlm] | bn zkr | hrpʾ
100.828.2	lṭbšlm̊ | bn zkr

zkry *PN* (1)

100.309.2	lygʾl | bn zkry

zkryhw *PN* (2)

32.003.3	[| y]hw bn [ ]ny[ ]|zkryhw šmʿ[yh]
108.054.2	pym | lzkry|hw. yʾr

zkryw *PN* (3)

100.167.2	lšmʿ b|n zkryw
100.323.1	[lz]kryw | khn dʾr
100.882.1	zkryw

zlʾ *PN* (1)

34.003.1	zlʾ {*or* ṣlʾ}

zmr *n.* (1)

10.001.6	wkl {*or* qṣrw kl} | yrḥw zmr | yrḥ qṣ | ʾby[h]

zmr *PN* (1)

3.012.3	lbʿl|zmr. {*or* lbʿl.̊ zmr.} nbl. yn. | yšn

zmryhw *PN* (1)
100.054.2 lyrm | zmryh|w

zp *LN* (7)
2.017.5 m̊š̊m. 1 šmn. w|šlḥ. l̊z̊p {*or* lḥ̊m̊} mhrh.
4.115.1]lzp[
105.006.1 lmlk zyp
105.007.1 lmlk zp
105.008.1 lmlk zyp
105.009.1 lmlk zyp
105.010.1 zp

zqn *PN* (1)
100.342.1 lzqn | ʾḥzyhw

zrḫ *v.* (1)
8.023.1 wbzrḥ [ ] ʾl wymsn hrm [

zrḫ *PN* (1)
100.562.2 ḥnnyh̊ẘ | zrḥ

zryhw *PN* (1)
100.301.1 lzry|hw hr|bt

zrʿ *n.* (2)
1.005.10] {*or* y[[b]]ʾ} | ṭb̊ẙhw. zrʿ lmlk̊
10.001.1 ẙrḥw ʾsp. yrḥw z̊|rʿ. yrḥw lqš | yrḥ ʿṣd

zrʿ *n.* (1)
2.088.2 mlkty. bk[l] | ʾmṣ. zrʿ. w[ ] | mlk. mṣrym.

ḥ *incised letter* (1)

3.208.1 ḥ

ḥ *abbreviation for* **ḥṭh** (3)

2.049.5 [ ]ʾ 2 šʿl 1 pdyhw. ḥ 10 1 bny. ʾḥʾ. ḥ 3
2.049.5 ḥ 10 1 bny. ʾḥʾ. ḥ 3
24.013.1 10 ḥ {*or* gḥ[}

ḥʾb *PN* (1)

100.048.1 l̊ḥʾh {*or* lḥʾb} | bʿdʾl̊

ḥʾh *PN* (1)

100.048.1 l̊ḥʾh {*or* lḥʾb} | bʿdʾl̊

ḥbʾ *PN* (1)

100.552.1 lḥbʾ b|n mtn

ḥbʾ *uncertain* (1)

24.018.1]ḥb̊ʾ̊. t[{*or* s̊p̊r̊ [}

ḥbrn *LN* (5)

105.001.1 lmlk ḥbrn
105.002.1 lmlk ḥbrn
105.003.1 lmlk ḥbrn
105.004.1 lmlk ḥbrn
105.005.1 ḥbrn

ḥgb *PN* (4)

1.001.3 | yʾznyhw. bn ṭbšlm. | ḥgb. bn. yʾznyhw. |
37.003.1] bn ḥgb [ ] yhwmlk [
100.553.1 lḥgb bn | ṣpnyhw
100.554.1 lḥgb bn | ṣpny[hw]

CONCORDANCE

ḫgz *PN* (1)

100.002.1 ḥgy {*or* ḥpz} {*or* ḥgz}

ḫgy *PN* (9)

100.002.1 ḥgy {*or* ḥpz} {*or* ḥgz}
100.020.1 lḥgy b|n šbnyhw
100.203.1 lḥgy b|n [
100.213.1 lḥgy | yšʾl
100.355.2 lʿzr | ḥgy
100.407.2 l̊b̊nyh|ẘ nʿr ḥgy
100.555.1 [l]ḥgy bn | hwdwyhw
100.774.2 {*or* hwšʿ [[b]]n} | ḥgy
100.872.2 lʾlyš|b ḥgy

ḫglh *LN* (4)

3.045.1 bšt. h10 5 mḥgl̊[h] | lḥnn. b[ʿr]ʾ [ ] |
3.046.1 bšt. 10 5 [mḥglh] | lḥnn. b[ʿr]ʾ] | ʾ[
3.047.1 [bšt. 10 5 m]ḥ̊glh. lḥnn. bʿrʾ. m|[
3.066.1 ḥ̊g̊l̊[h]

ḫgt *PN* (1)

100.347.2 ltmkʾl | bn ḥgt

ḫdy *n.* (1)

34.001.2]ypt̊. y[| mʾ]ḥ̊r̊ẙ. {*or*]ḥ̊d̊y} mmlk. gdl. w[ʿd.

ḫdr *n.* (2)

4.402.1 ḥd[r] b̊kt̊p hṣr {*or* hṣr[ḥ]
25.001.3 lʿwpy. bn | ntnyhw | h̊ḥdr. hzh

ḥdš *n.* (8)

2.005.13	*bath* 3. bṭrm. y|ʿbr hḥdš. wm|ytr [ ] hʿbdh |
2.007.3	ntn. lktym. | lʿšry b 1 lḥd|š. ʿd hššh | lḥdš *bath*
2.007.5	b 1 lḥd|š. ʿd hššh | lḥdš *bath* 3 [w]|ktbth
2.007.7	lpnyk. b|šnym lḥdš. bʿš|ry wšmn ḥ|[tm
2.008.3	1 qm. mn. hš|lšh ʿšr lḥdš. ʿd h|šmnh. ʿšr lḥdš |
2.008.4	lḥdš. ʿd h|šmnh. ʿšr lḥdš | [w]yyn *bath* 3 | [
2.017.8	|*(verso)* b 20 4 lḥdš ntn nḥm š|mn byd
2.032.1	b 8 lḥdš [ḥṣr]swsh. k[

ḥwhyhw *PN* (1)

100.365.2	lʿšyhw | bn ḥwhyhw

ḥwm *uncertain* (1)

10.003.1	]ḥwm[

ḥwnn *PN* (1)

100.021.1	lḥwnn b|n yʾznyh

ḥwrṣ *PN* (1)

100.022.1	lḥwrṣ | bn pqll

ḥzq *PN* (1)

100.756.1	lḥzq

ḥzqyhw *PN* (3)

4.101.1	ḥ[z]qyhw {*or* yḥ[z]qyhw}
18.003.1	lḥzq[yhw]
100.321.3	bn ḥlq|[y]hw ʿbd. ḥ|zqyhw

ḥṭ *abbreviation for* **ḥṭh** (1)

1.023.1 {*or*]ḥṭ̊. 10 1} | [ ]s̊ʿ̊p̊ṣ̊q̊r̊.ʾ̊k̊

ḥṭh *n.* (11) (*see also* **ḥ** *and* **ḥṭ**)

2.003.7 bṣq̊. {*or* bṣr.} w|spr̊. hḥṭm. whl|ḥm wlqḥt

2.031.1 ḥṭm. | ʾwryhw bn rgʿ ʿ

2.033.1 ḥṭm *seah*[ ] | *ḥqȝt* 5 3

2.033.2 *seah*[ ] | *ḥqȝt* 5 3 wḥṭm | ḥṭm. *lethech* b[ ] |

2.033.3] | *ḥqȝt* 5 3 wḥṭm | ḥṭm. *lethech* b[ ] | wḥ̊[ṭm

2.033.4 | ḥṭm. *lethech* b[ ] | wḥ̊[ṭm | [ ] | ḥṭ]m.

2.033.6 b[ ] | wḥ̊[ṭm | [ ] | ḥṭ]m. *seah* | wḥ̊[ṭ]m |

2.033.7 | [ ] | ḥṭ]m. *seah* | wḥ̊[ṭ]m | [ḥ]ṭ̊m̊

2.033.8 | ḥṭ]m. *seah* | wḥ̊[ṭ]m | [ḥ]ṭ̊m̊

2.076.1 bn b̊[ḥṭ]m [ ] | bn ḥ[ ]

5.003.1 ḥṭ[m

ḥṭš *PN* (1)

100.556.1 lḥṭš | špṭyhw

ḥy *adj.* (4)

1.003.9 lʾ. ydʿth. | qrʾ̊. spr ḥyhwh. ʾm. nsh. ʾ|yš̊.

1.006.12 } [t]ʿ šw h̊d̊[b]|r̊ h̊z̊h̊. ḥy. yhwh. ʾlh|yk k[y

1.012.3 ʾdny. h[| s]pr[| ḥ]y yhwh [ ]y[ ]ʿ̊y[ ] |

2.021.5 yhwh. lʾdn[y |]ʾdm ḥyh̊[wh |]h [ ]ʿt[

ḥyhw *PN* (1)

11.001.3 ʾl[p] | šmn wmʾh̊ [ ] | ḥ̊yhw {*or* [ʾ]ḥ̊yhw}

]ḥyhw *PN* (1)

100.462.1]ḥ̊yhw

ḫyl *n.* (1)
2.024.4] | ls[ ] mlk [|] ḥyl [|]ks[p |]ʻbr[

ḫylʼ *PN* (2)
100.326.2 lmlkyhw | bn ḥylʼ
100.327.2 šknyh|w ḥylʼ

ḫym *PN* (1)
100.008.1 lḥym

ḫkl *PN* (1)
100.746.2 lyknyhw | bn ḥkl

ḫklyhw *PN* (1)
1.020.2 btšʻyt byt[ ]yhw | ḥklẙ[hw]]z̊n̊[ ]l̊

ḫldy *PN* (2)
2.027.5 ydnyhw bn šb[nyhw] | ḥld̊y[g]rʼ | [ ] bn
2.039.10 bn b̊n̊ẙhw | yhwʼb bn ḥldy | ʼbyḥy

ḫlyw *PN* (1)
8.013.1 ḥlyw

ḫlʻ *PN* (1)
3.309.1 lḥlʻ̊[ ] | ʼb

ḫlṣ *PN* (13)
3.022.3 5 mḥ|lq. lʼšʼ. ʼḥ|mlk. | ḥlṣ. mḥṣrt
3.023.3 5 mḥlq. | lʼšʼ. ʼḥmlk. | ḥlṣ. mḥṣrt.
3.026.2 5 mḥl]q. lʼšʼ [ʼḥmlk. | lḥl]ṣ. hẙn. mḥ[ṣrt.]
3.030.2 bšt. 10 5 mšmydʻ̊[ ] | lḥlṣ. gdyw. | grʼ. ḥnʼ.
3.031.2 bšt. h10 5 mšmydʻ. | lḥlṣ. ʼpṣḥ. | bʻlʼ. zk̊r̊.
3.032.2 bšt. 10 5 mš[[m]]ydʻ. | lḥlṣ. [ ] | ʼḥmʼ. [ ]

3.033.2	[bšt. h10] 5 mšmy|[dʿ. lḥ]lṣ̊. gdyw. | [ ]m̊n̊t.
3.034.2	h10 5 m[š]m̊ẙ[dʿ.] | [lḥlṣ g]dyw. ṣ[ ]
3.035.2	bšt. 10 5 mš[myd.] | lḥlṣ. gd̊[yw.] ⌊ yw[ ]
3.049.2	bš[t. 10 5 mšmyd]|ʿ. lḥ̊l[ṣ̊] | mzy[ ]|m̊ksr.
3.090.2	[bšt h10 5]m̊šmydʿ | [lḥl]ṣ̊ ʾp̊ṣ[ḥ]
100.560.1	[l]ḥlṣ b[n] | ʾḥʾb
100.642.2	l̊ʿlyhw | ḥl̊ṣ

ḥlṣyhw PN (5)

100.176.2	lmlkyhw | ḥlṣyhw
100.547.2	lhwšʿyhw | ḥlṣyhw
100.579.3	lyšmʿʾl | [b]n šʾl bn | [ḥl]ṣyh[w]
100.657.2	lr̊ʾyhw | ḥl̊ṣyhw
100.729.2	lʾlšmʿ | ḥlṣyhw

ḥlq PN (4)

100.331.2	ldltyhw | bn ḥlq
100.557.1	lḥlq b|n ʿzr
100.598.2	[l]mlkyhw | ḥlq
100.649.2	lplṭyhw | bn ḥlq

ḥlq LN (6)

3.022.1	bšt. 10 5 mḥ|lq. lʾšʾ. ʾḥ|mlk. | ḥlṣ.
3.023.1	bšt. 10 5 mḥlq. | lʾšʾ. ʾḥmlk. | ḥlṣ.
3.024.1	bšt. h10 5 [mḥ]lq. lʾš[ʾ] ʾ̊ḥml[k.] | rpʾ.
3.025.1	[bšt 10 5] m̊ḥ̊l̊[q | ʾ]ḥml̊k̊ | ʾḥzy.
3.026.1	[bšt 10 5 mḥl]q. lʾšʾ [ʾḥmlk. | lḥl]ṣ.
3.027.1	bšt. 10 5 mḥlq. lʾšʾ. | ʾḥmlk. | bʿlʾ.

ḥlqʾ PN (1)

100.728.2	lʿzryhw | ḥlqʾ

351

ḥlqyhw *PN* (16)

100.052.2 lyšʿyhw | ḥlqyhw
100.150.1 lḥlqyhw | bn mʾp̊s
100.321.2 lyhwzr̊|ḥ bn ḥlq̊|[y]hw ʿbd. ḥ̊|z̊q̊yh̊ẘ
100.325.1 lḥlqyhw | bn ddyhw
100.379.2 lplṭyhw | ḥlqyhw
100.416.1 lḥlqyh[w] | bn šmʿ
100.418.2 lyš̊mʿ̊ʾl b|n ḥlqyhw
100.496.2 ʿzryhw | ḥlqyhw
100.558.1 lḥlqyhw b|[n]yhw
100.559.1 lḥlqyhw | bn [
100.607.2 lmʿšy[hw] | ḥlqyhw
100.723.2 lrpʾ bn | ḥlqyhw
100.734.2 lḥnn b|n ḥlqyhw | hkhn
100.737.1 lḥ̊lq̊yh̊ẘ | b̊n̊ p̊d̊ẙ
100.827.2 lʿzryhw b|n ḥlqyhw
100.888.2 lplṭyhw | ḥlqyhw

ḥm *n.* (1)

7.001.10 yʿnw ly. hqṣrm ʾty bḥm | [ ] ʾḥy. yʿnw ly.

ḥmdʾ *PN* (1)

2.055.1 bn ḥmdʾ | p̊d̊y {*or* š̊y}

ḥmh *uncertain* (1)

1.016.1]ḥmh̊[|]. rhy[| š]lḥh

ḥmyʾhl *PN* (1)

100.412.1 lḥmyʾhl | bt mnḥm

ḫmyʿdn *PN* (1)
100.324.1 lḥmyʿdn | bt ʾḥmlk

ḫml *PN* (2)
100.338.2 ldršy|hw ḥml
100.583.2 lyšʿyhw | bn ḥml

ḫmn *PN* (3)
100.003.1 ḥmn {*or* lḥmn}
100.003.1 ḥmn {*or* lḥmn}
100.202.2 ln̊ḥ̊m̊ b|n ḥ̊mn̊

ḫmṣ *n.* (1)
2.002.7 ʾl tʾḥr. | wʾm. ʿwd. ḥmṣ. wnt|t̊. lhm̊.

ḫmr *n.* (2)
2.002.5 w | 300 lḥm w|mlʾ. hḥmr. yyn wh|sbt mḥr. ʾl
2.003.5 b|ʾršbʿ ʿm. mšʾ ṣ|md. ḥmrm. wṣrrt {*or* wṣrr.} |

ḫmš *num.* (2)
21.001.1 ḥmš
108.053.1 ḥmš

ḫnʾ *PN* (1)
3.030.3] | lḥlṣ. gdyw. | grʾ. ḥnʾ. {*or* ḥnʾb̊}

ḫnʾb *PN* (1)
3.030.3 gdyw. | grʾ. ḥnʾ. {*or* ḥnʾb̊}

ḫnh *PN* (2)
100.351.1 lḥnh
100.733.1 lḥnh b|t ʿzryh

ḥny *PN* (1)
30.006.2 ṣdq̊ | ḥn̊[y

ḥnyhw *PN* (1)
100.359.2 lšʿryhw | bn ḥnyhw |*(verso)* lhwdyhw

ḥnmlk *PN* (1)
100.803.1 lḥ̊nmlk̊ | yšmʿʾl

ḥnn *v.* (2)
8.022.1 kl ʾšr yšʾl mʾš ḥnn [ ] wntn lh yhw
15.007.1 {*or* nqh yh} ʾth {*or* ʾl} ḥn̊n̊t̊ {*or* ḥnn.} nwh

ḥnn *adj.* (1)
15.007.1 } ʾth {*or* ʾl} ḥn̊n̊t̊ {*or* ḥnn.} nwh {*or* nqh} yh

ḥnn *PN* (12)
2.038.2 | šʿl ʾn {*or* [[b]]n} ḥn[n] | gmryhw bn š̊[ ] |
2.038.6 r[ ] 1 | [ ] bn ʾlyšb 1 | ḥnn 2 | [z]kr 1
2.092.1 lḥnn
3.043.1 bšt. h[l]|ḥnn [ ] | ʾl[ ]
3.045.2 bšt. h10 5 mḥgl̊[h] | lḥnn. b[ʿr]ʾ [ ] | ywntn.
3.046.2 bšt. 10 5 [mḥglh] | lḥnn. b[ʿrʾ] | ʾ[ ]
3.047.1 [bšt. 10 5 m]ḥ̊glh. lḥnn. bʿrʾ. m|[ ].
40.001.1 [b]n ḥnn
100.049.1 l̊ḥnn | ydlyḥ̊ẘ
100.563.1 [lḥ]nn bn | [ʿ]zyhw bn | [
100.564.1 [l]ḥnn bn | šmʿyhw
100.734.1 lḥnn b|n ḥlqyhw | hkhn

ḫnn'l *PN* (1)

100.157.2 l' lyh. '|št. {*or* 'mt.} ḥnn'l

ḫnnh *PN* (1)

106.009.2 yhwd | ḥnnh

ḫnny *PN* (1)

100.650.2 lpn[ ]b[ ] | ḥnny

ḫnnyh *PN* (2)

100.023.1 lḥnnyh b|n tryh {*or* 'ryh}
100.845.2 l'ḥymh | ḥnnyh

ḫnnyhw *PN* (37)

2.003.3 hyyn. 3 *bath* w|ṣwk. ḥnnyhw. 'l b|'ršb' 'm.
2.016.1 'ḥk. ḥnnyhw. šlḥ lšl|m. 'lyšb.
2.036.4 bn nḥmyh[w] | [ ] | ḥnnyhw [| [ ] |]1[
22.022.1 ḥnnyhw. nr'.
22.024.1 [ḥnn]yhw. nr'.
22.032.2 gb'n. gdr | ḥnnyhw nr'
22.033.1 ḥnnyhw. [nr']
22.035.1 ḥnnyhw[ ]
22.037.1 [ḥn]nyhw nr'
22.038.1 ḥnnyhw nr'
22.040.1 ḥnnyhw n[r']
22.041.1 ḥnnyhw[ ]
22.042.1 [ḥ]nnyhw n[r']
22.043.1 ḥnny[hw]
22.044.1 ḥnnyh[w]
22.045.1 [ḥnnyhw]. nr'
22.046.1 [ḥnnyhw] nr'
22.047.1 [ḥ]nnyhw [[n]]r'
22.048.1 [ḥnnyhw]. nr'

22.049.1	[ḥnnyhw n]r'
22.050.1	ḥnnyhw nr'
22.051.1	gb'n l̊gdr l̊ḥnn[yhw]
22.052.1	ḥnnyhw.
22.057.1	ḥnnyhw. nr'
22.062.1	[ḥnnyh]w nr'
32.001.3	zkr | 'zr b[n] | ḥnnyhw b[n] | 'ḥ' b[n
100.024.1	lḥnnyhw | bn 'zryhw
100.025.1	lḥnnyhw | b̊n 'kbr.
100.050.1	lḥnnyhw | nryhw
100.218.1	l̊ḥnnyhw b|n gdlẙhw
100.419.2	lhṣlyh|w ḥnnyhw
100.429.2	l'ryhw | ḥnnyhw
100.561.1	lḥnnyhw | nḥmy[hw]
100.562.1	ḥnnyh̊ẘ | zrḥ
100.600.2	[l]mnḥ̊m̊ | ḥnnẙh̊ẘ
100.715.1	lḥnnyhw b|n qwlyhw
100.834.1	lḥnnyh[w] b|n 'ḥ'

ḥsd *n.* (1)

4.301.5	] | [ ]|']hb hb̊r[yt | wh]ḥsd l̊'̊h[by] {*or* l̊'̊h[byw]}

ḥsd' *PN* (1)

100.411.1	lḥsd' | yrmyhw

ḥsdyhw *PN* (2)

31.001.2	'ḥyhw | ḥsdyhw
100.220.2	l'lrm | ḥsdyhw

ḥsr *adj.* (1)

2.098.1	ḥsr

ḫpz *PN* (1)
100.002.1 ḥgy {*or* ḥpz} {*or* ḥgz}

ḫpr *v.* (1)
1.013.2 ’]t ʿb̊d̊h̊ h[ ] {*or* ẙḥprhw [|] ’t̊. ’š̊pt

ḫpr *PN* (1)
100.075.3 lšlm | bn ’dnyh | ḥ.pr.

ḫṣb *v.* (3)
4.116.1 dbr. hnqbh. bʿwd [hḥṣbm. mnpm. ’t.] |
4.116.4 wbym. h|nqbh. hkw. hḥṣbm. ’š. lqrt. rʿw. grzn.
4.116.6 hyh. gbh. hṣr. ʿl. r’š. hḥṣb[m.]

ḫṣy *n.* (3)
2.101.1 ḥṣy {*or* [ly]ḥṣy
5.013.1 ḥṣy. lmlk
109.001.1 hn 1 wḥṣy. hlg wrbʿt. hlg

ḫṣy *PN* (2)
100.169.1 lḥṣy b|n gmlyhw
100.808.2 lmky[hw] | bn ḥṣy

ḫṣr’sm *LN* (1)
7.001.3 ʿbdk | qṣr. hyh. ʿbdk. bḥ|ṣr̊’s̊m. wyqṣr ʿbdk |

ḫṣrswsh *LN* (1)
2.032.1 b 8 lḥdš [ḥṣr]swsh. k[

ḫṣrt *LN* (7)
3.015.1 mḥ]ṣrt. l[| n]bl. y[n.
3.018.1 bšt. hʿšrt. mḥṣrt | lgdyw. nbl. šmn. |
3.022.3 l’š’. ’ḥ|mlk. | ḥlṣ. mḥṣrt

3.023.3 | lʿšʾ. ʾḥmlk. | ḥlṣ. mḥṣrt.
3.024.2 ʾḥ̊ml[k.] | rpʾ. ʿnmš̊. m[ḥ]ṣrt
3.025.3 | ʾ]ḥml̊k̊ | ʾḥzy. m|ḥṣrt
3.026.2 [ʾḥmlk. | lḥl]ṣ. hẙn. mḥ[ṣrt.]

ḫr *PN* (1)
100.018.3 | bn | [ ]ḥr {*or* bn ḥr}

ḫrp *v.* (1)
15.003.1 ḥ {*or* ʾrr hw} {*or* ʾrr ḥ|rpk}

ḫrp *PN* (1)
100.037.2 lʿzyhw. | bn. ḥrp.

ḫšbyhw *PN* (2)
7.001.7 wybʾ. hwšʿyhw {*or* ḥšbyhw} bn šb|y. wyqḥ.
7.002.1 lḥšbyhw bn yʾ[

ḫšy *PN* (1)
2.057.2 [ ]ʾl | [bn] ḥ̊šy {*or* šy}

ḫtm *v.* (4)
2.004.2 ʾlyšb tn lktym š|mn 1 ḥtm wšlḥnw w|yyn *bath*
2.007.8 lḥdš. bʿš|ry wšmn ḥ|[tm
2.013.3 tš|[lḥ ʾt hš]mn hzh | [wḥtm]. bḥtmk | wšlḥw | [
2.017.5 l̊z̊p {*or* lḥ̊m̊} mhrh. w|ḥtm. ʾth bḥ|tmk |*(verso)*

ḫtm *n.* (2)
2.013.3 hš]mn hzh | [wḥtm]. bḥtmk | wšlḥw | [y]hw. t[
2.017.6 } mhrh. w|ḥtm. ʾth bḥ|tmk |*(verso)* b 20 4

ḥts *PN* (1)
1.00.179.1   l'z'. bn. ḥts

ṭ *incised letters* (2)
3.209.1   ṭ̊
3.217.1   ṭ̊

ṭ *abbreviation* (4)
26.005.1   *symbol 10* ṭ
106.004.1   ṭ yhd
106.005.1   ṭ yhwd
106.015.1   'zbq ṣdqyh {or lzbdyw ṭ yhd} {or yh'zr pḥw'}

ṭb *n.* (3)
1.004.2   'dny.̊ 't kym. | šm't ṭb. w't kkl 'šr.̊ šlḥ 'dny.
1.005.2   't 'd]ny | [šm't šl]m wṭ̊b̊ ['t | kym] ̊'̊t̊ k̊ẙ[m]
1.008.2   ẙ[hwh] '̊t. 'd[ny šm]|'̊t̊ ṭ̊b̊ '̊t̊ k̊y[m 't] k̊ẙm̊ h̊n|h̊ [

ṭb *adj.* (2)
1.006.6   h[šrm] {or h[nb']} | l' ṭbm lrpṭ̊ ydyk [lhš]|qṭ {or
9.010.1   'škr ṭb[

ṭb'l *PN* (1)
100.376.1   lṭb'|l. pdy

ṭbyhw *PN* (5)
1.003.19   mzh. {or myh.} | wspr. ṭbyhw 'bd. hmlk. hb' |
1.005.10   } y'[ ] {or y[[b]]'} | ṭb̊ẙhw. zr' lmlk̊
100.393.2   lbdyhw | {or ṭbyhw} bn m[
100.514.2   l'ḥqm b[n] | ṭbyhw
100.565.1   lṭby[hw] | 'bd'

ṭbšlm *PN* (4)

1.001.2 hṣlyhw. | y'znyhw. bn ṭbšlm. | ḥgb. bn.
100.731.1 ṭbš|lm.
100.804.1 [lṭbšlm] | bn zkr | hrp'
100.828.1 lṭbšlm | bn zkr

ṭyklmnspʿ ṣqršt *alphabetic sequence* (2)

8.019.1 ṭyklmnspʿ ṣqršt
8.020.1 ṭyklmnspʿ ṣqršt

ṭqh *PN* (1)

100.460.1 ṭqh

ṭrm *adv.* (2)

2.005.12 lk 't hmʿ|[šr] *bath* 3. bṭrm. y|ʿbr hḥdš. wm|ytr [
2.040.10 m]|'dm. nttm l'dny [bṭrm y]|rd ym. w['.]š[yh]w.

y *incised letters* (2)

3.210.1 y
8.002.1 y

y'wš *PN* (3)

1.002.1 'l 'dny. y'wš yšmʿ. | yhwh. 't
1.003.2 šlḥ. l|hg[d] l['d]ny y'w[š] yšmʿ. | yhwh ['t]
1.006.1 'l 'dny y'wš. yr'. yhwh '|t. 'dny

y'zn *PN* (2)

2.059.5 {*or* ʿb[[d]]šlm} bn [ ] | y'zn bn ṣpn[yhw]
100.662.2 [l]šmʿyhw | y'zn

y'znyh *PN* (4)
100.021.2	lḥwnn b|n y'znyh
100.241.1	ly'znyh (or ly'znyh̊[w]) |
100.722.1	ly'znyh | m'bdyh
100.805.2	lšm'yhw | bn y'zny[h]

y'znyhw *PN* (6)
1.001.2	gmryhw. bn hṣlyhw. | y'znyhw. bn ṭbšlm. | ḥgb.
1.001.3	bn ṭbšlm. | ḥgb. bn. y'znyhw. | mbṭhyhw.
2.039.9	bn š|m'yhw |*(verso)* y'znyhw bn bn̊yhw |
100.069.1	ly'znyhw | 'bd hmlk
100.241.1	ly'znyh (or ly'znyh̊[w]) | [b]n g̊dl
100.848.1	ly'znyh[w] | [b]n m'šyhw

y'ḥṣ *PN* (1)
2.058.4	bn̊ [ ] | 'zr bn '[ ] | y'ḥṣ

y'l *PN* (2)
100.681.2	[ ]mb | [ ]y'l
106.011.1	y'l | br yš̊ | yhwd

y'r *PN* (2)
1.031.5	qr̊[ḥ] |]n. yg̊r. (or b]n. y'r.)
108.054.3	pym | lzkry|hw. y'r

y'š *PN* (3)
100.530.2	l'ln[t]n | bn y'š
100.566.1	ly'š bn | 'lšm'
100.567.1	ly'š | [b]n pdyhw

ybrkyhw *PN* (1)
1.031.2 [|]n. ybrk[{*or* b]n. ybrk[yhw} |]bgy[

ybš *PN* (1)
1.019.5 50 {*or* 20} | ʻbš {*or* ybš} [ ] | [ ] |] 10 1

yg'l *PN* (1)
100.309.1 lyg'l | bn zkry

ygdlyhw *PN* (1)
100.421.2 lyhwʻzr | ygdlyhw

ygwr *LN* (1)
2.042.1]gwr {*or* my]gwr} *lethech* | [ ]

ygr *PN* (1)
1.031.5 qr[{*or* b]n. qr[ḥ} |]n. ygr. {*or* b]n. y'r.}

yd *n.* (10)
1.006.6 h[nb']} | l' ṭbm lrpt ydyk [lhš]|qṭ {*or* ydy.
1.006.7 lrpt ydyk [lhš]|qṭ {*or* ydy. kšdm [wlš]qṭ} ydy
1.006.7 {*or* ydy. kšdm [wlš]qṭ} ydy h'[ ] ydʻ[ ]
1.009.7 ʻbdk d|br b |*(verso)* yd šlmyhw. '|šr nʻ šh.
2.016.5 8 š lbny g'lyhw. [b]|y[d ']zryhw w't [ ] | [
2.017.9 4 lḥdš ntn nḥm š|mn byd hkty. 1
2.024.13 wšlḥtm. 'tm. rmtng[b by]|d. mlkyhw bn qrb'wr.
2.024.15 qrb'wr. whb|qydm. 'l. yd 'lyšʻ bn yrmy|hw.
4.101.2 yhw[špṭ] {*or* yrt} {*or* ydt.} | [ ]yhw
4.101.3 yhw[špṭ] {*or* yrt} {*or* ydt.} | ṣdqyhw[ ] | [ ] |

ydw *PN* (3)

30.005.1 ydw
100.752.2 l'ṣlyhw | bn ydw
100.860.1 [l]ydw 'šr | [ʿ]l hbyt

ydlyhw *PN* (1)

100.049.2 lḥnn | ydlyhw {*or* ydʿyh[w]}

ydnyhw *PN* (2)

2.027.4 | [ ]l[ ] | ydnyhw bn šb[nyhw] |
100.870.1 lydnyhw | bn ntnyhw

ydʿ *v.* (7)

1.002.6 {*or* 'y} dbr. 'šr l'. ydʿth
1.003.8 wky 'mr. 'dny. l'. ydʿth. | qr'. spr ḥyhwh.
1.004.10 'm. btsbt hbqr [ ] | wydʿ. ky 'l. mš't lkš.
1.006.7 [wlš]qṭ} ydy h'[ ] ydʿ[ ] {*or* h'[rṣ w]h[ʿ]yr
2.040.9 [l' ntn l]|hm. whn. ydʿth [hmktbm m]|'dm.
2.040.13 hmktb. bqš [wl' ntt]|y. ydʿ. mlk. yhwd[h ky
3.301.2] | brk 2 hrʿm {*or* hdʿm} hqšbw[ ] {*or* hqšb

ydʿ *PN* (2)

1.003.20 hmlk. hb' | 'l. šlm. bn ydʿ. m't. hnb'. l'm|r.
106.050.1 ydwʿ

ydʿyhw *PN* (8)

2.031.7 7 | gḥm *lethech* | ydʿyhw *lethech* | gmryhw
2.039.4 bn ndbyhw | tnḥm bn ydʿyhw | g'lyhw bn
2.039.5 bn ydʿyhw | g'lyhw bn ydʿyhw | [ ]lyhw bn 'ḥy[
100.049.2 lḥnn | ydlyhw {*or* ydʿyh[w]}
100.494.2 lkšy | ydʿyhw
100.568.1 lydʿyhw | bn krmy
100.569.1 lydʿyhw | bn šʿl.

100.812.1		lydʿyhw | bn mšlm

ydʿyw *PN* (3)

3.001.8	] 1 | bʿlʾ. ʾlyš[ʿ] 2̊ |	ydʿyw[1]
3.042.2	10 5 m̊šrʾl {*or* m̊šrq} |	l̊ydʿyw. | mrnyw.
3.048.1	5 mšr[ʾl]. {*or* mšr[q].}	lydʿyw | ʾḥmlk. | yʿš.

yh *DN* (1)

15.007.1	ḥnn.} nwh {*or* nqh}	yh yhẘh

yh *abbreviation for* **yhdh** (1)

106.006.1		yh

yhbnh *PN* (2)

100.488.2	mnḥm |	wyhbnh
100.771.2	m̊nḥm̊ |	wyhbnh

yhd *LN* (17)

15.005.2	{*or* hrẙ} | yhwh ʾt {*or*	yhd̊ lw} {*or* yhẘd̊h̊} ʾlh̊y.
106.001.1		yhd
106.002.1		yhwd
106.003.1		yhwd {*or* lyhʿzr}
106.004.1	ṭ	yhd
106.005.1	ṭ	yhwd
106.008.1		yhwd | ʾwryw
106.009.1		yhwd | ḥnnh
106.010.1		yhwd | [ ]n[
106.011.3	yʾl | br yšʿ̊ |	yhwd
106.012.1	lpqd	yhd
106.013.1		yhwd | pḥwʾ
106.014.1		yhwd | yhwʿzr | pḥwʾ
106.015.1	ṣdqyh {*or* lzbdyw ṭ	yhd} {*or* yhʿzr pḥwʾ} {*or*
106.041.1		yhd

106.042.1 yhd
106.045.1 yhd

yhdh *LN* (6)

2.040.13 [wl' ntt]|y. yd̊ʿ. mlk̊. yh̊wd̊[h ky 'y]|nnw.
15.005.2 yhwh 't {*or* yhd̊ lw} {*or* yhẘd̊h̊} 'lh̊y. {*or* l'l[h]y.}
15.006.2 yhwh 'lhykh. 'rṣh | ʿ̊ry yhd̊h̊ wg̊'l̊ty yršlm
106.046.1 yhdh
106.051.1 yhdh
106.052.1 [y]hdh

yhdy *gentilic* (1)

3.051.3 l̊[| [ ] | 'ḥ'. hyhd[y

yhw *DN* (2)

8.011.1 bn ʿdnh brk h' lyhw
8.022.1 m'š ḥnn [ ] wntn lh yhw klbbh

yhw' *PN* (1)

100.570.1 lyhw' | bn | mšmš

yhw'b *PN* (6)

2.039.10 y'znyhw bn b̊n̊ẙhw | yhw'b bn ḥldy | 'byḥy
2.049.3 1 | *(col. 2)* ʿ̊bd[yhw] yhw'b | *(col. 3)* [ ]yhw
2.059.1 yhw'b bn y[ ] |
100.531.3 [l]'mryhw | bn | yhw'b
100.810.2 l'lšmʿ | bn yhw'b {*or* yhw'r}
100.890.2 l'ḥ̊ml̊k̊ | yhw'b {*or* yhw'r}

yhw'ḥ *PN* (3)

100.571.1 lyhw'ḥ | 'lyʿz
100.572.1 [l]yhw'ḥ | 'lʿz
100.573.1 [lyh]w'ḥ b|[n] 'lʿz

yhw'ḥz *PN* (1)
100.252.1 lyhw'ḥz | bn hmlk

yhw'l *PN* (1)
100.256.1 lyhw'l | my'mn

yhw'r *PN* (2)
100.810.2 l'lšmʿ | bn yhw'b {*or* yhw'r}
100.890.2 l'ḥmlk | yhw'b {*or* yhw'r}

yhwbnh *PN* (2)
1.027.1 [lyhw]bnh
1.028.1 [ly]hwbnh {*or* [ln]ryhw bn

yhwbʿl *PN* (1)
100.857.1 yhwbʿl

yhwh *DN* (39)
1.002.2 'l 'dny. y'wš yšmʿ. | yhwh. 't 'dny. š[m]ʿt
1.002.5 [ʿ]bdh. ybkr. {*or* yʿkr.} yhwh 't '|[dn]y {*or* 'y}
1.003.3 l['d]ny y'w[š] yšmʿ. | yhwh ['t] 'dny šmʿt. šlm
1.003.9 l'. ydʿth. | qr'. spr ḥyhwh. 'm. nsh. '|yš. lqr'
1.004.1 yšmʿ. yhwh ['t] 'dny. ʿt kym. |
1.005.1 yšmʿ [yhwh 't 'd]ny | [šmʿt
1.005.7 hspr|m. 'l 'dny. yr'k y|hwh hqṣr {*or* hq[š]r} b[
1.006.1 'l 'dny y'wš. yr'. yhwh '|t. 'dny 't hʿt
1.006.12 t]ʿ šw hd[b]|r hzh. ḥy. yhwh. 'lh|yk k[y m]'z
1.008.1 yšmʿ y[hwh] 't. 'd[ny šm]|ʿt
1.008.4 m]lk. m'|b. rḥ[p] yšʿ yhwh [ ] | '[ ] r[ ]
1.009.1 yšmʿ yhwh 't 'd|ny š[mʿt]
1.012.3 h[| s]pr[| ḥ]y yhwh [ ]y[ ]'y[ ] |
2.016.3 wlšlm bytk br|ktk lyhwh. wʿt kṣ'ty | mbytk

2.018.2	'l 'dny. 'ly|šb. yhwh yš|'l lšlmk. wʿ t |
2.018.9	ṣ|wtny. šlm. | [ ] byt. yhwh. |(verso) h'. yšb
2.021.2	wlšlm. bytk. brktk l̊[yhw]|h. wʿ t. hn. ʿšh.
2.021.4	'dny. [|]yšlm. yhwh. l'dn[y |] 'dm
2.021.5	l'dn[y |] 'dm ḥyh̊[wh |]h [ ]ʿt[|
2.040.3	lšlm] | mlkyhw b̊r̊kt[k lyhw]h | wʿ t. hṯh̊ [ʿ]b̊d̊k̊
4.301.12	[ ] | k̊ybwg̊'l | hky yhwh[|]šyn̊m̊w[ ]|k̊wr
4.301.15	|]šyn̊mw[ ]|k̊wr ybr|k̊ yhwh [w|y]šmrk [y|]ʿr
4.301.17	yhwh [w|y]šmrk [y|]̊ʿr yhwh | [p]n[yw |
4.302.6	] {or rʿh[ ]} | [ ]š ybrk | yhwh ẘ|[y]šmrk | y'r
4.302.8	y'r symbol 12 yh|[w]h̊ symbol 12 pnyw
8.015.2	wyšbʿw[|] hyṭb. yhwh [ ]ẙtnw. l[ ]ʿšrt[
8.016.1	lyhwh. htm̊n. wl'šrth.
8.017.1	w[ ] brkt. 'tkm. lyhwh. šmrn. wl'šrth.
8.021.1	l.'dny hšlm. 't brktk. lyhwh tmn | wl'šrth.
15.005.1	yhwh̊ 'lhy kl h'rṣ̊ hw {or
15.005.2	kl h'rṣ̊ hw {or hry} | yhwh 't {or yhd̊ lw}
15.006.1	['ny] yhwh 'lhykh. 'rṣh | ˚ry
15.007.1	} nwh {or nqh} yh yhẘh
15.008.1	h̊wšʿ [y]hwh
20.002.4	]nh̊[|]yh̊[ ] | brk. yhw[h {or yhw[} |
25.003.2	ktbh | brk. 'ryhw. lyhwh | wmṣryh̊. l'šrth
99.001.1	lby[t yhw]h qdš khnm
100.272.2	mqnyw | ʿbd. yhwh |(verso) lmqnyw |
100.272.4	|(verso) lmqnyw | ʿbd. yhwh |

yhwzrḥ *PN* (2)

100.321.1	lyhwzr̊|ḥ bn ḥl̊q̊|[y]hw
100.618.2	lmtn b[n] | ẙhwzrḥ

yhwḥy *PN* (1)
100.253.2 lyhwkl | bn yhwḥ̊y

yhwḥyl *PN* (2)
100.042.3 l'lzkr | bn | yhwḥyl
100.199.1 yhwḥyl | šḥ[r]

yhwḥl *PN* (2)
100.198.1 yhwḥl | šḥr
100.396.1 yhwḥl | šḥr

yhwyqm *PN* (1)
1.031.3 ybrk[yhw} |]b̊g̊y[{*or* y]hwy[qm} |]n. q̊r[

yhwyšm' *PN* (1)
100.226.1 lyhwyšm' | bt šwššr'ṣr

yhwkl *PN* (6)
2.021.1 bnk. yhwkl. šlḥ. lšlm. gdlyhw
100.162.2 b̊|n yhwmlk {*or* yhwkl}
100.253.1 lyhwkl | bn yhwḥ̊y
100.452.2 lrpty | yhwk̊l
100.453.2 l̊rpty | yhwk̊l
100.869.2 lyw'l b|n yhwkl

yhwmlk *PN* (2)
37.003.1] bn ḥgb [ ] yhwmlk [
100.162.2 lmqnyhw b̊|n yhwmlk {*or* yhwkl}

yhwndb *PN* (1)
100.336.2 yhwqm | yhwnd̊b̊

yhwʿdn *PN* (1)

100.855.1 lyhwʿdn | bt ʾryhw

yhwʿz *PN* (4)

2.031.3 *seah* | nḥmyhw bn yhwʿz 8 | nryhw bn
2.049.2 | *(col. 1)* [ ]1 [ ]1 [yhw]ʿz 1 | *(col. 2)*
100.156.1 lyhwʿz̊ | ʾ̊hʾ̊b {*or* ʾḥ̊ʾ̊b}
100.574.1 lyhwʿz | bn mtn

yhwʿzr *PN* (3)

100.026.1 lyhwʿzr b|n ʿbdyhw
100.421.1 lyhwʿzr | ygdlyhw
106.014.2 yhwd | yhwʿzr | pḥwʾ {*or* pḥrʾ}

yhwqm *PN* (4)

100.335.1 yhwqm
100.336.1 yhwqm | yhwnd̊b̊
100.512.2 lp̊d̊yhw | yhwqm
100.671.2 [ ] | yhwq[m]

yhwrm *PN* (1)

100.779.1 [l]yhwrm

yhwšʿ *PN* (4)

100.027.1 lyhwšʿ b|n ʿšyhw
100.520.2 [lʾ]prḥ bn | yhwšʿ
100.521.2 lʾprḥ b|n yhwšʿ bn | mtnyhw
100.875.2 lmlyhw | yhwšʿ

yhwšpṭ *PN* (2)

4.101.2 | ʾḥyhw bn hš̊rq bʿ̊m̊q̊ yh̊ẘ[špṭ] {*or* yr̊t} {*or* yd̊t.
4.101.3 qr̊ṣ} {*or* qry.} bʿmq yh̊ẘ[špṭ] {*or* yr̊t} {*or* yd̊t.

yhll’l *PN* (1)
8.017.1 ’[šyw] h[ml]k. ’mr. lyhl[l’l] wlyw‘ šh. w[ ]

yh‘zr *PN* (3)
106.003.1 yhwd {*or* lyh‘zr}
106.015.1 {*or* lzbdyw ṭ yhd} {*or* yh‘zr pḥw’} {*or* yh‘zr
106.015.1 {*or* yh‘zr pḥw’} {*or* yh‘zr pḥr’}

yw *uncertain* (2)
3.218.1 w {*or*]ẙw}
28.001.1 lyw

yw’b *PN* (1)
100.009.1 lyw|’b {*or* l’byw}

yw’l *PN* (1)
100.869.1 lyw’l b|n yhwkl

yw’mn *PN* (1)
100.172.1 ẙw’mn | ‘bdy

yw’r *PN* (1)
100.249.1 lyw’r

ywbnh *PN* (3)
100.197.2 lmnḥm | ywbnh
100.457.2 mnḥm | [y]ẘbnh̊
100.788.2 lmnḥm | ywbnh

ywzn *PN* (1)
100.371.1 lywzn b[n]‘d

ywḥnn *PN* (1)
106.049.1 ywḥn[n] | hkwhn

ywyš[*PN* (1)
3.036.3] | [ ] | [g]r̊'. ywyš[ ]

ywyš' *PN* (1)
3.302.1 lywyš'

ywkn *PN* (3)
100.108.2 l'lyqm | [n]'r ywkn
100.277.2 l'lyqm | [n']r ywkn
100.486.2 l'lyqm | n'r ywkn

ywntn *PN* (1)
3.045.3 | lḥnn. b['r]' [ ] | ywntn. {*or*]yw. ntn.}

ywstr *PN* (1)
100.346.2 lšm' b|n ywstr

yw'zr *PN* (1)
33.002.4 kršn *ephah* 5 | šm'yhw. yw'zr *ephah* 6

yw'lyhw *PN* (1)
100.724.1 lyw'lyh̊ẘ | yšm''l

yw'šh *PN* (2)
8.017.1 h[ml]k. 'mr. lyhl[l'l] wlyw'šh. w[ ] brkt. 'tkm.
100.171.1 yw'šh | zkr

ywqm *PN* (1)
100.038.2 lʿ šyhw. | bn. ywqm.

yzbl *PN* (1)
100.215.1 yz|bl

yḫwʿly *PN* (2)
3.055.2 bšt. hʿ šrt. kr|m. yḥwʿ ly. nbl. | šmn. rḥṣ.
3.060.1 krm. yḥwʿ l[y

yḫzʾ *PN* (1)
14.001.1 lyḥzʾ

yḫzyhw *PN* (2)
2.006.3 w[ʿ t] | šlḥ mʾ tk ʾl | yḥzy[hw] | lḥ[m] 3 {*or*
26.001.1 lyḥzyhw yyn kḥl

yḫzq *PN* (1)
100.083.1 yḥzq

yḫzqyh *PN* (2)
106.043.1 yḥzqyh hpḥh
106.044.1 yḥzqyh

yḫzqyhw *PN* (1)
4.101.1 ḥ̊[z]qyhw {*or* ẙḥ̊[z]qyhw} bn qrʾ h bšr̊š

yḫy *PN* (1)
100.885.3 lʿ bdʾ | šryhw | yḥy

yḥyhw *PN* (1)
100.476.2 šbnyh|[w] yḥyhw {*or* šbnyh ʿzryhw

yḥml *PN* (1)
25.004.1 lyḥml

yḥmlyhw *PN* (2)
100.051.1 lyḥmlyh|w mʿšyhw
100.337.1 lšbʿ y|ḥmlyhw

yḥny *PN* (1)
100.392.2 lpn bn | yḥny

yḥṣy *PN* (1)
2.101.1 ḥṣy {*or* [ly]ḥṣy

yṭb *v.* (1)
8.015.2 } ymm. wyšbʿ w[|] hyṭb. yhwh [ ]ytnw. l[

yyn *n.* (38)
1.009.3 | wʿt] tn. lḥm 10 w|[yyn] 2 hšb. | ʾ[l] ʿbdk
1.025.1 yyn. ʿšn.
2.001.3 ʾlyšb. w|ʿt. ntn. lktym | yyn. *bath* 3 w|ktb. šm
2.001.9 qmḥ | lʿšt. lhm. l|ḥm. myyn. | hʾgnt. ttn
2.002.2 wʿt. ntn l|ktym. *bath* 2 yyn. l|ʾrbʿt hymm w |
2.002.5 | 300 lḥm w|mlʾ. hḥmr. yyn wh|sbt mḥr. ʾl tʾḥr. |
2.003.2 ʾlyšb. wʿt. | tn. mn. hyyn. 3 *bath* w|ṣwk.
2.004.2 š|mn 1 ḥtm wšlḥnw w|yyn *bath* 1 tn lhm.
2.008.5 ʿd h|šmnh. ʿšr lḥdš | [w]yyn *bath* 3 | [ ]š | [
2.009.3 [ ] | [šlḥ] mʾt[k | yyn] *bath* b[
2.010.2 wʿt. | [ntn lkt]ym. yyn *bath* 1 | [ ]m
2.011.3 ntn lktym | [ ] *bath* 2 yyn | [ ] w[ ] | [
2.061.2 šlḥw. ʿ[| yy]n *bath* 2 | [ ]r

3.001.2 lšm|ryw. mbʾrym. nbl [yn] | yšn. | r̊gʿ. ʾlyšʿ. 2 |
3.003.2 l[ ]|ʾ. mšmydʿ. nbl [yn. y]|šn. lbʿlʾ. ʿ̊[ ]
3.004.3 mq|[ṣh.] lgdyw. nbl. | [yn. yšn.]
3.005.3 | mqṣh. l[gd]ẙw[ ] | nbl. yn. yšn.
3.006.3 | m̊qṣh. lgd|yw. nbl. yn. | yšn.
3.007.2 mqṣ]|h. lgd[yw. nbl. yn. y]|šn.
3.008.3 mgb|[ʿ.]ʿm. nbl. | [yn. yš]n.
3.009.3 } {*or* lʾd̊nʿm} | [n]bl. y[n.] yšn.
3.010.3 } {*or* lʾd̊nʿm} nbl. yn.. | yšn..
3.011.1 n]b̊l̊. ẙn. | [ ]n̊ʿm.
3.012.3 {*or* lbʿl̊. zmr.} nbl. yn. | yšn
3.013.3 mʾb̊ʿ|zr. lšmryw. nbl. | yn. yš̊n lʾš̊|ḥ̊r̊ mttl
3.014.3 } p̊r̊ʾn. lšmryw. | nbl. yn. yšn.
3.015.2 mḥ]ṣrt. l[| n]bl. y[n. yšn.]
3.020.2 h̊ʿ[šrt.] | mkrm. {*or* y]n. krm.} ht̊[l. nbl.
3.026.2 lʾšʾ [ʾḥmlk. | lḥl]ṣ. hẙn. mḥ[ṣrt.]
3.044.3 {*or* hb[ʾ]r.} | [ ]. hyn.
3.053.1 bšt. hʿšrt. yn. | krm. htl. bnbl. šmn.
3.054.1 bšt. hʿšrt. yn. k|rm. htl. nbl. šmn.
3.062.1 yn. šmyd[ʿ]
3.072.1 bšt. hʿšrt. yn. krm. | htl. bnbl. šmn.
3.073.2 bšt. [hʿšrt] | yn. kr[m htl bnbl] | šmn.
3.089.1 [n]bl. y[n]
3.101.1 yn. yšn
26.001.1 lyḥzyhw yyn kḥl

ykl *v.* (1)

2.040.14 yh̊wd̊[h ky ʾy]|nnw. yklm. lšl̊ḥ. ʾt h[wz]|ʾt

yknyhw *PN* (2)

1.003.15 šr. hṣbʾ. | knyh̊w {*or* [y]knyh̊w} bn ʾlntn lbʾ. |
100.746.1 lyknyhw | bn ḥkl

ym *n.* (20)

1.002.3 ’dny. š[m]‘t šl|m. ‘t. kym ‘t kym my. ‘bd|k klb
1.002.3 š[m]‘t šl|m. ‘t. kym ‘t kym my. ‘bd|k klb ky. zkr.
1.004.1 yhwh [’t] ’dny. ‘t kym. | šm‘ t ṭb. w‘ t kkl
1.004.8 ’t h‘[d] {*or* ’th ‘wd [hym]} |(*verso*) ky ’m.
1.005.3 | [šm‘ t šl]m wṭb [‘ t | kym] ‘t ky[m] my. ‘bdk |
1.005.3 šl]m wṭb [‘ t | kym] ‘t ky[m] my. ‘bdk | klb. ky
1.005.9 b[ ]|h. mh. l‘ bdk. {*or* hym h’l. ‘bdk} y’[ ]
1.008.2 ’t. ’d[ny šm]|‘t ṭb ‘t ky[m ‘t] kym hn|h [ ]nb[
1.008.2 šm]|‘ t ṭb ‘t ky[m ‘t] kym hn|h [ ]nb[ ]
2.001.4 yyn. *bath* 3 w|ktb. šm hym. | wm‘ wd. hqmḥ |
2.002.3 *bath* 2 yyn. l|’ rb‘ t hymm w | 300 lḥm w|ml’.
2.024.19 šlḥty lh‘ yd | bkm. hym. h’nšm. ’t. ’lyš|‘. pn.
2.040.11 nttm l’ dny [bṭrm y]|rd ym. w[’]š[yh]w. ln
4.116.3 mymn. w[‘ d šm’]l. wbym. h|nqbh. hkw. hḥṣbm.
7.001.5 ‘bdk | wykl w’ sm kymm. lpny šb|t k’ šr kl
7.001.7 ’|sm {*or* qṣr w’ sm} kymm wyb’. hwš‘ yhw
7.001.9 k’ šr klt | ’t qṣry zh ymm lqḥ ’t bgd ‘bdk |
8.015.1]brk. {*or*]’rk.} ymm. wyšb‘ w[|] hyṭb.
8.023.2 hrm [ ] | brk b‘ l bym mlḥ[mh] | lšm ’l
8.023.3 mlḥ[mh] | lšm ’l bym mlḥ[mh

ymn *adv.* (1)

4.116.3 ky. hyt. zdh. bṣr. mymn. w[‘ d šm’]l. wbym.

yn *n.* (*see* **yyn**)

yn *uncertain* (1)

24.019.1]yn

ynm *LN* (1)
2.019.1 ynm

ysp *PN* (1)
100.631.2 lsʾl b|n ysp

yʿš *PN* (1)
3.048.3 } lydʿyw | ʾḥmlk. | yʿš. myšb.

ypṭr *PN* (1)
100.459.1 ypq̊d {*or* ypṭr}

ypyhw *PN* (1)
100.477.2 kr̊my | ypy[hw]

ypqd *PN* (1)
100.459.1 ypq̊d {*or* ypṭr}

yprʿyw *PN* (1)
100.177.1 ly|p|rʿ|yw

yṣʾ *v.* (1)
2.016.3 br|ktk lyhwh. wʿt kṣʾty | mbytk wšlḥty ʾt |

yṣt *LN* (7)
3.009.1 bšt. htšʿt. my|ṣt. lʾ[ ]nʿm. {*or* lʾb̊nʿm
3.010.1 bšt. htšʿt. m|yṣt. lʾ[ ]nʿ|m. {*or* lʾb̊nʿm.
3.019.2 bšt. hʿšrt. | myṣt̊. nbl. | šmn. rḥṣ.
3.045.3 ywntn. {*or*]yw. ntn.} m̊yṣ̊[t]
3.047.2 lḥnn. bʿrʾ. m|[ ]. myṣt.
3.067.1 1̊0̊ 5̊ m̊ẙṣ̊[t]
3.080.1 [y]ṣ̊t̊

yqymyhw *PN* (1)
100.366.2 lʾḥʾmh | bn yqymyhw

yqmyh *PN* (1)
100.153.2 mky | šq̊nyh {*or* yq̊myh}

yqmyhw *PN* (12)
2.024.16 ʾlyšʿ bn yrmy|hw. {*or* yqmyhw.} brmtngb. pn.
2.039.1 [ʾ]dm bn yqmyhw | šmʿ yhw bn
2.059.2 yhwʾb bn y[ ] | yqmyhw bn [ ]my[|
2.074.3 [ ] | ʾḥʾ[ ] | yqm[yhw] | bn
100.053.1 lyqmyhw | yšmʿʾl
100.122.1 lyqm|yhw
100.344.2 lʾlyhw | yqmyhw
100.511.2 lʾdnyhw b|n yqmyhw
100.575.1 lyqmyhw | bn mšlm
100.576.1 lyqm[yhw] | s[
100.577.1 lyqmyhw | bn nḥm
100.672.2 [ ] | yqmyh[w]

yrʾ *v.* (1)
2.111.2 ʾ̊n̊[ ]|rt wbmšmr [y]|rʾ. mʾd wʾtn [ ] |

yrʾwyhw *PN* (1)
100.328.1 yrʾwyhw | ʾrʾ

yrbʿl *PN* (1)
106.047.1 yrbʿm̊ {*or* yrbʿl̊}

yrbʿm *PN* (3)
24.006.1 grbʿ[l] {*or* [l]ẙrbʿ̊[m]} | bn ʾlm[ ]
100.068.2 lšmʿ | ʿbd yrbʿm
106.047.1 yrbʿm̊ {*or* yrbʿl̊}

yrd *v.* (2)

1.003.14 ẘlʿbdk. hgd. | lʾmr. yrd šr. hṣbʾ. | knyh̊w {*or*
2.040.10 ntt̊m lʾd̊n̊ẙ [bṭrm y]|rd ym. w[ʾ]š[yh]w. ln̊

yrḥ *n.* (9)

2.020.2 bšlšt | ẙr̊ḥ. ṣḥ {*or* g̊r̊ʾ b̊n̊ ʿz̊ẙhw
10.001.1 ẙrḥw ʾsp. yrḥw z̊|rʿ.
10.001.1 ẙrḥw ʾsp. yrḥw z̊|rʿ. yrḥw lqš | yrḥ
10.001.2 ẙrḥw ʾsp. yrḥw z̊|rʿ. yrḥw lqš | yrḥ ʿṣd pšt |
10.001.3 yrḥw z̊|rʿ. yrḥw lqš | yrḥ ʿṣd pšt | yrḥ qṣr
10.001.4 yrḥw lqš | yrḥ ʿṣd pšt | yrḥ qṣr šʿrm | yrḥ qṣr
10.001.5 ʿṣd pšt | yrḥ qṣr šʿrm | yrḥ qṣr wkl {*or* qṣrw kl}
10.001.6 qṣr wkl {*or* qṣrw kl} | yrḥw zmr | yrḥ qṣ | ʾby[h
10.001.7 qṣrw kl} | yrḥw zmr | yrḥ qṣ | ʾby[h] |*(verso)*

yrḥmʾl *PN* (1)

100.508.1 lyrḥmʾl | bn hmlk

yrymwt *PN* (1)

100.361.1 lyrymwt | bnyhw

yrkh *n.* (1)

4.125.3 lz[ ]|rk. hmym [ ] | byrkty h̊[ ] | nsḥh ks[

yrm *PN* (2)

12.002.1 lyrm
100.054.1 lyrm | zmryh|w

yrmy *PN* (1)

100.307.1 lyrmy | hspr

yrmyhw *PN* (12)

1.001.4 | mbṭḥyhw. bn. yrmyhw | mtnyhw. bn.
2.024.15 ʻl. yd 'lyšʻ bn yrmy|hw. {*or* yqmyhw.}
2.080.2]'b | yrm̊[yhw]
100.058.2 lšlm | yrmyhw
100.248.1 lyrmyhw
100.258.1 lyrmyhw | bn ṣp̊nẙhw | bn
100.364.1 lyrmyhw | bn mnḥm
100.411.2 lḥsd' | yrmyhw
100.578.1 lyrm[yhw] | yšmʻ'[l]
100.763.2 l'ly'r b|n yrmyhw
100.894.2 lšmryhw b|n yrmyhw
100.899.1 lyrmyhw | bn ʻš'[ ]

yršlm *LN* (5)

1.006.10 lm]h̊ tʻ šw. | kz't [ẘbyr]šlm̊ h̊[n]h l|m̊lk̊
15.005.2 } 'l̊hy. {*or* l'l[h]y.} yršlm
15.006.2 'rṣh | ʻ̊ry yhd̊h̊ wg'l̊t̊y yršlm
100.479.1 ẙ[r]š̊l̊m
106.021.1 yršlm

yrt *LN* (2)

4.101.2 h̊šrq bʻ̊m̊q̊ yh̊ẘ[špṭ] {*or* yr̊t} {*or* yd̊t.} | [ ]lyhw
4.101.3 } bʻmq yh̊ẘ[špṭ] {*or* yr̊t} {*or* yd̊t.} | ṣ̊d̊qyhẘ[

yš'l *PN* (1)

100.213.2 lḥgy | yš'l

yšb *v.* (1)

2.018.10 byt. yhwh. |*(verso)* h'. yšb

yšb *PN* (1)

100.034.2	l'bdyhw	| bn yšb	

yšb *LN* (1)

3.048.3	lyd'yw | 'ḥmlk. | y'š. myšb.		

yšm''l *PN* (20)

4.107.1		lyšm''l.	
100.045.1		yšm''[l]	| p̊dyhw
100.053.2	lyqmyhw	| yšm''l	
100.418.1		lẙšm̊''l b|n ḥlqyhw	
100.427.2	lm'šyh	| ẙšm''l	
100.578.2	lyrm[yhw]	| yšm''[l]	
100.579.1		lyšm''l	| [b]n š'l bn |
100.580.1		lyšm[''l]	| [b]n mḥsy[hw]
100.581.1		lyšm[''l	|
100.582.1		lyšm[''l	|
100.589.2	lmyr[b]	| yšm''l	
100.601.2	lmnḥm bn	| yšm''l	
100.602.2	lmn[ḥm bn]	| yš[m''l]	
100.664.2	lš'l bn	| yšm''l	
100.673.2	[ ]	| yšm''l	
100.714.2	lplṭh bn	| yšm''l	
100.724.2	lyw'lẙh̊w	| yšm''l	
100.770.1		yšm''l̊	| '̊ryhw
100.778.2	lmṭnyhw	| yšm''l	
100.803.2	lḥ̊nmlk̊	| yšm''l	

yšn *adj.* (14)

3.001.3	mb'rym. nbl [yn]	| yšn.	| r̊g'. 'lyš'. 2 | 'z'.
3.003.2	]|'. mšmyd'. nbl [yn.	y]|šn.	lb'l'. '̊[ ]
3.004.3	lgdyw. nbl. | [yn.	yšn.]	
3.005.3	l[gd]ẙw[ ] | nbl. yn.	yšn.	

3.006.4 mqṣh. lgd|yw. nbl. yn. | yšn.
3.007.2 mqṣ]|h. lgd[yw. nbl. yn. y]|šn.
3.008.3]ʿm. nbl. | [yn. yš]n.
3.009.3 lʾdnʿm} | [n]bl. y[n.] yšn.
3.010.4 } {*or* lʾdnʿm} nbl. yn.. | yšn..
3.012.4 lbʿl. zmr.} nbl. yn. | yšn
3.013.3 lšmryw. nbl. | yn. yšn lʾš|ḥr mttl {*or* mtwl}
3.014.3 lšmryw. | nbl. yn. yšn.
3.015.2 l[| n]bl. y[n. yšn.]
3.101.1 yn. yšn

yšʿ *v.* (3)
1.008.4]} ʾ[m]lk. mʾ|b. rḥ[p] yšʿ yhwh [ ] | ʾ[ ] r[ ]
15.008.1 hwšʿ [y]hwh
25.003.3 | wmṣryh. lʾšrth hwšʿ lh | [ ] lʾnyhw | [

yšʿ *PN* (2)
100.063.3 lʾḥtm|lk ʾ|št yšʿ
100.146.1 lyšʿ | ʿdʾl
106.011.2 yʾl | br yšʿ | yhwd

yšʿʾ *PN* (1)
100.425.2 lʿbdyhw | yšʿʾ

yšʿhw *PN* (2)
4.204.1 lyšʿhw
4.302.19]wr[ ]n | [ ] | *(verso)* lyšʿhw

yšʿyhw *PN* (10)
100.052.1 lyšʿyhw | ḥlqyhw
100.211.1 lyšʿyh|w ʾmryhw
100.294.2 lmʿšyhw | yšʿyh[w]
100.408.1 [lyšʿ]yhw bn [snʾ]|blṭ pḥt

100.420.2	lhṣlyhw	yšʿyhw
100.426.2	lšʿl	yšʿyhw
100.583.1	lyšʿyhw	bn ḥml
100.584.1	[ly]šʿyhw	[ʾ]lṣd[q]
100.591.2	lmkyh[w]	yšʿy[hw]
100.862.1	lyšʿyhw	ʿmlyhw

yšpṭ *PN* (1)

2.053.1		yšpṭ.

yšr *uncertain* (1)

15.001.2	ʾʾrr	yšr mḥr {*or* [[ʾ]]šr

ytm *PN* (2)

100.158.1	lytm {*or* lytn} bn	yg[
100.766.1	lytm.	bn. ʾlzkr

ytn *PN* (1)

100.158.1	lytm {*or* lytn} bn	yg[

ytr *n.* (1)

2.005.13	3. bṭrm. y|ʿbr hḥdš. wm|ytr [ ] hʿbdh	[ ]ḥ[ ]m

k *prep.* (17)

1.002.3	ʾt ʾdny. š[m]ʿt šl|m. ʿt.	kym ʿt kym my. ʿbd|k
1.002.3	š[m]ʿt šl|m. ʿt. kym ʿt	kym my. ʿbd|k klb ky.
1.004.1	yhwh [ʾt] ʾdny. ʿt	kym. | šmʿt ṭb. wʿt kkl
1.004.2	ʿt kym. | šmʿt ṭb. wʿt	kkl ʾšr. šlḥ ʾdny. | kn.
1.004.3	ʿšh. ʿbdk ktbty ʿl hdlt	kkl. | ʾšr šlḥ [ʾdny ʾ]ly.
1.004.11	mšʾt lkš. nḥ|nw šmrm.	kkl. hʾtt. ʾšr ntn | ʾdny.
1.005.3	| [šmʿt šl]m wṭb [ʿt |	kym] ʿt ky[m] my. ʿbdk |
1.005.3	šl]m wṭb [ʿt | kym] ʿt	ky[m] my. ʿbdk | klb. ky
1.005.5	[h]s[pr]m {*or* h[šml]h}	kzʾ|[t] {*or* hzʾ[t]} hšb.

1.006.10	} [l'mr lm]ḣ t' šw. | kz't [ẘbyr]šl̊m ḣ[n]h
1.008.2	't. 'd[ny šm]|˚t ṭb̊ ˚t k̊y[m 't] k̊ẙm ḣn|ḣ [ ]n̊b̊[
1.008.2	šm]|˚t ṭb̊ ˚t k̊y[m 't] k̊ẙm ḣn|ḣ [ ]n̊b̊[ ]
2.016.3	bytk br|ktk lyhwh. w't kṣ'ty | mbytk wšlḥty 't |
2.060.1	kkl *symbol 6* h
7.001.5	'bdk | wykl w'sm̊ kẙm̊m. lpny šb|t k'šr kl̊
7.001.7	'|sm {or qṣr w'sm} kẙm̊m wyb'. hwš'yhw
8.022.1	ḥnn [ ] wntn lh yhw klbbh

k' šr *conj.* (2)
7.001.6	w'sm̊ kẙm̊m. lpny šb|t k'šr kl̊ [']b̊dk 't qṣrw
7.001.8	šb|y. wyqḥ. 't bgd 'bdk k'šr klt | 't qṣry zh ẙm̊m

kbd *v.* (1)
24.005.1	lmkbrm {or lmkbdm}

kbrh *uncertain* (1)
100.461.1	kbrh

kd *n.* (1)
38.002.1	kd hš'r[

khn *n.* (4)
99.001.1	lby[t yhw]h qdš khnm
100.323.2	[lz]kryw | khn d'r
100.734.3	lḥnn b|n ḥlqyhw | hkhn
106.049.2	ywḥn[n] | hkwhn

kwr *LN* (1)
3.049.4	] | mz̊y[ ]|m̊ksr. {or m̊kwr.}

kḥl *LN adj.* (1)
26.001.1 lyḥzyhw yyn kḥl *symbol 9*

ky *conj.* (13)
1.002.4 ʿt kym my. ʿbd|k klb ky. zkr. ʾdny. ʾt. |
1.003.6 šlḥ ʾd[ny] lʿbdk} ʾmš. ky. lb | [ʿ]bd[k] dwh.
1.003.8 mʾz. šlḥk. ʾl. ʿbd|k wky ʾmr. ʾdny. lʾ. ydʿth. |
1.004.4 ʾ]ly. {*or* šlḥ[th ʾ]ly} wky. šlḥ ʾ|dny. ʿl. dbr
1.004.9 ʿwd [hym]} |*(verso)* ky ʾm. btsbt hbqr [ ] |
1.004.10 btsbt hbqr [ ] | wydʿ. ky ʾl. mšʾt lkš. nḥ|nw
1.004.12 hʾtt. ʾšr ntn | ʾdny. ky lʾ. nrʾh ʾt ʿz|qh
1.005.4 ky[m] my. ʿbdk | klb. ky [šl]ḥt ʾl ʿbd|k ʾt
1.006.3 hzh. šlm my | ʿbdk. klb ky. šlḥ. ʾdny ʾ[t sp]|r
1.006.13 hzh. ḥy. yhwh. ʾlh|yk k[y m]ʾz qrʾ ʿb|dk ʾt
2.040.13 ydʿ. mlk. yhwd[h ky ʾy]|nnw. yklm. lšlḥ. ʾt
4.116.3 } ql. ʾš. q|[r]ʾ. ʾl. rʿw. ky. hyt. zdh. bṣr. mymn.
4.401.2 ʾyn [p]h ksp. wzhb | [ky] ʾm [ʿṣmtw] wʿṣm[t]

kl *v.* (4)
7.001.5 wyqṣr ʿbdk | wykl wʾsm kymm. lpny šb|t
7.001.6 kymm. lpny šb|t kʾšr kl [ʿ]bdk ʾt qṣrw ʾ|sm
7.001.8 wyqḥ. ʾt bgd ʿbdk kʾšr klt | ʾt qṣry zh ymm lqḥ
10.001.5 qṣr šʿrm | yrḥ qṣr wkl {*or* qṣrw kl} | yrḥw

kl *n.* (15)
1.003.11 lqrʾ ly spr lnṣḥ. wgm. | kl sp[r] ʾšr ybʾ. ʾly ʾm. |
1.003.12 ʾtnnhw ʾl. {*or* ʾtn bh w|kl. } mʾwm[h] wlʿbdk.
1.004.2 ʿt kym. | šmʿt ṭb. wʿt kkl ʾšr. šlḥ ʾdny. | kn.
1.004.3 ʿbdk ktbty ʿl hdlt kkl. | ʾšr šlḥ [ʾdny ʾ]ly.
1.004.11 lkš. nḥ|nw šmrm. kkl. hʾtt. ʾšr ntn | ʾdny.
2.021.7 |]h [ ]ʿt[|] wkl ʾš[r |]wʾm. ʿwd [
2.040.6 wktbt]y | ʾl ʾdny [ʾt kl ʾšr r]|ṣh. hʾyš
2.060.1 kkl *symbol 6* h

2.088.1 'ny. mlkty. bk[l] | 'mṣ. zrʿ. w[ ] |
4.301.9 š[ ]} | [ ]bh[ ]h mkl | [ ] wmhrʿ [ ] |
7.001.10 lqḥ 't bgd ʿbdk | wkl 'ḥy. yʿnw ly. hqṣrm
8.022.1 kl 'šr yš'l m'š ḥnn [ ]
10.001.5 | yrḥ qṣr wkl {or qṣrw kl} | yrḥw zmr | yrḥ qṣ |
15.005.1 yhwh 'lhy kl h'rṣ hw {or hry} |
33.001.2 bytk | wʿt. 'l. tšmʿ lk[l. d]br 'šr ydbr. 'lyk.

klb *n.* (5)

1.002.4 kym ʿt kym my. ʿbd|k klb ky. zkr. 'dny. 't. |
1.005.4 ʿt ky[m] my. ʿbdk | klb. ky [šl]ḥt 'l ʿbd|k 't
1.006.3 hʿt hzh. šlm my | ʿbdk. klb ky. šlḥ. 'dny '[t sp]|r
1.012.1]klb. 'dny. h[| s]pr[
1.021.3]z 'l. [ ]|h. 't[|]št klb[ ]y[|]wṣ'h[{or]wṣ'

klb *PN* (1)

2.058.2 ʿdyhw | klb bn [ ] | ʿzr bn ʿ[ ]

klkl *PN* (1)

100.868.1 lklkl | mnḥm

klklyhw *PN* (1)

100.329.1 lklkly|hw. zkr

klm *PN* (1)

100.185.1 klm {or km[š]}

kmš *PN* (2)

1.008.3 kym hn|h [ ]nb[ ] {or [k]mš[ ]} '[m]lk. m'|b.
100.185.1 klm {or km[š]}

kn *adv.* (1)
1.004.3 w' t kkl 'šr. šlḥ 'dny. | kn. 'šh. 'bdk ktbty 'l

knbm *uncertain* (1)
100.478.1 knbm |

knyhw *PN* (2)
1.003.15 | l' mr. yrd šr. hṣb'. | knyhw {*or* [y]knyhw} bn
2.049.1 qrḥ 2 bn. glgl 1 bny knyhw | *(col. 1)* [ ]1 [

ks' *PN* (1)
100.107.1 lks' | zk'

ksl' *PN* (2)
100.632.2 [l]sl' b|n ksl'
100.887.2 lplṭyhw | bn ksl'

ksp *n.* (9)
2.016.5 | mbytk wšlḥty 't | h[k]sp 8 š lbny g' lyhw.
2.016.8] | [ ] 'tk whš[ ] | 't ksp[ ] w' m[ ] | ṣbk[
2.024.5 mlk [|] ḥyl [|]ks[p |]' br[|]ṭ[
2.029.6 |]l[ ]n[ ]b | 10 ksp lm[ ] | w' šr bkb[
2.048.2]' rd | [ ]r. 6 [k]s[p] | [z]kr 3
4.401.1 'šr 'l hbyt. 'yn [p]h ksp. wzhb | [ky] 'm
7.007.2 'nyb' l} | [ ]. šql 'rb' ksp. *shekel* 5 šy {*or* ksp.
7.007.2 ksp. *shekel* 5 šy {*or* ksp. š 30 3} {*or* ksp. š.
7.007.2 šy {*or* ksp. š 30 3} {*or* ksp. š. 4}

ksr *LN* (1)
3.049.3 lḥl[ṣ] | mzy[ ]|mksr. {*or* mkwr.}

krm *n.* (10)

3.020.2 bšt. h̊ʿ[šrt.] | mkrm. {*or* y]n. krm.} ht̊[l.
3.020.2] | mkrm. {*or* y]n. krm.} ht̊[l. nbl. š]|mn.
3.053.2 bšt. hʿšrt. yn. | krm. htl. bnbl. šmn. |
3.054.1 bšt. hʿšrt. yn. k|rm. htl. nbl. šmn. rḥ|ṣ.
3.055.1 bšt. hʿšrt. kr|m. yḥwʿly. nbl. | šmn.
3.058.2 bšt. 10 5 lb̊dyw | krm. htl.
3.060.1 krm. yḥwʿl[y
3.061.1 krm. htl. | bšt. 10 5
3.072.1 bšt. hʿšrt. yn. krm. | htl. bnbl. šmn.
3.073.2 bšt. [hʿšrt] | yn. kr[m htl bnbl] | šmn.

krmy *PN* (2)

100.477.1 kr̊my | ypy[hw]
100.568.2 lydʿyhw | bn krmy

kršn *PN* (1)

33.002.3 ṣ̊by *ephah* 10 | ʾl̊ʿ̊d̊h kršn *ephah* 5 | šmʿyhw.

kšdy *gentilic* (1)

1.006.7 ydyk [lhš]|qṭ {*or* ydy. kšd̊m̊ [wlš]qṭ} ydy hʾ[

kšy *PN* (1)

100.494.1 lkšy | ydʿyhw

ktb *v.* (6)

1.004.3 ʾdny. | kn. ʿšh̊. ʿbdk ktbty ʿl hdlt kkl. | ʾšr
1.006.8] ʾnk̊[y] ʾ]d̊n̊ẙ hlʾ t̊k|tb ʾl̊h[m] {*or* ʾlẙ[hm]}
2.001.3 lktym | yyn. *bath* 3 w|ktb. šm hym. | wmʿwd.
2.007.5 hššh | lḥdš *bath* 3 [w]|ktbth lpnyk. b|šnym lḥdš.
2.040.5 [l]b̊h | ʾl. ʾšr ʾm̊[rt wktbt]y | ʾl ʾd̊n̊y [ʾt kl
25.003.1 ʾryhw. h̊ʿšr. ktbh | brk. ʾryhw. lyhwh

kty *gentilic* (11)

2.001.2 ’l. ’lyšb. w|ʿt. ntn. lktym | yyn. *bath* 3 w|ktb.
2.002.1 ’l. ’lyšb. wʿt. ntn l|ktym. *bath* 2 yyn. l|’rbʿt
2.004.1 ’l ’lyšb tn lktym š|mn 1 ḥtm wšlḥnw
2.005.6 | [ ]qm|[ḥ lʿšt] lḥm l|[k]t[ym] ’t | [ ]h | [ ]
2.007.2 ’l ’lyšb. wʿ|t. ntn. lktym. | lʿšry b 1 lḥd|š. ʿd
2.008.1 [’]l ’lyšb. wʿt. ntn l|kt[y]m *homer* 1 qm. mn.
2.010.2 [’l ’ly]šb. wʿt. | [ntn lkt]ym. yyn *bath* 1 | [ ]m
2.010.5 lbn ʿbdyhw š[ ] | [ ]ktym
2.011.2 ’l. ’lyšb | wʿt ntn lktym | [ ] *bath* 2 yyn |
2.014.2 [’l ’l]yš[b wʿt | ntn l]ktym [| w]šlḥ 1 šmn
2.017.9 ntn nḥm š|mn byd hkty. 1

ktp *n.* (1)

4.402.1 ḥd[r] bktp hṣr {*or* hṣr[ḥ]}

l *prep.* (926)

1.003.1 ʿbdk. hwšʿyhw. šlḥ. l|hg[d] l[’d]ny y’w[š]
1.003.2 hwšʿyhw. šlḥ. l|hg[d] l[’d]ny y’w[š] yšmʿ. |
1.003.5 ’t ’zn {*or* rzm} ʿbdk. lspr. ’šr. | šlḥth. ’l ʿbdk
1.003.6 ’l ʿbdk {*or* šlḥ ’d[ny] lʿbdk} ’mš. ky. lb |
1.003.10 ḥyhwh. ’m. nsh. ’|yš. lqr’ ly spr lnṣḥ. wgm. |
1.003.10 ’m. nsh. ’|yš. lqr’ ly spr lnṣḥ. wgm. | kl
1.003.10 nsh. ’|yš. lqr’ ly spr lnṣḥ. wgm. | kl sp[r] ’šr
1.003.13 bh w|kl. } m’wm[h] wlʿbdk. hgd. | l’mr. yrd šr.
1.003.14 wlʿbdk. hgd. | l’mr. yrd šr. hṣb’. |
1.003.15 {*or* [y]knyhw} bn ’lntn lb’. | mṣrymh. w’t
1.003.18 bn ’ḥyhw w|’nšw šlḥ. lqḥt. mzh. {*or* myh.} |
1.003.20 šlm. bn ydʿ. m’t. hnb’. l’m|r. hšmr. šlḥh.
1.005.9 {*or* hq[š]r} b[ ]|h. mh. lʿbdk. {*or* hym h’l. ʿbdk
1.005.10 {*or* y[[b]]’} | ṭbyhw. zrʿ lmlk
1.006.4 hmlk [w’t] spry hšr[m l’m]|r qr’ n’ whnh. dbry.
1.006.6 {*or* h[nb’]} | l’ ṭbm lrpt ydyk [lhš]|qṭ {*or* ydy.

1.006.6 } | l' ṭbm lrpt ydyk [lhš]|qṭ {*or* ydy. kšdm
1.006.7 [lhš]|qṭ {*or* ydy. kšdm [wlš]qṭ} ydy h'[ ] yd'[ ]
1.006.9 'lh[m] {*or* 'ly[hm]} [l'mr lm]h t'šw. | kz't
1.006.10 | kz't [wbyr]šlm h[n]h l|mlk {*or* [wnq]y šlmh
1.006.11 l|mlk {*or* [wnq]y šlmh hlmlk} [t]'šw hd[b]|r
1.006.15 't hspr[m] l['] h[y]h | l'b[dk]
1.013.1 [ ]qmw. l'št ml'kh. [ ] |
1.018.3 'dny [ ]zr. h'yrh {*or* [l']zryhw}
1.022.1 l[ ] | l[ ] | l'l[ ] |
1.022.2 l[ ] | l[ ] | l'l[ ] | ldl[yhw]
1.022.3 l[ ] | l[ ] | l'l[ ] | ldl[yhw] |
1.022.4 l[ ] | l[ ] | l'l[ ] | ldl[yhw] | lsmk[yhw]
1.022.5] | l'l[ ] | ldl[yhw] | lsmk[yhw] | l'š[yhw]
1.022.6] | lsmk[yhw] | l'š[yhw] *homer* | l'šyhw
1.022.7] | l'š[yhw] *homer* | l'šyhw bn [ ]'[ ]*seah* |
1.022.8 | l'šyhw bn [ ]'[ ]*seah* | l'lyš[b] | l[ ] | lbyt
1.022.9]'[ ]*seah* | l'lyš[b] | l[ ] | lbyt 'kzy[b]
1.022.10 | l'lyš[b] | l[ ] | lbyt 'kzy[b]
1.026.1 [l]nryhw
1.027.1 [lyhw]bnh
1.028.1 [ly]hwbnh {*or* [ln]ryhw bn
1.028.1 [ly]hwbnh {*or* [ln]ryhw bn r[}
1.032.1 l'lyrb
1.102.1 bt lmlk
1.103.1 lbnh[
2.001.2 'l. 'lyšb. w|'t. ntn. lktym | yyn. *bath* 3
2.001.8 t|rkb. *homer* 1. qmḥ | l'št. lhm. l|ḥm. myyn. |
2.001.8 *homer* 1. qmḥ | l'št. lhm. l|ḥm. myyn. |
2.002.1 'l. 'lyšb. w't. ntn l|ktym. *bath* 2 yyn.
2.002.2 ntn l|ktym. *bath* 2 yyn. l|'rb't hymm w | 300
2.002.8 | w'm. 'wd. ḥmṣ. wnt|t. lhm.
2.004.1 'l 'lyšb tn lktym š|mn 1 ḥtm
2.004.3 w|yyn *bath* 1 tn lhm.

2.005.6 ’]šr. | [ ]qm|[ḥ l‘št] lḥm l|[k]t[ym] ’t | [
2.005.6 | [ ]qm|[ḥ l‘št] lḥm l|[k]t[ym] ’t | [ ]h | [
2.005.11]hwk [|]’šr. y|[šlḥ] lk ’t hm‘|[šr] *bath* 3.
2.007.2 ’l ’lyšb. w‘|t. ntn. lktym. | l‘šry b 1 lḥd|š.
2.007.3 w‘|t. ntn. lktym. | l‘šry b 1 lḥd|š. ‘d hššh |
2.007.3 ntn. lktym. | l‘šry b 1 lḥd|š. ‘d hššh | lḥdš *bath*
2.007.5 b 1 lḥd|š. ‘d hššh | lḥdš *bath* 3 [w]|ktbth
2.007.6 | lḥdš *bath* 3 [w]|ktbth lpnyk. b|šnym lḥdš.
2.007.7 [w]|ktbth lpnyk. b|šnym lḥdš. b‘š|ry wšmn ḥ|[tm
2.008.1 [’]l ’lyšb. w‘t. ntn l|kt[y]m *homer* 1 qm. mn.
2.008.3 1 qm. mn. hš|lšh ‘šr lḥdš. ‘d h|šmnh. ‘šr lḥdš
2.008.4 lḥdš. ‘d h|šmnh. ‘šr lḥdš | [w]yyn *bath* 3 | [
2.008.9] | ’ly. w[ ] | [ ] ’šr lbn |
2.010.2 [’l ’ly]šb. w‘t. | [ntn lkt]ym. yyn *bath* 1 | [ ]m
2.010.4 } wšmn 1 | [ ]tm. lbn ‘bdyhw š[ ] | [
2.011.2 ’l. ’lyšb | w‘t ntn lktym | [ ] *bath* 2 yyn |
2.012.3] 2 qmḥ wtn. ’[tm | lqw]s‘nl mhrh. ṣ[ ] | [
2.014.2 [’l ’l]yš[b w‘t | ntn l]ktym [| w]šlḥ 1 šmn
2.015.1 ’ḥ[k šlḥ lšlm ’ly]|šb w[ ] | ‘dy[
2.016.1 ’ḥk. ḥnnyhw. šlḥ lšl|m. ’lyšb. wlšlm bytk
2.016.2 šlḥ lšl|m. ’lyšb. wlšlm bytk br|ktk lyhwh.
2.016.3 wlšlm bytk br|ktk lyhwh. w‘t kṣ’ty | mbytk
2.016.5 wšlḥty ’t | h[k]sp 8 š lbny g’lyhw. [b]|y[d
2.017.5 mšm. 1 šmn. w|šlḥ. lzp {*or* lḥm} mhrh.
2.017.5 1 šmn. w|šlḥ. lzp {*or* lḥm} mhrh. w|ḥtm. ’th
2.017.8 bḥ|tmk |(*verso*) b 20 4 lḥdš ntn nḥm š|mn byd
2.018.3 ’dny. ’ly|šb. yhwh yš|’l lšlmk. w‘t | tn. lšmryhw |
2.018.4 yš|’l lšlmk. w‘t | tn. lšmryhw | *lethech*. wlqrsy
2.018.5 tn. lšmryhw | *lethech*. wlqrsy | ttn. *homer* wld|br.
2.018.6 wlqrsy | ttn. *homer* wld|br. ’šr. ṣ|wtny. šlm. | [
2.021.1 bnk. yhwkl. šlḥ. lšlm. gdlyhw [bn] | ’ly’r.
2.021.2 gdlyhw [bn] | ’ly’r. wlšlm. bytk. brktk
2.021.2 wlšlm. bytk. brktk l[yhw]|h. w‘t. hn. ‘šh.

2.021.4 [|]yšlm. yhwh. lʾdn[y |] ʾdm ḥyh̊[wh
2.022.1 lb̊r̊k̊ẙh̊w b[n] | lʿz̊r b[n
2.022.2 lb̊r̊k̊ẙh̊w b[n] | lʿ̊zr b[n |] 4 *homer*
2.022.4 b[n |] 4 *homer* | lmʿšy bn [ ] 3 |*(verso)*
2.022.5 bn [ ] 3 |*(verso)* lyh̊[w]
2.024.3 ʾ̊l̊ | ʾlyšb̊[ ]bm[ ] | ls[ ] mlk [|] ḥyl
2.024.18 | bnbškm. hnh šlḥty lhʿyd | bkm. hym.
2.029.6 |]l[ ]n̊[ ]b | 10 ks̊p lm[ ] | wʾšr bkb[
2.032.1 b 8 lḥdš [ḥṣr]swsh. k[
2.040.2 šlḥ[m {*or* šlḥ[w} lšlm] | mlkyhw b̊r̊k̊t[k
2.040.3 } lšlm] | mlkyhw b̊r̊k̊t[k lyhw]h | wʿt. hṭh̊ [ʿ]b̊d̊k̊
2.040.8 b]|ʾ. mʾtk. wʾẙš [lʾ ntn l]|hm. whn. ydʿth
2.040.10 [hmktbm m]|ʾdm. nttm̊ lʾd̊n̊ẙ [bṭrm y]|rd ym.
2.040.14 ky ʾy]|nnw. yklm. lšlḥ̊. ʾt h[wz]|ʾt hrʿh.
2.060.5 1 | mqnyhw. tn | lgb |*(verso)* [ryhw] 6
2.089.1 lyw[
2.091.1 lḥ[
2.092.1 lḥnn
2.093.1 lṣdq
2.095.1 lẙ[
2.101.1 ḥṣy {*or* [ly]ḥṣy
2.111.7 [ ]|r. hʿbr ẘ[ ] | lšmʿ. [ ] | mym.[ ] | ʾt
3.001.1 bšt. hʿšrt. lšm|ryw. mbʾrym. nbl
3.002.2 bšt. hʿš|rt. lgdyw. | mʾzh. | ʾbbʿl. 2 |
3.003.1 bšt. hʿšrt. l[ ]|ʾ. mšmydʿ. nbl [yn.
3.003.3 mšmydʿ. nbl [yn. y]|šn. lbʿlʾ. ʿ̊[ ]
3.004.2 [b]št. htšʿ̊t. mq|[ṣh.] lgdyw. nbl. | [yn. yšn.]
3.005.2 bšt. ht[šʿt.] | mqṣh. l[gd]ẙw[ ] | nbl. yn. yšn.
3.006.2 b̊št. htšʿt. | m̊qṣh. lgd|yw. nbl. yn. | yšn.
3.007.2 bšt. [htšʿt. mqṣ]|h. lgd[yw. nbl. yn. y]|šn.
3.009.2 bšt. htšʿt. my|ṣt. lʾ[ ]nʿm. {*or* lʾb̊nʿm} {*or*
3.009.2 my|ṣt. lʾ[ ]nʿm. {*or* lʾb̊nʿm} {*or* lʾd̊nʿm} |
3.009.2]nʿm. {*or* lʾb̊nʿm} {*or* lʾd̊nʿm} | [n]bl. y[n.]

3.010.2 bšt. htšʿt. m|yṣt. lʾ[ ]nʿ|m. {*or* lʾb̊nʿm.}

3.010.3 m|yṣt. lʾ[ ]nʿ|m. {*or* lʾb̊nʿm.} {*or* lʾd̊nʿm}

3.010.3]nʿ|m. {*or* lʾb̊nʿm.} {*or* lʾd̊nʿm} nbl. yn.. | yšn..

3.012.2 bšt. htšʿt. | mšptn. lbʿl|zmr. {*or* lbʿl̊. zmr.}

3.012.3 | mšptn. lbʿl|zmr. {*or* lbʿl̊. zmr.} nbl. yn. | yšn

3.013.2 bšt. hʿšrt. mʾbʿ|zr̊. lšmryw. nbl. | yn. yšn̊

3.013.3 lšmryw. nbl. | yn. yšn̊ lʾš̊|ḥ̊r̊ mttl {*or* mtwl}

3.014.2 mʾ[ ]|t̊ {*or* mgt̊} p̊r̊ʾn. lšmryw. | nbl. yn. yšn.

3.015.1 mḥ]ṣrt. l[| n]bl. y[n. yšn.]

3.016.2 hʿšrt. ms|pr. {*or* msq.} lgdyw. nbl. | šmn. rḥṣ.

3.017.2 bšt. hʿšrt. mʾz|h. lgdyw. nbl. šm|n. rḥṣ.

3.018.2 bšt. hʿšrt. mḥṣrt | lgdyw. nbl. šmn. | rḥṣ.

3.019.3 | myṣt̊. nbl. | šmn. rḥṣ. l|ʾḥnʿm.

3.021.1 bšt. hʿšrt. lšmr|yw. mttl. {*or* mtwl.}

3.022.2 bšt. 10 5 mḥ|lq. lʾšʾ. ʾḥ|mlk. | ḥlṣ. mḥṣrt

3.023.2 bšt. 10 5 mḥlq. | lʾšʾ. ʾḥmlk. | ḥlṣ. mḥṣrt.

3.024.1 bšt. h10 5 [mḥ]lq. lʾš[ʾ] ʾ̊ḥml[k.] | rpʾ.

3.026.1 [bšt. 10 5 mḥl]q. lʾšʾ [ʾḥmlk. | lḥl]ṣ. hẙn.

3.026.2 5 mḥl]q. lʾšʾ [ʾḥmlk. | lḥl]ṣ. hẙn. mḥ[ṣrt.]

3.027.1 bšt. 10 5 mḥlq. lʾšʾ. | ʾḥmlk. | bʿlʾ.

3.028.1 bšt. 10 5 mʾbʿzr. lʾš|ʾ. ʾḥmlk. | bʿlʾ.

3.029.1 bšt. 10 5 mš̊[mydʿ. l]ʾšʾ | ʾḥmlk. | q̊dr.

3.030.2 bšt. 10 5 mšmydʿ̊[ ] | lḥlṣ. gdyw. | grʾ. ḥnʾ. {*or*

3.031.2 bšt. h10 5 mšmydʿ. | lḥlṣ. ʾpṣḥ. | bʿlʾ. zk̊r̊.

3.032.2 bšt. 10 5 mš[[m]]ydʿ. | lḥlṣ. [ ] | ʾḥmʾ. [ ]

3.033.2 [bšt. h10] 5 mšmy|[dʿ. lḥ]l̊ṣ̊. gdyw. | [ ]m̊n̊t.

3.034.2 h10 5 m[š̊]m̊y[dʿ.] | [lḥlṣ g]dyw. ṣ[ ]

3.035.2 bšt. 10 5 mš[mydʿ.] | lḥlṣ. gd̊[yw.] | yw[ ]

3.037.2 bšt. 10 5 mšmydʿ. | lʾḥmʾ. | ʾšʾ. bʿlʿzkr.

3.038.2 bšt. 10 5 mšmy|dʿ. lʾḥmʾ. | ʿlh. {*or* dlh.}

3.039.2 bšt. 10 5 mšmydʿ. | [l]ʾḥmʾ. | [ʾš]ʾ.

3.040.1 m]šmydʿ. lʿ[

3.042.2 10 5 m̊šrʾl {*or* m̊šrq} | l̊ydʿyw. | mrnyw.

3.043.1 bšt. h[l]|ḥnn [ ] | ʼl[ ]

3.045.2 bšt. h10 5 mḥgl̊[h] | lḥnn. b[ʻr]ʼ [ ] | ywntn.

3.046.2 bšt. 10 5 [mḥglh] | lḥnn. b[ʻrʼ] | ʼ[ ]

3.047.1 [bšt. 10 5 m]h̊glh. lḥnn. bʻrʼ. m|[ ].

3.048.1 5 mšr[ʼl]. {*or* mšr[q].} lydʻyw | ʼḥmlk. | yʻš.

3.049.2 bš[t. 10 5 mšmyd]|ʻ. lḥ̊l[ṣ] | mz̊y[

3.050.1 bšt. 10 5 lgmr. mnʻh. | ʻbdyw.

3.050.2 5 lgmr. mnʻh. | ʻbdyw. lʼryw. {*or* lʼbyw.}

3.050.2 | ʻbdyw. lʼryw. {*or* lʼbyw.}

3.051.1 bšt. hʻšrt. l̊[| [ ] | ʼḥʼ. hyhd[y

3.056.2 bšt. 10 5 m̊ht[l.] | lnmš[y] | [ ]dl̊[ ]ʻ̊d̊[ ]

3.058.1 bšt. 10 5 lb̊dyw | krm. htl.

3.064.1 m̊n̊ʻ̊h̊ l̊[ ] | ʻ̊[ ]

3.090.2 [bšt h10 5]m̊šmydʻ | [lḥl]ṣ̊ ʼ̊pṣ[ḥ]

3.102.1 l[ʼ]š̊[ʼ]

3.108.1 lmlkrm

3.302.1 lywyšʻ

3.303.1 lʻzr. {*or* lʻzʼ.} h[ ]r̊[

3.303.1 lʻzr. {*or* lʻzʼ.} h[ ]r̊[

3.305.1 lpḥʼ̊[

3.306.1 ld[

3.308.1 ldmlʼ {*or* lrmlʼ}

3.308.1 ldmlʼ {*or* lrmlʼ}

3.309.1 lḥlʻ̊[ ] | ʼb

4.102.3]|h̊m. whnh̊ r̊[ ]|d̊m. lʻm. lkr[ ]|m̊. hʻz̊b̊. h̊[

4.102.3 whnh̊ r̊[ ]|d̊m. lʻm. lkr̊[ ]|m̊. hʻz̊b̊. h̊[ ]|h.

4.104.3 200 | mnw. 10 8 | lʻšr

4.107.1 lyšmʻʼl.

4.110.1 lʼlyhw

4.111.1 l[ʼ]šʼ

4.115.1]lzp[

4.116.2 rʻw. wbʻwd. šlš. ʼmt. lhnq̊[b. nšm]ʻ.

4.116.4 hkw. hḥṣbm. ʼš. lqrt. rʻw. grzn. ʻl. [g]rzn.

<table>
<tr><td>4.119.1</td><td></td><td>lmḥmm</td></tr>
<tr><td>4.121.1</td><td></td><td>lplṭh lsʿly</td></tr>
<tr><td>4.121.1</td><td>lplṭh</td><td>lsʿly</td></tr>
<tr><td>4.125.1</td><td>mtḥt.</td><td>lz[ ]|rk. hmym [ ] |</td></tr>
<tr><td>4.202.2</td><td>]rḥ. šl[|]n. wlbqr [|]ʾl. bqy. byt | [</td><td></td></tr>
<tr><td>4.202.5</td><td>|]bms. {or bms.} [ ]</td><td>lbqr</td></tr>
<tr><td>4.204.1</td><td></td><td>lyšʿhw</td></tr>
<tr><td>4.206.1</td><td></td><td>lʾš[yhw</td></tr>
<tr><td>4.207.1</td><td></td><td>lšr hʾw[pym]</td></tr>
<tr><td>4.211.1</td><td></td><td>lš[ ]</td></tr>
<tr><td>4.301.5</td><td>]|ʾ]hb hbr[yt | wh]ḥsd</td><td>lʾh[by] {or lʾh[byw]}</td></tr>
<tr><td>4.301.5</td><td>| wh]ḥsd lʾh[by] {or</td><td>lʾh[byw]} {or lʾh[rn]} |</td></tr>
<tr><td>4.301.5</td><td>{or lʾh[byw]} {or</td><td>lʾh[rn]} | [w]bšmry[|</td></tr>
<tr><td>4.302.11</td><td>pnyw | [ʾl]yk wy|šm</td><td>lk š|lw[m] | [ ] | [ ]</td></tr>
<tr><td>4.302.19</td><td>]wr[ ]n | [ ] | (verso)</td><td>lyšʿhw</td></tr>
<tr><td>5.006.1</td><td></td><td>lnryhw | lʾmryhw</td></tr>
<tr><td>5.006.2</td><td>lnryhw |</td><td>lʾmryhw</td></tr>
<tr><td>5.007.1</td><td></td><td>lʾm[ryhw]</td></tr>
<tr><td>5.008.1</td><td></td><td>lmlk[yhw]</td></tr>
<tr><td>5.010.1</td><td></td><td>lmt[nyhw]</td></tr>
<tr><td>5.013.1</td><td>ḥṣy.</td><td>lmlk</td></tr>
<tr><td>7.001.5</td><td>| wykl wʾsm kymm.</td><td>lpny šb|t kʾšr kl [ʿ]bdk</td></tr>
<tr><td>7.001.10</td><td>ʿbdk | wkl ʾḥy. yʿnw</td><td>ly. hqṣrm ʾty bḥm | [ ]</td></tr>
<tr><td>7.001.11</td><td>bḥm | [ ] ʾḥy. yʿnw</td><td>ly. ʾmn nqty. mʾ|[šm</td></tr>
<tr><td>7.001.12</td><td>wʾmlʾ. {or wʾm lʾ.}</td><td>lšr lhš|[b ʾt bgd] ʿb[dk</td></tr>
<tr><td>7.001.12</td><td>{or wʾm lʾ.} lšr</td><td>lhš|[b ʾt bgd] ʿb[dk wtt]n</td></tr>
<tr><td>7.002.1</td><td></td><td>lḥšbyhw bn yʾ[</td></tr>
<tr><td>8.007.1</td><td></td><td>lšr ʿr</td></tr>
<tr><td>8.008.1</td><td></td><td>lšr ʿr</td></tr>
<tr><td>8.009.1</td><td></td><td>lšr ʿr</td></tr>
<tr><td>8.010.1</td><td></td><td>lšr ʿr</td></tr>
<tr><td>8.011.1</td><td></td><td>lʿbdyw bn ʿdnh brk hʾ</td></tr>
<tr><td>8.011.1</td><td>lʿbdyw bn ʿdnh brk hʾ</td><td>lyhw</td></tr>
</table>

8.015.2 |] hyṭb. yhwh [ ]ẙtnw. l[ ]’šrt[
8.016.1 lyhwh. htm̊n. wl’šrth.
8.016.1 lyhwh. htm̊n. wl’šrth.
8.017.1 ’[šyw] h[ml]k. ’mr. lyhl[l’l] wlywʿšh. w[ ]
8.017.1 h[ml]k. ’mr. lyhl[l’l] wlywʿšh. w[ ] brkt. ’tkm.
8.017.1 w[ ] brkt. ’tkm. lyhwh. šmrn. wl’šrth.
8.017.1 ’tkm. lyhwh. šmrn. wl’šrth.
8.021.1 ’mr ’mryw ’mr l.’dny hšlm. ’t brktk.
8.021.1 l.’dny hšlm. ’t brktk. lyhwh tmn | wl’šrth.
8.021.2 ’t brktk. lyhwh tmn | wl’šrth. ybrk. wyšmrk
8.022.1 yš’l m’š ḥnn [ ] wntn lh yhw klbbh
8.023.3 bʿl bym mlḥ[mh] | lšm ’l bym mlḥ[mh
9.007.1 l’dny[{*or* l’dny[hw]}
9.007.1 l’dny[{*or* l’dny[hw]}
11.001.1 lmlk ’l[p] | šmn wm’h̊ [
11.002.1 z̊hb. ’pr. lbyt.ḥrn. [ ] | š 30
12.002.1 lyrm
13.003.1 lgbr mgn
14.001.1 lyḥz’
15.005.2 hrẙ} | yhwh ’t {*or* yhd̊ lw} {*or* yhẘd̊h̊} ’lh̊y.
15.005.2 {*or* yhẘd̊h̊} ’lh̊y. {*or* l’l[h]y.} yršlm
18.001.1 bt [lmlk]
18.002.1 lʿz[yhw]
18.003.1 lḥ̊z̊q[yhw]
18.004.1 [l]g̊r’
19.001.1 l’mṣ
20.001.1 lpṭyhw
22.051.1 gbʿn l̊gdr l̊ḥnn[yhw]
22.051.1 gbʿn l̊gdr l̊ḥnn[yhw]
23.002.1 lsmk {*or* lhmk}
23.002.1 lsmk {*or* lhmk}
24.002.1 l’ẙ[
24.005.1 lmkbrm {*or* lmkbdm}

24.005.1 lmkbrm {*or* lmkbdm}
24.006.1 grb' [l] {*or* [l]yrb' [m]} | bn 'lm[ ]
24.007.1 lpqḥ. smdr
24.008.1 ldlyw
24.020.1 lpdy[w
25.001.1 l' wpy. bn | ntnyhw |
25.002.1 l' wpy. {*or* ' wzh} bn.
25.003.2 h' šr. ktbh | brk. 'ryhw. lyhwh | wmṣryh. l' šrth
25.003.3 lyhwh | wmṣryh. l' šrth hwš' lh | [ ]
25.003.3 | wmṣryh. l' šrth hwš' lh | [ ] l' nyhw | [
25.003.4 l' šrth hwš' lh | [ ] l' nyhw | [ ] wl' šrth |
25.003.5 [ ] l' nyhw | [ ] wl' šrth | [ ] '[š]rth
25.004.1 lyḥml
26.001.1 lyḥzyhw yyn kḥl
26.002.1 l' m
26.003.1 lšl
26.004.1 lqny
26.006.1 lgmlyhw
27.001.1 l' [
28.001.1 lyw
29.001.1 l' ḥ' b
30.001.1 lḥ[
30.002.1 [lnt]nyw wlsmk[yw]
30.002.1 [lnt]nyw wlsmk[yw]
33.001.1 'mr. [ ]yhw. lk. [š]lḥ. šlḥt. 't šlm
33.001.2 šlm bytk | w' t. 'l. tšm' lk[l. d]br 'šr ydbr. 'lyk.
37.001.1 'lm. {*or* šlm.} l' ḥqm. bn. m[n]ḥm |
38.001.1 l' lplṭ
39.001.1 lnmš
40.002.1 lm' [ ]
99.001.1 lby[t yhw]h qdš khnm
100.003.1 ḥmn {*or* lḥmn}
100.005.1 l' l|ḥnn

100.007.1 lʾsp
100.008.1 lḥym
100.009.1 lyw|ʾb {or lʾbyw}
100.009.2 lyw|ʾb {or lʾbyw}
100.011.1 lmn̊ḥ
100.012.1 lstrh
100.013.1 lqnyw
100.014.1 lrmʿ
100.015.1 lšbnyh̊w
100.016.1 lšmʿ
100.018.1 lbnyhw | bn | [ ]ḥr {or bn
100.019.1 ldmlyhw | {or lrmlyhw}
100.019.2 ldmlyhw | {or lrmlyhw} bn nryhw
100.020.1 lḥgy b|n šbnyhw
100.021.1 lḥwnn b|n yʾznyh
100.022.1 lḥwrṣ | bn pqll
100.023.1 lḥnnyh b|n tryh {or ʾryh
100.024.1 lḥnnyhw | bn ʿzryhw
100.025.1 lḥnnyhw | b̊n ʿkbr.
100.026.1 lyhwʿzr b|n ʿbdyhw
100.027.1 lyhwšʿ b|n ʿšyhw
100.030.1 lnḥmyhw | b̊n mykyhẘ
100.031.1 lntnyhw | bn bwzy
100.032.1 lntnyhw b|n ʿbdyhw
100.033.1 lsr̊yh b|n bnsmrnr
100.034.1 lʿbdyhw | bn yšb
100.035.1 l̊ʿbdyhw b̊|[n] šḥrḥ[r]
100.036.1 lʿzʾ b|n bʿlḥnn
100.037.1 lʿzyhw. | bn. ḥrp.
100.038.1 lʿšyhw. | bn. ywqm.
100.039.1 lšḥrḥr bn | ṣpnyhw
100.040.1 lšmʿyhw | bn ʿzryhw
100.042.1 lʾlzkr | bn | yhwḥyl

100.043.1 lšby b|n ’lzkr
100.046.1 lzkr | hwš‘
100.047.1 lzkr. | ‘zr.
100.048.1 l̊ḥ’h {*or* lḥ’b} | b‘d’l̊
100.048.1 l̊ḥ’h {*or* lḥ’b} | b‘d’l̊
100.049.1 l̊ḥnn | ydlyh̊ẘ
100.050.1 lḥnnyhw | nryhw
100.051.1 lyḥmlyh|w m‘śyhw
100.052.1 lyš‘yhw | ḥlqyhw
100.053.1 lyqmyhw | yšm‘’l
100.054.1 lyrm | zmryh|w
100.055.1 lm‘śyhw | mšlm
100.056.1 lnryhw | mšlm.
100.057.1 lšbn’ | ’ḥ’b
100.058.1 lšlm | yrmyhw
100.059.1 l’lšgb | bt ’lšm‘
100.060.1 ln’hbt b|t rmlyhw
100.061.1 l‘mdyhw | bt šbnyhw
100.062.1 l’bgyl | ’št | ‘śyhw
100.063.1 l’ḥtm|lk ’|št yš‘
100.065.1 l’byw ‘bd | ‘zyw
100.067.1 lšbnyw |*(verso)* lšbnyw |
100.067.2 lšbnyw |*(verso)* lšbnyw | ‘bd ‘zyw
100.068.1 lšm‘ | ‘bd yrb‘m
100.069.1 ly’znyhw | ‘bd hmlk
100.070.1 l‘bdyhw | ‘bd hmlk
100.071.1 lšm‘. ‘|bd hmlk
100.072.1 l’lšm‘. b|n. hmlk.
100.075.1 lšlm | bn ’dnyh | ḥ.pr.
100.090.1 lhnmy
100.092.1 lš’l
100.094.1 l’lrm bn | t̊m̊’
100.095.1 ln‘m’l | p̊’rt

100.096.1 lqsr̊ | ʾdn̊y
100.099.1 lšr
100.100.1 lʾlšmʿ b|n gdlyhw
100.101.1 lhʾmn | bn {*or* br} grql
100.106.1 lšmr n[
100.107.1 lksʾ | zkʾ
100.108.1 lʾlyqm | [n]ʿr ywkn
100.109.1 lšpṭyh|w ʿšyhw
100.110.1 lgʾlyhw | bn hmlk
100.121.1 l̊šlm. | ʾḥ̊.
100.122.1 lyqm|yhw
100.123.1 lʾbyw
100.124.1 l[[ʾ]]ḥmlk
100.125.1 lʿšnyhw. ʿbd. hmlk
100.126.1 lprʿ {*or* lgrʿ}
100.126.1 lprʿ {*or* lgrʿ}
100.127.1 lnry
100.129.1 lʾlsmky
100.130.1 lʾḥymn
100.132.1 lšnyw
100.136.1 lʾlʾmr
100.138.1 lʾlntn
100.139.2 smk | lʾḥmlk
100.140.1 lʾldlh {*or* lʾlrlh}
100.140.1 lʾldlh {*or* lʾlrlh}
100.141.1 lʾšnʾ. ʿ|bd. ʾḥz
100.142.1 lgdyhw {*or* lgryhw} | bn
100.142.1 lgdyhw {*or* lgryhw} | bn bṣy {*or* bṣm
100.143.1 lblgy b|n šbnyhw
100.144.1 lhwšʿyhw | bn šlmyhw
100.146.1 lyšʿ | ʿdʾl
100.147.1 lšlm
100.148.1 lpšḥr bn | ʿdyhw

100.149.1 lgdlyhw | [ʾ]šr ʿl hbyt

100.150.1 lḥlqyhw | bn mʾps

100.151.1 lʾyʿdh

100.152.1 lʾdtʾ ʾ|št pšḥr

100.154.1 lʿdyhw | ʾḥmlk

100.155.1 lsylʾ b|n hwdyh

100.156.1 lyhwʿz | ʾhʾb {or ʾḥʾb}

100.157.1 lʿlyh. ʾ|št. {*or* ʾmt.}

100.158.1 lytm {*or* lytn} bn | yg[

100.158.1 lytm {*or* lytn} bn | yg[

100.160.1 lʾbʾ | bwn[ ]

100.161.1 lrbyhw | hglnyh

100.161.2 lrbyhw | hglnyh {*or* lrbyhwh. glnyh}

100.162.1 lmqnyhw b|n yhwmlk {*or*

100.163.1 [l]ʿbnr | [p]qdyw

100.167.1 lšmʿ b|n zkryw

100.169.1 lḥṣy b|n gmlyhw

100.170.1 lʾlʿz | bn ʿzrʾl

100.174.1 lʿbyw {*or* lʿnyw} b|n [

100.174.1 lʿbyw {*or* lʿnyw} b|n [ ]ʿyw

100.175.1 lʿzryh | bn nḥm

100.176.1 lmlkyhw | ḥlṣyhw

100.177.1 ly|p|rʿ|yw

100.178.1 lšʾl

100.179.1 lʿzʾ. bn. ḥts

100.181.1 lhwšʿ

100.182.1 lmnḥm

100.186.1 lnḥm | hṣlyhw

100.187.1 ltnḥ|m ngb

100.189.1 lmšl|m ʾlntn

100.190.1 lm[šl]|m ʾl[ntn]

100.191.1 ln[ ]n|[ ]

100.192.1 ltnḥm | mgn

100.193.1		lbrky
100.196.1		lnr' | šbn'
100.197.1		lmnḥm | ywbnh
100.202.1		ln̊ḥ̊m̊ b|n ḥ̊mn̊
100.203.1		lḥgy b|n [
100.204.1		l'b'
100.205.1		l'z'
100.206.1		lmbn
100.207.1		l'ryhw | 'zryhw
100.208.1		lnrt {*or* lmr'} {*or* lnr'}
100.208.1	lnrt {*or*	lmr'} {*or* lnr'}
100.208.1	lnrt {*or* lmr'} {*or*	lnr'}
100.209.1		lmnšh bn | hmlk
100.210.1		l'kbr | 'ḥ̊qm
100.211.1		lyš' yh|w 'mryhw
100.212.1		ldršyh|w bn 'z̊[ ]
100.213.1		lḥgy | yš'l
100.218.1		l̊ḥnnyhw b|n gdlẙhw
100.220.1		l'lrm | ḥsdyhw
100.222.1		l[ ]|t br'
100.223.1		lšbn|' šḥr
100.224.1		l[ ] | 'lšm'
100.226.1		lyhwyšm' | bt šwššr'ṣr
100.228.1		l'zry|w hgbh
100.230.1		lbrkyhw | bn [ ]hw | bn
100.231.1		l'lyšb | bn 'šyhw
100.232.1		l'lšb | [[b]]n 'šyh
100.233.1		lqlyhw | d̊ml'l {*or* rml'l}
100.235.1		lpdyhw | bn psḥ
100.238.1		ldlh
100.239.1		l'prḥ b[n] | smkyhw
100.240.1		lgdlyhw | bn smk
100.241.1		ly'znyh {*or* ly'znyh̊[w]} |

100.241.1 lyʼznyh {*or* lyʼznyh̊[w]} | [b]n g̊dl
100.242.1 lʼlyqm | bn mʻšyh
100.243.1 lʻšy | gryhw
100.244.1 lnḥm | ʼlšmʻ̊
100.245.1 lʼply bn | šmʻ
100.247.1 lbsy
100.248.1 lyrmyhw
100.249.1 lywʼr
100.250.1 lmlkrm
100.251.1 llḥš
100.252.1 lyhwʼḥz | bn hmlk
100.253.1 lyhwkl | bn yhwḥ̊y
100.254.1 lnḥm b|n ʻnnyhẘ
100.255.1 [l]n̊ryhw | [bn] p̊r̊ʻš̊
100.256.1 lyhwʼl | m̊ẙʼm̊n
100.257.1 [l]šbn̊ẙh̊w | [ ] hmlk
100.258.1 lyrmyhw | bn ṣp̊nẙhw |
100.268.1 lmtnyhw | ʻzryhw
100.272.3 | ʻbd. yhwh |*(verso)* lmqnyw | ʻbd. yhwh |
100.273.1 lʼnyhw b|n hryhw
100.274.1 lṣpn ʼ|bmʻṣ
100.276.1 lb|wṭ {*or* lbwʻ}
100.276.2 lb|wṭ {*or* lbwʻ}
100.277.1 lʼlyqm | [nʻ]r ywkn
100.278.1 lʻzy
100.280.1 lšlm.̊ {*or* lšlmh̊} | ʼḥsmk̊
100.280.1 lšlm.̊ {*or* lšlmh̊} | ʼḥsmk̊
100.281.1 lʻbdyh | n̊r̊ẙh̊ẘ
100.282.1 lʼlyšb | bn ʼšyhw
100.288.1 lšbn|ʼ {*or* lšbnt} šḥr
100.288.2 lšbn|ʼ {*or* lšbnt} šḥr
100.291.1 lnḥm | ʻbdy
100.293.1 lslʼ bn ʼlʼ

100.294.1	lmʿšyhw | yšʿyh[w]
100.295.1	lšlm | ʾḥʾ
100.296.1	lšlm | ʾḥʾ
100.300.1	lʾldg[n]
100.301.1	lzry|hw hr|bt
100.307.1	lyrmy | hspr
100.308.1	lbrwk | bn šmʿy
100.309.1	lygʾl | bn zkry
100.310.1	lʾlʿzr | bn nḥm
100.311.1	lšʾl | bn nḥm
100.312.1	[l]ʾlʿzr
100.313.1	lmykh
100.316.1	lʾšʾ
100.317.1	lʾlyšʿ | bn grgr {*or* grgd}
100.318.1	ltmk[ʾ] | bn | mqnmlk
100.321.1	lyhwzr̊|ḥ bn ḥlq̊|[y]hw
100.322.1	lṣdq | bn mkʾ
100.323.1	[lz]kryw | khn dʾr
100.324.1	lḥmyʿdn | bt ʾḥmlk
100.325.1	lḥlqyhw | bn ddyhw
100.326.1	lmlkyhw | bn ḥylʾ
100.329.1	lklkly|hw. z̊kr
100.330.1	lʿbr|yhw
100.331.1	ldltyhw | bn ḥlq
100.332.1	lšbnyhw | bṣr
100.333.1	lšlmyh|w. šrmlk
100.334.1	lšryhw
100.337.1	lšbʿ y|ḥmlyhw
100.338.1	ldršy|hw ḥml
100.339.1	lʾḥyw | bn šʾl
100.340.1	lʿzr | ʾlʿš
100.341.1	ldmlʾ
100.342.1	lzqn | ʾḥzyhw

100.343.1		lš' np. | bn. nby
100.344.1		l'lyhw | yqmyhw
100.345.1		lm'š | bn. mnḥ. | hspr
100.346.1		lšm' b|n ywstr
100.347.1		ltmk'l | bn ḥgt
100.351.1		lḥnh
100.355.1		l'zr | ḥgy
100.359.1		lš'ryhw | bn ḥnyhw
100.359.3	| bn ḥnyhw |*(verso)*	lhwdyhw | š'ryhw
100.360.1		lṣpn | nryw
100.361.1		lyrymwt | bnyhw
100.362.1		l'zryhw b|n šmryhw
100.363.1		lšmryhw | bn pdyhw
100.364.1		lyrmyhw | bn mnḥm
100.365.1		l'šyhw | bn ḥwhyhw
100.366.1		l'ḥ'mh | bn yqymyhw
100.367.1		lhwdyhw | mtnyhw
100.368.1		lmkyhw | bn šlm
100.369.1		l'zr bn | mtnyhw
100.370.1		l'šyh|w 'zr
100.371.1		lywzn b[n]'d
100.372.1		l'dyhw b|n šptyhw
100.373.1		lšlm b|n nḥm
100.374.1		lmtn
100.375.1		l'lyšb | bn š'l
100.376.1		lṭb'|l. pdy
100.377.1		lrp'
100.378.1		l[ ] | bn̊ r̊p'
100.379.1		lplṭyhw | ḥlqyhw
100.380.1		l̊̊dl̊̊h | [ ]m̊lk
100.381.1		l̊̊š|l̊̊qẙ
100.392.1		lpn b̊n | yḥ̊ny
100.393.1		lbdyhw | {*or* ṭbyhw} bn

100.397.1 l’ln b|n ’lybr

100.404.1 ltnḥm | mgn {*or* mtn}

100.406.1 lmlkyhw | n‘r špṭ

100.407.1 l̊b̊nyh|ẘ n‘r ḥgy

100.408.1 [lyš‘]yhw bn [sn’]|blṭ pḥt

100.409.1 lbky. | šlm

100.411.1 lḥsd’ | yrmyhw

100.412.1 lḥmy’hl | bt mnḥm

100.413.1 l’šn’

100.414.1 lmnḥ̊[m]

100.415.1 l’prḥ b|[ ]’[ ]

100.416.1 lḥlqyh[w] | bn šm‘

100.418.1 lyš̊m‘̊’l b|n ḥlqyhw

100.419.1 lhṣlyh|w ḥnnyhw

100.420.1 lhṣlyhw | yš‘yhw

100.421.1 lyhw‘zr | ygdlyhw

100.422.1 l‘zyhw b|n nryhw

100.423.1 lhwš‘yhw | ’lšm‘

100.424.1 lhwš‘yh|w ’ḥmlk

100.425.1 l‘bdyhw | yš‘’

100.426.1 lš‘l | yš‘yhw

100.427.1 lm‘šyh | ẙšm‘’l

100.428.1 lmnḥm | bn hwš‘

100.429.1 l’ryhw | ḥnnyhw

100.430.1 l’ryhw | ’lnt̊n

100.431.1 lbnyhw b|n ṣbly

100.436.1 l’lyqm | ‘z’.

100.438.1 lšpṭyhw | smk̊[yh]w

100.452.1 lrpty | yhwk̊l

100.453.1 l̊rpty | yhwk̊l

100.454.1 lṣpn. ’|[b]m‘ṣ

100.465.1 lh[

100.466.1 lr[

100.467.1 lyḥ

100.470.1 lnḥm | ʿbdy

100.471.1 lʿbd|y

100.472.1 lšbn|ʾ šḥ[r]

100.473.1 lšwk|h šbn|ʾ

100.474.1 lnḥm | hṣlyhw

100.475.1 lš[ ] | šbnyh

100.481.1 ls[m]ky | ṣpnyhw

100.483.1 lšlm | ʿḥʿš

100.485.1 lʾbʾ

100.486.1 lʾlyqm | nʿr ywkn

100.493.1 ltnḥm | mgn {*or* mtn}

100.494.1 lkšy | ydʿyhw

100.495.1 lʾry|hw

100.497.1 lblgy | smk

100.498.1 lʾlyṣr

100.499.1 lbky | šlm

100.501.1 lʾdnyhw. | ʾšr ʿl hbyt

100.502.1 lʾdnyhw. | ʾšr ʿl hbyt

100.503.1 lntn ʾšr | [ʿ]l byt

100.504.1 lʾlšmʿ | [ʿ]bd hmlk

100.505.1 lgdlyhw | ʿbd hmlk

100.506.1 lgʾlyhw b|n hmlk

100.507.1 lnry[hw b]|n hmlk

100.508.1 lyrḥmʾl | bn hmlk

100.509.1 lbrkyhw | bn nryhw |

100.511.1 lʾdnyhw b|n yqmyhw

100.512.1 lpdyhw | yhwqm

100.513.1 [lʾ]ḥyhw | [ʿ]byhw

100.514.1 lʾḥqm b[n] | ṭbyhw

100.515.1 lʾḥqm | nryhw

100.517.1 lʾlʿz | bn ʾḥʾb

100.518.1 lʾlʿz bn | ʾḥʾb

100.519.1 lʾḥʾb | bn ʾprḥ
100.520.1 [lʾ]prḥ bn | yhwšʿ
100.521.1 lʾprḥ b|n yhwšʿ bn |
100.522.1 [lʾ]p̊rḥ | [bn] š̊ḥr
100.523.1 lʾprḥ [b|n šḥ]r bn |
100.524.1 lšḥr bn | gdyhw
100.525.1 lšḥr [b]|n gdy
100.526.1 lšḥr | [g]dyh[w]
100.527.1 [l]ʾlyhw b̊|[n] mykh
100.528.1 lʾlyʿz | bn hwšʿy[hw]
100.529.1 lʾlyr̊m | šmʿyhẘ
100.530.1 lʾln[t]n | bn yʾš
100.531.1 [l]ʾmryhw | bn | yhwʾb
100.532.1 l̊ʾšḥr̊ b|[n] ʿšyhw
100.533.1 lʾšyhw | bn šmʿyhw
100.534.1 [lʾš]rḥy | ʿšyhw
100.535.1 lbnyhw | ʿlyhw
100.536.1 lbʿdyhw | [
100.537.1 lbʿdyh̊[w] | šryhw
100.538.1 [l]brkyh̊ẘ | [bn š]mʿyhw
100.539.1 lgʿly b|n ʾlysmk
100.540.1 lgʿly b|n ʾl[[y]]smk
100.541.1 lgd[ly]hw | hw[š]ʿyhw
100.542.1 ldmlyhw | bn rpʾ
100.543.1 ldmlyhw [b]|n hwšʿyh[w]
100.544.1 [ld]mlyhw | [bn h]wšʿyhw
100.545.1 ld[mlyhw] | bn
100.546.1 ldmly[hw] | hwš[ʿyhw]
100.547.1 lhwšʿyhw | ḥlṣyhw
100.548.1 lhwšʿyhw | šmʿ
100.549.1 lhṣlyhw | bn šbnyhw
100.550.1 lzkr bn | nryhw
100.551.1 [lz]kr bn | [ ]lyhw

100.552.1	lḥb' b|n mtn
100.553.1	lḥgb bn | ṣpnyhw
100.554.1	lḥgb bn | ṣpny[hw]
100.555.1	[l]ḥgy bn | hwdwyhw
100.556.1	lḥṭš | špṭyhw
100.557.1	lḥlq b|n ʿzr
100.558.1	lḥlqyhw b|[n]yhw
100.559.1	lḥlqyhw | bn [
100.560.1	[l]ḥlṣ b[n] | 'ḥ'b
100.561.1	lḥnnyhw | nḥmy[hw]
100.563.1	[lḥ]nn bn | [ʿ]zyhw bn | [
100.564.1	[l]ḥnn bn | šmʿyhw
100.565.1	lṭby[hw] | ʿbd'
100.566.1	ly'š bn | 'lšmʿ
100.567.1	ly'š | [b]n pdyhw
100.568.1	lydʿyhw | bn krmy
100.569.1	lydʿyhw | bn šʿl.
100.570.1	lyhw' | bn | mšmš
100.571.1	lyhw'ḥ | 'lyʿz
100.572.1	[l]yhw'ḥ | 'lʿz
100.573.1	[lyh]w'ḥ b|[n] 'lʿz
100.574.1	lyhwʿz | bn mtn
100.575.1	lyqmyhw | bn mšlm
100.576.1	lyqm[yhw] | s[
100.577.1	lyqmyhw | bn nḥm
100.578.1	lyrm[yhw] | yšmʿ'[l]
100.579.1	lyšmʿ'l | [b]n šʿl bn |
100.580.1	lyšm[ʿ'l] | [b]n mḥsy[hw]
100.581.1	lyšm[ʿ'l |
100.582.1	lyšm[ʿ'l |
100.583.1	lyšʿyhw | bn ḥml
100.584.1	[ly]šʿyhw | [']lṣd[q]
100.585.1	lmḥsyhw | 'lyhw

100.586.1 lmḥ[sy]hw | bn plṭyhw
100.587.1 [lmʿ]šyhw | myʾmn
100.588.1 [lm]yʾmn | [bn] ʿpy
100.589.1 lmyr[b] | yšmʿʾl
100.590.1 lmkyhw | bn ʾlʿz
100.591.1 lmkyh[w] | yšʿy[hw]
100.592.1 lmkyhw | bn mšlm
100.593.1 [ls]mkyh[w] | bn
100.594.1 lmky[hw] | plṭyhw
100.595.1 lmky[hw] b|n šḥ[r]
100.596.1 lmkyhw | šbnyhw
100.597.1 lmkyhw | šbnyhw
100.598.1 [l]mlkyhw | ḥlq
100.599.1 lmlkyhw | bn pdyhw
100.600.1 [l]mnḥm | ḥnnyhw
100.601.1 lmnḥm bn | yšmʿʾl
100.602.1 lmn[ḥm bn] | yš[mʿʾl]
100.603.1 lmnḥm b|n mnš
100.604.1 lmnḥm | pgy
100.605.1 lmʿšy[hw] | ʾšyhw
100.606.1 lmspr bn | [ ]ywʿ[ ]
100.607.1 lmʿšy[hw] | ḥlqyhw
100.609.1 lmqnmlk | [
100.610.1 lmšlm. | ʾšyhw
100.611.1 lmšlm b|n rpʾyhw
100.612.1 lmšʿn b[n] | šḥr.
100.613.1 lmtn bn | [ʾ]dnyḥy | [bn
100.614.1 lmtn bn | plṭyhw
100.615.1 lmtn bn | [p]lṭyhw
100.616.1 lmtn b[n] | plṭyh[w]
100.617.1 lmtn bn | hwdwyhw
100.618.1 lmtn b[n] | yhwzrḥ
100.619.1 lmtnyhw b|n smkyhw

100.620.1	lngby b|n mlkyhw
100.621.1	ln̊[ḥ]m bn | rp'[yhw]
100.622.1	lnmš b|[n] n̊r̊ẙhw
100.623.1	lnmšr. | bn šʿl.
100.624.1	lnmšr bn | šbnyhw
100.625.1	lnryhw | 'dny[hw]
100.626.1	lnryhw | 'šrḥy
100.627.1	lnryhw | [']šryḥt
100.628.1	lnryhw b|n hṣlyhw
100.629.1	lntn 'ḥ|mlk
100.630.1	lntn | pdyhw
100.631.1	ls'l b|n ysp
100.632.1	[l]sl' b|n ksl'̊
100.633.1	lsʿdyh[w] | [b]n z[ ]
100.634.1	lʿbdyhw | b̊n mtn
100.635.1	lʿzr | plṭyhw
100.636.1	lʿzryh[w] | bn s[mk]
100.637.1	lʿzryhw | b̊n̊ pdyhw
100.638.1	lʿzrqm | bn prpr
100.639.1	[l]ʿzrqm | [bn] ṣdq'
100.640.1	lʿkb[r
100.641.1	lʿlyhw | rp'
100.642.1	l̊ʿ̊lyhw | ḥlṣ̊
100.643.1	lplṭyhw b|n hwšʿyhw
100.644.1	lplṭyhw | hwšʿyhw
100.645.1	[l]plṭyhw | hwšʿyhw
100.646.1	lplṭyhw | [hwšʿ]ẙhw
100.647.1	lplṭyhw | hwšʿyhw
100.648.1	lplṭyhw | bn hwšʿyhw
100.649.1	lplṭyhw | bn ḥlq
100.650.1	lpn[ ]b[ ] | ḥnny
100.651.1	lpšḥr bn | 'ḥ'mh
100.652.1	lpšḥr bn | mnḥm.

100.653.1 lpṭḥ b|n nḥm
100.654.1 lṣpn. | mqnyhw
100.655.1 lṣpnyhw | šʾlh
100.656.1 lqrbʾr | b̊n̊ ʿzrʾl
100.657.1 lr̊ʾyhw | ḥ̊lṣyhw
100.658.1 lšlm b|n ʾlšm̊[ʿ]
100.659.1 [lšl]m bn | [ʾl]šmʿ
100.660.1 lšl[m bn] | ʾ[l]š̊[mʿ]
100.661.1 lšlm b[n] | hwšʿyhw
100.662.1 [l]šmʿyhw | yʾzn
100.663.1 lšmʿyhw | [
100.664.1 lšʿl bn | yšmʿʾl
100.665.1 lšp̊ṭ̊y[hw] | ʾdnyhw
100.666.1 lšp̊ṭ b[n] | ʾ̊ḥyhw
100.667.1 lšbny[hw] | šryhw
100.668.1 ltnḥ̊[m] | hṣl[yhw]
100.674.1 lš[ʿ]l b[n] | ml[k]yh̊[w]
100.684.1 lm[ ] | bn [
100.689.1 lyhw[|
100.690.1 lyhw[|]ʿyh[
100.696.1 lšl[m |
100.712.1 l|ʾb|šʿl
100.713.1 lšbnyhw | bn [
100.714.1 lplṭh bn | yšmʿʾl
100.715.1 lḥnnyhw b|n qwlyhw
100.716.1 [l]ṣpnyh | mtnyh
100.718.1 l̊dmlyhw b|n yhw[ ]
100.719.1 lnryhw | bn hmlk
100.720.1 l[[n]]tnʾl
100.721.1 lbnyhw | mtnyhw
100.722.1 lyʾznyh | mʿbdyh
100.723.1 lrpʾ bn | ḥlqyhw
100.724.1 lywʿlẙh̊w | yšmʿʾl

100.725.1 lsmkyh̊[ ] | ʿms

100.727.1 l̊n̊r̊yh̊w | g̊šmy

100.728.1 lʿzryhw | ḥlqʾ

100.729.1 lʾlšmʿ | ḥlṣyhw

100.730.1 lʾnyhw. b|n. myrb

100.733.1 lḥnh b|t ʿzryh

100.734.1 lḥnn b|n ḥlqyhw | hkhn

100.735.1 lmqn

100.736.1 lʿmd|yh̊w | bt. ʿz|ryhw

100.737.1 l̊ḥ̊lq̊ẙh̊w | b̊n̊ p̊d̊ẙ

100.738.1 [lš]ʾ̊l | [ʿ]bdyhẘ

100.739.1 l̊nr̊y | ʾ̊ḥ̊m̊lk

100.740.1 l̊š̊r̊.

100.743.1 [lnḥ]m | [ʿbd]y

100.744.1 lʾlyʾr. | pdyhw

100.745.1 lnryhw | mtn

100.746.1 lyknyhw | bn ḥkl

100.747.1 lntn. | ʾlyhw

100.748.1 lmnšh | mlkyhw

100.749.1 lmkr | mkyhw

100.750.1 lh̊[ ]yh | pdyhw

100.751.1 lsʿgyhw | mlkyhw

100.752.1 lʾṣlyhw | bn ydw

100.754.1 lmr|ymwt

100.755.1 lʾlšmʿ | šrmlk

100.756.1 lḥzq

100.757.1 lmšl̊m | ʾspẙ

100.758.1 lmnr

100.760.1 lgdyhw | bn | hmlk

100.761.1 lmlkyhw | bn mtn

100.762.1 lʾlyhw. | ʾḥmlk

100.763.1 lʾlyʾr b|n yrmyhw

100.765.1 lntn | mʾ̊s

100.766.1 lytm. | bn. ʾlzkr
100.767.1 l[s]m̊k̊. | [pd]y
100.772.1 lṣdq | smk
100.776.1 ltnḥ|m ngb
100.777.1 lggy
100.778.1 lmtnyhw | yšmʿʾl
100.779.1 [l]yhwrm
100.780.1 lšryhw | nryhw
100.781.1 lmʿdnh | bt hmlk
100.782.1 lplʾyh|w mttyhw |*(verso)*
100.782.3 mttyhw |*(verso)* lplʾyhw | ʾšr ʿl | hms
100.783.1 lntbyhw | nʿr mtn
100.784.1 lšbnyhw | bn hmlk
100.785.1 lʿrb | nby
100.787.1 lnry b|n šbnyw
100.788.1 lmnḥm | ywbnh
100.789.1 lnrʾ | šbnʾ
100.790.1 lṣpn ʾ|bmʿṣ
100.791.1 ltnḥm | mgn
100.801.1 lblgy b|n dlyh[w]
100.802.1 lgmryhw | [b]n špn
100.803.1 lḥ̊nmlk̊ | yšmʿʾl
100.804.1 [lṭbšlm] | bn zkr | hrpʾ
100.805.1 lšmʿyhw | bn yʾzny[h]
100.807.1 lʾlšmʿ b|n smkyh
100.808.1 lmky[hw] | bn ḥṣy
100.809.1 lʾprḥ | ʾḥyhw
100.810.1 lʾlšmʿ | bn yhwʾb
100.812.1 lydʿyhw | bn mšlm
100.813.1 lgdyhw | bn ʿzr
100.814.1 lšmʿy[hw] | m̊ḥsy[hw]
100.817.1 lrpʾyhw | bn ʾprḥ
100.819.1 lgmryh | bn mgn

100.820.1 [l]ʾlntn | bn blgy
100.823.1 lšmʿyhw | [b]n plṭyhw
100.827.1 lʿzryhw b|n ḥlqyhw
100.828.1 lṭbšlm̊ | bn zkr
100.829.1 lʾlyqm̊ | bn ʾwhl
100.831.1 lbnyhw b|n hwšʿyhw
100.832.1 lʿzrqm | mkyhw
100.833.1 lbrkyhw | bn mlky
100.834.1 lḥnnyh[w] b|n ʾḥʾ
100.835.1 lsylʾ b|n ʾlšmʿ
100.836.1 lnryhw | dmlyhw
100.839.1 lšpṭyhw | bn ṣpn
100.845.1 lʾḥymh̊ | ḥnnyh
100.848.1 lyʾznyh[w] | [b]n mʿšyhw
100.850.1 lšpṭyhw | bn dmlẙ[hw]
100.851.1 [l]nḥm bn | šʾlh
100.852.1 lnmš bn | mkyhw
100.853.1 lʾṣlyhw | bn mšlm
100.854.1 lʿlyw
100.855.1 lyhwʿdn | bt ʾryhw
100.856.1 lmšwlmt
100.858.1 lʿzryhw šʿr hmsgr
100.860.1 [l]ydw ʾšr | [ʿ]l hbyt
100.861.1 [lʾ]šnʾ
100.862.1 lyšʿyhw | ʿmlyhw
100.863.1 l[ ]yhw | bn ʿmlyhw
100.864.1 ldlyhw bn | gmlyhw
100.865.1 lʾḥyqm | mtn
100.866.1 lʿzr
100.867.1 lʾbgyl b|t ʾlḥnn
100.868.1 lklkl | mnḥm
100.869.1 lywʾl b|n yhwkl
100.870.1 lydnyhw | bn ntnyhw

100.871.1	lʿzr
100.872.1	lʾlyš|b ḥgy
100.875.1	lmlyhw | yhwšʿ
100.876.1	lmtn | ʾḥʾb
100.877.1	lpḥʾ
100.878.1	lṣpn | ʾḥymlk
100.879.1	l[š]lmyh[w] | [b]n ʾlyšb
100.880.1	lšpn | pdyhw
100.883.1	lʿmnwyhw | bt gdl
100.884.1	lsʿdh
100.885.1	lʿbdʾ | šryhw | yḥy
100.886.1	lmḥsyhw | nby
100.887.1	lplṭyhw | bn kslʾ
100.888.1	lplṭyhw | ḥlqyhw
100.889.1	lʿtyhw | mtnyhw
100.890.1	lʾḥ̊ml̊̊k | yhwʾb (*or* yhwʾr
100.891.1	lʾdnyh|w. smʿ.
100.892.1	lhṣlyhw | ʿbdʾ
100.893.1	lšlm | hdyhw
100.894.1	lšmryhw b|n yrmyhw
100.895.1	lpdyhw | špl
100.896.1	lpšḥr
100.897.1	lgmryhw b|n ʾlntn
100.898.1	lrpʾ bn | bnʿnt
100.899.1	lyrmyhw | bn ʿšʾ[ ]
100.900.1	lnḥm | hṣlyhw
105.001.1	lmlk ḥbrn
105.002.1	lmlk ḥbrn
105.003.1	lmlk ḥbrn
105.004.1	lmlk ḥbrn
105.006.1	lmlk zyp
105.007.1	lmlk zp
105.008.1	lmlk zyp

105.009.1 lmlk zyp
105.011.1 lmlk šwkh
105.012.1 lmlk šwkh
105.013.1 lmlk šwkh
105.014.1 lmlk šwkh
105.016.1 lmlk mmšt
105.017.1 lmlk mmšt
105.018.1 lmlk mmšt
105.019.1 lmlk mmšt
106.003.1 yhwd {*or* lyhʿzr}
106.012.1 lpqd yhd
106.015.1 ʿzbq ṣdqyh {*or* lzbdyw ṭ yhd} {*or* yhʿzr
106.016.1 lʾḥzy {*or* lʾḥyw} | pḥwʾ
106.016.1 lʾḥzy {*or* lʾḥyw} | pḥwʾ {*or* pḥrʾ}
106.017.1 lʾlntn | pḥwʾ {*or* pḥrʾ}
106.018.1 lšlmyt | ʾmt ʾln|tn
108.043.1 2 lmlk
108.054.2 pym | lzkry|hw. yʾr
108.055.1 lndb|yh

lʾ *particle* (12)

1.002.6 ʾ|[dn]y {*or* ʾy} dbr. ʾšr lʾ. ydʿth
1.003.8 ʿbd|k wky ʾmr. ʾdny. lʾ. ydʿth. | qrʾ. spr
1.003.12 | qrʾty. ʾth ʾḥr {*or* [wl]ʾ} ʾtnnhw ʾl. {*or* ʾtn
1.004.12 hʾtt. ʾšr ntn | ʾdny. ky lʾ. nrʾh ʾt ʿz|qh
1.006.6 h[šrm] {*or* h[nbʾ]} | lʾ ṭbm lrpt ydyk [lhš]|qṭ
1.006.8 [ ] ʾnk[y] ʾ]dny hlʾ tk|tb ʾlh[m]
1.006.14 qrʾ ʿb|dk ʾt hspr[m] l[ʾ] h[y]h | lʿb[dk]
2.016.10 | ṣbk[ ] šlḥ | ʾt nḥm wlʾ tšlḥ l[
2.040.8 b]|ʾ. mʾtk. wʾyš [lʾ ntn l]|hm. whn. ydʿth
2.040.12 | whʾ. hmktb. bqš [wlʾ ntt]|y. ydʿ. mlk.
7.001.12 bgdy wʾmlʾ. {*or* wʾm lʾ.} lšr lhš|[b ʾt bgd]
7.001.14]t ʾt [ʿ]bdk wlʾ tdhm n[

lb *n.* (3)

1.003.6	ʾd[ny] lʿbdk} ʾmš. ky. lb | [ʿ]bd[k] d̊ẘh̊. mʾz.
2.040.4	| wʿt. hṭh̊ [ʿ]b̊d̊k̊ [l]b̊h | ʾl. ʾšr ʾm̊[rt
8.022.1	ḥnn [ ] wntn lh yhw klbbh

lbm *PN* (1)

100.089.1	lbn {*or* lbm}

lbn *PN* (1)

100.089.1	lbn {*or* lbm}

lg *n.* (3)

109.001.1	hn 1 wḥṣy. hlg wrbʿt. hlg
109.001.1	hn 1 wḥṣy. hlg wrbʿt. hlg
109.002.1	rbʿ]t hlg

lḥm *n.* (8)

1.009.3	šlm. ẘ[| wʿt] t̊n̊. lḥm 10 w|[yyn] 2 hš̊b̊. |
2.001.8	1. qmḥ | lʿšt. lhm. l|ḥm. myyn̊. | hʾgnt. ttn
2.002.4	l|ʾrbʿt hymm w | 300 lḥm w|mlʾ. hḥmr. yyn
2.003.7	bṣr.} w|spr̊. hḥṭm. whl|ḥm wlqḥt |*(verso)* ʾlk
2.005.6	ʾ]šr̊. | [ ]qm|[ḥ lʿšt] lḥm l|[k]t[ym] ʾt | [ ]h
2.006.4	šlḥ mʾtk ʾl | yḥzy[hw] | lḥ[m] 3 {*or* 300} | [
2.010.3	yyn *bath* 1 | [ ]m {*or* [wlḥ]m.} ʾm̊tym.
2.012.6	] | s[ ]š wtn[ʾ]|t hlḥm. wb[ ]ʾyl [ ] |

lḥš *PN* (1)

100.251.1	llḥš

lkš *LN* (1)
1.004.10 [ ] | wydʿ. ky ʾl. mšʾt lkš. nḥ|nw šmrm. kkl.

lmh *adv.* (1)
1.006.9 {*or* ʾlẙ[hm]} [lʾmr lm]h̊ tʿšw. | kzʾt

ln *v.* (1)
2.040.11 y]|rd ym. w[ʾ]š[yh]w. ln̊ [bbyty] | whʾ. hm̊k̊t̊b̊.

lqḥ *v.* (8)
1.003.18 bn ʾḥyhw w|ʾnšw šlḥ. lqḥt. mzh. {*or* myh.} |
1.004.6 šm̊. ʾ|d̊m wsm̊kyhw lqḥh. šmʿyhw w|yʿlhw.
2.003.8 } w|spr̊. hḥṭm. whl|ḥm wlqḥt |(*verso*) ʾlk [ ] |
2.012.1 [ʾl ʾly]šb. q[ḥ] šmn 1 w|[ ] 2 qmḥ
2.017.3 ʾlyšb. | bn ʾšẙh̊w. wlqḥ|t. mš̊m̊. 1 šmn. w|šlḥ.
2.111.4 y]|rʾ. mʾd wʾtn [ ] | ylqḥ nšb dbr [ ] | hyh.
7.001.8 {*or* ḥšbyhw} bn šb|y. wyqḥ. ʾt bgd ʿbdk kʾšr klt |
7.001.9 klt | ʾt qṣry zh ym̊m lqḥ ʾt bgd ʿbdk | wk̊l

lqš *n.* (1)
10.001.2 ʾsp. yrḥw z̊|rʿ. yrḥw lqš | yrḥ ʿṣd pšt | yrḥ qṣr

m *abbreviation* (1)
108.056.2 *shekel* 1 | m

mʾb *LN* (1)
1.008.3 {*or* [k]m̊š̊[ ]} ʾ̊[m]l̊k̊. m̊ʾ|b. rḥ̊[p] ẙš̊ʿ ẙh̊ẘh̊ [ ] |

mʾd *adv.* (1)
2.111.3]|rt wbmšmr [y]|rʾ. mʾd wʾtn [ ] | ylqḥ nšb

m'h *num.* (4)
2.010.3 [wlḥ]m.} 'm̊tym. {*or* [[m']]tym.} wšmn 1 | [
4.116.5 mn. hmwṣ'.'l. hbrkh. bm'ty[m. w]'lp. 'mh.
4.116.5 bm'ty[m. w]'lp. 'mh. wm[']|t. 'm̊h. hyh. gbh.
11.001.2 lmlk 'l[p] | šmn wm'h̊ [ ] | ḥ̊yhw {*or* [

m'wmh *pron.* (1)
1.003.13 '̊l. {*or* 'tn bh w|k̊l. } m'wm̊[h] ẘl'bdk. hgd. |

m's *PN* (2)
100.150.2 lḥlqyhw | bn m'p̊s {*or* m's}
100.765.2 lntn | m'̊s

m'ps *PN* (1)
100.150.2 lḥlqyhw | bn m'p̊s {*or* m's}

m'š *PN* (2)
100.279.1 m'š
100.345.1 lm'š | bn. mnḥ. | hspr

mbṭḥyhw *PN* (1)
1.001.4 | ḥgb. bn. y'znyhw. | mbṭḥyhw. bn. yrmyhw |

mbn *PN* (1)
100.206.1 lmbn

mgn *PN* (6)
13.003.1 lgbr mgn
100.192.2 ltnḥm | mgn
100.404.2 ltnḥm | mgn {*or* mtn}
100.493.2 ltnḥm | mgn {*or* mtn}
100.791.2 ltnḥm | mgn
100.819.2 lgmryh | bn mgn

mh *pron.* (1)
1.005.9 {*or* h̊q[š]r̊} b[ ]|h̊. mh. l‘bdk. {*or* hẙm h̊’l̊.

mhrh *adv.* (2)
2.012.3 wtn. ’[tm | lqw]s‘nl mhrh. ṣ[ ] | [ ]’lb[ ]ṣy[
2.017.5 w|šlḥ. l̊z̊p {*or* l̊h̊m} mhrh. w|ḥtm. ’th bḥ|tmk

mwṣ’ *n.* (1)
4.116.5] | hmym. mn. hmwṣ’.’l. hbrkh.

mwqr *PN* (1)
13.001.3 mpqd. brkyhw | gbḥ | mwqr | šlmyhw

mwryh *LN* (1)
15.007.1 hmwr̊ẙh̊ {*or* pqd yh}

mz *n.* (2)
1.030.1 mz. ṣmqm. šḥrt.
24.014.1 mz | [ ]yhḥ. qdš |

mḥh *v.* (3)
15.001.2 | yšr mḥr {*or* [[’]]šr [[y]]mḥh}
20.002.1 ’rr. ’šr. ymḥh|[ ]nh̊[|]yh[ ] |
34.001.3 w[‘d. ’š. ’šr. | yb]’. wmḥw[.] ’[t. hspr. hzh.]

mḥmm *PN* (1)
4.119.1 lmḥmm

mḥsyhw *PN* (6)
2.023.5] | b[n] | m̊ḥ̊s[yhw] | bn [ ] |
100.580.2 lyšm[‘’l] | [b]n mḥsy[hw]
100.585.1 lmḥsyhw | ’lyhw

100.586.1	lmḥ[sy]hw | bn plṭyhw
100.814.2	lšmʿy[hw] | m̊ḥsy[hw]
100.886.1	lmḥsyhw | nby

mḥsyw *PN* (1)
3.304.1   šḥ[ ] {*or* m̊ḥ̊[syw]} \| qlyw[ ] \|

mḥr *adv.* (4)
1.009.8   yd š̊l̊m̊yhw. ʾ\|šr nʿšh. m\|ḥ̊r
1.021.8   [ ] \| [ʾ]\|mr ḥ̊ẙn̊ [m]\|ḥ̊r.̊ʾ[ ] \| [ ]r̊ḥ̊[ ]
2.002.6   ḥḥmr. yyn wh\|sbt mḥr. ʾl tʿḥr. \| wʿm. ʿwd.
15.001.2   ʿ ʾrr \| yšr mḥr {*or* [[ʾ]]šr [[y]]mḥḥ}

my *pron.* (3)
1.002.3   šl\|m. ʿt.̊ kym ʿt kym my. ʿbd\|k klb ky. zkr.̊
1.005.3   wṭb [ʿt \| kym] ʿ̊t k̊ẙ[m] my. ʿbdk \| klb. k̊ẙ [šl]ḥt
1.006.2   ʾdny ʾt̊ h̊ʿt hzh. šlm my \| ʿbdk.̊ klb ky. šlḥ.

myʾmn *PN* (4)
100.256.2 lyhwʾl \| m̊ẙʾm̊n
100.437.1 myʾmn \| b̊[[n]] ʿdd
100.587.2 [lmʿ]šyhw \| myʾmn
100.588.1 [lm]ẙʾmn \| [bn] ʿpy

myh *uncertain* (1)
1.003.18   šlḥ. lqḥt. mzh. {*or* myh.} \| wspr. ṭbyhw

mykh *PN* (2)
100.313.1 lmykh
100.527.2 [l]ʾlyhw b̊\|[n] mykh

mykyhw *PN* (1)
100.030.2 lnḥmyhw | b̊n mykyhẘ

mym *n*. (3)
2.111.8 h˙br ẘ[ ] | lšmˑ. [ ] | mym.[ ] | ʾt [
4.116.5 ˑl. [g]rzn. wylkw[.] | hmym. mn. hmwṣˑ.ˑl.
4.125.2 mtḥt. lz[ ]|rk. hmym [ ] | byrkty h̊[ ] |

myrb *PN* (2)
100.589.1 lmyr[b] | yšmˑˑl
100.730.2 lˑnyhw. b|n. myrb

mkˑ *PN* (2)
100.322.2 lṣdq | bn mkˑ
100.464.1 mkˑ

mkbrm *PN* (1)
24.005.1 lmkbrm {*or* lmkbdm}

mky *PN* (3)
2.110.2 mšlm. nˑr ʾlnt[n] | mky. nˑr. gdlẙh̊ q[
37.001.4 mrntn {*or* mrptn} | mky. bn. ḥṣlyhw. mmqdh
100.153.1 mky | šq̊nyh {*or* yq̊myh}

mkyhw *PN* (14)
1.011.4] | [ ] | ʾl̊n̊tn̊[ ] | mkyhw[ ] | s[m]kyhw [
4.201.2]yhw[|]mkyhw [| ʾl] qn ʾrṣ
100.368.1 lmkyhw | bn šlm
100.590.1 lmkyhw | bn ʾlˑz
100.591.1 lmkyh[w] | yšˑy[hw]
100.592.1 lmkyhw | bn mšlm
100.594.1 lmky[hw] | plṭyhw
100.595.1 lmky[hw] b|n šḥ[r]

100.596.1 lmkyhw | šbnyhw
100.597.1 lmkyhw | šbnyhw
100.749.2 lmkr | mkyhw
100.808.1 lmky[hw] | bn ḥṣy
100.832.2 lʿzrqm | mkyhw
100.852.2 lnmš bn | mkyhw

mkl *PN* (1)
1.019.3 {*or* ʿzr} 10 | pqḥ. 10 1 | mkl. {*or* [ʿ]mdl.} 50

mkr *PN* (1)
100.749.1 lmkr | mkyhw

mktb *n.* (2)
2.040.9 ntn l]|hm. whn. ydʿth [hmktbm m]|ʾdm. nttm
2.040.12 ln [bbyty] | whʾ. hmktb. bqš [wlʾ ntt]|y.

mlʾ *v.* (4)
2.002.4 hymm w | 300 lḥm w|mlʾ. hḥmr. yyn wh|sbt
7.001.12 hšb nʾ ʾt] bgdy wʾmlʾ. {*or* wʾm lʾ.} lšr
9.002.1 mlʾ. ml[ʾ] | wtʿṣr. |
9.002.1 mlʾ. ml[ʾ] | wtʿṣr. | wt[ʿṣ]r.

mlʾkh *n.* (1)
1.013.1 [ ]qmw. lʿšt mlʾkh. [ ] |

mlʾky *PN* (1)
2.097.1]mlʾky

mldh *LN* (1)
37.001.2 | ʿmdyhw. bn. zkr. mmldh | hwšʿyhw. bn.

mlḥmh *n.* (2)

8.023.2 hrm [ ] | brk b'l bym mlḥ[mh] | lšm 'l bym
8.023.3 mlḥ[mh] | lšm 'l bym mlḥ[mh

mlyhw *PN* (1)

100.875.1 lmlyhw | yhwš'

mlk *v.* (1)

2.088.1 'ny. mlkty. bk[l] | 'mṣ. zr'.

mlk *n.* (53)

1.003.19 } | wspr. ṭbyhw 'bd. hmlk. hb' | 'l. šlm. bn
1.005.10 y[[b]]'} | ṭbyhw. zr' lmlk
1.006.4 ky. šlḥ. 'dny '[t sp]|r hmlk [w't] spry hšr[m
1.006.10 | kz't [wbyr]šlm h[n]h l|mlk {or [wnq]y šlmh
1.006.11 l|mlk {or [wnq]y šlmh hlmlk} [t]'šw hd[b]|r
1.008.3] {or [k]mš[ ]} '[m]lk. m'|b. rḥ[p] yš'
1.102.1 bt lmlk
2.024.3]bm[ ] | ls[ ] mlk [|] ḥyl [|
2.024.17 't h|'yr. dbr. wdbr hmlk 'tkm | bnbškm. hnh
2.040.13 bqš [wl' ntt]|y. yd'. mlk. yhwd[h ky 'y]|nnw.
2.088.3] | 'mṣ. zr'. w[ ] | mlk. mṣrym. l[
5.013.1 ḥṣy. lmlk
8.017.1 'mr. '[šyw] h[ml]k. 'mr. lyhl[l'l]
11.001.1 lmlk 'l[p] | šmn wm'h [ ]
18.001.1 bt [lmlk]
20.002.6 |]wb[ ] | brk.bgy[ ]mlk | brk. 'dny[
34.001.2 | m']ḥry. {or]ḥdy} mmlk. gdl. w['d. 'š. 'šr. |
100.069.2 ly'znyhw | 'bd hmlk
100.070.2 l'bdyhw | 'bd hmlk
100.071.2 lšm'. '|bd hmlk
100.072.2 l'lšm'. b|n. hmlk.
100.110.2 lg'lyhw | bn hmlk

100.125.1	lʿšnyhw. ʿbd. hmlk
100.209.2	lmnšh bn | hmlk
100.252.2	lyhwʾḥz | bn hmlk
100.257.2	[l]šbnyhw | [ ] hmlk
100.504.2	lʾlšmʿ | [ʿ]bd hmlk
100.505.2	lgdlyhw | ʿbd hmlk
100.506.2	lgʾlyhw b|n hmlk
100.507.2	lnry[hw b]|n hmlk
100.508.2	lyrḥmʾl | bn hmlk
100.719.2	lnryhw | bn hmlk
100.759.2	gʾlyhw | ʿbd hmlk
100.760.3	lgdyhw | bn | hmlk
100.781.2	lmʿdnh | bt hmlk
100.784.2	lšbnyhw | bn hmlk
105.001.1	lmlk ḥbrn
105.002.1	lmlk ḥbrn
105.003.1	lmlk ḥbrn
105.004.1	lmlk ḥbrn
105.006.1	lmlk zyp
105.007.1	lmlk zp
105.008.1	lmlk zyp
105.009.1	lmlk zyp
105.011.1	lmlk šwkh
105.012.1	lmlk šwkh
105.013.1	lmlk šwkh
105.014.1	lmlk šwkh
105.016.1	lmlk mmšt
105.017.1	lmlk mmšt
105.018.1	lmlk mmšt
105.019.1	lmlk mmšt
108.043.1	2 lmlk

mlky *PN* (1)
100.833.2 lbrkyhw | bn mlky

mlkyhw *PN* (15)
2.024.14 'tm. rmtng̊[b by]|d. mlkyhw bn qrb'wr.
2.039.2 yqmyhw | šm'yhw bn mlkyhw | m̊šlm bn
2.040.3 šlḥ[m {or šlḥ[w} lšlm] | mlkyhw b̊r̊kt[k lyhw]h |
5.008.1 lmlk[yhw]
100.176.1 lmlkyhw | ḥlṣyhw
100.326.1 lmlkyhw | bn ḥyl'
100.406.1 lmlkyhw | n'r špṭ
100.598.1 [l]mlkyhw | ḥlq
100.599.1 lmlkyhw | bn pdyhw
100.620.2 lngby b|n mlkyhw
100.674.2 lš['] l b[n] | ml[k]yh̊[w]
100.675.2 [ ] | mlk[yhw]
100.748.2 lmnšh | mlkyhw
100.751.2 ls'gyhw | mlkyhw
100.761.1 lmlkyhw | bn mtn

mlkrm *PN* (2)
3.108.1 lmlkrm
100.250.1 lmlkrm

mmšt *LN* (5)
105.016.1 lmlk mmšt
105.017.1 lmlk mmšt
105.018.1 lmlk mmšt
105.019.1 lmlk mmšt
105.020.1 mmšt

mn *prep.* (117)

1.003.7	ky. lb | [ʿ]bd[k] dwh.	m'z. šlḥk. 'l. ʿbd|k wky	
1.003.18	w|'nšw šlḥ. lqḥt.	mzh. {or myh.} | wspr.	
1.003.20	hb' | 'l. šlm. bn ydʿ.	m't. hnb'. l'm|r. hšmr.	
1.006.13	ḥy. yhwh. 'lh|yk k[y	m]'z qr' ʿb|dk 't	
1.013.2	lʿšt ml'kh. [ ] |	msmk[yhw ']t ʿbdh h[	
2.001.5	3 w|ktb. šm hym. |	wmʿwd. hqmḥ | hr'šn.	
2.001.9	qmḥ | lʿšt. lhm. l|ḥm.	myyn. | h'gnt. ttn	
2.003.2	'l. 'lyšb. wʿt. | tn.	mn. hyyn. 3 *bath* w|ṣwk.	
2.005.2	'l 'lyšb. wʿ|t. šlḥ.	m'tk | mʿwd hqmḥ. |	
2.005.3	'lyšb. wʿ|t. šlḥ. m'tk |	mʿwd hqmḥ. | h[r]'[šn	
2.005.13	3. bṭrm. y|ʿbr hḥdš.	wm|ytr [ ] hʿbdh | [ ]ḥ[	
2.006.2	'l 'lyšb. w[ʿt] | šlḥ	m'tk 'l | yḥzy[hw] | lḥ[m	
2.008.2	l|kt[y]m *homer* 1 qm.	mn. hš|lšh ʿšr lḥdš. ʿd	
2.009.2	['l 'lyš]b [ ] | [šlḥ]	m't[k | yyn] *bath* b[	
2.016.4	lyhwh. wʿt kṣ'ty |	mbytk wšlḥty 't | h[k]sp	
2.017.4	| bn 'šyhw. wlqḥ|t.	mšm. 1 šmn. w|šlḥ. lzp	
2.024.12	| [ ] | [ ] |*(verso)*	mʿrd 5 {*or* 50} wmqyn[h	
2.024.12	mʿrd 5 {*or* 50} wmqyn[h	]|h. wšlḥtm.	
2.025.1		[m] *ḥq3t* 1 *barley* |	
2.025.2	[m] *ḥq3t* 1 *barley* |	[m]ʿnym. tḥtnm. *ḥq3t* 3	
2.025.3	tḥtnm. *ḥq3t* 3 *barley* |	mʿlynm *ḥq3t* 6 | mmʿn	
2.025.4	| mʿlynm *ḥq3t* 6 |	mmʿn *ḥq3t* 1	
2.026.2	[ ] 'ryhw [|]	mn 'dny. šr[|]qws	
2.040.8	h'yš [w'šyhw b]|'.	m'tk. w'yš [l' ntn l]|hm.	
2.040.9	whn. ydʿth [hmktbm	m]|'dm. nttm l'dny	
2.042.1	]gwr {*or*	my]gwr} *lethech* | [ ]	
3.001.2	bšt. hʿšrt. lšm|ryw.	mb'rym. nbl [yn] | yšn. |	
3.002.3	bšt. hʿš|rt. lgdyw. |	m'zh. | 'bbʿl. 2 | 'ḥz. 2 |	
3.003.2	bšt. hʿšrt. l[ ]|'.	mšmydʿ. nbl [yn. y]|šn.	
3.004.1	[b]št. htšʿt.	mq|[ṣh.] lgdyw. nbl. | [yn.	
3.005.2	bšt. ht[šʿt.] |	mqṣh. l[gd]yw[ ] | nbl.	
3.006.2	bšt. htšʿt. |	mqṣh. lgd|yw. nbl. yn. |	

<table>
<tr><td>3.007.1</td><td>bšt. [htšʿt.</td><td>mqṣ]|h. lgd[yw. nbl. yn.</td></tr>
<tr><td>3.008.1</td><td>[bšt. h]tšʿt.</td><td>mgb|[ʿ.]ʿm. nbl. |</td></tr>
<tr><td>3.009.1</td><td>bšt. htšʿt.</td><td>my|ṣt. lʾ[ ]nʿm.</td></tr>
<tr><td>3.010.1</td><td>bšt. htšʿt.</td><td>m|yṣt. lʾ[ ]nʿ|m.</td></tr>
<tr><td>3.012.2</td><td>bšt. htšʿt. |</td><td>mšptn. lbʿl|zmr. {or lbʿl.</td></tr>
<tr><td>3.013.1</td><td>bšt. hʿšrt.</td><td>mʾbʿ|zr. lšmryw. nbl. |</td></tr>
<tr><td>3.013.4</td><td>nbl. | yn. yšn lʾš|ḥr</td><td>mttl {or mtwl}</td></tr>
<tr><td>3.013.4</td><td>| yn. yšn lʾš|ḥr mttl {or</td><td>mtwl}</td></tr>
<tr><td>3.014.1</td><td>bšt[.] htš[ʿt.]</td><td>mʾ[ ]|t {or mgt} prʾn.</td></tr>
<tr><td>3.014.2</td><td>bšt[.] htš[ʿt.] mʾ[ ]|t {or</td><td>mgt} prʾn. lšmryw. |</td></tr>
<tr><td>3.015.1</td><td></td><td>mḥ]ṣrt. l[| n]bl. y[n.</td></tr>
<tr><td>3.016.1</td><td>bšt. hʿšrt.</td><td>ms|pr. {or msq.} lgdyw.</td></tr>
<tr><td>3.016.2</td><td>bšt. hʿšrt. ms|pr. {or</td><td>msq.} lgdyw. nbl. | šmn.</td></tr>
<tr><td>3.017.1</td><td>bšt. hʿšrt.</td><td>mʾz|h. lgdyw. nbl. šm|n.</td></tr>
<tr><td>3.018.1</td><td>bšt. hʿšrt.</td><td>mḥṣrt | lgdyw. nbl. šmn. |</td></tr>
<tr><td>3.019.2</td><td>bšt. hʿšrt. |</td><td>myṣt. nbl. | šmn. rḥṣ.</td></tr>
<tr><td>3.020.2</td><td>bšt. hʿ[šrt.] |</td><td>mkrm. {or y]n. krm.}</td></tr>
<tr><td>3.021.2</td><td>bšt. hʿšrt. lšmr|yw.</td><td>mttl. {or mtwl.} nbl.</td></tr>
<tr><td>3.021.2</td><td>lšmr|yw. mttl. {or</td><td>mtwl.} nbl. š|mn. rḥṣ.</td></tr>
<tr><td>3.022.1</td><td>bšt. 10 5</td><td>mḥ|lq. lʾšʾ. ʾḥ|mlk. | ḥlṣ.</td></tr>
<tr><td>3.022.3</td><td>lʾšʾ. ʾḥ|mlk. | ḥlṣ.</td><td>mḥṣrt</td></tr>
<tr><td>3.023.1</td><td>bšt. 10 5</td><td>mḥlq. | lʾšʾ. ʾḥmlk. | ḥlṣ.</td></tr>
<tr><td>3.023.3</td><td>| lʾšʾ. ʾḥmlk. | ḥlṣ.</td><td>mḥṣrt.</td></tr>
<tr><td>3.024.1</td><td>bšt. h10 5</td><td>[mḥ]lq. lʾš[ʾ] ʾḥml[k.] |</td></tr>
<tr><td>3.024.2</td><td>ʾḥml[k.] | rpʾ. ʿnmš.</td><td>m[ḥ]ṣrt</td></tr>
<tr><td>3.025.1</td><td>[bšt 10 5]</td><td>mḥl[q | ʾ]ḥmlk | ʾḥzy.</td></tr>
<tr><td>3.025.3</td><td>| ʾ]ḥmlk | ʾḥzy.</td><td>m|ḥṣrt</td></tr>
<tr><td>3.026.1</td><td>[bšt. 10 5</td><td>mḥl]q. lʾšʾ [ʾḥmlk. |</td></tr>
<tr><td>3.026.2</td><td>[ʾḥmlk. | lḥl]ṣ. hyn.</td><td>mḥ[ṣrt.]</td></tr>
<tr><td>3.027.1</td><td>bšt. 10 5</td><td>mḥlq. lʾšʾ. | ʾḥmlk. |</td></tr>
<tr><td>3.028.1</td><td>bšt. 10 5</td><td>mʾbʿzr. lʾš|ʾ. ʾḥmlk. |</td></tr>
<tr><td>3.028.3</td><td>lʾš|ʾ. ʾḥmlk. | bʿlʾ.</td><td>mʾlmtn.</td></tr>
<tr><td>3.029.1</td><td>bšt. 10 5</td><td>mš[mydʿ. l]ʾšʾ | ʾḥmlk. |</td></tr>
</table>

3.029.3 {*or* gmr.} {*or* 'mr.} mspr. {*or* msq.}
3.029.3 } {*or* 'mr.} mspr. {*or* msq.}
3.030.1 bšt. 10 5 mšmydʻ[ ] | lḥlṣ. gdyw. |
3.031.1 bšt. h10 5 mšmydʻ. | lḥlṣ. 'pṣḥ. |
3.032.1 bšt. 10 5 mš[[m]]ydʻ. | lḥlṣ. [ ] |
3.033.1 [bšt. h10] 5 mšmy|[dʻ. lḥ]lṣ. gdyw. | [
3.034.1 [bš]t. h10 5 m[š]my[dʻ.] | [lḥlṣ g]dyw.
3.035.1 bšt. 10 5 mš[mydʻ.] | lḥlṣ. gd[yw.] |
3.036.1 [bšt. h10 5] mšmyd[ʻ] | [ ] | [g]r'.
3.037.1 bšt. 10 5 mšmydʻ. | l'ḥm'. | 'š'.
3.038.1 bšt. 10 5 mšmy|dʻ. l'ḥm'. | ʻlh. {*or*
3.039.1 bšt. 10 5 mšmydʻ. | [l]'ḥm'. |
3.040.1 m]šmydʻ. lʻ[
3.042.1 [b]št. 10 5 mšr'l {*or* mšrq} |
3.042.1 [b]št. 10 5 mšr'l {*or* mšrq} | lydʻyw. | mrnyw.
3.042.4 {*or* 'dnyw.} gdy[w] | mʻšrt [ ]
3.044.1 [bšt]. h10 5 mškm. | [l]hp[ ]r.
3.045.1 bšt. h10 5 mḥgl[h] | lḥnn. b[ʻr]' [
3.045.3 | ywntn. {*or*]yw. ntn.} myṣ[t]
3.046.1 bšt. 10 5 [mḥglh] | lḥnn. b[ʻr'] | '[
3.047.1 [bšt. 10 5 m]ḥglh. lḥnn. bʻr'. m|[
3.047.2 lḥnn. bʻr'. m|[ ]. myṣt.
3.048.1 bšt. 10 5 mšr['l]. {*or* mšr[q].}
3.048.1 bšt. 10 5 mšr['l]. {*or* mšr[q].} lydʻyw | 'ḥmlk.
3.048.3 } lydʻyw | 'ḥmlk. | yʻš. myšb.
3.049.1 bš[t. 10 5 mšmyd]|ʻ. lḥl[ṣ] |
3.049.3 5 mšmyd]|ʻ. lḥl[ṣ] | mzy[ ]|mksr.
3.049.3 lḥl[ṣ] | mzy[ ]|mksr. {*or* mkwr.}
3.049.4] | mzy[ ]|mksr. {*or* mkwr.}
3.050.1 bšt. 10 5 lgmr. mnʻh. | ʻbdyw. l'ryw. {*or*
3.052.1 b10 5 tbʻ[ ] {*or* mnʻ[h]} | 'byw.[ ]
3.056.1 bšt. 10 5 mht[l.] | lnmš[y] | [ ]dl[
3.063.2 bšt. 10 5 2 {*or* 10 w2} | mšmydʻ

3.064.1 mnʿh l[ ] | ʾ[ ]
3.067.1 10 5 myṣ[t]
3.090.1 [bšt h10 5]mšmydʿ | [lḥl]ṣ ʾpṣ[ḥ]
4.116.3 rʿ w. ky. hyt. zdh. bṣr. mymn. w[ʿd šmʾ]l.
4.116.5 wylkw[.] | hmym. mn. hmwṣʾ.ʾl. hbrkh.
4.125.1 mtḥt. lz[ ]|rk. hmym [ ]
4.301.9 hʿlm š[ ]} | [ ]bh[ ]h mkl | [ ] wmhrʿ [ ] |
4.301.10 } | [ ]bh[ ]h mkl | [ ] wmhrʿ [ ] | kybwgʾl | hky
5.001.2 10 5 | mn tld *bath wine*
7.001.11 yʿnw ly. ʾmn nqty. mʾ|[šm hšb nʾ ʾt] bgdy
8.022.1 kl ʾšr yšʾl mʾš ḥnn [ ] wntn lh
22.058.1 m[gd]lyh[w]
25.003.3 | brk. ʾryhw. lyhwh | wmṣryh. lʾšrth hwšʿ lh | [
34.001.2]w. bš[ ]ypt. y[| mʾ]ḥry. {*or*]ḥdy} mmlk.
34.001.2 | mʾ]ḥry. {*or*]ḥdy} mmlk. gdl. w[ʿd. ʾš. ʾšr.
37.001.2 | ʿmdyhw. bn. zkr. mmldh | hwšʿyhw. bn.
37.001.3 | hwšʿyhw. bn. nwy. mrntn {*or* mrptn} | mky.
37.001.3 bn. nwy. mrntn {*or* mrptn} | mky. bn.
37.001.4 } | mky. bn. hṣlyhw. mmqdh

mnh *v.* (2)
3.301.3] {*or* hqšb w[ ]} | ymnh šʿrm 10 3 {*or seah*
4.104.2 200 | mnw. 10 8 | lʿšr

mnḥ *PN* (2)
100.011.1 lmnḥ
100.345.2 lmʾš | bn. mnḥ. | hspr

mnḥm *PN* (21)
2.072.1 nknyhw 2 mnḥm 1 | ppy 1 ʾḥmlk 1
3.304.5] | smk[yw] | ʾry[w] | mn[ḥm]
18.005.1 [mn]ḥm
37.001.1 {*or* šlm.} lʾḥqm. bn. m[n]ḥm | ʿmdyhw. bn.

100.182.1 l̊mnḥm̊
100.197.1 lmnḥm | ywbnh
100.364.2 lyrmyhw | bn mnḥm
100.412.2 lḥmy'hl | bt mnḥm
100.414.1 lmnḥ̊[m]
100.428.1 lmnḥm | bn hwšʿ
100.457.1 mnḥm | [y]ẘbnh̊
100.488.1 mnḥm | wyhbnh
100.600.1 [l]mnḥ̊m̊ | ḥnnẙh̊ẘ
100.601.1 lmnḥm bn | yšmʿʾl
100.602.1 lmn[ḥm bn] | yš[mʿʾl]
100.603.1 lmnḥm b|n mnš
100.604.1 lmnḥm̊ | pgy
100.652.2 lpšḥr bn | mnḥm.
100.771.1 m̊nḥm̊ | wyhbnh
100.788.1 lmnḥm | ywbnh
100.868.2 lklkl | mnḥm

mnr *PN* (1)
100.758.1 lmnr

mnš *PN* (1)
100.603.2 lmnḥm b|n mnš

mnšh *PN* (2)
100.209.1 lmnšh bn | hmlk
100.748.1 lmnšh | mlkyhw

ms *n.* (2)
4.202.5 [ ]l'[|]b̊ms. {*or* b̊ms.} [ ] lb̊q̊r̊
100.782.5 lpl'yhw | 'šr ʿl | hms

msgr *n.* (1)
100.858.1 lʿzryhw šʿr hmsgr

mss *v.* (1)
8.023.1 wbzrḥ [ ] ʾl wymsn hrm [ ] | brk bʿl

mspr *PN* (1)
100.606.1 lmsp̊r̊ b̊n̊ | [ ]ẙẘʿ̊[ ]

mʿbdyh *PN* (1)
100.722.2 lyʾznyh | mʿbdyh

mʿdnh *PN* (1)
100.781.1 lmʿdnh | bt hmlk

mʿn *LN* (1)
2.025.4 | mʿlynm *ḥq3t* 6 | mmʿn *ḥq3t* 1

mʿšy *PN* (1)
2.022.4 b[n |] 4 *homer* | lmʿšy bn [ ] 3 |*(verso)*

mʿšyh *PN* (2)
100.242.2 lʾlyqm | bn mʿšyh {*or* mʿšyw}
100.427.1 lmʿšyh | ẙšmʿʾl

mʿšyhw *PN* (7)
100.051.2 lyḥmlyh|w mʿšyhw
100.055.1 lmʿšyhw | mšlm
100.294.1 lmʿšyhw | yšʿyh[w]
100.587.1 [lmʿ]šyhw | myʾmn
100.605.1 lmʿšy[hw] | ʾšyhw
100.607.1 lmʿšy[hw] | ḥlqyhw
100.848.2 lyʾznyh[w] | [b]n mʿšyhw

m'šyw *PN* (1)
100.242.2 l'lyqm | bn m'šyh {*or* m'šyw}

m'šr *n.* (1)
2.005.11 |]'šr. y|[šlḥ] lk 't hm'|[šr] *bath* 3. bṭrm.

mpqd *n.* (1)
13.001.1 mpqd. brkyhw | gbḥ |

mṣh *LN* (3)
44.001.1 hmṣh. š'l
106.031.1 mwṣh
106.032.1 mṣh

mṣr *PN* (1)
100.608.1 mṣr [b]|n šlm

mṣrym *LN* (2)
1.003.16 } bn 'lntn lb'. | mṣrymh. w't |*(verso)*
2.088.3 | 'mṣ. zr'. w[ ] | mlk. mṣrym. l[

mqdh *LN* (1)
37.001.4 } | mky. bn. hṣlyhw. mmqdh

mqn *PN* (1)
100.735.1 lmqn

mqnyhw *PN* (3)
2.060.4 *ḥq3t* 2 ¼ | šbnyhw 1 | mqnyhw. tn | lgb |*(verso)*
100.162.1 lmqnyhw b|n yhwmlk
100.654.2 lṣpn. | mqnyhw

mqnyw *PN* (2)

100.272.1 mqnyw | ʿbd. yhwh
100.272.3 | ʿbd. yhwh |*(verso)* lmqnyw | ʿbd. yhwh |

mqnmlk *PN* (2)

100.318.3 ltmk[ʾ] | bn | mqnmlk
100.609.1 lmqnmlk | [

mrʾ *PN* (1)

100.208.1 lnrt {*or* lmrʾ} {*or* lnrʾ}

mrbʿl *PN* (1)

3.002.7 2 | ʾḥz. 2 | šbʿ. 1 | mrbʿl. 1

mrmwt *PN* (3)

2.050.1 mrmwt
3.033.3 gdyw. | [ ]m̊n̊t. {*or* [mr]m̊ẘt.}
100.754.1 lmr|ymwt

mrnyw *PN* (1)

3.042.3 {*or* m̊šrq} | l̊ydʿyw. | mrnyw. {*or* ʾdnyw.}

mrsrzrkn *PN* (1)

30.004.1 b]n mrsrzr[kn

mšʾ *n.* (1)

2.003.4 ḥnnyhw. ʿl b|ʾršbʿ ʿm. mšʾ ṣ|md. ḥmrm. wṣrrt

mšʾ *n.* (1)

24.011.1 m]šʾ z šl[m {*or*]šʾzšl[}

mš't *n.* (1)
1.004.10 hbqr [ ] | wyd'. ky 'l. mš't lkš. nḥ|nw šmrm.

mšwlmt *PN* (1)
100.856.1 lmšwlmt

mškb *n.* (1)
4.301.8 |]bk[|]ḥh 'l mš[kb] {*or* h'lm š[ ]} | [

mšlm *PN* (15)
2.039.3 | šm'yhw bn mlkyhw | mšlm bn ndbyhw | tnḥm
2.110.1 šmyh mšlm. n'r 'lnt[n] |
100.055.2 lm'šyhw | mšlm
100.056.2 lnryhw | mšlm.
100.189.1 lmšl|m 'lntn
100.190.1 lm[šl]|m 'l[ntn]
100.358.1 mšlm | 'ḥmlk
100.575.2 lyqmyhw | bn mšlm
100.592.2 lmkyhw | bn mšlm
100.610.1 lmšlm. | 'šyhw
100.611.1 lmšlm b|n rp'yhw
100.757.1 lmšlm | 'spy
100.792.1 mšlm | 'ḥymlk
100.812.2 lyd'yhw | bn mšlm
100.853.2 l'ṣlyhw | bn mšlm

mšmr *n.* (1)
2.111.2]d' bn 'n[ ]|rt wbmšmr [y]|r'. m'd

mšmš *PN* (1)
100.570.3 lyhw' | bn | mšmš

mš'n *PN* (1)

100.612.1		lmš'n b[n] | šḥr.

mtn *PN* (18)

32.003.2	[ ] |	mtn bn [| y]hw bn [
100.374.1		lmtn
100.404.2	ltnḥm | mgn {*or*	mtn}
100.493.2	ltnḥm | mgn {*or*	mtn}
100.552.2	lḥb' b|n	mtn
100.574.2	lyhw'z | bn	mtn
100.613.1		lmtn bn | [']dnyḥy | [bn
100.614.1		lmtn bn | plṭyhw
100.615.1		lmtn bn | [p]lṭyhw
100.616.1		lmtn b[n] | plṭyh[w]
100.617.1		lmtn bn | hwdwyhw
100.618.1		lmtn b[n] | yhwzrḥ
100.634.2	l'bdyhw | bn	mtn
100.745.2	lnryhw |	mtn
100.761.2	lmlkyhw | bn	mtn
100.783.2	lntbyhw | n'r	mtn
100.865.2	l'ḥyqm |	mtn
100.876.1		lmtn | 'ḥ'b

mtnyh *PN* (1)

100.716.2	[l]ṣpnyh |	mtnyh

mtnyhw *PN* (10)

1.001.5	mbṭḥyhw. bn. yrmyhw |	mtnyhw. bn. nryhw
5.010.1		lmt[nyhw]
100.268.1		lmtnyhw | 'zryhw
100.367.2	lhwdyhw |	mtnyhw
100.369.2	l'zr bn |	mtnyhw
100.521.3	l'prḥ b|n yhwš' bn |	mtnyhw

100.619.1	lmt̊nyhw b|n smkyhw
100.721.2	lbnyhw | mtnyhw
100.778.1	lmtnyhw | yšmʿʾl
100.889.2	lʿtyhw | mtnyhw

mttyhw *PN* (1)
100.782.2   lplʾyh|w mttyhw |*(verso)* lplʾyhw

n *incised letter* (1)
3.211.1   n

n *abbreviation for* **nṣp** (1)
108.032.1   n

nʾ *particle* (3)
1.003.5 | w[   ] wʿt̊̊̊. hpqḥ | nʾ[.] ʾt ʾzn {*or* rzm}
1.006.5   spry hšr[m lʾm]|r̊ qrʾ n̊ʾ whnh̊. dbry. h[šrm]
7.001.12   ʾmn nqty. mʾ|[šm hšb nʾ ʾt] bgdy wʾmlʾ.

nʾhbt *PN* (1)
100.060.1   lnʾhbt b|t rmlyhw

nbʾ *n.* (4)
1.003.20 | ʾl. šlm. bn ydʿ. mʾt. hnbʾ. lʾm|r. hšmr. šlḥh.
1.006.5   dbry. h[šrm] {*or* h[nbʾ]} | lʾ ṭbm lrp̊t̊ ydyk
1.016.5   {*or* bn y(} | y]hw hnbʾ[|]m[|*(verso)*]w[|
100.258.3   ṣ̊pn̊yhw | bn nby[ ] {*or* nby[ʾ]}

nby *PN* (4)
100.258.3 | bn ṣ̊pn̊yhw | bn nby[ ] {*or* nby[ʾ]}
100.343.2   lšʿnp. | bn. nby
100.785.2   lʿrb | nby
100.886.2   lmḥsyhw | nby

nbl *n.* (29)

3.001.2 lšm|ryw. mb'rym. nbl [yn] | yšn. | r̊g‘.
3.003.2 h‘šrt. l[ ]|'. mšmyd‘. nbl [yn. y]|šn. lb‘l'. ‘̊[ ]
3.004.2 htš‘t̊. mq|[ṣh.] lgdyw. nbl. | [yn. yšn.]
3.005.3 | mqṣh. l[gd]ẙw[ ] | nbl. yn. yšn.
3.006.3 htš‘t. | m̊qṣh. lgd|yw. nbl. yn. | yšn.
3.007.2 [htš‘t. mqṣ]|h. lgd[yw. nbl. yn. y]|šn.
3.008.2 h]tš‘t. mgb|[‘.]‘m. nbl. | [yn. yš]n.
3.009.3 } {*or* l'd̊n‘m} | [n]bl. y[n.] yšn.
3.010.3 l'b̊n‘m.} {*or* l'd̊n‘m} nbl. yn.. | yšn..
3.011.1 n]b̊l̊. ẙn. | [ ]n̊‘m.
3.012.3 lb‘l|zmr. {*or* lb‘l.̊ zmr.} nbl. yn. | yšn
3.013.2 h‘šrt. m'b‘|z̊r. lšmryw. nbl. | yn. yšn̊ l'š̊|ḥ̊r̊ mttl
3.014.3 mgt̊} p̊r̊'n. lšmryw. | nbl. yn. yšn.
3.015.2 mḥ]ṣrt. l[| n]bl. y[n. yšn.]
3.016.2 ms|pr. {*or* msq.} lgdyw. nbl. | šmn. rḥṣ.
3.017.2 h‘šrt. m'z|h. lgdyw. nbl. šm|n. rḥṣ.
3.018.2 h‘šrt. mḥṣrt | lgdyw. nbl. šmn. | rḥṣ.
3.019.2 bšt. h‘šrt. | myṣt̊. nbl. | šmn. rḥṣ. l|'ḥn‘m.
3.020.2 {*or* y]n. krm.} ht̊[l. nbl. š]|mn. rḥ[ṣ.]
3.021.2 mttl. {*or* mtwl.} nbl. š|mn. rḥṣ.
3.053.2 h‘šrt. yn. | krm. htl. bnbl. šmn. | rḥṣ.
3.054.2 h‘šrt. yn. k|rm. htl. nbl. šmn. rḥ|ṣ.
3.055.2 h‘šrt. kr|m. yḥw‘ly. nbl. | šmn. rḥṣ.
3.059.1 nbl. šmn. [rḥ]|ṣ. bšt. 1̊0̊
3.072.2 h‘šrt. yn. krm. | htl. bnbl. šmn. rḥṣ.
3.073.2 [h‘šrt] | yn. kr[m htl bnbl] | šmn. [rḥṣ]
3.089.1 [n]bl. y[n]
4.102.7 ‘l[ ] | šdh. w[ ] | 't. nb̊l[ ] | ṣ̊'[ ] | n̊b̊[l
4.102.9] | 't̊. nb̊l[ ] | ṣ̊'[ ] | n̊b̊[l

nbš *n.* (1) (*i.e.* **npš**)
2.024.18 wdbr hmlk 'tk̊m | bnbškm. hnh šlḥty lh'yd |

ngb *PN* (2)
100.187.2 ltnḥ|m ngb
100.776.2 ltnḥ|m ngb

ngby *PN* (1)
100.620.1 lngby b|n mlkyhw

ngd *v.* (2)
1.003.1 'bdk. hwš'yhw. šlḥ. l|h̊g[d] l̊['d]n̊ẙ ẙ'̊ẘ[š]
1.003.13 } m' wm̊[h] wl'bdk. hgd. | l'mr. yrd šr. ḥṣb'.

ndbyh *PN* (1)
108.055.1 l̊n̊db̊|yh

ndbyhw *PN* (1)
2.039.3 bn mlkyhw | mš̊lm bn n̊db̊ẙhw | tnḥm bn

nwh *n.* (1)
15.007.1 (*or* 'l) ḥ̊n̊n̊t̊ (*or* ḥnn.) nwh (*or* nqh) yh yh̊wh

nwy *PN* (1)
37.001.3 mmldh | hwš'yhw. bn. nwy. mrntn (*or* mrptn) |

nḥm *PN* (23)
2.016.10] | ṣbk[ ] šlḥ | '̊t nḥ̊m̊ wl' t̊šl̊ḥ̊ l̊[
2.017.1 'l. nḥm. [w]'t b|' byth.
2.017.8 b 20 4 lḥdš ntn nḥm š|mn byd hkty. 1
100.175.2 l'zryh | bn nḥm
100.186.1 lnḥm | hṣlyhw
100.202.1 ln̊ḥ̊m̊ b|n ḥ̊mn̊

100.244.1 lnḥm | 'lšmʿ
100.254.1 lnḥm b|n ʿnnyhw
100.291.1 lnḥm | ʿbdy
100.310.2 l'lʿzr | bn nḥm
100.311.2 lš'l | bn nḥm
100.373.2 lšlm b|n nḥm
100.470.1 lnḥm | ʿbdy
100.474.1 lnḥm | hṣlyhw
100.489.1 nḥm
100.577.2 lyqmyhw | bn nḥm
100.621.1 ln[ḥ]m bn | rp'[yhw]
100.653.2 lptḥ b|n nḥm
100.676.2 [ ] | bn nḥm [
100.702.1 [n]ḥm | [š]bʿ
100.743.1 [lnḥ]m | [ʿbd]y
100.851.1 [l]nḥm bn | š'lh
100.900.1 lnḥm | hṣlyhw

nḥmyhw *PN* (7)
2.011.5 | [ ] w[ ] | [ ]m [n]ḥmyhw
2.031.3 *ephah} lethech seah* | nḥmyhw bn yhwʿz 8 |
2.036.2 | '[ ] bn nḥmyh[w] | [ ] |
2.040.1 bnkm. gmr[yhw] wnḥ|myhw. šlḥ[m {*or* šlḥ[w
2.059.3 | yqmyhw bn [ ]my[| nḥmyhw bn [ ] |
100.030.1 lnḥmyhw | bn mykyhw
100.561.2 lḥnnyhw | nḥmy[hw]

nḥnw *pron.* (1)
1.004.10 | wydʿ. ky 'l. mš't lkš. nḥ|nw šmrm. kkl. h'tt.

nṭh *v.* (1)
2.040.4   br̥kt[k lyhw]h | w' t. hṭh̊ ['] b̊d̊k [l]b̊h | 'l. 'šr

nṭl *v.* (1)
2.060.1   *symbol 6* h   nṭ|lty *ḥq₃t* 2 ¼ |

nkh *v.* (1)
4.116.4   šm']l̊. wbym. h|nqbh. hkw. hḥṣbm. 'š. lqrt.

nknyhw *PN* (1)
2.072.1   nknyhw 2 mnḥm 1 | ppy

nmṭr *PN* (1)
33.002.1   nm̊ṭr̊. hwš' *ephah* 10 4̊

nmš *PN* (4)
39.001.1   lnmš
41.001.1   šm̊n̊ (*or* nm̊š̊)
100.622.1   lnmš b|[n] nr̊yhw
100.852.1   lnmš bn | mkyhw

nmšy *PN* (1)
3.056.2   bšt. 10 5 m̊ht[l.] | lnmš[y] | [ ]dl̊[   ]̊d[ ]

nmšr *PN* (2)
100.623.1   lnmšr. | bn š' l.
100.624.1   lnmšr bn | šbnyhw

nsh *v.* (1)
1.003.9 | qr'̊. spr ḥyhwh. 'm. nsh. '|yš̊. lqr' ly spr

nsḥ *v.* (1)
4.125.4 [ ] | byrkty h[ ] | nsḥh ks[

nʿh *LN* (3)
3.050.1 bšt. 10 5 lgmr. mnʿh. | ʿbdyw. lʾryw.
3.052.1 b10 5 tbʿ[ ] {*or* mnʿ[h]} | ʾbyw.[ ]
3.064.1 mnʿh l[ ] | ʿ[ ]

nʿmʾl *PN* (1)
100.095.1 lnʿmʾl | pʾrt

nʿr *n.* (9)
2.015.4 w[ ] | ʿdy[ ] | [ ]. nʿr [| ʾ]hl wʾḥ[k |
2.110.1 šmyh mšlm. nʿr ʾlnt[n] | mky. nʿr.
2.110.2 nʿr ʾlnt[n] | mky. nʿr. gdlyh q[
100.108.2 lʾlyqm | [n]ʿr ywkn
100.277.2 lʾlyqm | [nʿ]r ywkn
100.406.2 lmlkyhw | nʿr špṭ
100.407.2 lbnyh|w nʿr ḥgy
100.486.2 lʾlyqm | nʿr ywkn
100.783.2 lntbyhw | nʿr mtn

np *v.* (1)
4.116.1 hnqbh. bʿwd [hḥṣbm. mnpm. ʾt.] | hgrzn. ʾš. ʾl.

npš *n.* (*see* **nbš**)

nṣḥ *n.* (1)
1.003.10 nsh. ʾ|yš. lqrʾ ly spr lnṣḥ. wgm. | kl sp[r] ʾšr

nṣp *n.* (2)

108.031.1	nṣp
108.033.1	rbʿ nṣp |*(verso)* rbʿ š̊l

nqb *v.* (1)

4.116.2	rʿw. wbʿwd. šlš. ʾmt. lhnq̊[b. nšm]ʿ. {*or* wyšm]ʿ.

nqbh *n.* (3)

4.116.1	[zʾt.] {*or* [tmt.]} hnqbh. wzh. hyh. dbr.
4.116.1	hnqbh. wzh. hyh. dbr. hnqbh. bʿwd [hḥṣbm.
4.116.3	ẘ[ʿd šmʾ]l̊. wbym. h|nqbh. hkw. hḥṣbm. ʾš.

nqh *v.* (3)

7.001.11	[ ] ʾḥy. yʿnw ly. ʾmn n̊qty. mʾ|[šm hšb nʾ ʾt]
15.007.1	{*or* pqd yh} {*or* nqh yh} ʾth {*or* ʾl} ḥn̊n̊t̊
15.007.1	ḥn̊n̊t̊ {*or* ḥnn.} nwh {*or* nqh} yh yhẘh

nqy *adj.* (1)

1.006.11	h̊[n]h l|m̊lk̊ {*or* [wnq]y šlm̊h hlm̊lk̊} [

nqm *uncertain* (1)

4.106.1	nqm. gdl[

nrʾ *PN* (19)

22.022.1	ḥnnyhw. nrʾ̊.
22.024.1	[ḥnn]yhw. nrʾ.
22.032.2	gbʿn. gdr | ḥnnyhw nrʾ
22.033.1	ḥnnyhw. [nrʾ]
22.037.1	[ḥn]nyhw nrʾ
22.038.1	ḥnnyhw nrʾ
22.040.1	ḥnnyhw n[rʾ]
22.042.1	[ḥ]nnyhw n[rʾ]
22.045.1	[ḥnnyhw]. nrʾ

22.046.1 [ḥnnyhw] nr'
22.047.1 [ḥ]nnyhw [[n]]r'
22.048.1 [ḥnnyhw]. nr'
22.049.1 [ḥnnyhw n]r'
22.050.1 ḥnnyhw nr'
22.057.1 ḥnnyhw. nr'
22.062.1 [ḥnnyh]w nr'
100.196.1 lnr' | šbn'
100.208.1 lnrt {*or* lmr'} {*or* lnr'}
100.789.1 lnr' | šbn'

nry *PN* (3)
100.127.1 lnry
100.739.1 lnry | 'ḥmlk
100.787.1 lnry b|n šbnyw

nryhw *PN* (25)
1.001.5 yrmyhw | mtnyhw. bn. nryhw
1.026.1 [l]nryhw
1.028.1 [ly]hwbnh {*or* [ln]ryhw bn r[}
2.031.4 nḥmyhw bn yhwʿz 8 | nryhw bn sʿryhw
5.006.1 lnryhw | l'mryhw
100.019.2 | {*or* lrmlyhw} bn nryhw
100.050.2 lḥnnyhw | nryhw
100.056.1 lnryhw | mšlm.
100.255.1 [l]nryhw | [bn] prʿš
100.281.2 lʿbdyh | nryhw
100.422.2 lʿzyhw b|n nryhw
100.507.1 lnry[hw b]|n hmlk
100.509.2 lbrkyhw | bn nryhw | hspr
100.515.2 l'ḥqm | nryhw
100.550.2 lzkr bn | nryhw
100.622.2 lnmš b|[n] nryhw

100.625.1 lnryhw | 'dny[hw]
100.626.1 lnryhw | 'šrḥy
100.627.1 lnryhw | [']šryḥt
100.628.1 lnryhw b|n hṣlyhw
100.719.1 lnryhw | bn hmlk
100.727.1 lnryhw | gšmy
100.745.1 lnryhw | mtn
100.780.2 lšryhw | nryhw
100.836.1 lnryhw | dmlyhw

nryw *PN* (1)
100.360.2 lṣpn | nryw

nrt *PN* (1)
100.208.1 lnrt {*or* lmr'} {*or* lnr'}

ntbyhw *PN* (1)
100.783.1 lntbyhw | n'r mtn

ntn *v.* (31)
1.003.12 [wl]'} 'tnnhw 'l. {*or* 'tn bh w|kl. } m'wm[h]
1.004.11 šmrm. kkl. h'tt. 'šr ntn | 'dny. ky l'. nr'h 't
1.009.3 šlm. w[| w't] tn. lḥm 10 w|[yyn] 2
2.001.2 'l. 'lyšb. w|'t. ntn. lktym | yyn. *bath* 3
2.001.10 l|ḥm. myyn. | h'gnt. ttn
2.002.1 'l. 'lyšb. w't. ntn l|ktym. *bath* 2 yyn.
2.002.7 | w'm. 'wd. ḥmṣ. wnt|t. lhm.
2.003.2 'l. 'lyšb. w't. | tn. mn. hyyn. 3 *bath*
2.004.1 'l 'lyšb tn lktym š|mn 1 ḥtm
2.004.3 wšlḥnw w|yyn *bath* 1 tn lhm.
2.007.2 'l 'lyšb. w'|t. ntn. lktym. | l'šry b 1
2.008.1 [']l 'lyšb. w't. ntn l|kt[y]m *homer* 1 qm.
2.010.2 ['l 'ly]šb. w't. | [ntn lkt]ym. yyn *bath* 1 |

2.011.2	'l. 'lyšb | w' t ntn lktym̊ | [ ] *bath* 2
2.012.2	šmn 1 w|[ ] 2 qmḥ wtn. '[tm | lqw]s˙nl mhrh.
2.012.5	[ ]'lb[ ]ṣy[ ] | s[ ]š wtn[']|t hlḥm. wb[ ]'yl [
2.014.2	['l 'l]yš[b w't | ntn l]ktym [| w]šlḥ 1
2.017.8	|(*verso*) b 20 4 lḥdš ntn nḥm š|mn byd hkty.
2.018.4	yhwh yš|'l lšlmk. w't | tn. lšmryhw | *lethech*.
2.018.6	| *lethech*. wlqrsy | ttn. *homer* wld|br. 'šr.
2.028.2	[ ]b̊[r]kh. z[|] ntn. bt[|]tn̊ḥ̊š. 'h[|
2.040.8	b]|'. m'tk. w'yš̊ [l' ntn l]|hm. whn. yd'th
2.040.10	[hmktbm m]|'dm. nttm̊ l'd̊n̊ẙ [bṭrm y]|rd
2.040.12	| wh'. hm̊k̊tb̊. bqš [wl' ntt]|y. yd˙. mlk̊. yhwd[h
2.060.4	| šbnyhw 1 | mqnyhw. tn | lgb |(*verso*) [ryhw] 6
2.071.1	]r. tn. [|]t̊. 'šr l[|]˚dn.
2.111.3	[y]|r'. m'd w'tn [ ] | ylqḥ nšb dbr [
7.001.13	lhš|[b 't bgd] ˚b̊[dk wtt]n̊ 'lw. rḥ̊|[mm]t 't [
8.015.2	|] hyṭb. yhwh [ ]ytnw. l[ ]' šrt[
8.022.1	'šr yš'l m'š ḥnn [ ] wntn lh yhw klbbh
13.002.1	ntnw šm 10 1 | [ ] 2 [

ntn *PN* (6)

3.045.3	[ ] | ywntn. {*or*]yw. ntn.} m̊yṣ̊[t]
100.503.1	lntn 'šr | ['] l byt
100.629.1	lntn 'ḥ|mlk
100.630.1	lntn | pdyhw
100.747.1	lntn. | 'lyhw
100.765.1	lntn | m̊'s

ntn'l *PN* (1)

100.720.1	l[[n]]tn'l

ntnyhw *PN* (7)

2.023.8 [ ] | ʿz̊r [ ] | bn n̊t̊n̊ẙ[hw |]
2.056.1 bn nt|nyhw
25.001.2 lʿwpy. bn | ntnyhw | h̊ḥdr. hzh
25.002.1 lʿẘp̊y. {*or* ʿwz̊h̊} b̊n̊. ntnyhw
100.031.1 lntnyhw | bn bwzy
100.032.1 lntnyhw b|n ʿbdyhw
100.870.2 lydnyhw | bn ntnyhw

ntnyw *PN* (1)

30.002.1 [lnt]n̊ẙẘ ẘlsm̊k̊[yw]

ntṣbʿl *PN* (1)

7.007.1 [n]t̊ṣbʿl {*or* ʿnybʿl} | [ ].

s *incised letter* (1)

3.212.1 s

s'l *PN* (1)

100.631.1 ls'l b|n ysp

sbb *v.* (1)

2.002.5 w|ml'. hḥmr. yyn wh|sbt mḥr. 'l t'ḥr. | w'm.

sbkyhw *PN* (1)

1.011.5] | s[m]kyhw [ ] {*or* sb̊kyhw} | ṣ̊[d]qẙ[hw]

sdryhw *PN* (1)

2.031.4 | nryhw bn sʿryhw {*or* sdryhw} *lethech* | 'ḥyqm

sws *n.* (1)
2.111.5 nšb dbr [ ] | hyh. hsws [ ]|r. h‘br ẘ[ ] |

syl’ *PN* (2)
100.155.1 lsyl’ b|n hwdyh
100.835.1 lsyl’ b|n ’lšm‘

sl’ *PN* (2)
100.293.1 lsl’ bn ’l’
100.632.1 [l]sl’ b|n ksl’̊

smdr *n.* (1)
24.007.1 lpqḥ. smdr

smk *PN* (8)
23.002.1 lsmk {*or* lhmk}
100.139.1 smk | l’ḥmlk
100.240.2 lgdlyhw | bn smk
100.432.1 smk | bqš
100.497.2 lblgy | smk
100.636.2 l‘zryh[w] | bn s[mk]
100.767.1 l[s]m̊k̊. | [pd]y
100.772.2 lṣdq | smk

smky *PN* (1)
100.481.1 ls[m]ky | ṣ̊p̊n̊ẙhw

smkyh *PN* (2)
100.725.1 lsmkyh̊[ ] | ‘ms
100.807.2 l’lšm‘ b|n smkyh

smkyhw *PN* (8)
1.004.6   'yn. šm̊. ' |dm̊ wsm̊kyhw lqḥh. šm'yhw
1.011.5   ] | mkyhw[   ] | s[m]kyhw [   ]
1.013.2   l' št ml'kh. [   ] | msm̊k[yhw   ']t ˚bdh̊ h[
1.022.5   ] | l̊˚l̊[ ] | l̊d̊l̊[yhw   ] | lsmk[yhw   ] | l' š[yhw   ]
100.239.2   l' prḥ b[n] | smkyhw
100.438.2   lšpṭyhw | sm̊k[yh]w
100.593.1   [ls]mkyh̊[w] | bn 'mdyh[w]
100.619.2   lmt̊nyhw b|n smkyhw

smkyw *PN* (2)
3.304.3   {or mh̊[syw]} | qlyw[ ] | sm̊k[yw] | 'rẙ[w] |
30.002.1   [lnt]nẙw wlsm̊k[yw]

sm' *PN* (1)
100.891.2   l' dnyh|w. sm'.

sn'blṭ *PN* (1)
100.408.1   [lyš']yhw bn [sn']|blṭ pḥt šmr[n]

s'gyhw *PN* (1)
100.751.1   ls'gyhw | mlkyhw

s'dh *PN* (1)
100.884.1   ls'dh

s'dyh *PN* (1)
100.726.1   s˚˚dyh | 'lsmk

s'dyhw *PN* (1)
100.633.1   ls'dyh[w] | [b]n z[ ]

sʿly *PN* (1)

4.121.1	lplṭh lsʿly

sʿpṣqr *alphabetic sequence* (1)

1.023.2	{*or*]ḥṭ. 10 1} | [ ]sʿpṣqr.ʾk {*or* kk} | [ ]št.

sʿryhw *PN* (1)

2.031.4	bn yhwʿz 8 | nryhw bn sʿryhw {*or* sdryhw}

spr *v.* (1)

2.003.6	| ʾtm. bṣq. {*or* bṣr.} w|spr. hḥṭm. whl|ḥm wlqḥt

spr *n.* (14)

1.003.5	ʾt ʾzn {*or* rzm} ʿbdk. lspr. ʾšr. | šlḥth. ʾl ʿbdk
1.003.9	ʾdny. lʾ. ydʿth. | qrʾ. spr ḥyhwh. ʾm. nsh. ʾ|yš.
1.003.10	ʾm. nsh. ʾ|yš. lqrʾ ly spr lnṣḥ. wgm. | kl sp[r]
1.003.11	ly spr lnṣḥ. wgm. | kl sp[r] ʾšr ybʾ. ʾly ʾm. |
1.003.19	mzh. {*or* myh.} | wspr. ṭbyhw ʿbd. hmlk.
1.005.5	ky [šl]ḥt ʾl ʿbd|k ʾt [h]s[pr]m {*or* h[šml]h}
1.005.6	{*or* hzʾ[t]} hšb. ʿbdk. hspr|m. ʾl ʾdny. yrʾk
1.006.3	klb ky. šlḥ. ʾdny ʾ[t sp]|r hmlk [wʾt] spry
1.006.4	ʾ[t sp]|r hmlk [wʾt] spry hšr[m lʾm]|r qrʾ nʾ
1.006.14	k[y m]ʾz qrʾ ʿb|dk ʾt hspr[m] l[ʾ] h[y]h | lʿb[dk
1.012.2	]klb. ʾdny. h[| s]pr[| ḥ]y yhwh [ ]y[
1.016.4	ʿ[bdk {*or* š]lḥ hʿ[] | s]pr. bny[{*or* bn y[} |
1.018.2	[ ]šlm yšlḥ ʿb[dk] hspr ʾšr | šlḥ. ʾdny [ ]zr.
34.001.3	| yb]ʾ. wmḥw[.] ʾ[t. hspr. hzh.]

spr *n.* (4)

100.074.1	ʾmṣ hspr
100.307.2	lyrmy | hspr
100.345.3	lmʾš | bn. mnḥ. | hspr
100.509.3	lbrkyhw | bn nryhw | hspr

spr *LN* (2)
3.016.1 bšt. h'šrt. ms|pr. {*or* msq.} lgdyw.
3.029.3 {*or* gmr.} {*or* 'mr.} mspr. {*or* msq.}

spr *uncertain* (3)
1.007.3 [ ] | [ ] | [ ] spr [ ] | [ ]k[ ] | [ ]yhw.
1.007.5 [ ] | [ ]k[ ] | [ ]yhw. spr. b[ ] |bšlm h[
24.018.1]ḥb'. t[{*or* spr []

sq *LN* (2)
3.016.2 bšt. h'šrt. ms|pr. {*or* msq.} lgdyw. nbl. | šmn.
3.029.3 } {*or* 'mr.} mspr. {*or* msq.}

sryh *PN* (1)
100.033.1 lsryh b|n bnsmrnr

strh *PN* (1)
100.012.1 lstrh

' *incised letters* (2)
3.222.1 '
3.223.1 '

' *abbreviation for* **'br** (3)
2.031.2 ḥṭm. | 'wryhw bn rg' ' {*or: ephah*} *lethech seah*
2.061.1 šlḥw. '[| yy]n *bath* 2 | [ ]r
9.006.1 ½ *bath zuz* 1 ¼ {*or* '} [ ] 3 *zuz* ½ ¼ 4 [

'bd *n.* (52)
1.002.3 't. kym 't kym my. 'bd|k klb ky. zkr. 'dny.
1.002.5 klb ky. zkr. 'dny. 't. | [']bdh. ybkr. {*or* y'kr.}
1.003.1 'bdk. hwš'yhw. šlḥ.

1.003.5	| n'[.] 't 'zn {*or* rzm} ʿbdk. lspr. 'šr. | šlḥth. 'l
1.003.6	lspr. 'šr. | šlḥth. 'l ʿbdk {*or* šlḥ 'd[ny] lʿbdk
1.003.6	'l ʿbdk {*or* šlḥ 'd[ny] lʿbdk} 'mš. ky. lb |
1.003.7	lʿbdk} 'mš. ky. lb | [ʿ]bd[k] dwh. m'z. šlḥk.
1.003.7	dwh. m'z. šlḥk. 'l. ʿbd|k wky 'mr. 'dny. l'.
1.003.13	bh w|kl. } m'wm[h] wlʿbdk. hgd. | l'mr. yrd šr.
1.003.19	myh.} | wspr. ṭbyhw ʿbd. hmlk. hb' | 'l. šlm.
1.003.21	l'm|r. hšmr. šlḥh. ʿb[[d]]k. 'l. 'dny.
1.004.3	šlḥ 'dny. | kn. ʿšh. ʿbdk ktbty ʿl hdlt kkl. |
1.004.7	w|yʿlhw. hʿyrh wʿbdk. 'yn[n]|y šlḥ šmh 't
1.005.3	[ʿt | kym] 't ky[m] my. ʿbdk | klb. ky [šl]ḥt 'l
1.005.4	ʿbdk | klb. ky [šl]ḥt 'l ʿbd|k 't [h]s[pr]m
1.005.6	} kz'|[t] {*or* hz'[t]} hšb. ʿbdk. hspr|m. 'l 'dny.
1.005.9	hq[š]r} b[ ]|h. mh. lʿbdk. {*or* hym h'l. ʿbdk}
1.005.9	mh. lʿbdk. {*or* hym h'l. ʿbdk} y'[ ] {*or* y[[b]]'} |
1.006.3	't hʿt hzh. šlm my | ʿbdk. klb ky. šlḥ. 'dny
1.006.13	'lh|yk k[y m]'z qr' ʿb|dk 't hspr[m] l[']
1.006.15	't hspr[m] l['] h[y]h | lʿb[dk]
1.009.5	10 w|[yyn] 2 hšb. | '[l] ʿbdk d|br b |*(verso)* yd
1.012.4	]'y[ ] | q[r]'ty [']th ʿbd[k | [ ] |] 'dny[|
1.012.7	[ ] |] 'dny[|]h. ʿbdk [| [ ]
1.013.2	] | msmk[yhw ']t ʿbdh h[ ] {*or* yḥprhw [
1.016.3	]ḥmh[|]. rhy[| š]lḥh ʿ[bdk {*or* š]lḥ hʿ[] | s]pr.
1.017.1	ʿbd[|] 'dny[| ']dny g[
1.018.2	hʿrb [ ]šlm yšlḥ ʿb[dk] hspr 'šr | šlḥ.
2.040.4	lyhw]h | wʿt. hṭh [ʿ]bdk [l]bh | 'l. 'šr 'm[rt
7.001.2	yšmʿ 'dny. hšr | 't dbr ʿbdh. ʿbdk | qṣr. hyh.
7.001.2	'dny. hšr | 't dbr ʿbdh. ʿbdk | qṣr. hyh. ʿbdk.
7.001.3	ʿbdh. ʿbdk | qṣr. hyh. ʿbdk. bḥ|ṣr'sm. wyqṣr
7.001.4	ʿbdk. bḥ|ṣr'sm. wyqṣr ʿbdk | wykl w'sm kymm.
7.001.6	lpny šb|t k'šr kl [ʿ]bdk 't qṣrw '|sm
7.001.8	} bn šb|y. wyqḥ. 't bgd ʿbdk k'šr klt | 't qṣry zh
7.001.9	zh ymm lqḥ 't bgd ʿbdk | wkl 'ḥy. yʿnw ly.

7.001.13 l’.} lšr lhš|[b ’t bgd] ʿ̊b̊[dk wtt]n̊ ’lw. rḥ̊|[mm
7.001.14 ’lw. rḥ̊|[mm]t ’t [ʿ]bdk wl’ tdhm n̊[
100.065.1 l’byw ʿbd | ʿzyw
100.067.3 |(*verso*) lšbnyw | ʿbd ʿzyw
100.068.2 lšmʿ | ʿbd yrbʿm
100.069.2 ly’znyhw | ʿbd hmlk
100.070.2 lʿbdyhw | ʿbd hmlk
100.071.1 lšmʿ. ʿ|bd hmlk
100.125.1 lʿšnyhw. ʿbd. hmlk
100.141.1 l’šn’. ʿ|bd. ’ḥz
100.272.2 mqnyw | ʿbd. yhwh |(*verso*)
100.272.4 |(*verso*) lmqnyw | ʿbd. yhwh |
100.321.3 lyhwzr̊|ḥ bn ḥlq̊|[y]hw ʿbd. ḥ̊|z̊q̊ẙh̊w
100.504.2 l’lšmʿ | [ʿ]bd hmlk
100.505.2 lgdlyhw | ʿbd hmlk
100.759.2 g’lyhw | ʿbd hmlk

ʿbd *PN* (1)
5.001.2 tld *bath wine* {*or* p̊n̊’l. ʿ̊b̊d} | 2 | byt.’mm

ʿbd’ *PN* (4)
3.057.1]ʿbd’. yw[|]n̊’.
100.565.2 lṭby[hw] | ʿbd’
100.885.1 lʿbd’ | šryhw | yḥy
100.892.2 lhṣlyhw | ʿbd’

ʿbd’yw *PN* (1)
100.087.1 ʿbdk̊yn {*or* ʿbd’̊ẙw}

ʿbdh *n.* (1)
2.005.14 hḥdš. wm|ytr [ ] hʿbdh | [ ]ḥ̊[ ]m

ʿbdy *PN* (5)

100.172.2 yẘʾmn | ʿbdy
100.291.2 lnḥm | ʿbdy
100.470.2 lnḥm | ʿbdy
100.471.1 lʿbd|y
100.743.2 [lnḥ]m | [ʿbd]y

ʿbdyh *PN* (1)

100.281.1 lʿbdyh | n̊r̊ẙh̊ẘ

ʿbdyhw *PN* (12)

2.010.4 } wšmn 1 | [ ]t̊m. lbn ʿbdyhw š[ ] | [ ]ktym
2.027.2 [ ]yhw | ʿbdẙ[hw] bn šmʿyhw | [
2.049.3]1 [yhw]ʿz 1 | *(col. 2)* ʿ̊bd[yhw] yhwʾb |
7.004.7] | [ ] | [ ] | [ ] | ʿ]bdẙhw[|]n̊phm̊[ ]
100.026.2 lyhwʿzr b|n ʿbdyhw
100.032.2 lntnyhw b|n ʿbdyhw
100.034.1 lʿbdyhw | bn yšb
100.035.1 l̊ʿbdyhw b̊|[n] šḥrḥ[r]
100.070.1 lʿbdyhw | ʿbd hmlk
100.425.1 lʿbdyhw | yšʿʾ
100.634.1 lʿbdyhw | b̊n mtn
100.738.2 [lš]ʿ̊l | [ʿ]bdyhẘ

ʿbdyw *PN* (2)

3.050.2 bšt. 10 5 lgmr. mnʿh. | ʿbdyw. lʾryw. {*or* lʾbyw.
8.011.1 lʿbdyw bn ʿdnh brk hʾ

ʿbdkyn *PN* (1)

100.087.1 ʿbdk̊yn {*or* ʿbdʾ̊yẘ}

ʿbdšlm *PN* (1)
2.059.4 bn [ ] | ʿmšlm {*or* ʿb[[d]]šlm} bn [ ] | yʾzn

ʿbyw *PN* (1)
100.174.1 lʿbyw {*or* lʿnyw} b|n [

ʿbr *v.* (2)
2.005.12 hmʿ|[šr] *bath* 3. bṭrm. y|ʿbr hḥdš. wm|ytr [ ]
2.024.6] ḥyl [|]ks[p |]ʿbr[|]ṭ[ ]r[|

ʿbr *n.* (2)
2.031.10]yhw 6 | 40 6. *ephah* ʿbr
2.111.6] | hyh. hsws [ ]|r. hʿbr w[ ] | lšmʿ. [ ] |

ʿbš *PN* (1)
1.019.5 } | šmʿyhw. 50 {*or* 20} | ʿbš {*or* ybš} [ ] | [ ] |

ʿglyw *PN* (1)
3.041.1]šʿ. ʿglyw [

ʿd *v.* (1)
2.024.18 | bnbškm. hnh šlḥty lhʿyd | bkm. hym. hʾnšm.

ʿd *n.* (3)
1.004.8 ʾyn[n]|y šlḥ šmh ʾt hʿ[d] {*or* ʾth ʿwd [hym]}
100.768.2 šlmy | hʿd {*or* šlmy|h ʿd}
100.768.3 šlmy | hʿd {*or* šlmy|h ʿd}

ʿd *prep.* (5)
1.018.2 | ʿd. hʿrb [ ]šlm yšlḥ
2.007.4 lktym. | lʿšry b 1 lḥd|š. ʿd hššh | lḥdš *bath* 3
2.008.3 mn. hš|lšh ʿšr lḥdš. ʿd h|šmnh. ʿšr lḥdš |
4.116.3 hyt. zdh. bṣr. mymn. w[ʿd šmʾ]l. wbym. h|nqbh.

34.001.2 {*or*]ḥ̊d̊y} mmlk. gdl. w[ʿd. ʾš. ʾšr. | yb]ʾ.

ʿdʾl *PN* (1)
100.146.2 lyšʿ | ʿdʾl

ʿdd *PN* (1)
100.437.2 myʾmn | b̊[[n]] ʿdd

ʿdh *PN* (1)
8.005.1 ʿdh

ʿdyhw *PN* (5)
2.058.1 ʿdyhw | klb b̊n̊ [ ] | ʿzr
100.148.2 lpšḥr bn | ʿdyhw
100.154.1 lʿdyhw | ʾḥmlk
100.325.2 | bn ddyhw {*or* ʿdyhw}
100.372.1 lʿdyhw b|n špṭyhw

ʿdnh *PN* (1)
8.011.1 lʿbdyw bn ʿdnh brk hʾ lyhw

ʿwd *n./adv.* (7)
1.004.8 šmh ʾt h̊ʿ[d] {*or* ʾth ʿẘd̊ [hym]} |*(verso)* ky
2.001.5 3 w|ktb. šm hym. | wmʿwd. hqmḥ | hrʾ̊šn. t|̊rkb.
2.002.7 mḥr. ʾl tʾḥr. | wʾm. ʿwd. ḥmṣ. wnt|t̊. lhm̊.
2.005.3 wʿ|t. šlḥ. mʾtk | mʿwd hqmḥ. | h̊[r]ʾ[šn
2.021.8 |] wkl ʾš[r |]wʾm. ʿwd [|]ʾš[|
4.116.1 wzh. hyh. dbr. hnqbh. bʿwd [hḥṣbm. mnpm. ʾt.] |
4.116.2 | hgrzn. ʾš. ʾl. rʿw. wbʿwd. šlš. ʾmt. lhnq̊[b.

ʿwzh *PN* (1)

25.002.1 lʿwp̊ẙ. {*or* ʿwz̊h̊} b̊n̊. ntnyhw

ʿwpy *PN* (2)

25.001.1 lʿwpy. bn | ntnyhw |

25.002.1 lʿwp̊ẙ. {*or* ʿwz̊h̊} b̊n̊.

ʿzʾ *PN* (7)

2.072.4 ʾḥmlk 1 | gd̊ʾ̊ 1 [ ] 3 | ʿzʾ 3 | ʿb̊[ ] 2

3.001.5 | yšn. | r̊gʿ. ʾlyšʿ. 2 | ʿzʾ. q̊[ ]bš 1 | ʾlbʾ [ ]

3.303.1 lʿzr. {*or* lʿzʾ.} h[ ]r̊[

100.036.1 lʿzʾ b|n bʿlḥnn

100.179.1 lʿzʾ. bn. ḥts

100.205.1 lʿzʾ

100.436.2 lʾlyqm | ʿzʾ.

ʿzb *v.* (1)

4.102.4]|d̊m. lʿm. lkr̊[ ]|m̊. hʿz̊b̊. h̊[ ]|h. ẘʿr̊ẘ. ʿl[ ]

ʿzbq *PN* (1)

106.015.1 ʿzbq ṣdqyh {*or* lzbdyw ṭ

ʿzy *PN* (1)

100.278.1 lʿzy

ʿzyhw *PN* (6)

2.020.2 | ẙr̊ḥ. ṣḥ {*or* g̊rʾ̊ b̊n̊ ʿ̊z̊yhw}

18.002.1 lʿz[yhw]

100.037.1 lʿzyhw. | bn. ḥrp.

100.422.1 lʿzyhw b|n nryhw

100.563.2 [lḥ]nn bn | [ʿ]zyhw bn | [

100.677.2 [|]ʿzyh[w]

ʿzyw *PN* (2)
100.065.2 lʾbyw ʿbd | ʿzyw
100.067.3 |*(verso)* lšbnyw |ʿbd ʿzyw

ʿzqh *LN* (1)
1.004.12 | ʾdny. ky lʾ. nrʾh ʾt ʿz|qh

ʿzr *PN* (19)
1.019.1 bn ʿṣ. {*or* ʿzr} 10 | pqḥ. 10 1 | mkl.
2.022.2 lbrkyhw b[n] | lʿzr b[n |] 4 *homer* |
2.023.7] | bn [ ] | ʿzr [ ] | bn ntny[hw |
2.051.2 ʾšyhw | bn ʿzr
2.058.3 ʿdyhw | klb bn [ ] | ʿzr bn ʿ[ ] | yʾḥṣ
3.303.1 lʿzr. {*or* lʿzʾ.} h[ ]r[
8.012.1 šmʿyw bn ʿzr
32.001.2 zkr | ʿzr b[n] | ḥnnyhw b[n
100.047.2 lzkr. | ʿzr.
100.340.1 lʿzr | ʾlʿš
100.355.1 lʿzr | ḥgy
100.369.1 lʿzr bn | mtnyhw
100.370.2 lʾšyh|w ʿzr
100.557.2 lḥlq b|n ʿzr
100.635.1 lʿzr | plṭyhw
100.773.2 ṣpn. | ʿzr.
100.813.2 lgdyhw | bn ʿzr
100.866.1 lʿzr
100.871.1 lʿzr

ʿzrʾl *PN* (2)
100.170.2 lʾlʿz | bn ʿzrʾl
100.656.2 lqrbʾr | bn ʿzrʾl

ʿzryh *PN* (3)

100.175.1	lʿzryh | bn nḥm
100.456.2	šbnyh | ʿzryh
100.733.2	lḥnh b|t ʿzryh

ʿzryhw *PN* (27)

1.018.3	ʾdny [ ]zr. hʿyrh {*or* [lʿ]zryhw}
2.016.6	8 š lbny gʾlyhw. [b]|y[d ʿ]zryhw wʾt [ ] | [ ]
22.001.1	gbʿn. gdr. ʿzryhw
22.002.1	[gbʿn. gd]r. ʿzryhw
22.003.1	[gbʿn.]gdr. ʿ[zryhw]
22.004.1	[gbʿn. gdr. ʿ]zryh[w]
22.005.1	[gbʿn. gdr. ʿ]zryhw
22.006.1	[gbʿn. gdr] ʿzr[yhw]
22.007.1	[gb]ʿn. gdr. ʿz[ryhw]
22.012.1	[gbʿn. gdr. ʿzr]yhw
100.024.2	lḥnnyhw | bn ʿzryhw
100.040.2	lšmʿyhw | bn ʿzryhw
100.188.1	[ṣpn ʿ]|zry[hw]
100.207.2	lʾryhw | ʿzryhw
100.268.2	lmtnyhw | ʿzryhw
100.270.2	šbnyhw | [ʿ]zryhw
100.289.1	ṣpn ʿ|zryhw
100.362.1	lʿzryhw b|n šmryhw
100.455.2	[š]bnyhw | [ʿ]zryhw
100.476.2	yḥyhw {*or* šbnyh ʿzryhw}
100.496.1	ʿzryhw | ḥlqyhw
100.636.1	lʿzryh[w] | bn s[mk]
100.637.1	lʿzryhw | bn pdyhw
100.728.1	lʿzryhw | ḥlqʾ
100.736.2	lʿmd|yhw | bt. ʿz|ryhw
100.827.1	lʿzryhw b|n ḥlqyhw
100.858.1	lʿzryhw šʿr hmsgr

ʿzryw *PN* (1)

100.228.1 lʿzry|w hgbh

ʿzrqm *PN* (3)

100.638.1 lʿzrqm | bn prpr

100.639.1 [l]ʿzrqm | [bn] ṣdqʾ

100.832.1 lʿzrqm | mkyhw

ʿḥʿš *PN* (1)

100.483.2 lšlm | ʿḥʿš

ʿyrʾ *PN* (1)

8.004.1 ʿyrʾ

ʿkbr *PN* (3)

100.025.2 lḥnnyhw | bn ʿkbr.

100.210.1 lʿkbr | ʾḥqm

100.640.1 lʿkb[r

ʿkr *v.* (1)

1.002.5 ʾt. | [ʿ]bdh. ybkr. {*or* yʿkr.} yhwh ʾt ʾ|[dn]y {*or*

ʿl *prep.* (14)

1.004.3 | kn. ʿšh. ʿbdk ktbty ʿl hdlt kkl. | ʾšr šlḥ

1.004.5 ʾ]ly} wky. šlḥ ʾ|dny. ʿl. dbr bythrpd. ʾyn. šm.

2.003.3 3 *bath* w|ṣwk. ḥnnyhw. ʿl b|ʾršbʿ ʿm. mšʾ ṣ|md.

2.024.15 bn qrbʾwr. whb|qydm. ʿl. yd ʾlyšʿ bn yrmy|hw.

4.116.4 ʾš. lqrt. rʿw. grzn. ʿl. [g]rzn. wylkw[.] |

4.116.6 ʾmh. hyh. gbh. hṣr. ʿl. rʾš. hḥṣb[m.]

4.301.8 |]bk[|]ḥh ʿl mš[kb] {*or* hʿlm š[ ]}

4.401.1 zʾt [qbrt]yhw ʾšr ʿl hbyt. ʾyn [p]h ksp.

100.149.2 lgdlyhw | [ʾ]šr ʿl hbyt

100.501.2 l'dnyhw. | 'šr ʿl hbyt
100.502.2 l'dnyhw. | 'šr ʿl hbyt
100.503.2 lntn 'šr | [ʿ]l byt
100.782.4 |*(verso)* lpl'yhw | 'šr ʿl | hms
100.860.2 [l]ydw 'šr | [ʿ]l hbyt

ʿlh *v.* (2)
1.004.6 lqḥh. šmʿyhw w|yʿlhw. hʿyrh wʿbdk.
37.001.1 ʿlm. {*or* šlm.} l'ḥqm. bn.

ʿlh *PN* (1)
3.038.3 10 5 mšmy|dʿ. l'ḥm'. | ʿlh. {*or* dlh.} 'l'.

ʿlyh *PN* (1)
100.157.1 lʿlyh. '|št. {*or* 'mt.}

ʿlyhw *PN* (3)
100.535.2 lbnyhw | ʿlyhw
100.641.1 lʿlyhw | rp'
100.642.1 lʿlyhw | ḥlṣ

ʿlyw *PN* (1)
100.854.1 lʿlyw

ʿlyn *adj.* (1)
2.025.3 *ḥqȝt* 3 *barley* | mʿlynm *ḥqȝt* 6 | mmʿn

ʿlm *n.* (1)
4.301.8 |]ḥh ʿl mš[kb] {*or* hʿlm š[ ]} | [ ]bh[ ]h mkl

ʿm *n.* (1)
4.102.3]|h̊m. whnh̊ r̊[ ]|d̊m. lʿm. lkr̊[ ]|m̊. hʿz̊b̊. h̊[

ʿm *PN* (1)
26.002.1 lʿm

ʿm *prep.* (2)
2.003.4 ḥnnyhw. ʿl b|ʾršbʿ ʿm. mšʾ ṣ|md. ḥmrm.
8.021.2 ybrk. wyšmrk wyhy ʿm. ʾd[n]y[ ]k

ʿmdyhw *PN* (4)
37.001.2 lʾḥqm. bn. m[n]ḥ̊m | ʿmdyhw. bn. zkr. mmldh
100.061.1 lʿmdyhw | bt šbnyhw
100.593.2 [ls]mkyh̊[w] | bn ʿmdyh[w]
100.736.1 lʿmd|yh̊w | bt. ʿz|ryhw

ʿmdl *PN* (1)
1.019.3 | pqḥ. 10 1 | mk̊l. {*or* [ʿ]md̊l.} 5̊0̊ {*or* 2̊0̊} |

ʿml *PN* (1)
100.695.1 ʿml̊[|

ʿmlyhw *PN* (2)
100.862.2 lyšʿyhw | ʿmlyhw
100.863.2 l[ ]yhw | bn ʿmlyhw

ʿmnwyhw *PN* (1)
100.883.1 lʿmnwyhw | bt gdl

ʿmnyhw *PN* (1)
100.859.1 ʿmnyhw

ʿms *PN* (1)
100.725.2 lsmkyh̊[ ] | ʿms

ʿmq *n.* (2)
4.101.2]} | ʾḥyhw bn h̊šrq bʿ̊m̊q̊ ẙh̊ẘ[špṭ] {*or* yr̊t}
4.101.3 {*or* qrṣ̊} {*or* qry.} bʿmq ẙh̊ẘ[špṭ] {*or* yr̊t}

ʿmšʾ *PN* (1)
100.145.2 šlmʾ̊l | bn {*or* br} ʿmšʾ

ʿmšlm *PN* (1)
2.059.4 | nḥm̊ẙh̊w b̊n̊ [ ] | ʿmšlm {*or* ʿb[[d]]šlm} bn

ʿnh *v.* (3)
7.001.10 ʾt bgd ʿbdk | wk̊l ʾḥy. yʿnw ly. hqṣrm ʾty bḥm |
7.001.11 ʾty bḥm | [ ] ʾḥy. yʿnw ly. ʾmn n̊qty.
45.001.1]yʿn[

ʿnybʿl *PN* (1)
7.007.1 [n]ṭ̊ṣbʿl {*or* ʿnybʿl} | [ ]. š̊q̊l̊ ʾ̊r̊b̊ʿ̊

ʿnyw *PN* (2)
30.003.1 [ ]bn qn[yw] {*or* ʿn[yw]}
100.174.1 lʿbyw {*or* lʿnyw} b|n [ ]ʿyw

ʿnym *LN* (1)
2.025.2] *ḥqʒt* 1 *barley* | [m]ʿ̊nym̊. tḥtnm. *ḥqʒt* 3

ʿnmš *PN* (1)
3.024.2 lʾš[ʾ] ʾ̊ḥml[k.] | rpʾ. ʿnmš̊. m[ḥ]ṣrt

ʿnnyhw *PN* (1)
100.254.2 lnḥm b|n ʿnnyhẘ

ʿpy *PN* (1)
100.588.2 [lm]ẙʾmn | [bn] ʿpy

ʿṣ *PN* (1)
1.019.1 bn ʿṣ. {*or* ʿzr̊} 10 | pqḥ. 10

ʿṣd *n.* (1)
10.001.3 z̊|rʿ. yrḥw lqš | yrḥ ʿṣd pšt | yrḥ qṣr šʿrm |

ʿṣm *n.* (2)
4.401.2 ksp. wz̊h̊b | [ky] ʾm̊ [ʿṣmtw] ẘʿṣm[t] ʾmth
4.401.2 | [ky] ʾm̊ [ʿṣmtw] ẘʿṣm[t] ʾmth ʾ̊[t]h ʾrwr

ʿṣm *LN* (1)
12.001.1] ʿṣm [

ʿṣr *v.* (2)
9.002.2 m̊l̊ʾ̊. m̊l̊[ʾ] | ẘt̊ʿ̊ṣ̊r. | ẘt̊[ʿṣ]r̊.
9.002.3 m̊l̊ʾ̊. m̊l̊[ʾ] | ẘt̊ʿ̊ṣ̊r. | ẘt̊[ʿṣ]r̊.

ʿr *v.* (1)
4.102.5]|m̊. hʿz̊b̊. h̊[ ]|h. ẘʿr̊ẘ. ʿl[ ] | šdh. w[ ] |

ʿr *n.* (11)
1.004.7 šmʿyhw w|yʿlhw. hʿyrh wʿbdk̊. ʾẙn̊[n]|ẙ šl̊ḥ
1.006.7] yd̊ʿ[ ] {*or* hʾ[rṣ w]h̊[ʿ]yr̊ ʿ[ ]} | [ ] ʾnk̊[y
1.018.3 ʾšr | šlḥ. ʾdny [ ]zr. hʿ̊ẙr̊h̊ {*or* [lʿ]zrẙh̊ẘ}
2.024.16 brmtngb. pn. yqrh. ʾt h|ʿyr. dbr. wdbr hmlk
8.007.1 lšr ʿr
8.008.1 lšr ʿr

8.009.1 lšr ʿr
8.010.1 lšr ʿr
15.006.2 yhwh ʾlhykh. ʾrṣh | ʿry yhdh wgʾlty yršlm
100.402.1 šr hʿr
100.510.1 šr hʿr

ʿrb *n.* (1)
1.018.2 | ʿd. hʿrb [ ]šlm yšlḥ

ʿrb *PN* (1)
100.785.1 lʿrb | nby

ʿrd *LN* (3)
2.024.12 | [ ] | [ ] |*(verso)* mʿrd 5 {*or* 50} wmqyn[h
2.048.1]ʿrd | [ ]r. 6 [k]s[p] | [
2.099.1 ʿrd

ʿšʾ *PN* (1)
100.899.2 lyrmyhw | bn ʿšʾ[ ]

ʿšh *v.* (9)
1.004.3 kkl ʾšr. šlḥ ʾdny. | kn. ʿšh. ʿbdk ktbty ʿl hdlt
1.006.9 ʾly[hm]} [lʾmr lm]h tʿšw. | kzʾt [wbyr]šlm
1.006.11 šlmh hlmlk} [t]ʿšw hd[b]|r hzh. ḥy.
1.009.8 yd šlmyhw. ʾ|šr nʿšh. m|ḥr
1.013.1 [ ]qmw. lʿšt mlʾkh. [ ] |
2.001.8 t|rkb. *homer* 1. qmḥ | lʿšt. lhm. l|ḥm. myyn. |
2.005.6 ʾ]šr. | [ ]qm|[ḥ lʿšt] lḥm l|[k]t[ym] ʾt | [
2.021.3 brktk l[yhw]|h. wʿt. hn. ʿšh. ʾdny. [|]yšlm.
2.040.15 wz]|ʾt hrʿh. ʾš[r] ʾd[m ʿšth]

‘šy *PN* (1)
100.243.1 l‘šy | gryhw

‘šyhw *PN* (8)
1.022.7] | l’š[yhw] *homer* | l‘šyhw bn [ ]’[ ]*seah* |
100.027.2 lyhwš‘ b|n ‘šyhw
100.038.1 l‘šyhw. | bn. ywqm.
100.062.3 l’bgyl | ’št | ‘šyhw
100.109.2 lšpṭyh|w ‘šyhw
100.365.1 l‘šyhw | bn ḥwhyhw
100.532.2 l̊’šḥr̊ b|[n] ‘šyhw
100.534.2 [l’š]rḥy | ‘šyhw

‘šn *adj.* (1)
1.025.1 yyn. ‘šn.

‘šn’l *PN* (1)
100.088.1 ‘šn’l

‘šnyhw *PN* (1)
100.125.1 l‘šnyhw. ‘bd. hmlk

‘šr *adj.* (1)
25.003.1 ’ryhw. h‘̊šr. ktbh | brk. ’ryhw.

‘šr *num.* (4)
2.008.3 *homer* 1̊̊ qm. mn. hš|lšh ‘šr̊ lḥdš.̊ ‘d h̊|šmnh.̊ ‘šr
2.008.4 ‘šr̊ lḥdš.̊ ‘d h̊|šmnh.̊ ‘šr lḥdš | [w]yyn *bath* 3 |
4.104.3 200 | mnw. 10 8 | l‘šr
4.120.2]ṣbr. h[|] bšb‘. ‘šr[|]rb‘y. w[

ʿšry *num.* (18)

2.007.3	wʿ |t. ntn. lktym. | lʿšry b 1 lḥd|š. ʿd hššh |
2.007.7	lpnyk. b|šnym lḥdš. bʿš|ry wšmn ḥ|[tm
3.001.1	bšt. hʿšrt. lšm|ryw. mbʾrym.
3.002.1	bšt. hʿš|rt. lgdyw. | mʾzh. |
3.003.1	bšt. hʿšrt. l[ ]|ʾ. mšmydʿ. nbl
3.013.1	bšt. hʿšrt. mʾbʿ|zr. lšmryw.
3.016.1	bšt. hʿšrt. ms|pr. {*or* msq.}
3.017.1	bšt. hʿšrt. mʾz|h. lgdyw. nbl.
3.018.1	bšt. hʿšrt. mḥṣrt | lgdyw. nbl.
3.019.1	bšt. hʿšrt. | myṣt. nbl. | šmn.
3.020.1	bšt. hʿ[šrt.] | mkrm. {*or* y]n.
3.021.1	bšt. hʿšrt. lšmr|yw. mttl.
3.051.1	bšt. hʿšrt. l[| [ ] | ʾḥʾ.
3.053.1	bšt. hʿšrt. yn. | krm. htl. bnbl.
3.054.1	bšt. hʿšrt. yn. k|rm. htl. nbl.
3.055.1	bšt. hʿšrt. kr|m. yḥwʿly. nbl. |
3.072.1	bšt. hʿšrt. yn. krm. | htl. bnbl.
3.073.1	bšt. [hʿšrt] | yn. kr[m htl bnbl] |

ʿšrt *LN* (1)

3.042.4	{*or* ʾdnyw.} gdy[w] | mʿšrt [ ]

ʿt *n.* (1)

1.006.2	yrʾ. yhwh ʾ|t. ʾdny ʾt hʿt hzh. šlm my | ʿbdk.

ʿt *adv.* (27)

1.002.3	ʾt ʾdny. š[m]ʿt šl|m. ʿt. kym ʿt kym my. ʿbd|k
1.002.3	š[m]ʿt šl|m. ʿt. kym ʿt kym my. ʿbd|k klb ky.
1.003.4	šlm | w[ ] wʿt. hpqḥ | nʾ[.] ʾt ʾzn {*or*
1.004.1	yšmʿ. yhwh [ʾt] ʾdny. ʿt kym. | šmʿt ṭb. wʿt
1.004.2	ʿt kym. | šmʿt ṭb. wʿt kkl ʾšr. šlḥ ʾdny. |
1.005.2	ʾd]ny | [šmʿt šl]m wṭb [ʿt | kym] ʿt ky[m] my.

1.005.3	šl]m wṭb [ʿt | kym] ʿt ky[m] my. ʿbdk | klb.
1.008.2	ʾt. ʾd[ny šm]|ʿt ṭb ʿt ky[m ʿt] kym hn|h [
1.008.2	ʾd[ny šm]|ʿt ṭb ʿt ky[m ʿt] kym hn|h [ ]nb[ ] {or
1.009.3	š[mʿt] šlm. w[| wʿt] tn. lḥm 10 w|[yyn] 2
2.001.1	ʾl. ʾlyšb. w|ʿt. ntn. lktym | yyn. *bath*
2.002.1	ʾl. ʾlyšb. wʿt. ntn l|ktym. *bath* 2
2.003.1	ʾl. ʾlyšb. wʿt. | tn. mn. hyyn. 3 *bath*
2.005.1	ʾl ʾlyšb. wʿ|t. šlḥ. mʾtk | mʿwd
2.006.1	ʾl ʾlyšb. w[ʿt] | šlḥ mʾtk ʾl |
2.007.1	ʾl ʾlyšb. wʿ|t. ntn. lktym. | lʿšry b 1
2.008.1	[ʾ]l ʾlyšb. wʿt. ntn l|kt[y]m *homer* 1
2.010.1	[ʾl ʾly]šb. wʿt. | [ntn lkt]ym. yyn
2.011.2	ʾl. ʾlyšb | wʿt ntn lktym | [ ] *bath*
2.014.1	[ʾl ʾl]yš[b wʿt | ntn l]ktym [| w]šlḥ
2.016.3	bytk br|ktk lyhwh. wʿt kṣʾty | mbytk wšlḥty
2.017.1	ʾl. nḥm. [w]ʿt b|ʾ byth. ʾlyšb. | bn
2.018.3	yhwh yš|ʾl lšlmk. wʿt | tn. lšmryhw | *lethech*.
2.021.3	bytk. brktk l[yhw]|h. wʿt. hn. ʿšh. ʾdny. [|
2.021.6	ʾdm ḥyh[wh |]h [ ]ʾt[|] wkl ʾš[r |
2.040.4	brkt[k lyhw]h | wʿt. hṭh [ʾ]bdk [l]bh | ʾl.
33.001.2	šlḥt. ʾt šlm bytk | wʿt. ʾl. tšmʿ lk[l. d]br ʾšr

ʿtyhw *PN* (1)

100.889.1	lʿtyhw | mtnyhw

p *incised letter* (1)

3.213.1	p

p *abbreviation for* **pym** (1)

108.022.1	p

p'rt *PN* (1)
100.095.2 ln' m'l | p̊'rt

pgy *PN* (1)
100.604.2 lmnḥm̊ | pgy

pgš *v.* (1)
2.037.2 [ ] |]pgš[|]y

pdh *PN* (1)
100.236.1 pdh

pdy *PN* (4)
2.055.2 bn ḥmd' | p̊d̊y {*or* š̊y}
100.376.2 lṭb'|l. pdy
100.737.2 lḥ̊l̊q̊ẙh̊w | b̊n̊ p̊d̊ẙ
100.767.2 l[s]m̊k̊. | [pd]y

pdyhw *PN* (14)
2.049.5 1 [ ]d'l [ ]' 2 š'l 1 pdyhw. ḥ 10 1 bny. 'ḥ'.
100.045.2 yšm''[l] | p̊dyhw
100.235.1 lpdyhw | bn psḥ
100.363.2 lšmryhw | bn pdyhw
100.512.1 lp̊d̊yhw | yhwqm
100.567.2 ly'š | [b]n pdyhw
100.599.2 lmlkyhw | bn pdyhw
100.630.2 lntn | pdyhw
100.637.2 l'zryhw | b̊n̊ pdyhw
100.678.2 [ ] | pdyhw
100.744.2 l'ly'r. | pdyhw
100.750.2 lh̊[ ]yh | pdyhw
100.880.2 lšpn | pdyhw
100.895.1 lpdyhw | špl

pdyw *PN* (1)
24.020.1 lpdẙ[w

ph *adv.* (1)
4.401.1]ẙhw ʾš̊r ʿl hbyt. ʾyn̊ [p]h̊ ksp. wz̊h̊b | [ky] ʾm̊

pḥʾ *PN* (2)
3.305.1 lpḥʾ̊[
100.877.1 lpḥʾ

pḥh *n.* (2)
100.408.2 [lyšʿ]yhw bn [snʾ]|blṭ pḥt šmr[n]
106.043.1 yḥzqyh hpḥh

pḥwʾ *n.* (7)
106.013.2 yhwd | pḥwʾ
106.014.3 yhwd | yhwʿzr | pḥwʾ {*or* pḥrʾ}
106.015.1 lzbdyw ṭ yhd} {*or* yhʿzr pḥwʾ} {*or* yhʿzr pḥrʾ}
106.016.2 lʾḥzy {*or* lʾḥyw} | pḥwʾ {*or* pḥrʾ}
106.017.2 lʾlntn | pḥwʾ {*or* pḥrʾ}
106.018.3 l̊šlmyt | ʾmt ʾln̊|tn pḥ̊[wʾ] {*or* pḥ̊[rʾ]}
106.019.1]pḥwʾ

pḥrʾ *n.* (5)
106.014.3 | yhwʿzr | pḥwʾ {*or* pḥrʾ}
106.015.1 yhʿzr pḥwʾ} {*or* yhʿzr pḥrʾ}
106.016.2 {*or* lʾḥyw} | pḥwʾ {*or* pḥrʾ}
106.017.2 lʾlntn | pḥwʾ {*or* pḥrʾ}
106.018.3 | ʾmt ʾln̊|tn pḥ̊[wʾ] {*or* pḥ̊[rʾ]}

pṭyhw *PN* (1)

20.001.1 lpṭyhw

py *abbreviation for* **pym** (1)

108.023.1 py

pym *n.* (2)

108.021.1 pym

108.054.1 pym | lzkry|hw. yʾr

pkmt *uncertain* (1)

1.029.2 brbʿt | q̊l̊m. pk̊mt. | *bath* |

plʾyhw *PN* (2)

100.782.1 lplʾyh|w mttyhw |*(verso)*

100.782.3 mttyhw |*(verso)* lplʾyhw | ʾšr ʿl | hms

plg *n.* (1)

108.051.2 šq̊l |*(verso)* plg rbʿ|t

plṭh *PN* (2)

4.121.1 lplṭh ls̊ʿly

100.714.1 lplṭh bn | yšmʿʾl

100.786.1 plṭh

plṭyhw *PN* (18)

100.379.1 lplṭyhw | ḥlqyhw

100.586.2 lmḥ[sy]hw | bn plṭyhw

100.594.2 lmky[hw] | plṭyhw

100.614.2 lmt̊n bn | p̊lṭyhw

100.615.2 lmtn bn | [p]lṭyhw

100.616.2 lmtn b[n] | plṭyh[w]

100.635.2 lʿzr | plṭyhw

100.643.1	lplṭyhw b|n hwšʿyhw	
100.644.1	lplṭyhw	hwšʿyhw
100.645.1	[l]plṭyhw	hwšʿyhw
100.646.1	lplṭyhw	[hwšʿ]yhw
100.647.1	lplṭyhw	hwšʿyhw
100.648.1	lplṭyhw	bn hwšʿyhw
100.649.1	lplṭyhw	bn ḥlq
100.764.2	ʾḥqm | plṭyhw	
100.823.2	lšmʿyhw | [b]n plṭyhw	
100.887.1	lplṭyhw	bn kslʾ
100.888.1	lplṭyhw	ḥlqyhw

plʿ *PN* (1)

23.001.1 plʿ

pmn *PN* (1)

100.180.1 pmn

pn *conj.* (2)

2.024.16 {*or* yqmyhw.} brmtngb. pn. yqrh. ʾt h|ʿyr. dbr.
2.024.20 hym. hʾnšm. ʾt. ʾlyš|ʿ. pn. tbʾ. ʾdm. šmh

pn *PN* (1)

100.392.1 lpn bn | yḥny

pnʾl *PN* (1)

5.001.2 | mn tld *bath wine* {*or* pnʾl. ʿbd} | 2 | byt.ʾmm

pnh *n.* (4)

2.007.6 | lḥdš *bath* 3 [w]|ktbth lpnyk. b|šnym lḥdš. bʿš|ry
4.301.18 [w|y]šmrk [y|]ʾr yhwh | [p]n[yw |
4.302.9 *symbol 12* pnyw | [ʾl]yk wy|šm lk
7.001.5 | wykl wʾsm kymm. lpny šb|t kʾšr kl [ʿ]bdk ʾt

pnyh *PN* (1)
10.001.9 qṣ | ’by[h] |*(verso)* p̊n̊ẙh̊[

psḥ *PN* (1)
100.235.2 lpdyhw | bn psḥ

ppy *PN* (1)
2.072.2 nknyhw 2 mnḥm 1 | ppy 1 ’ḥmlk 1 | gd̊’̊ 1 [

pqd *v.* (1) (*cf.* **bqd**)
15.007.1 hmwrẙh̊ {*or* pqd yh} {*or* nqh yh} ’th

pqd *n.* (1)
106.012.1 lpqd yhd

pqdyw *PN* (1)
100.163.2 [l]’̊bnr | [p]q̊dyw

pqḥ *v.* (1)
1.003.4 šlm | w[ ] ẘ‘̊t̊.̊ hpqḥ | n’[.] ’t ’zn {*or* rzm

pqḥ *PN* (3)
1.019.2 bn ‘ṣ. {*or* ‘zr̊} 10 | pqḥ. 10 1 | mk̊l.
24.007.1 lpqḥ. smdr
100.004.1 pqḥ

pqḥy *PN* (1)
100.044.2 ’ḥz | pqḥy

pqll *PN* (1)
100.022.2 lḥwrṣ | bn pqll

pr'n *LN* (1)
3.014.2 h̊tš['t.] m'[ ]|t̊ {*or* mgt̊} p̊r̊'n. lšmryw. | nbl. yn.

prḫ *LN* (1)
4.105.6 5 šmnm̊ | 8̊ |(*verso*) g̊t̊. p̊r̊ḥ̊.

pr' *PN* (1)
100.126.1 lpr' {*or* lgr'}

pr'š *PN* (2)
100.255.2 [l]n̊ryhw | [bn] p̊r̊'š̊
100.354.1 pr'š

prpr *PN* (1)
100.638.2 l'zrqm | bn prpr

prql *PN* (1)
100.101.2 | bn {*or* br} grql {*or* prql}

pšḫr *PN* (8)
2.054.1 pšḥr
6.002.1 pšḥ|r
100.148.1 lpšḥr bn | 'dyhw
100.152.2 l'dt' '|št pšḥr
100.651.1 lpšḥr bn | 'ḥ'mh
100.652.1 lpšḥr bn | mnḥm.
100.683.2 [ ]yhw | [pš]ḥr
100.896.1 lpšḥr

pšyd *PN* (1)
2.052.1 pšyd {*or* ṣ̊yd}

pšt *n.* (1)
10.001.3 z̊|r‘. yrḥw lqš | yrḥ ‘ṣd pšt | yrḥ qṣr š‘rm | yrḥ

ptḥ *v.* (2)
4.401.3 ’̊[t]h ’rwr h’dm̊ ’šr | ypt̊ḥ̊ ’t̊ z’t̊
4.404.2 [z’t] qbrt. z[ ] | ’šr yp[tḥ |]d̊

ptḥ *PN* (1)
100.653.1 lptḥ b|n nḥm

ptt *v.* (1)
34.001.1]ẘ. bš̊[ ]ypt̊. y[| m’]ḥ̊r̊ẙ.

ṣb’ *n.* (1)
1.003.14 hgd. | l’mr. yrd šr. hṣb’. | knyh̊w

ṣby *PN* (1)
33.002.2 10 4̊ {*or* 6} | ’by. ṣ̊by *ephah* 10 | ’l̊‘̊d̊h

ṣbly *PN* (1)
100.431.2 lbnyhw b|n ṣbly

ṣbr *uncertain* (1)
4.120.1]ṣbr. h[|] bšb‘. ‘šr[|

ṣdq *PN* (4)
2.093.1 lṣdq
30.006.1 ṣdq̊ | ḥn̊[y
100.322.1 lṣdq | bn mk’
100.772.1 lṣdq | smk

ṣdq' *PN* (1)
100.639.2 [l]ʿzrqm | [bn] ṣdq'

ṣdqyh *PN* (1)
106.015.1 ʿzbq ṣdqyh {*or* lzbdyw ṭ yhd}

ṣdqyhw *PN* (2)
1.011.6 [ ] {*or* sb̊kyhw} | ṣ̊[d]qẙ[hw] | [ ]
4.101.4 {*or* ẙrt} {*or* ẙdt.} | ṣ̊d̊qyhẘ[ ] | [ ] | [ ] | [

ṣwh *v.* (2)
2.003.2 tn. mn. hyyn̊. 3 *b̊åt̊h̊* w|ṣwk. ḥnnyhw. ʿl b|'ršbʿ
2.018.7 | ttn. *homer* wld|br. 'šr. ṣ|wtny. šlm. | [ ] byt.

ṣḥ *MN* (1)
2.020.2 bšlšt | ẙr̊ḥ. ṣḥ {*or* g̊r̊' b̊n̊ ʿz̊yhw}

ṣyd *PN* (1)
2.052.1 pšyd {*or* ṣ̊yd}

ṣl' *PN* (1)
34.003.1 zl' {*or* ṣl'}

ṣll *PN* (1)
3.081.1 ṣ̊ll[ ]

ṣmd *n.* (1)
2.003.4 ʿl b|'ršbʿ ʿm. mš' ṣ|md. ḥmrm. wṣrrt

ṣmḥ *PN* (1)
2.049.5]yhw 1 | *(col. 4)* [b]n. ṣmḥ 1 [ ]d'l [ ]' 2 š'l 1

ṣmq *n.* (1)
1.030.1 mz. ṣmqm. šḥrt.

ṣpn *PN* (13)
100.188.1 [ṣpn ']|zry[hw]
100.274.1 lṣpn '|bm' ṣ
100.289.1 ṣpn '|zryhw
100.360.1 lṣpn | nryw
100.410.2 hwš' | ṣpn
100.435.1 ṣpn
100.454.1 lṣpn. '|[b]m' ṣ
100.469.2 hwš' | ṣpn
100.654.1 lṣpn. | mqnyhw
100.773.1 ṣ̊pn. | 'zr.
100.790.1 lṣpn '|bm' ṣ
100.839.2 lšpṭyhw | bn ṣpn
100.878.1 lṣpn | 'ḥymlk

ṣpnyh *PN* (2)
100.482.1 |ṣ̊pnyh̊
100.716.1 [l]ṣpnyh | mtnyh

ṣpnyhw *PN* (8)
2.059.5 } bn [ ] | y'zn bn ṣ̊p̊n[yhw]
4.101.3 {*or* yd̊t.} | [ ]yhw {*or* ṣ̊p[n]yhw} bn qrz̊y {*or* qrṣ̊
100.039.2 lšḥrḥr bn | ṣpnyhw
100.258.2 lyrmyhw | bn ṣp̊nẙhw | bn nby[ ]
100.481.2 ls[m]ky | ṣ̊p̊n̊ẙhw
100.553.2 lḥgb bn | ṣpnyhw
100.554.2 lḥgb bn | ṣpny[hw]

100.655.1 lṣpnyhw | š’lh

ṣr *n.* (3)

4.116.3 ’l. r‘w. ky. hyt. zdh. bṣr. mymn. ẘ[‘d šm’]l̊.

4.116.6 ’mh. hyh. gbh. hṣr. ‘l. r’š. hḥṣb[m.]

4.402.1 ḥd[r] b̊kt̊p hṣr {*or* hṣr[ḥ]}

ṣr *n.* (1)

25.003.3 brk. ’ryhw. lyhwh | wmṣryh̊. l’šrth hwš‘ lh | [

ṣr *n.* (1)

2.003.6 wṣrr.} | ’tm. bṣq̊. {*or* bṣr.} w|spr̊. hḥṭm. whl|ḥm

ṣrḥ *n.* (1)

4.402.1 ḥd[r] b̊kt̊p hṣr {*or* hṣr[ḥ]}

ṣrr *v.* (2)

2.003.5 ‘m. mš’ ṣ|md. ḥmrm. wṣrrt {*or* wṣrr.} | ’tm.

2.003.5 ṣ|md. ḥmrm. wṣrrt {*or* wṣrr.} | ’tm. bṣq̊. {*or* bṣr.

q *abbreviation for* **qdš** (2)

2.102.1 qš {*or* q *symbol 8*}

2.103.1 qš {*or* q *symbol 8*}

qbrh *n.* (2)

4.401.1 z’t̊ [qbrt]ẙhw ’šr̊ ‘l

4.404.1 [z’t] qbrt. z[ ] | ’šr yp[tḥ |

qdr *PN* (1)

3.029.3 l]’š’ | ’ḥmlk. | q̊dr. {*or* gmr.} {*or* ’̊m̊r.}

qdš *n./adj.* (5) (*see also* **q** *and* **qš**)

2.104.1 qdš

5.005.1 qdš

24.014.2 mz | [ ]yhḥ. qdš | *(on the rim)* qdš

24.014.3]yhḥ. qdš | *(on the rim)* qdš

99.001.1 lby[t yhw]h qdš khnm

qwlyhw *PN* (1)

100.715.2 lḥnnyhw b|n qwlyhw

]qws *PN* (1)

2.026.3 [|] m̊n̊ 'dny. šr[|]q̊ws wyh[w |] 'dny [

qwsʿnl *PN* (1)

2.012.3] 2 qmḥ wtn. '[tm | lqw]sʿnl mhrh. ṣ[ ] | [

qynh *LN* (1)

2.024.12 mʿrd 5 {*or* 5̊0̊} wmqyn̊[h]|h. wšlḥtm. 'tm.

ql *n.* (1)

4.116.2 nšm]ʿ. {*or* wyšm]ʿ.} ql. 'š. q|[r]'. 'l. rʿw. ky.

qlyhw *PN* (1)

100.233.1 lqlyhw | d̊ml'l {*or* rml'l}

qlyw *PN* (1)

3.304.2 šḥ[ ] {*or* m̊ḥ̊[syw]} | qlyw[ ] | smk̊[yw] | 'rẙ[w]

qlm *uncertain* (1)

1.029.2 brbʿt | q̊l̊m. pkm̊t. | *bath* |

qm *v.* (1)
1.013.1 [ ]qmw. l' št ml'kh. [ ] |

qm *abbreviation for* **qmḥ** (3)
2.008.2 ntn l|kt[y]m *homer* 1 qm. mn. hš|lšh ' šr lḥdš.
2.112.1]qm [*ḥq3t*] 6 7 |]qm *ḥq3t*
2.112.2]qm [*ḥq3t*] 6 7 |]qm *ḥq3t* 6[

qmḥ *n.* (5)
2.001.5 šm hym. | wm' wd. hqmḥ | hr' šn. t|rkb. *homer*
2.001.7 | hr' šn. t|rkb. *homer* 1. qmḥ | l' št. lhm. l|ḥm.
2.005.3 w' |t. šlḥ. m' tk | m' wd hqmḥ. | h[r]' [šn ']šr. | [
2.005.5 | h[r]' [šn ']šr. | [ ]qm|[ḥ l' št] lḥm l|[k]t[ym
2.012.2 q[ḥ] šmn 1 w|[ ] 2 qmḥ wtn. ' [tm | lqw]s' nl

qnh *n.* (1)
4.201.3 |]mkyhw [| ' l] qn ' rṣ

qny *PN* (1)
26.004.1 lqny

qnyw *PN* (2)
30.003.1 [ ]bn qn[yw] {*or* ' n[yw]}
100.013.1 lqnyw

qsr *PN* (1)
100.096.1 lqsr | ' dny

qṣ *n.* (1)
10.001.7 kl} | yrḥw zmr | yrḥ qṣ | ' by[h] |*(verso)*

qṣh *LN* (4)

3.004.1	[b]št. htšʿt. mq|[ṣh.] lgdyw. nbl. | [yn.
3.005.2	bšt. ht[šʿt.] | mqṣh. l[gd]yw[ ] | nbl. yn.
3.006.2	bšt. htšʿt. | mqṣh. lgd|yw. nbl. yn. |
3.007.1	bšt. [htšʿt. mqṣ]|h. lgd[yw. nbl. yn.

qṣr *n.* (10)

1.005.8	ʾl ʾdny. yrʾk y|hwh hqṣr {*or* hq[š]r} b[ ]|h.
7.001.3	| ʾt dbr ʿbdh. ʿbdk | qṣr. hyh. ʿbdk. bḥ|ṣrʾsm.
7.001.4	hyh. ʿbdk. bḥ|ṣrʾsm. wyqṣr ʿbdk | wykl wʾsm
7.001.6	šb|t kʾšr kl [ʿ]bdk ʾt qṣrw ʾ|sm {*or* qṣr wʾsm}
7.001.7	[ʿ]bdk ʾt qṣrw ʾ|sm {*or* qṣr wʾsm} kymm wybʾ.
7.001.9	bgd ʿbdk kʾšr klt | ʾt qṣry zh ymm lqḥ ʾt bgd
7.001.10	| wkl ʾḥy. yʿnw ly. hqṣrm ʾty bḥm | [ ] ʾḥy.
10.001.4	lqš | yrḥ ʿṣd pšt | yrḥ qṣr šʿrm | yrḥ qṣr wkl
10.001.5	pšt | yrḥ qṣr šʿrm | yrḥ qṣr wkl {*or* qṣrw kl} |
10.001.5	šʿrm | yrḥ qṣr wkl {*or* qṣrw kl} | yrḥw zmr |

qr *uncertain* (1)

8.003.1	qr

qrʾ *v.* (7)

1.003.9	ʾmr. ʾdny. lʾ. ydʿth. | qrʾ. spr ḥyhwh. ʾm. nsh.
1.003.10	ḥyhwh. ʾm. nsh. ʾ|yš. lqrʾ ly spr lnṣḥ. wgm. | kl
1.003.12	sp[r] ʾšr ybʾ. ʾly ʾm. | qrʾty. ʾth ʾḥr {*or* [wl]ʾ}
1.006.5	[wʾt] spry hšr[m lʾm]|r qrʾ nʾ whnh. dbry.
1.006.13	yhwh. ʾlh|yk k[y m]ʾz qrʾ ʿb|dk ʾt hspr[m] l[ʾ]
1.012.4	ḥ]y yhwh [ ]y[ ]ʾy[ ] | q[r]ʾty [ʾ]th ʿbd[k | [ ]
4.116.2	{*or* wyšm]ʿ.} ql. ʾš. q|[r]ʾ. ʾl. rʿw. ky. hyt.

qr’h *PN* (1)
4.101.1 {*or* ẙḥ̊[z]qyhw} bn qr’h bšr̊š bqyhw {*or* .

qrb’r *PN* (3)
2.024.14 by]|d. mlkyhw bn qrb’wr. whb|qydm. ‘l. yd
4.123.3] | ’ḥyq[m] | qrb[’r
100.656.1 lqrb’r | b̊n̊ ‘zr’l

qrh *v.* (2)
2.024.16 } brmtngb. pn. yqrh. ’t h|‘yr. dbr. wdbr
4.116.4 hkw. hḥṣbm. ’š. lqrt. r‘w. grzn. ‘l. [g]rzn.

qrzy *PN* (1)
4.101.3]yhw {*or* ṣp̊[n]yhw} bn qrz̊y {*or* qrṣ̊} {*or* qry.}

qrḥ *PN* (2)
1.031.4 } |]n. q̊r[{*or* b]n. q̊r[ḥ} |]n. yg̊r. {*or* b]n.
2.049.1 bny. bṣl 3 bny. qrḥ 2 bn. glgl 1 bny

qry *PN* (1)
4.101.3 bn qrz̊y {*or* qrṣ̊} {*or* qry.} b‘mq yḥ̊ẘ[špṭ]

qrsy *gentilic* (1)
2.018.5 lšmryhw | *lethech*. wlqrsy | ttn. *homer* wld|br.

qrṣ *PN* (1)
4.101.3 ṣp̊[n]yhw} bn qrz̊y {*or* qrṣ̊} {*or* qry.} b‘mq

qršt *alphabetic sequence* (1)
6.001.1 qr[št

qš *abbreviation for* **qdš** (2)
2.102.1 qš {*or* q *symbol 8*
2.103.1 qš {*or* q̣ *symbol 8*

qšb *v.* (2)
3.301.2 2̊ hr' m {*or* hd̊' m} hq̊šbw[ ] {*or* hqšb w[ ]}
3.301.2 hd̊' m} hq̊šbw[ ] {*or* hqšb w[ ]} | ymnh š' rm

qšr *n.* (1)
1.005.8 yr' k y|hwh h̊qṣ̊r̊ {*or* h̊q[š]r̊} b[ ]|h.̊ mh. l' bdk.

r *incised letter* (1)
3.214.1 r

r'h *v.* (3)
1.004.12 'šr ntn | 'dny. ky l' .̊ nr' h 't ' z|qh
1.005.7 ' bdk. hspr|m. 'l 'dny. yr' k y|hwh h̊qṣ̊r̊ {*or* h̊q[š]r̊
1.006.1 'l 'dny y' wš. yr' . yhwh '|t.̊ 'dny 't̊ h̊' t

r'yhw *PN* (1)
100.657.1 lr̊' yhw | ḥ̊lṣyhw

r'š *n.* (1)
4.116.6 'mh. hyh. gbh. hṣr. ' l. r' š. hḥṣb[m.]

r'šn *num.* (2)
2.001.6 | wm' wd. hqmḥ | hr' šn. t|rkb. *homer* 1. qmḥ
2.005.4 m' tk | m' wd hqmḥ. | h̊[r]' [šn ']šr.̊ | [ ]qm|[ḥ

rbyhw *PN* (1)
100.161.1 lrbyhw | hglnyh

rbyhwh *PN* (1)
100.161.1 lrbyhw | hglnyh {*or* lrbyhwh. glnyh}

rbʻ *num.* (2)
108.033.1 rbʻ nṣp |*(verso)* rbʻ š̊l
108.033.2 rbʻ nṣp |*(verso)* rbʻ š̊l

rbʻy *num.* (5)
1.029.1 brbʻt | q̊l̊m. pkm̊t. | *bath* |
4.120.3]ṣbr. h[|] bšbʻ. ʻšr[|]rbʻy. w[
108.051.2 šql̊ |*(verso)* plg rbʻ|t
109.001.1 hn 1 wḥṣy. hlg wrbʻt. hlg
109.002.1 rbʻ]t hlg

rbt *gentilic* (1)
100.301.2 lzry|hw hr|bt

rgʼ *PN* (3)
2.031.2 ḥṭm. | ʼwryhw bn rgʼ ʻ {*or: ephah*} *lethech*
2.068.3].[|]ḥl.[|] r̊gʼ [|*(verso)*]w | [|]ʼš
3.078.1 m̊ʼ. {*or* rgʼ.} s̊r

rgʻ *PN* (1)
3.001.4 nbl [yn] | yšn. | r̊gʻ. ʼlyšʻ. 2 | ʻzʼ. q̊[ ]bš

rhm *uncertain* (1)
3.310.1 [ ]b̊hn̊ {*or* [ ]r̊hm̊}

rzm *v.* (1)
1.003.5 hpqḥ | nʼ[.] ʼt ʼzn {*or* rzm} ʻ̊bdk.̊ lspr. ʼšr. |

rḥm *n.* (1)
7.001.13 bgd] ̊ʿb̊[dk wtt]n̊ ʾlw. rḥ̊|[mm]t ʾt [ʿ]bdk

rḥp *v.* (1)
1.008.4]} ̊ʾ[m]l̊k̊. m̊ʾ̊|b. rḥ̊[p] ẙš̊ʿ̊ ẙh̊ẘh̊ [ ] | ʾ[ ] r[

rḥṣ *v.* (13)
3.016.3 } lgdyw. nbl. | šmn. rḥṣ.
3.017.3 lgdyw. nbl. šm|n. rḥṣ.
3.018.3 | lgdyw. nbl. šmn. | rḥṣ.
3.019.3 | myṣt̊. nbl. | šmn. rḥṣ. l|ʾḥnʿm.
3.020.3 krm.} ht̊[l. nbl. š]|mn. rḥ[ṣ.]
3.021.3 {*or* mtwl.} nbl. š|mn. rḥṣ.
3.053.3 | krm. htl. bnbl. šmn. | rḥṣ.
3.054.2 yn. k|rm. htl. nbl. šmn. rḥ|ṣ.
3.055.3 yḥwʿly. nbl. | šmn. rḥṣ.
3.059.1 nbl. šmn. [rḥ]|ṣ. bšt. 1̊0̊ [5] {*or* bšt.
3.072.2 krm. | htl. bnbl. šmn. rḥṣ.
3.073.3 kr[m htl bnbl] | šmn. [rḥṣ]
3.082.1 šmn. rḥ|ṣ.

rkb *v.* (1)
2.001.6 hqmḥ | hrʾšn. t|rkb. *homer* 1. qmḥ | lʿšt.

rkʿš *PN* (1)
100.480.1 rkʿš {*or* dwdš}

rmlʾ *PN* (1)
3.308.1 ldmlʾ {*or* lrmlʾ}

rml'l *PN* (1)

100.233.2 lqlyhw | d̊ml'l {*or* rml'l}

rmlyhw *PN* (2)

100.019.2 ldmlyhw | {*or* lrmlyhw} bn nryhw

100.060.2 ln'hbt b|t rmlyhw {*or* dmlyhw}

rmʿ *PN* (1)

100.014.1 lrmʿ

rmtngb *LN* (2)

2.024.13]|h. wšlḥtm. 'tm. rmtng̊[b by]|d. mlkyhw

2.024.16 {*or* yqmyhw.} brmtngb. pn. yqrh. 't

rntn *LN* (1)

37.001.3 | hwšʿyhw. bn. nwy. mrntn {*or* mrptn} | mky.

rʿ *n.* (3)

4.116.2 't.] | hgrzn. 'š. 'l. rʿw. wbʿwd. šlš. 'mt.

4.116.3 } ql. 'š. q|[r]'. 'l. rʿw. ky. hyt. zdh. bṣr.

4.116.4 hkw. hḥṣbm. 'š. lqrt. rʿw. grzn. ʿl. [g]rzn.

rʿ *n.* (2)

4.301.10]bh[ ]h mkl | [ ] wmhrʿ [ ] | k̊ybwg̊'l | hky

4.302.4]ẘnyhw} [|]r[ ]yh[|]r̊ʿ h[ ] {*or* r̊ʿh[ ]} | [ ]š̊

rʿh *n.* (2)

2.040.15 lšl̊ḥ. 't h[wz]|'t hrʿh. 'š[r] '̊d̊[m ʿšth]

4.302.4 |]r[ ]yh[|]r̊ʿ h[ ] {*or* r̊ʿh[ ]} | [ ]š̊ ybrk̊ | ẙhwh

r‘h *uncertain* (1)
3.301.2 brk šlm̊[ ] | brk 2̊ hr‘m {*or* hd̊‘m} hq̊šbw[ ]

rp’ *n.* (1)
100.804.3 [lṭbšlm] | bn zkr | hrp’

rp’ *PN* (7)
3.024.2 [mḥ]lq. l’š[’] ’̊ḥml[k.] | rp’. ‘nmš̊. m[ḥ]ṣrt
100.377.1 lrp’
100.378.2 l[ ] | bn̊ r̊p’
100.542.2 ldmlyhw | bn rp’
100.641.2 l‘lyhw | rp’
100.723.1 lrp’ bn | ḥlqyhw
100.898.1 lrp’ bn | bn‘nt

rp’yhw *PN* (3)
100.611.2 l̊m̊š̊l̊m̊ b̊|n̊ rp’yhw
100.621.2 ln̊[ḥ]m bn | rp’[yhw]
100.817.1 lrp’yhw | bn ’prḥ

rph *v.* (1)
1.006.6 {*or* h[nb’]} | l’ ṭbm lrp̊t̊ ydyk [lhš]|qṭ {*or* ydy.

rpty *PN* (2)
100.452.1 lrpty | yhwk̊l
100.453.1 l̊rpty | yhwk̊l

rptn *LN* (1)
37.001.3 bn. nwy. mrntn {*or* mrptn} | mky. bn. hṣlyhw.

rṣh v. (2)
2.040.6 | 'l 'dn̊ẙ ['t kl 'šr r]|ṣh. h'yš̊ [w' šyhw b]|'.
15.006.1 ['ny] yhwh 'lhykh. 'rṣh | °ry yhd̊h̊ wg̊'lty

š *abbreviation for* **šql** (8)
2.016.5 wšlḥty 't | h[k]sp 8 š lbny g'lyhw. [b]|y[d
2.065.1 š [|]š 5
2.065.2 š [|]š 5
2.081.1 3 š | 1
7.005.1]4 š [{or] 1̊0̊ 1̊0̊ 4 [} |]1[
7.007.2 *shekel* 5 šy {or ksp. š 30 3} {or ksp. š. 4}
7.007.2 ksp. š 30 3} {or ksp. š. 4}
11.002.2 z̊hb. 'pr. lbyt.ḥrn. [ ] | š 30

š'zšl *uncertain* (1)
24.011.1 m]š' z šl[m {or]š'zšl[}

š'l v. (2)
2.018.2 'l 'dny. 'ly|šb. yhwh yš|'l lšlmk. w't | tn.
8.022.1 kl 'šr yš'l m'š ḥnn [ ] wntn lh

š'l *PN* (4)
100.092.1 lš'l
100.178.1 lš'l
100.311.1 lš'l | bn nḥm
100.339.2 l'ḥyw | bn š'l

š'lh *PN* (2)
100.655.2 lṣpnyhw | š'lh
100.851.2 [l]nḥm bn | š'lh

šb *v.* (5)

1.005.6	} kz’|[t] {*or* hz’[t]} hšb. ‘bdk. hspr|m. ’l ’dny.
1.009.4	tn. lḥm 10 w|[yyn] 2 hšb. | ’[l] ‘bdk d|br b
2.111.4	m’d w’tn [ ] | ylqḥ nšb dbr [ ] | hyh. hsws [
7.001.12	ly. ’mn nqty. m’|[šm hšb n’ ’t] bgdy w’ml’. {*or*
7.001.12	{*or* w’m l’.} lšr lhš|[b ’t bgd] ‘b[dk wtt]n

šb’l *PN* (1)

22.021.1	gb‘n. dml’. šb’l

šby *PN* (3)

7.001.7	{*or* ḥšbyhw} bn šb|y. wyqḥ. ’t bgd ‘bdk
100.043.1	lšby b|n ’lzkr
100.874.2	gdlyhw | bn šby

šbn’ *PN* (8)

100.057.1	lšbn’ | ’ḥ’b
100.168.1	šbn’
100.196.2	lnr’ | šbn’
100.223.1	lšbn|’ šḥr
100.288.1	lšbn|’ {*or* lšbnt} šḥr
100.472.1	lšbn|’ šḥ[r]
100.473.2	lšwk|h šbn|’
100.789.2	lnr’ | šbn’

šbnyh *PN* (3)

100.456.1	šbnyh | ‘zryh
100.475.2	lš[ ] | šbnyh
100.476.2	šbnyh|[w] yḥyhw {*or* šbnyh ‘zryhw}

šbnyhw *PN* (18)

2.027.4]l[ ] | ydnyhw bn šb[nyhw] | ḥldy[g]r' |

2.060.3 h nṭ|lty *ḥq3t* 2 ¼ | šbnyhw 1 | mqnyhw. tn |

100.015.1 lšbnyhw

100.020.2 lḥgy b|n šbnyhw

100.061.2 l'mdyhw | bt šbnyhw

100.143.2 lblgy b|n šbnyhw

100.257.1 [l]šbnyhw | [ ] hmlk

100.270.1 šbnyhw | [']zryhw

100.332.1 lšbnyhw | bṣr

100.455.1 [š]bnyhw | [']zryhw

100.476.1 šbnyh|[w] yḥyhw

100.549.2 lhṣlyhw | bn šbnyhw

100.596.2 lmkyhw | šbnyhw

100.597.2 lmkyhw | šbnyhw

100.624.2 lnmšr bn | šbnyhw

100.667.1 lšbny[hw] | šryhw

100.713.1 lšbnyhw | bn [

100.784.1 lšbnyhw | bn hmlk

šbnyw *PN* (3)

100.067.1 lšbnyw |*(verso)* lšbnyw |

100.067.2 lšbnyw |*(verso)* lšbnyw | 'bd 'zyw

100.787.2 lnry b|n šbnyw

šbnt *PN* (1)

100.288.1 lšbn|' {*or* lšbnt} šḥr

šb' *v.* (1)

8.015.1 {*or*]'rk.} ymm. wyšb' w[|] hyṭb. yhwh [

šbʿ *PN* (4)
2.038.4 | gmryhw bn š̊[ ] | šbʿ̊ b̊n̊ r[ ] 1 | [ ] bn
3.002.6 | ʾbbʿl. 2 | ʾḥz. 2 | šbʿ. 1 | mrbʿl. 1
100.337.1 lšbʿ y|ḥmlyhw
100.702.2 [n]ḥm | [š]bʿ

šbʿ *num.* (1)
4.120.2]ṣbr. h[|] bšbʿ. ʿšr[|]rbʿy. w[

šbʿt *uncertain* (1)
4.109.1 šbʿt

šbr *n.* (1)
4.103.2 50 7 šmnm | 4 šbr̊m

šbt *uncertain* (1)
7.001.5 wʾsm̊ kym̊m. lpny šb|t kʾšr kl̊ [ʿ]b̊dk ʾt

šdh *n.* (3)
4.101.1 qrʾh bšr̊š bqyhw {*or* . bšd šr̊q̊m̊ yhw[ ]} | ʾḥyhw
4.102.1 š]d̊h[ ]|h̊m. whnh̊ r̊[
4.102.6 h̊[ ]|h. ẘʿr̊ẘ. ʿl[ ] | šdh. w[ ] | ʾt̊. nb̊l[ ] |

šwkh *PN* (1)
100.473.1 l̊šwk|h̊ šbn|ʾ

šwkh *LN* (5)
105.011.1 lmlk šwkh
105.012.1 lmlk šwkh
105.013.1 lmlk šwkh
105.014.1 lmlk šwkh
105.015.1 šwkh

šwššr' ṣr *PN* (1)

100.226.2 lyhwyšm' | bt šwššr' ṣr {*or* šnššr' ṣr}

šḥr *adj.* (1)

1.030.1 mz. ṣmqm. šḥrt.

šḥr *PN* (14)

100.198.2 yhwḥl | šḥr
100.199.2 yhwḥyl | šḥ[r]
100.223.2 lšbn|' šḥr
100.288.2 lšbn|' {*or* lšbnt} šḥr
100.396.2 yhwḥl | šḥr
100.472.2 lšbn|' šḥ̊[r]
100.522.2 [l']p̊rḥ | [bn] š̊ḥr
100.523.2 l' prḥ [b|n šḥ]r bn | [g]d̊yhw
100.524.1 lšḥr bn | gdyhw
100.525.1 lšḥr [b]|n gdy
100.526.1 lšḥr | [g]dyh[w]
100.595.2 lmky[hw] b|n šḥ[r]
100.612.2 lmš' n b[n] | šḥr.
100.613.3 lmtn bn | [']dnyḥy | [bn š]ḥr

šḥrḥr *PN* (2)

100.035.2 l̊' bdyhw b̊|[n] šḥrḥ[r] {*or* tḥrh[w]}
100.039.1 lšḥrḥr bn | ṣpnyhw

šṭrw *uncertain* (1)

24.012.1].̊ šṭrw [{*or*]t. šmrn}

šṭrn *uncertain* (1)

24.012.1 šṭrw [{*or*]t. šmrn} {*or* šṭrn} | yš̊[

šy *n.* (3)
2.055.2 bn ḥmdʾ | pdy {*or* šy}
2.057.2 [ ]ʾl | [bn] ḥšy {*or* šy}
7.007.2 šql ʾrbʿ ksp. *shekel* 5 šy {*or* ksp. š 30 3}

šy *uncertain* (1)
5.009.1]šy

škm *LN* (1)
3.044.1 [bšt]. h10 5 mškm. | [l]hp[ ]r.

šknyhw *PN* (1)
100.327.1 šknyh|w ḥylʾ

šl *PN* (1)
26.003.1 lšl

šl *abbreviation for* **šql** (1)
108.033.2 rbʿ nṣp |*(verso)* rbʿ šl

šlḥ *v.* (43)
1.003.1 ʿbdk. hwšʿyhw. šlḥ. l|hg[d] l[ʾd]ny yʾw[š]
1.003.6 rzm} ʿbdk. lspr. ʾšr. | šlḥth. ʾl ʿbdk {*or* šlḥ
1.003.6 ʾšr. | šlḥth. ʾl ʿbdk {*or* šlḥ ʾd[ny] lʿbdk} ʾmš.
1.003.7 lb | [ʿ]bd[k] dwh. mʾz. šlḥk. ʾl. ʿbd|k wky ʾmr.
1.003.18 bn ʾḥyhw w|ʾnšw šlḥ. lqḥt. mzh. {*or* myh.}
1.003.21 mʾt. hnbʾ. lʾm|r. hšmr. šlḥh. ʿb[[d]]k. ʾl. ʾdny.
1.004.2 | šmʿt ṭb. wʿt kkl ʾšr. šlḥ ʾdny. | kn. ʿšh. ʿbdk
1.004.4 ktbty ʿl hdlt kkl. | ʾšr šlḥ [ʾdny ʾ]ly. {*or* šlḥ[th
1.004.4 | ʾšr šlḥ [ʾdny ʾ]ly. {*or* šlḥ[th ʾ]ly} wky. šlḥ
1.004.4 {*or* šlḥ[th ʾ]ly} wky. šlḥ ʾ|dny. ʿl. dbr
1.004.8 hʿyrh wʿbdk. ʾyn[n]|y šlḥ šmh ʾt hʿ[d] {*or* ʾth
1.005.4 my. ʿbdk | klb. ky [šl]ḥt ʾl ʿbd|k ʾt [h]s[pr]m

1.006.3 šlm my | ʿbdk. klb ky. šlḥ. ʾdny ʾ[t sp]|r hmlk
1.016.3]ḥmh[|]. rhy[| š]lḥh ʿ[bdk {*or* š]lḥ hʿ[} |
1.016.3]. rhy[| š]lḥh ʿ[bdk {*or* š]lḥ hʿ[} | s]pr. bny[
1.016.9 |*(verso)*]w[|]ʿ[|]šlḥ ʾ[|]dbr wḥ[
1.018.2 | ʿd. hʿrb [ ]šlm yšlḥ ʿb[dk] hspr ʾšr | šlḥ.
1.018.3 yšlḥ ʿb[dk] hspr ʾšr | šlḥ. ʾdny [ ]zr. hʿyrh
2.004.2 tn lktym š|mn 1 ḥtm wšlḥnw w|yyn *bath* 1 tn
2.005.2 ʾl ʾlyšb. wʿ|t. šlḥ. mʾtk | mʿwd hqmḥ. |
2.005.10] b[ ]hwk [|]ʾšr. y|[šlḥ] lk ʾt hmʿ|[šr] *bath* 3.
2.006.2 ʾl ʾlyšb. w[ʿt] | šlḥ mʾtk ʾl | yḥzy[hw] |
2.009.2 [ʾl ʾlyš]b [ ] | [šlḥ] mʾt[k | yyn] *bath* b[
2.013.1 [ ]. tš|[lḥ ʾt hš]mn hzh |
2.013.4 hzh | [wḥtm]. bḥtmk | wšlḥw | [y]hw. t[
2.014.3 wʿt | ntn l]ktym [| w]šlḥ 1 šmn
2.015.1 ʾḥ[k šlḥ lšlm ʾly]|šb w[ ] |
2.016.1 ʾḥk. ḥnnyhw. šlḥ lšl|m. ʾlyšb. wlšlm
2.016.4 wʿt kṣʾty | mbytk wšlḥty ʾt | h[k]sp 8 š lbny
2.016.9] wʾm[ ] | ṣbk[ ] šlḥ | ʾt nḥm wlʾ tšlḥ l[
2.016.10] šlḥ | ʾt nḥm wlʾ tšlḥ l[
2.017.4 wlqḥ|t. mšm. 1 šmn. w|šlḥ. lzp {*or* lḥm} mhrh.
2.021.1 bnk. yhwkl. šlḥ. lšlm. gdlyhw [bn] |
2.024.13 50} wmqyn[h]|h. wšlḥtm. ʾtm. rmtng[b
2.024.18 ʾtkm | bnbškm. hnh šlḥty lhʿyd | bkm. hym.
2.040.2 gmr[yhw] wnḥ|myhw. šlḥ[m {*or* šlḥ[w} lšlm] |
2.040.2 wnḥ|myhw. šlḥ[m {*or* šlḥ[w} lšlm] | mlkyhw
2.040.14 ky ʾy]|nnw. yklm. lšlḥ. ʾt h[wz]|ʾt hrʿh.
2.061.1 šlḥw. ʿ[| yy]n *bath* 2 | [
2.062.1 šlḥ. [| šl]ḥ. 2
2.062.2 šlḥ. [| šl]ḥ. 2
33.001.1 ʾmr. [ ]yhw. lk. [š]lḥ. šlḥt. ʾt šlm bytk |
33.001.1 ʾmr. [ ]yhw. lk. [š]lḥ. šlḥt. ʾt šlm bytk | wʿt.

šlm *v.* (3)
1.006.11	ḥ[n]h l|mlk̊ (or [wnq]y šl̊mh hl̊ml̊k̊) [t]ʿ šw
2.021.4	ʿšh. ʾdny. [|]yšlm. yhwh. lʾdn[y |]
24.011.1	m]šʾ z šl[m (or]šʾzšl[}

šlm *n.* (19)
1.002.2	| yhwh. ʾt ʾdny. š[m]ʾ̊t šl|m. ʿt.̊ kym ʿt kym my.
1.003.3	| yhwh [ʾt] ʾdny šmʿt. šlm | w[ ] ẘʿt.
1.005.2	[yhwh ʾt ʾd]ny | [šmʿt šl]m wt̊b [ʿt | kym] ʿ̊t̊
1.006.2	ʾ|t.̊ ʾdny ʾt h̊ʿt hzh. šlm my | ʿbdk.̊ klb ky.
1.007.6	] | [ ]̊yhw. s̊p̊r.̊ b̊[ ] |bšlm h[
1.009.2	yhwh ʾt ʾ̊d̊|n̊y š[mʿt] šlm. ẘ[| wʿt] t̊n.̊
1.018.2	| ʿd. hʿrb [ ]šl̊m ẙšlḥ ʿ̊b[dk] hspr ʾšr |
2.015.1	ʾḥ[k šlḥ lšlm ʾly]|šb ẘ[ ] | ʿdy[
2.016.1	ʾḥk. ḥnnyhw. šlḥ lšl|m. ʾyšb. wlšlm bytk
2.016.2	šlḥ lšl|m. ʾyšb. wlšlm bytk br|ktk lyhwh.
2.018.3	ʾly|šb. yhwh yš|ʾl lšlmk. wʿt | tn. lšmryhw |
2.018.8	wld|br. ʾšr. ṣ|wtny. šlm. | [ ] byt. yhwh.
2.021.1	bnk. yhwkl. šlḥ. lšlm. gdlyhw [bn] | ʾlyʾr.
2.021.2	gdlyhw [bn] | ʾlyʾr. wlšlm. bytk. brktk l̊[yhw]|h.
2.040.2	šlḥ[m (or šlḥ(w) lšlm] | mlkyhw b̊r̊kt[k
4.302.11	pnyẘ | [ʾl]yk wẙ|šm lk š|l̊w[m] | [ ] | [ ] |
8.021.1	ʾmryw ʾmr l.ʾdny hšlm. ʾt brktk. lyhwh tmn
33.001.1	]yhw. lk. [š]lḥ. šl̊ḥ̊t.̊ ʾt šlm bytk | wʿt. ʾl. tšmʿ̊
37.001.1	ʿ̊lm. (or šlm.} lʾḥqm. bn. m[n]ḥ̊m

šlm *PN* (23)
1.003.20	ʿbd. hmlk. hbʾ | ʾl. šlm. bn ydʿ. mʾt. hnbʾ.
2.035.3	]ʾ̊b̊ | [ ] bn. ʾ̊šy(hw] | šlm bn ʾḥyʾ̊l | g̊mryhw
100.058.1	lšlm | yrmyhw
100.075.1	lšlm | bn ʾdnyh | ḥ.pr.
100.120.1	š[l]m. | [ʿḥʾ.]
100.121.1	l̊šlm. | ʾḥ̊ʾ.

100.147.1	lšlm
100.280.1	lšlm.̊ {*or* lšlmh̊} | 'ḥsmk̊
100.295.1	lšlm | 'ḥ'
100.296.1	lšlm | 'ḥ'
100.368.2	lmkyhw | bn šlm
100.373.1	lšlm b|n nḥm
100.409.2	lbky. | šlm
100.483.1	lšlm̊ | ʿ̊ḥ̊ʿ̊š̊
100.499.2	lbky | šlm
100.608.2	mṣr [b]|n šlm
100.658.1	lšlm b|n 'lšm̊[ʿ]
100.659.1	[lšl]m bn | ['l]šmʿ
100.660.1	lšl[m bn] | '[l]š̊[mʿ]
100.661.1	lšlm b[n] | hwšʿyhw
100.696.1	lšl[m |
100.753.1	š̊l̊m bn šp|ṭ̊yhw
100.893.1	lšlm | hdyhw

šlm *uncertain* (2)

2.044.1	] šlm [|]bk
3.301.1	brk šlm̊[ ] | brk 2̊ hrʿm

šlm'l *PN* (1)

100.145.1	šlm'̊l | bn {*or* br} ʿmš'

šlmh *PN* (1)

100.280.1	lšlm.̊ {*or* lšlmh̊} | 'ḥsmk̊ {*or* 'ḥ'mr̊

šlmy *PN* (1)

100.768.1	šlmy | hʿd {*or* šlmy|h ʿd}

CONCORDANCE

šlmyh *PN* (1)

100.768.2 šlmy | hʿd {*or* šlmy|h ʿd}

šlmyhw *PN* (6)

1.009.7 ʿb̊d̊k̊ d̊|b̊r̊ b |(*verso*) yd š̊l̊m̊yhw.̊ ʾ|šr nʿšh. m|ḥr̊

13.001.4 brkyhw | gbḥ | mwqr | šlmyhw

100.144.2 lhwšʿyhw | bn šlmyhw

100.230.3 | bn [ ]hw | bn šlmyhw

100.333.1 lšlmyh|w. šrmlk

100.879.1 l[š]lmyh[w] | [b]n ʾlyšb

šlmyt *PN* (1)

106.018.1 l̊šlmyt | ʾmt ʾl̊n|tn p̊ḥ[wʾ]

šlqy *PN* (1)

100.381.1 l̊̊š̊|l̊̊q̊ẙ

šlš *num.* (2)

2.008.2 *homer* 1̊̊ qm. mn. hš|lšh ʿ š̊r lḥdš.̊ ʿd ḥ̊|š̊mnh.̊

4.116.2 ʾš. ʾl. rʿw. wbʿwd. šlš. ʾmt. lhnq̊[b. nšm]ʿ.

šlšy *num.* (2)

2.020.1 bšlšt | ẙr̊ḥ. ṣḥ {*or* g̊rʾ̊ b̊n̊

108.052.1 šlšt

šm *v.* (1)

4.302.10 pnyẘ | [ʾl]yk wẙ|š̊m lk š|l̊̊w[m] | [ ] | [

šm *n.* (2)

2.001.4 | yyn. *bath* 3 w|ktb. šm hym. | wmʿwd. hqmḥ

8.023.3 bʿl bym mlḥ[mh] | lšm ʾl bym mlḥ[mh

šm *adv.* (5)

1.004.5 ʿl. dbr bythrpd. ʾyn. šm. ʾ|dm wsmkyhw lqḥh.
1.004.8 wʿbdk. ʾyn[n]|y šlḥ šmh ʾt hʿ[d] {*or* ʾth ʿwd
1.008.7]y[ ]ʾkzb | [y]ʾṣ ʾdny šmh
2.017.4 | bn ʾšyhw. wlqḥ|t. mšm. 1 šmn. w|šlḥ. lzp
2.024.20 ʾt. ʾlyš|ʿ. pn. tbʾ. ʾdm. šmh

šm *PN* (1)

100.246.2 ʾḥyhw | šm

šm *abbreviation for* **šmn** *or* **šʿrm** (1)

13.002.1 ntnw šm 10 1 | [ ] 2 [

šmʾb *PN* (1)

100.128.1 šmʾb

šmʾl *adv.* (1)

4.116.3 zdh. bṣr. mymn. w[ʿd šmʾ]l. wbym. h|nqbh.

šmydʿ *LN* (18)

3.003.2 bšt. hʿšrt. l[ ]|ʾ. mšmydʿ. nbl [yn. y]|šn.
3.029.1 bšt. 10 5 mš[mydʿ. l]ʾšʾ | ʾḥmlk. |
3.030.1 bšt. 10 5 mšmydʿ[ ] | lḥlṣ. gdyw. |
3.031.1 bšt. h10 5 mšmydʿ. | lḥlṣ. ʾpṣḥ. | bʿlʾ.
3.032.1 bšt. 10 5 mš[[m]]ydʿ. | lḥlṣ. [ ] |
3.033.1 [bšt. h10] 5 mšmy|[dʿ. lḥ]lṣ. gdyw. | [
3.034.1 [bš]t. h10 5 m[š]my[dʿ.] | [lḥlṣ g]dyw. ṣ[
3.035.1 bšt. 10 5 mš[mydʿ.] | lḥlṣ. gd[yw.] |
3.036.1 [bšt. h10 5] mšmyd[ʿ] | [ ] | [g]rʾ.
3.037.1 bšt. 10 5 mšmydʿ. | lʾḥmʾ. | ʾšʾ.
3.038.1 bšt. 10 5 mšmy|dʿ. lʾḥmʾ. | ʿlh.
3.039.1 bšt. 10 5 mšmydʿ. | [l]ʾḥmʾ. | [ʾš]ʾ.
3.040.1 m]šmydʿ. lʿ[

3.049.1 bš[t. 10 5 mšmyd]|ʿ. lḥ̊l[ṣ] | mz̊y[
3.057.2]ʿbdʾ. yw[|]n̊ʾ. šm[[y]]dʿ | [ ]yg
3.062.1 yn. šmyd[ʿ]
3.063.2 10 5̊ 2 {*or* 10 ẘ2} | mšmydʿ̊
3.090.1 [bšt h10 5]m̊šmydʿ | [lḥl]ṣ̊ ʾ̊pṣ[ḥ]

šmyh *PN* (1)
2.110.1 šmyh mšlm. nʿr ʾlnt[n

šmlh *n.* (1)
1.005.5 ʿbd|k ʾt̊ [h]s̊[pr]m̊ {*or* h̊[šml]h̊} k̊zʾ|[t] {*or* h̊zʾ[t]}

šmn *n.* (29) (*see also* **šm**)
2.004.1 ʾl ʾlyšb tn lktym š|mn 1 ḥtm wšlḥnw
2.006.5] 3 {*or* 300} | [ ]hšmn | bšl[| [ ] | [
2.007.8 b|šnym lḥdš. bʿš|ry wšmn ḥ|[tm
2.010.3 {*or* [[mʾ]]tym.} wšmn 1 | [ ]t̊m. lbn
2.012.1 [ʾl ʾly]šb. q[ḥ] šmn 1 w|[ ] 2 qmḥ wtn.
2.013.2 [ ]. tš|[lḥ ʾt hš]mn hzh | [wḥtm].
2.014.3 ntn l]ktym [| w]šlḥ 1 šmn̊
2.017.4 ʾšẙẘ. wlqḥ|t. m̊š̊m. 1 šmn. w|šlḥ. lz̊p̊ {*or* lh̊m̊}
2.017.8 b 20 4 lḥdš ntn nḥm š|mn byd hkty. 1
3.016.3 {*or* msq.} lgdyw. nbl. | šmn. rḥṣ.
3.017.2 mʾz|h. lgdyw. nbl. šm|n. rḥṣ.
3.018.2 mḥṣrt | lgdyw. nbl. šmn. | rḥṣ.
3.019.3 bšt. hʿšrt. | myṣ̊t. nbl. | šmn. rḥṣ. l|ʾḥnʿm.
3.020.2 {*or* y]n. krm.} ht̊[l. nbl. š]|mn. rḥ[ṣ.]
3.021.2 mttl. {*or* mtwl.} nbl. š|mn. rḥṣ.
3.053.2 yn. | krm. htl. bnbl. šmn. | rḥṣ.
3.054.2 yn. k|rm. htl. nbl. šmn. rḥ|ṣ.
3.055.3 kr|m. yḥwʿly. nbl. | šmn. rḥṣ.
3.059.1 nbl. šmn. [rḥ]|ṣ. bšt. 1̊0̊ [5] {*or*
3.072.2 yn. krm. | htl. bnbl. šmn. rḥṣ.

3.073.3 | yn. kr[m htl bnbl] | šmn. [rḥṣ]
3.082.1 šmn. rḥ|ṣ.
4.103.1 50 7 šmnm | 4 šbrm
4.105.1 šmnm. | šmnm. | šmnm |
4.105.2 šmnm. | šmnm. | šmnm | 5 šmnm
4.105.3 šmnm. | šmnm. | šmnm | 5 šmnm | 8
4.105.4 | šmnm. | šmnm | 5 šmnm | 8 |(*verso*) gt.
11.001.2 lmlk ʾl[p] | šmn wmʾh [ ] | ḥyhw {*or*
41.001.1 šmn {*or* nmš}

šmnh *num.* (1)
2.008.3 hš|lšh ʿšr lḥdš. ʿd h|šmnh. ʿšr lḥdš | [w]yyn

šmʿ *v.* (11)
1.002.1 ʾl ʾdny. yʾwš yšmʿ. | yhwh. ʾt ʾdny.
1.003.2 l|hg[d] l[ʾd]ny yʾw[š] yšmʿ. | yhwh [ʾt] ʾdny
1.004.1 yšmʿ. yhwh [ʾt] ʾdny. ʿt
1.005.1 yšmʿ [yhwh ʾt ʾd]ny |
1.008.1 yšmʿ y[hwh] ʾt. ʾd[ny
1.009.1 yšmʿ yhwh ʾt ʾd|ny
2.111.7 [ ]|r. hʿbr w[ ] | lšmʿ. [ ] | mym.[ ] | ʾt
4.116.2 šlš. ʾmt. lhnq[b. nšm]ʿ. {*or* wyšm]ʿ.} ql.
4.116.2 lhnq[b. nšm]ʿ. {*or* wyšm]ʿ.} ql. ʾš. q|[r]ʾ. ʾl.
7.001.1 yšmʿ ʾdny. hšr | ʾt dbr
33.001.2 ʾt šlm bytk | wʿt. ʾl. tšmʿ lk[l. d]br ʾšr ydbr.

šmʿ *PN* (8)
100.016.1 lšmʿ
100.068.1 lšmʿ | ʿbd yrbʿm
100.071.1 lšmʿ. ʿ|bd hmlk
100.167.1 lšmʿ b|n zkryw
100.245.2 lʾply bn | šmʿ
100.346.1 lšmʿ b|n ywstr

100.416.2 lḥlqyh[w] | bn šmʿ
100.548.2 lhwšʿyhw | šmʿ

šmʿh *n.* (6)

1.002.2 yšmʿ. | yhwh. ʾt ʾdny. š[m]ʿt šl|m. ʿt. kym ʿt
1.003.3 yšmʿ. | yhwh [ʾt] ʾdny šmʿt. šlm | w[ ]
1.004.2 [ʾt] ʾdny. ʿt kym. | šmʿt ṭb. wʿt kkl ʾšr. šlḥ
1.005.2 yšmʿ [yhwh ʾt ʾd]ny | [šmʿt šl]m wṭb [ʿt | kym]
1.008.1 yšmʿ y[hwh] ʾt. ʾd[ny šm]|ʿt ṭb ʿt ky[m ʿt] kym
1.009.2 yšmʿ yhwh ʾt ʾd|ny š[mʿt] šlm. w[|

šmʿy *PN* (1)

100.308.2 lbrwk | bn šmʿy

šmʿyh *PN* (1)

32.003.4 bn [ ]ny[ ]|zkryhw šmʿ[yh]

šmʿyhw *PN* (18)

1.004.6 ʾ|dm wsmkyhw lqḥh. šmʿyhw w|yʿlhw. hʿyrh
1.019.4 [ʿ]mdl.} 50 {or 20} | šmʿyhw. 50 {or 20} | ʿbš
2.027.2 [ ]yhw | ʿbdy[hw] bn šmʿyhw | [ ]l[ ] |
2.031.5 } *lethech* | ʾḥyqm bn šmʿyhw 7 | gḥm *lethech*
2.039.2 [ʾ]dm bn yqmyhw | šmʿyhw bn mlkyhw |
2.039.7 bn ʾḥy[|]yhw bn š|mʿyhw |*(verso)*
33.002.4 | ʾlʿdh kršn *ephah* 5 | šmʿyhw. ywʿzr *ephah* 6
100.040.1 lšmʿyhw | bn ʿzryhw
100.529.2 lʾlyrm | šmʿyhw
100.533.2 lʾšyhw | bn šmʿyhw
100.538.2 [l]brkyhw | [bn š]mʿyhw
100.564.2 [l]ḥnn bn | šmʿyhw
100.662.1 [l]šmʿyhw | yʾzn
100.663.1 lšmʿyhw | [
100.679.2 [ ]yhw | šmʿyhw

100.805.1 lšm‘yhw | bn y’zny[h]
100.814.1 lšm‘y[hw] | m̊ḥsy[hw]
100.823.1 lšm‘yhw | [b]n plṭyhw

šm‘yw *PN* (1)
8.012.1 šm‘yw bn ‘zr

šmr *v.* (6)
1.003.21 yd‘. m’t. hnb’. l’m|r. hšmr. šlḥh. ‘b[[d]]k. ’l.
1.004.11 ky ’l. mš’t lkš. nḥ|nw šmrm. kkl. h’tt̊. ’šr ntn |
4.301.6 } {*or* l̊’̊h[rn]} | [w]b̊šm̊ry[|]b̊k̊[|]ḥ̊h ‘̊l
4.301.15]|k̊wr ybr|k̊ yhwh [w|y]šmrk [y|]’̊r yhwh |
4.302.6 | [ ]š̊ ybrk̊ | ẙhwh ẘ|[y]šmrk | y’r
8.021.2 tmn | wl’šrth. ybrk. wyšmrk wyhy ‘m. ’d[n]y[

šmr *PN* (1)
100.106.1 lšmr n[

šmryhw *PN* (4)
2.018.4 yš|’l lšlmk. w‘t | tn. lšmryhw | *lethech.* wlqrsy
100.362.2 l‘zryhw b|n šmryhw
100.363.1 lšmryhw | bn pdyhw
100.894.1 lšmryhw b|n yrmyhw

šmryw *PN* (5)
3.001.1 bšt. h‘šrt. lšm|ryw. mb’rym. nbl
3.013.2 bšt. h‘šrt. m’b‘|zr̊. lšmryw. nbl. | yn. yšn̊
3.014.2 m’[ ]|t̊ {*or* mgt̊} p̊r̊’n. lšmryw. | nbl. yn. yšn.
3.021.1 bšt. h‘šrt. lšmr|yw. mttl. {*or* mtwl.}
100.214.1 šmryw

šmrn *LN* (4)

8.017.1] brkt. ʾtkm. lyhwh. šmrn. wlʾšrth.
24.012.1]̊. šṭrw [{*or*]t. šmrn} {*or* šṭrn} | yš̊[
100.408.2 bn [snʾ]|blṭ pḥt šmr[n]
106.048.1 šmrn

šnyw *PN* (1)

100.132.1 lšnyw

šnym *num.* (1)

2.007.6 3 [w]|ktbth lpnyk. b|šnym lḥdš. bʿš|ry wšmn

šnššrʾṣr *PN* (1)

100.226.2 | bt šwššrʾṣr {*or* šnššrʾṣr}

šʿl *PN* (11)

2.038.2 hkws | šʿl ʾn {*or* [[b]]n} ḥn[n] |
2.049.5 ṣmḥ 1 [ ]dʾl [ ]ʾ 2 šʿl 1 pdyhw. ḥ 10 1 bny.
44.001.1 hmṣh. šʿl
100.375.2 lʾlyšb | bn šʿl
100.426.1 lšʿl | yšʿyhw
100.569.2 lydʿyhw | bn šʿl.
100.579.2 lyšmʿʾl | [b]n šʿl bn | [ḥl]ṣyh[w]
100.623.2 lnmšr. | bn šʿl.
100.664.1 lšʿl bn | yšmʿʾl
100.674.1 lš[ʿ]l b[n] | ml[k]yh̊[w]
100.738.1 [lš]̊ʿl | [ʿ]bdyhẘ

šʿnp *PN* (1)

100.343.1 lšʿnp. | bn. nby

šʿr *n.* (3) (*see also* **šm**)

3.301.3 {*or* hqšb w[ ]} | ymnh šʿrm 10 3 {*or seah* 3} [
10.001.4 | yrḥ ʿṣd pšt | yrḥ qṣr šʿrm | yrḥ qṣr wkl
38.002.1 kd hšʿr[

šʿr *n.* (1)

100.858.1 lʿzryhw šʿr hmsgr

šʿryhw *PN* (2)

100.359.1 lšʿryhw | bn ḥnyhw
100.359.4 |(*verso*) lhwdyhw | šʿryhw

špṭ *PN* (2)

100.406.2 lmlkyhw | nʿr špṭ
100.666.1 lšp̊ṭ b[n] | ʾ̊ḥyhw

špṭyhw *PN* (10)

100.109.1 lšpṭyh|w ʿšyhw
100.372.2 lʿdyhw b|n špṭyhw
100.438.1 lšpṭyhw | smk̊[yh]w
100.556.2 lḥṭš | špṭyhw
100.665.1 lšp̊ṭ̊y[hw] | ʾdnyhw
100.680.2 [ ] | bn špṭyhw
100.680.2 [| šp]ṭyhw
100.753.1 š̊l̊m bn šp|ṭ̊yhw
100.839.1 lšpṭyhw | bn ṣpn
100.850.1 lšpṭyhw | bn dmlẙ[hw]

špl *PN* (1)

100.895.2 lpdyhw | špl

špn *PN* (3)

4.108.1	špn.
100.802.2	lgmryhw | [b]n špn
100.880.1	lšpn | pdyhw

šptn *LN* (1)

3.012.2	bšt. htšʿt. | mšptn. lbʿl|zmr. {*or* lbʿl.}

šqṭ *v.* (2)

1.006.6	} | lʾ ṭbm lrpt ydyk [lhš]|qṭ {*or* ydy. kšdm
1.006.7	{*or* ydy. kšdm [wlš]qṭ} ydy hʾ[ ] ydʿ[ ]

šql *n.* (3) (*see also 'shekel',* **š** *and* **šl**)

7.006.1	šq[l
7.007.2	{*or* ʿnybʿl} | [ ]. šql ʾrbʿ ksp. *shekel* 5 šy
108.051.1	šql |*(verso)* plg rbʿ|t

šqnyh *PN* (1)

100.153.2	mky | šqnyh {*or* yqmyh}

šr *n.* (13)

1.003.14	hgd. | lʾmr. yrd šr. hṣbʾ. | knyhw
1.006.4	sp]|r hmlk [wʾt] spry hšr[m lʾm]|r qrʾ nʾ whnh.
1.006.5	qrʾ nʾ whnh. dbry. h[šrm] {*or* h[nbʾ]} | lʾ
2.026.2	ʾryhw [|] mn ʾdny. šr[|]qws wyh[w |]
4.207.1	lšr hʾw[pym] {*or* hʾp[m]}
7.001.1	yšmʿ ʾdny. hšr | ʾt dbr ʿbdh. ʿbdk |
7.001.12	wʾmlʾ. {*or* wʾm lʾ.} lšr lhš|[b ʾt bgd] ʿb[dk
8.007.1	lšr ʿr
8.008.1	lšr ʿr
8.009.1	lšr ʿr
8.010.1	lšr ʿr
100.402.1	šr hʿr

100.510.1 šr h'r

šr *uncertain* (2)

100.099.1 lšr

100.740.1 lšr.

šr'l *LN* (2)

3.042.1 [b]št. 10 5 mšr'l {*or* mšrq} | lyd'yw. |

3.048.1 bšt. 10 5 mšr['l]. {*or* mšr[q].}

šryhw *PN* (5)

100.334.1 lšryhw

100.537.2 lb'dyh[w] | šryhw

100.667.2 lšbny[hw] | šryhw

100.780.1 lšryhw | nryhw

100.885.2 l'bd' | šryhw | yḥy

šrmlk *PN* (2)

100.333.2 lšlmyh|w. šrmlk

100.755.2 l'lšm' | šrmlk

šrq *n.* (2)

4.101.1 bšrš bqyhw {*or* . bšd šrqm yhw[ ]} | 'ḥyhw bn

4.101.2 yhw[ ]} | 'ḥyhw bn hšrq b'mq yhw[špṭ]

šrq *LN* (2)

3.042.1 [b]št. 10 5 mšr'l {*or* mšrq} | lyd'yw. | mrnyw.

3.048.1 bšt. 10 5 mšr['l]. {*or* mšr[q].} lyd'yw | 'ḥmlk. |

šrš *n.* (1)

4.101.1 yḥ[z]qyhw} bn qr'h bšrš bqyhw {*or* . bšd šrqm

šš *num.* (1)

2.007.4 | lʿ šr̊y b 1 lḥd|š. ʿd̊ hššh | lḥdš *bath* 3

št *n.* (60)

3.001.1 bšt. hʿšrt. lšm|ryw.
3.002.1 bšt. hʿš|rt. lgdyw. | mʾzh. |
3.003.1 bšt. hʿšrt. l[ ]|ʾ.
3.004.1 [b]št. htšʿt̊. mq|[ṣh.] lgdyw.
3.005.1 bšt. ht[šʿt.] | mqṣh.
3.006.1 b̊št. htšʿt. | m̊qṣh. lgd|yw.
3.007.1 bšt. [htšʿt. mqṣ]|h. lgd[yw.
3.008.1 [bšt. h]tšʿt. mgb|[ʿ.
3.009.1 bšt. htšʿt. my|ṣt. lʾ[ ]nʿm.
3.010.1 bšt. htšʿt. m|yṣt. lʾ[ ]nʿ|m.
3.012.1 bšt. htšʿt. | mšptn.
3.013.1 bšt. hʿšrt. mʾbʿ|zr̊.
3.014.1 bšt[.] h̊tš[ʿt.] mʾ[ ]|t̊
3.016.1 b̊št. hʿšrt. ms|pr. {*or* msq.
3.017.1 bšt. hʿšrt. mʾz|h. lgdyw.
3.018.1 bšt. hʿšrt. mḥṣrt | lgdyw.
3.019.1 bšt. hʿšrt. | myṣt̊. nbl. |
3.020.1 bšt. hʿ̊[šrt.] | mkrm. {*or*
3.021.1 bšt. hʿšrt. lšmr|yw. mttl.
3.022.1 bšt. 10 5 mḥ|lq. lʾšʾ.
3.023.1 bšt. 10 5 mḥlq. | lʾšʾ.
3.024.1 bšt. h10 5 [mḥ]lq. lʾš[ʾ]
3.025.1 [bšt 10 5] m̊ḥ̊l̊[q | ʾ]ḥml̊k̊
3.026.1 [bšt. 10 5 mḥl]q. lʾšʾ
3.027.1 bšt. 10 5 mḥlq. lʾšʾ. |
3.028.1 bšt. 10 5 mʾbʿzr. lʾš|ʾ.
3.029.1 bšt. 10 5 mš̊[mydʿ. l]ʾšʾ |
3.030.1 bšt. 10 5 mšmydʿ̊[ ] | lḥlṣ.
3.031.1 bšt. h10 5 mšmydʿ. | lḥlṣ.

3.032.1 bšt. 10 5 mš[[m]]yd‘. |
3.033.1 [bšt. h10] 5 mšmy|[d‘.
3.034.1 [bš]t. h10 5 m[š]m̊ẙ[d‘.] |
3.035.1 bšt. 10 5 mš[myd‘.] | lḥlṣ.
3.036.1 [bšt. h10 5] m̊šmyd[‘] | [
3.037.1 bšt. 10 5 mšmyd‘. | l’ḥm’.
3.038.1 bšt. 10 5 mšmy|d‘. l’ḥm’.
3.039.1 bšt. 10 5 mšmyd‘. |
3.042.1 [b]št. 10 5 m̊šr’l {*or* m̊šrq}
3.043.1 bšt. h[l]|ḥnn [ ] | ’l[
3.044.1 [bšt]. h10 5 mškm. | [l
3.045.1 bšt. h10 5 mḥgl̊[h] | lḥnn.
3.046.1 bšt. 10 5 [mḥglh] | lḥnn.
3.047.1 [bšt. 10 5 m]ḥ̊glh. lḥnn.
3.048.1 bšt. 10 5 mšr[’l].
3.049.1 bš[t. 10 5 mšmyd]|‘. lḥ̊l[ṣ
3.050.1 bšt. 10 5 lgmr. mn‘h. |
3.051.1 bšt. h‘šrt. l̊[| [ ] |
3.053.1 bšt. h‘šrt. yn. | krm. htl.
3.054.1 bšt. h‘šrt. yn. k|rm. htl.
3.055.1 bšt. h‘šrt. kr|m. yḥw‘ly.
3.056.1 bšt. 10 5 m̊ht[l.] | lnmš[y] |
3.058.1 bšt. 10 5 lb̊dyw | krm. htl.
3.059.2 nbl. šmn. [rḥ]|ṣ. bšt. 1̊0̊ [5] {*or* bšt. h̊[ ]}
3.059.2 [rḥ]|ṣ. bšt. 1̊0̊ [5] {*or* bšt. h̊[ ]}
3.061.2 krm. htl. | bšt. 10 5
3.063.1 bšt. 10 5̊ 2 {*or* 10 ẘ2} |
3.072.1 bšt. h‘šrt. yn. krm. | htl.
3.073.1 bšt. [h‘šrt] | yn. kr[m htl
3.090.1 [bšt h10 5]m̊šmyd‘ | [lḥl]ṣ̊
3.100.1 bšt. htš[‘t]

št *alphabetic sequence* (1)
1.023.3]s̊ʿ̊p̊ṣ̊q̊r.̊ʾ̊k̊ {*or* k̊k̊} | [ ]š̊t̊.̊

štl *PN* (1)
100.491.1 štl | ʾ[ ] {*or* štlʾ}

štlʾ *PN* (1)
100.491.2 štl | ʾ[ ] {*or* štlʾ}

t *incised letters* (4)
3.215.1 t
3.224.1 t
3.225.1 t
36.002.1 t

tʾ *incised letters* (1)
3.216.1 t̊ʾ

tbʿ *uncertain* (1)
3.052.1 b10 5 t̊b̊ʿ[ ] {*or* m̊n̊ʿ̊[h]} |

tdyh *PN* (1)
100.023.2 b|n tryh {*or* ʾryh} {*or* tdyh}

twl *LN* (2)
3.013.4 yn. yšn̊ lʾš̊|ḥ̊r̊ mttl {*or* mtwl}
3.021.2 lšmr|yw. mttl. {*or* mtwl.} nbl. š|mn. rḥṣ.

twšb *PN* (1)
100.463.1 t̊wšb

tḥrhw *PN* (1)
100.035.2 b̊|[n] šḥrḥ[r] {*or* tḥrh[w]}

tḥt *adv.* (1)
4.125.1 mtḥt. lz[ ]|rk. hmym [ ] |

tḥtn *adj.* (1)
2.025.2 1 *barley* | [m]ʿ̊ nym̊. tḥtnm. *ḥq3t* 3 *barley* |

tl *n.* (9)
3.020.2 mkrm. {*or* y]n. krm.} ht̊[l. nbl. š]|mn. rḥ[ṣ.]
3.053.2 bšt. hʿšrt. yn. | krm. htl. bnbl. šmn. | rḥṣ.
3.054.2 bšt. hʿšrt. yn. k|rm. htl. nbl. šmn. rḥ|ṣ.
3.056.1 bšt. 10 5 m̊ht[l.] | lnmš[y] | [ ]d̊l̊[
3.058.2 bšt. 10 5 lb̊dyw | krm. htl.
3.061.1 krm. htl. | bšt. 10 5
3.072.2 bšt. hʿšrt. yn. krm. | htl. bnbl. šmn. rḥṣ.
3.073.2 bšt. [hʿšrt] | yn. kr[m htl bnbl] | šmn. [rḥṣ]
3.099.1 htl

tld *LN* (1)
5.001.2 10 5 | mn tld *bath wine* {*or* p̊nʾ̊l.

tmʾ *PN* (1)
100.094.2 lʾlrm bn | t̊m̊ʾ

tmkʾ *PN* (1)
100.318.1 ltmk[ʾ] | bn | mqnmlk

tmkʾl *PN* (1)
100.347.1 ltmkʾl | bn ḥgt

tmm *v.* (1)
4.116.1 [z' t.] {*or* [tmt.]} hnqbh. wzh. hyh.

tmn *LN* (2)
8.016.1 lyhwh. htm̊n. wl' šrth.
8.021.1 hšlm. 't brktk. lyhwh tmn | wl' šrth. ybrk.

tnḥm *PN* (8)
2.039.4 | mš̊lm bn n̊dbẙhw | tnḥm bn yd' yhw |
100.187.1 ltnḥ|m ngb
100.192.1 ltnḥm | mgn
100.404.1 ltnḥm | mgn {*or* mtn}
100.493.1 ltnḥm | mgn {*or* mtn}
100.668.1 ltnḥ̊[m] | hṣl[yhw]
100.776.1 ltnḥ|m ngb
100.791.1 ltnḥm | mgn

tnḥš *uncertain* (1)
2.028.3 z[|] ntn. bt[|]t̊n̊ḥ̊š. 'h[|]dn[ ]h[|

tnyhw *PN* (1)
100.769.2 'ḥzyh|ẘ tnyh[w]

tnn *v.* (1)
1.003.12 'th '̊ḥ̊r {*or* [wl]'̊} 'tnnhw '̊l. {*or* 'tn bh w|k̊l.

tsbh *n.* (1)
1.004.9 } |*(verso)* ky 'm. btsbt hbqr [ ] | wyd'. ky

tryh *PN* (1)
100.023.2 lḥnnyh b|n tryh {*or* 'ryh} {*or* tdyh}

tšʿy *num.* (11)

1.020.1 btšʿyt byt[ ]yhw |
3.004.1 [b]št. htšʿt. mq|[ṣh.] lgdyw. nbl.
3.005.1 bšt. ht[šʿt.] | mqṣh. l[gd]yw[ ] |
3.006.1 bšt. htšʿt. | mqṣh. lgd|yw. nbl.
3.007.1 bšt. [htšʿt. mqṣ]|h. lgd[yw. nbl.
3.008.1 [bšt. h]tšʿt. mgb|[ʿ.]ʿm. nbl.
3.009.1 bšt. htšʿt. my|ṣt. lʾ[ ]nʿm.
3.010.1 bšt. htšʿt. m|yṣt. lʾ[ ]nʿ|m.
3.012.1 bšt. htšʿt. | mšptn. lbʿl|zmr.
3.014.1 bšt[.] htš[ʿt.] mʾ[ ]|t {*or* mgt}
3.100.1 bšt. htš[ʿt]

ttl *LN* (2)

3.013.4 nbl. | yn. yšn lʾš|ḥr mttl {*or* mtwl}
3.021.2 bšt. hʿšrt. lšmr|yw. mttl. {*or* mtwl.} nbl. š|mn.

barley (6)

2.025.1 [m] *ḥq3t* 1 *barley* | [m]ʿnym. tḥtnm.
2.025.2 tḥtnm. *ḥq3t* 3 *barley* | mʿlynm *ḥq3t* 6 |
2.034.8 5 | *ḥq3t* 6 | *wine pot* | *barley* ½ | *ḥq3t* 1 |
2.034.11 | *(col. 2)* [ ] | *ḥq3t* 1 *barley* ½ ¼ | *ḥq3t* 1
2.034.17 | *wine pot* | *barley* ½ | *barley pot* | [
2.034.18 | *wine pot* | *barley* ½ | *barley pot* | [ ] |

bath (16)

1.029.3 brbʿt | qlm. pkmt. | *bath* |
2.001.3 w|ʿt. ntn. lktym | yyn. *bath* 3 w|ktb. šm hym. |
2.002.2 ʾlyšb. wʿt. ntn l|ktym. *bath* 2 yyn. l|ʾrbʿt hymm
2.003.2 wʿt. | tn. mn. hyyn. 3 *bath* w|ṣwk. ḥnnyhw. ʿl
2.004.3 1 ḥtm wšlḥnw w|yyn *bath* 1 tn lhm.
2.005.12 y|[šlḥ] lk ʾt hmʿ|[šr] *bath* 3. bṭrm. y|ʿbr hḥdš.
2.007.5 b 1 lḥd|š. ʿd hššh | lḥdš *bath* 3 [w]|ktbth lpnyk.

2.008.5	ʿšr lḥdš | [w]yyn	*bath*	3 | [ ]š | [ ]nt b[
2.009.3	] | [šlḥ] m'ṭ[k | yyn]	*bath*	b[
2.010.2	wʿt. | [ntn lkt]ym. yyn	*bath*	1 | [ ]m {*or* [wlḥ]m.
2.011.3	| wʿt ntn lktym | [ ]	*bath*	2 yyn | [ ] w[ ]
2.061.2	šlḥw. ʿ[| yy]n	*bath*	2 | [ ]r |*(verso)* [
2.079.1	]'ḥ	*bath*	2
5.001.2	10 5 | mn tld	*bath*	*wine* {*or* pn'l. ʿbd}
9.006.1	*(col. 1)* ½	*bath*	*zuz* 1 ¼ {*or* ʿ} [
9.006.9	] 4000 5000 6000	*bath*	[ ] *zuz*

ephah (25)

2.031.2	| 'wryhw bn rg' ʿ {*or:*	*ephah*}	*lethech seah* |
2.031.10	| [ ]yhw 6 | 40 6.	*ephah*	ʿbr
9.006.1	4 [ ] *homer* 1 *wine*	*ephah*	1 | *(col. 2)*
9.006.2	*ephah* 1 | *(col. 2)*	*ephah*	2 *ephah* 3 *ephah*
9.006.2	1 | *(col. 2)* *ephah* 2	*ephah*	3 *ephah* 4 *ephah*
9.006.2	*ephah* 2 *ephah* 3	*ephah*	4 *ephah* 5 *ephah*
9.006.2	2 *ephah* 3 *ephah* 4	*ephah*	5 *ephah* [6] *ephah*
9.006.2	3 *ephah* 4 *ephah* 5	*ephah*	[6] *ephah* [7]
9.006.2	4 *ephah* 5 *ephah* [6]	*ephah*	[7] *ephah* [8]
9.006.2	5 *ephah* [6] *ephah* [7]	*ephah*	[8] *ephah* 9 *ephah*
9.006.2	[6] *ephah* [7] *ephah* [8]	*ephah*	9 *ephah* 10 *ephah*
9.006.2	[7] *ephah* [8] *ephah* 9	*ephah*	10 *ephah* 20
9.006.2	[8] *ephah* 9 *ephah* 10	*ephah*	20 *ephah* 30
9.006.2	9 *ephah* 10 *ephah* 20	*ephah*	30 *ephah* 40
9.006.2	10 *ephah* 20 *ephah* 30	*ephah*	40 *ephah* 50
9.006.2	20 *ephah* 30 *ephah* 40	*ephah*	50 [*ephah* 60
9.006.2	30 *ephah* 40 *ephah* 50 [*ephah* 60	*ephah*]	70
9.006.2	40 *ephah* 50 [*ephah* 60	*ephah*]	70 [*ephah*] 80
9.006.2	[*ephah* 60 *ephah*] 70	[*ephah*]	80 *ephah* 90
9.006.2	*ephah*] 70 [*ephah*] 80	*ephah*	90 *ephah* 100 200
9.006.2	[*ephah*] 80 *ephah* 90	*ephah*	100 200 300 400
33.002.1	nmṭr. hwšʿ	*ephah*	10 4 {*or* 6} | 'by.

33.002.2 10 4 {*or* 6} | 'by. ṣby *ephah* 10 | 'l'dh kršn
33.002.3 *ephah* 10 | 'l'dh kršn *ephah* 5 | šm'yhw. yw'zr
33.002.4 5 | šm'yhw. yw'zr *ephah* 6

homer (8)
1.022.6] | l'š[yhw] *homer* | l'šyhw bn [ ]'[
2.001.7 hqmḥ | hr'šn. t|rkb. *homer* 1. qmḥ | l'št. lhm.
2.008.2 'lyšb. w't. ntn l|kt[y]m *homer* 1 qm. mn. hš|lšh
2.018.6 | *lethech*. wlqrsy | ttn. *homer* wld|br. 'šr. ṣ|wtny.
2.022.3] | l'zr b[n |] 4 *homer* | lm'šy bn [ ] 3
2.046.1 *homer* 3 | *homer* 6 |
2.046.2 *homer* 3 | *homer* 6 |
9.006.1] 3 *zuz* ½ ¼ 4 [ ] *homer* 1 *wine ephah* 1 |

ḥq3t (23)
2.025.1 [m] *ḥq3t* 1 *barley* | [m]'nym.
2.025.2 | [m]'nym. tḥtnm. *ḥq3t* 3 *barley* | m'lynm
2.025.3 3 *barley* | m'lynm *ḥq3t* 6 | mm'n *ḥq3t* 1
2.025.4 m'lynm *ḥq3t* 6 | mm'n *ḥq3t* 1
2.033.2 ḥṭm *seah*[ ] | *ḥq3t* 5 3 wḥṭm | ḥṭm.
2.034.2 *(col. 1)* [ ] | *ḥq3t* 9
2.034.3 9 *symbol 2* | *ḥq3t* 3
2.034.4 3 *symbol 3* | *ḥq3t* 10
2.034.5 *symbol 4* | *ḥq3t* 5 | *ḥq3t* 6 | *wine pot*
2.034.6 | *ḥq3t* 5 | *ḥq3t* 6 | *wine pot* | *barley*
2.034.9 | *wine pot* | *barley* ½ | *ḥq3t* 1 | *(col. 2)* [ ] |
2.034.11 | *ḥq3t* 1 | *(col. 2)* [ ] | *ḥq3t* 1 *barley* ½ ¼ |
2.034.12 | *ḥq3t* 1 *barley* ½ ¼ | *ḥq3t* 1
2.034.13 1 *symbol 4* | *ḥq3t* 1 | [*ḥq3t*] 1 | *ḥq3t*
2.034.14 | *ḥq3t* 1 | [*ḥq3t*] 1 | *ḥq3t* 2
2.034.15 | *ḥq3t* 1 | [*ḥq3t*] 1 | *ḥq3t* 2
2.060.2 h nṭ|lty *ḥq3t* 2 ¼ | šbnyhw 1 |
2.076.2 b[ḥṭ]m [ ] | bn ḥ[ ] *ḥq3t* 1 | bn mn[ ] 1

2.076.3] *ḥqʒt* 1 | bn mn̊[ ] 1 *ḥqʒt* | ṣ[ ] | qṭ[ ] |
2.076.6 ṣ[ ] | qṭ[ ] | zg̊[*ḥqʒt*] 2 | g[
2.112.1]q̥m [*ḥqʒt*] 6 7 |]q̊m *ḥqʒt* 6[
2.112.2]qm [*ḥqʒt*] 6 7 |]q̊m *ḥqʒt* 6[
5.002.2]hw[ ]h[ ] {*or* 'lṣr} | *ḥqʒt* 1

lethech (10)
2.018.5 wʻt | tn. lšmryhw | *lethech*. wlqrsy | ttn.
2.031.2 bn rgʻ ʻ {*or: ephah*} *lethech seah* | nḥmyhw
2.031.4 bn sʻryhw {*or* sdryhw} *lethech* | 'ḥyqm bn
2.031.6 bn šmʻẙhw 7̊ | gḥm *lethech* | ydʻyhẘ *lethech*
2.031.7 gḥm *lethech* | ydʻyhẘ *lethech* | gmryhẘ *lethech*
2.031.8 *lethech* | gmryhẘ *lethech* | [ ]ẙhw 6̊ | 40
2.033.3 | *ḥqʒt* 5 3 wḥṭm | ḥṭm. *lethech* b[ ] | wḥ̊[ṭm | [
2.042.1]gwr {*or* my]gwr} *lethech* | [ ] *lethech*
2.042.2 my]gwr} *lethech* | [ ] *lethech*
2.083.3] | *symbol 7* | *lethech*

pot (3)
2.034.7 | *ḥqʒt* 5 | *ḥqʒt* 6 | *wine pot* | *barley* ½ | *ḥqʒt* 1 |
2.034.16 | *wine pot* | *barley* ½ | *barley*
2.034.18 *pot* | *barley* ½ | *barley pot* | [ ] |

seah (8)
1.022.7 | lʻšyhw bn [ ]'[ ]*seah* | l'lyš[b] | l[ ] |
2.030.4]m̊[|]w[|]w[ ] *seah*
2.031.2 ʻ {*or: ephah*} *lethech seah* | nḥmyhw bn
2.033.1 ḥṭm *seah*[ ] | *ḥqʒt* 5 3 wḥṭm
2.033.6 | wḥ̊[ṭm | [ ] | ḥṭ]m. *seah* | wḥ̊[ṭ]m | [ḥ]ṭ̊m̊
2.041.1 [yh]ẘ. *seah* | [ ]'l. [|]yh[w
2.041.7 [|]q[| [ ] | y]hw. *seah*
3.301.3 } | ymnh šʻrm 10 3 {*or seah* 3} [

series of strokes (1)

2.087.1 *series of strokes* 5

shekel (39)

7.007.2	} | [ ]. šql ʾrbʿ ksp.	*shekel* 5 šy {*or* ksp. š 30
9.006.4	8 10 10 2 10 6 10 8 20 [*shekel* 1]	*shekel* 2 *shekel*
9.006.4	10 6 10 8 20 [*shekel* 1]	*shekel* 2 *shekel* 3 *shekel* 5
9.006.4	8 20 [*shekel* 1] *shekel* 2	*shekel* 3 *shekel* 5 *shekel*
9.006.4	1] *shekel* 2 *shekel* 3	*shekel* 5 *shekel* 5ʿ *shekel*
9.006.4	2 *shekel* 3 *shekel* 5	*shekel* 5ʿ *shekel* 6 *shekel*
9.006.4	3 *shekel* 5 *shekel* 5ʿ	*shekel* 6 *shekel* 7 *shekel*
9.006.4	5 *shekel* 5ʿ *shekel* 6	*shekel* 7 *shekel* 10 *shekel*
9.006.4	5ʿ *shekel* 6 *shekel* 7	*shekel* 10 *shekel* 20
9.006.4	6 *shekel* 7 *shekel* 10	*shekel* 20 *shekel* 30
9.006.4	7 *shekel* 10 *shekel* 20	*shekel* 30 *shekel* 40 |
9.006.4	10 *shekel* 20 *shekel* 30	*shekel* 40 | *(col. 5)*
9.006.5	*shekel* 40 | *(col. 5)*	[*shekel* 50 *shekel* 60]
9.006.5	| *(col. 5)* [*shekel* 50	*shekel* 60] *shekel* 70
9.006.5	[*shekel* 50 *shekel* 60]	*shekel* 70 *shekel* 80
9.006.5	*shekel* 60] *shekel* 70	*shekel* 80 *shekel* 90
9.006.5	*shekel* 70 *shekel* 80	*shekel* 90 *shekel* 100
9.006.5	70 *shekel* 80 *shekel* 90	*shekel* 100 *shekel* 200
9.006.5	80 *shekel* 90 *shekel* 100	*shekel* 200 *shekel* 300
9.006.5	*shekel* 100 *shekel* 200	*shekel* 300 *shekel* 400
9.006.5	*shekel* 200 *shekel* 300	*shekel* 400 *shekel* 500
9.006.5	*shekel* 300 *shekel* 400	*shekel* 500 *shekel* 600
9.006.5	*shekel* 400 *shekel* 500	*shekel* 600 *shekel* 700
9.006.5	*shekel* 500 *shekel* 600	*shekel* 700 *shekel* 800
9.006.5	*shekel* 600 *shekel* 700	*shekel* 800 *shekel* 900
9.006.5	*shekel* 700 *shekel* 800	*shekel* 900 1000 2000
9.009.1		*shekel* 100 | *shekel* 200 |
9.009.2	*shekel* 100 |	*shekel* 200 | *shekel* 300 |
9.009.3	*shekel* 100 | *shekel* 200 |	*shekel* 300 | *shekel* 400 |

9.009.4	*shekel* 200 | *shekel* 300 |	*shekel* 400 | *shekel* 500
9.009.5	300 | *shekel* 400 |	*shekel* 500
108.041.1		*shekel* 1
108.042.1		*shekel* 2
108.044.1		*shekel* 5
108.045.1		*shekel* 10
108.046.1	20	*shekel*
108.047.1		*shekel* 30
108.048.1	50	*shekel*
108.056.1		*shekel* 1 | m

symbol 1 (1)

1.023.1	]g̊d̊h̊ẘz̊ḥṭ. g̊	*symbol 1* {*or*

symbol 2 (1)

2.034.2	*(col. 1)* [ ] | *ḥqꜣt* 9̊	*symbol 2* |

symbol 3 (1)

2.034.3	| *ḥqꜣt* 3	*symbol 3* |

symbol 4 (5)

2.034.4	| *ḥqꜣt* 10	*symbol 4* |
2.034.12	*barley* $\frac{1}{2}$ $\frac{1}{4}$ | *ḥqꜣt* 1	*symbol 4* |
2.034.15	1 | [*ḥqꜣt*] 1 | *ḥqꜣt* 2	*symbol 4* | *wine*
30.007.1	b	*symbol 4*
30.007.1	b *symbol 4*	*symbol 4*

symbol 5 (1)

2.046.3	*homer* 3 | *homer* 6 |	*symbol 5*

symbol 6 (1)

2.060.1	kkl	*symbol 6* h

symbol 7 (1)

2.083.2	[ ] |	*symbol 7* |

symbol 8 (2)

2.102.1	qš {*or* q	*symbol 8*}
2.103.1	qš {*or* q	*symbol 8*}

symbol 9 (2)

26.001.1	lyḥzyhw yyn kḥl	*symbol 9*
26.005.1		*symbol 9*

symbol 10 (1)

26.005.1	*symbol 9*	*symbol 10* ṭ

symbol 11 (2)

4.301.1	]	*symbol 11*
108.008.1		*symbol 11* 10

symbol 12 (2)

4.302.8	| ẙhwh ẘ|[y]šmrk | y'r	*symbol 12*
4.302.9	yh|[w]h̊	*symbol 12*

wine (4)

2.034.7	| *ḥqȝt* 5 | *ḥqȝt* 6 |	*wine pot* | *barley* ½ |
2.034.16	2 *symbol 4* |	*wine pot* | *barley* ½ |
5.001.2	10 5 | mn tld *bath*	*wine* {*or* p̊n̊'l. 'b̊d̊} | 2 |
9.006.1	½ ¼ 4 [ ] *homer* 1	*wine ephah* 1 | *(col. 2)*

zuz (3)

9.006.1 (col. 1) ½ *bath* *zuz* 1 ¼ {*or* '} [ ] 3
9.006.1 *zuz* 1 ¼ {*or* '} [ ] 3 *zuz* ½ ¼ 4 [ ] *homer*
9.006.9 5000 6000 *bath* [ ] *zuz*

¼ (4)

2.034.11 [ ] | *ḥq3t* 1 *barley* ½ ¼ | *ḥq3t* 1
2.060.2 h nṭ|lty *ḥq3t* 2 ¼ | šbnyhw 1 | mqnyhw.
9.006.1 (col. 1) ½ *bath* *zuz* 1 ¼ {*or* '} [ ] 3 *zuz* ½
9.006.1 {*or* '} [ ] 3 *zuz* ½ ¼ 4 [ ] *homer* 1 *wine*

½ (5)

2.034.8 6 | *wine pot* | *barley* ½ | *ḥq3t* 1 | (*col. 2*) [ ]
2.034.11 [ ] | *ḥq3t* 1 *barley* ½ ¼ | *ḥq3t* 1
2.034.17 | *wine pot* | *barley* ½ | *barley pot* | [ ] |
9.006.1 (col. 1) ½ *bath* *zuz* 1 ¼ {*or* '} [
9.006.1 1 ¼ {*or* '} [ ] 3 *zuz* ½ ¼ 4 [ ] *homer* 1

⅔ (1)

108.012.2 bq' | 10 5 {*or* ⅔}

1 (62)

1.019.2 {*or* 'zr} 10 | pqḥ. 10 1 | mkl. {*or* [']mdl.} 50
1.019.7 ybš} [ ] | [ ] |] 10 1
1.020.2 | ḥkly[hw]]zn[ ]1
1.023.1 {*or*]ḥṭ. 10 1} | [ ]s'pṣqr.'k {*or* kk
2.001.7 | hr'šn. t|rkb. *homer* 1. qmḥ | l'št. lhm. l|ḥm.
2.004.2 'l 'lyšb tn lktym š|mn 1 ḥtm wšlḥnw w|yyn
2.004.3 wšlḥnw w|yyn *bath* 1 tn lhm.
2.007.3 ntn. lktym. | l'šry b 1 lḥd|š. 'd hššh | lḥdš
2.008.2 w't. ntn l|kt[y]m *homer* 1 qm. mn. hš|lšh 'šr
2.010.2 | [ntn lkt]ym. yyn *bath* 1 | [ ]m {*or* [wlḥ]m.}
2.010.3 {*or* [[m']]tym.} wšmn 1 | [ ]tm. lbn 'bdyhw š[ ]

2.012.1 [ʾl ʾly]šb. q[ḥ] šmn 1 w|[ ] 2 qmḥ wtn. ʾ[tm
2.014.3 | ntn l]ktym [| w]šlḥ 1 šmn
2.017.4 bn ʾšyhw. wlqḥ|t. mšm. 1 šmn. w|šlḥ. lzp {*or* lḥm
2.017.9 nḥm š|mn byd hkty. 1
2.025.1 [m] *ḥqȝt* 1 *barley* | [m]ʿnym.
2.025.4 *ḥqȝt* 6 | mmʿn *ḥqȝt* 1
2.034.9 *pot* | *barley* ½ | *ḥqȝt* 1 | *(col. 2)* [ ] | *ḥqȝt* 1
2.034.11 1 | *(col. 2)* [ ] | *ḥqȝt* 1 *barley* ½ ¼ | *ḥqȝt* 1
2.034.12 1 *barley* ½ ¼ | *ḥqȝt* 1 *symbol 4* |
2.034.13 | *ḥqȝt* 1 | [*ḥqȝt*] 1 | *ḥqȝt* 2
2.034.14 | *ḥqȝt* 1 | [*ḥqȝt*] 1 | *ḥqȝt* 2
2.036.6 | ḥnnyhw [| [ ] |]1[|]5 | [ ] | [ ] |
2.038.4 bn š[ ] | šbʿ bn r[ ] 1 | [ ] bn ʾlyšb 1 | ḥnn 2
2.038.5 r[ ] 1 | [ ] bn ʾlyšb 1 | ḥnn 2 | [z]kr 1
2.038.7 ʾlyšb 1 | ḥnn 2 | [z]kr 1
2.049.1 3 bny. qrḥ 2 bn. glgl 1 bny knyhw | *(col. 1)* [
2.049.2 knyhw | *(col. 1)* [ ]1 [ ]1 [yhw]ʿz 1 |
2.049.2 | *(col. 1)* [ ]1 [ ]1 [yhw]ʿz 1 | *(col. 2)*
2.049.2 [ ]1 [ ]1 [yhw]ʿz 1 | *(col. 2)* ʿbd[yhw]
2.049.4 | *(col. 3)* [ ]yhw 1 | *(col. 4)* [b]n. ṣmḥ 1
2.049.5 1 | *(col. 4)* [b]n. ṣmḥ 1 [ ]dʾl [ ]ʾ 2 šʿl 1
2.049.5 ṣmḥ 1 [ ]dʾl [ ]ʾ 2 šʿl 1 pdyhw. ḥ 10 1 bny.
2.049.5]ʾ 2 šʿl 1 pdyhw. ḥ 10 1 bny. ʾḥʾ. ḥ 3
2.060.3 *ḥqȝt* 2 ¼ | šbnyhw 1 | mqnyhw. tn | lgb
2.067.1 [ ] 1 | [ ]r 1 | [ ]yhw 2 | [
2.067.2 [ ] 1 | [ ]r 1 | [ ]yhw 2 | [ʾ]ḥʾ 2 |
2.067.5]yhw 2 | [ʾ]ḥʾ 2 | zkr 1
2.072.1 nknyhw 2 mnḥm 1 | ppy 1 ʾḥmlk 1 | gdʾ 1
2.072.2 2 mnḥm 1 | ppy 1 ʾḥmlk 1 | gdʾ 1 [ ] 3
2.072.2 mnḥm 1 | ppy 1 ʾḥmlk 1 | gdʾ 1 [ ] 3 | ʿzʾ 3 |
2.072.3 1 | ppy 1 ʾḥmlk 1 | gdʾ 1 [ ] 3 | ʿzʾ 3 | ʿb[ ] 2
2.076.2 [ ] | bn ḥ[ ] *ḥqȝt* 1 | bn mn[ ] 1 *ḥqȝt* | ṣ[
2.076.3] *ḥqȝt* 1 | bn mn[ ] 1 *ḥqȝt* | ṣ[ ] | qṭ[ ] |

2.081.2	3 š | 1	
3.001.5	ʾlyšʿ. 2 | ʿz̊ʾ. q̊[ ]bš 1 | ʾlbʿ [ ] 1 | bʿlʾ.	
3.001.6	q̊[ ]bš 1 | ʾlbʿ [ ] 1 | bʿlʾ. ʾlyš[ʿ] 2̊ | ydʿyw[	
3.001.8	ʾlyš[ʿ] 2̊ | ydʿyw[1]	
3.002.6	| ʾbbʿl. 2 | ʾḥz. 2 | šbʿ. 1 | mrbʿl. 1	
3.002.7	| ʾḥz. 2 | šbʿ. 1 | mrbʿl. 1	
5.002.2	]h[ ] (or ʾlṣr} | ḥq₃t 1	
7.005.2	]4 š [(or] 1̊0̊ 1̊0̊ 4 [} |]1[	
9.006.1	(col. 1) $\frac{1}{2}$ bath zuz 1 $\frac{1}{4}$ (or ʿ} [ ] 3 z̊ůz̊	
9.006.1	$\frac{1}{2}\frac{1}{4}$ 4 [ ] homer 1 wine ephah 1 |	
9.006.1	] homer 1 wine ephah 1 | (col. 2) ephah 2	
9.006.4	10 ʾlpm | (col. 4) 1 2 3 4̊ 5̊ 6 8 10 10 2 10	
9.006.4	2 10 6 10 8 2̊0̊ [shekel 1] shekel 2 shekel 3	
13.002.1	ntnw šm̊ 10 1 | [ ] 2 [	
108.009.1	10 1	
108.041.1	shekel 1	
108.056.1	shekel 1 | m	
109.001.1	hn 1 wḥṣy. hlg wrbʿt. hlg	

2 (45)

1.009.4	t̊n̊.̊ lḥm 10 w|[yyn] 2 hš̊b̊. | ˚[l] ˚bd̊k d̊|b̊r b	
1.021.4	]y[|]wṣʿh[(or]wṣʾ 2̊ [} |]whʾ[|(verso) [ ]	
2.002.2	wʿt. ntn l|ktym. bath 2 yyn. l|ʿrbʿt hymm w |	
2.011.3	ntn lktym̊ | [ ] bath 2 yyn | [ ] w[ ] | [	
2.012.2	q[ḥ] šmn 1 w|[ ] 2 qmḥ wtn. ʾ[tm |	
2.034.15	1 | [ḥq₃t] 1 | ḥq₃t 2 symbol 4 |	
2.038.6	1 | [ ] bn ʾlyšb 1 | ḥnn 2 | [z]kr 1	
2.049.1	bny. bṣl 3 bny. qrḥ 2 bn. glgl 1 bny k̊n̊yh̊ẘ |	
2.049.5	[b]n. ṣmḥ 1 [ ]dʾl [ ]ʾ 2 šʾl 1 pdyhw. ḥ 10 1	
2.060.2	h nṭ|lty ḥq₃t 2 $\frac{1}{4}$ | šbnyhw 1 |	
2.061.2	šlḥw. ʿ[| yy]n bath 2 | [ ]r̊ |(verso) [ ]w[| [	
2.062.2	šlḥ. [| šl]ḥ. 2	
2.067.3	[ ] 1 | [ ]r 1 | [ ]yhw 2 | [ʾ]ḥʿ 2 | zkr 1	

2.067.4	]r 1 | [ ]yhw 2 | [']ḥ' 2 | zkr 1
2.072.1	nknyhw 2 mnḥm 1 | ppy 1 'ḥmlk
2.072.5	1 [ ] 3 | 'z' 3 | 'b̊[ ] 2
2.076.6	] | qṭ[ ] | zg̊[ḥq₃t] 2 | g[
2.079.1	]'ḥ bath 2
3.001.4	[yn] | yšn. | r̊g'. 'lyš'. 2 | 'z'. q̊[ ]bš 1 | 'lb' [
3.001.7	[ ] 1 | b'l'. 'lyš['] 2̊ | yd'yw[1]
3.002.4	lgdyw. | m'zh. | 'bb'l. 2 | 'ḥz. 2 | šb'. 1 | mrb'l.
3.002.5	| m'zh. | 'bb'l. 2 | 'ḥz. 2 | šb'. 1 | mrb'l. 1
3.063.1	bšt. 10 5̊ 2 (or 10 ẘ2) | mšmyd˚
3.063.1	bšt. 10 5̊ 2 (or 10 ẘ2) | mšmyd˚
3.301.2	brk šl̊m[ ] | brk 2̊ hr'm (or hd̊'m)
5.001.3	wine (or pn̊'l. 'b̊d) | 2 | byt.'mm (or bz̊'. 'm̊ṣ
9.003.1	[ ] 5̊ 8̊ [ ] 2̊ 100 grh 100 [[grh]] 10̊0
9.003.2	10̊0̊ g̊r̊h | [ ] 6̊ 20 2̊ [ ] 4 8 10 7̊ 8 | 9̊0 [ ]
9.004.1	]3̊0̊0̊ 8̊0 2̊ [ ]3̊0̊0̊ 8̊0 2̊ [ ] | 2000
9.004.1	]3̊0̊0̊ 8̊0 2̊ [ ]3̊0̊0̊ 8̊0 2̊ [ ] | 2000 3̊0̊0̊ 80 2̊[
9.004.2	8̊0 2̊ [ ] | 2000 3̊0̊0̊ 80 2̊[ ] 2̊0̊0̊0̊ [300 80 2]
9.004.2	8̊0 2̊[ ] 2̊0̊0̊0̊ [300 80 2] 2000 3̊0̊0̊ [80 2] 2000
9.004.2	[300 80 2] 2000 3̊0̊0̊ [80 2] 2000 3̊0̊0̊ 8̊0 [2] 2000
9.004.2	3̊0̊0̊ [80 2] 2000 3̊0̊0̊ 8̊0 [2] 2000 300 8̊0 2̊ 2000
9.004.2	3̊0̊0̊ 8̊0 [2] 2000 300 8̊0 2̊ 2000 300 80 [2] 2000
9.004.2	300 8̊0 2̊ 2000 300 80 [2] 2000 300 80 [2]
9.004.2	300 80 [2] 2000 300 80 [2]
9.006.2	1 | (col. 2) ephah 2 ephah 3 ephah 4
9.006.4	10 'lpm | (col. 4) 1 2 3 4̊ 5̊ 6 8 10 10 2 10 6
9.006.4	1 2 3 4̊ 5̊ 6 8 10 10 2 10 6 10 8 2̊0̊ [shekel 1]
9.006.4	8 2̊0̊ [shekel 1] shekel 2 shekel 3 shekel 5 shekel
9.006.7	[ ] 3000 [ ] 1000 2̊ | (col. 8) 'bg̊d̊ [ ]
13.002.2	ntnw šm̊ 10 1 | [ ] 2 [
108.042.1	shekel 2
108.043.1	2 lmlk

3 (28)

2.001.3	ntn. lktym | yyn. *bath*	3	w|ktb. šm hym. |
2.003.2	w' t. | tn. mn. hyyn.	3	*bath* w|ṣwk. ḥnnyhw. ' l
2.003.11	' lk [ ] | ry[ ] | l[ ]	3	| w' dmm. h[| [ ] | [
2.005.12	lk ' t hm' |[šr] *bath*	3.	bṭrm. y|' br hḥdš.
2.006.4	' l | yḥzy[hw] | lḥ[m]	3	{*or* 300} | [ ]hšmn |
2.007.5	' d hššh | lḥdš *bath*	3	[w]|ktbth lpnyk. b|šnym
2.008.5	' šr lḥdš | [w]yyn *bath*	3	| [ ]š | [ ]nt b[ ] |
2.022.4	4 *homer* | lm' šy bn [ ]	3	|*(verso)* lyh[w]
2.025.2	| [m]' nym. tḥtnm. *ḥq3t*	3	*barley* | m' lynm *ḥq3t*
2.033.2	ḥṭm *seah*[ ] | *ḥq3t* 5	3	wḥṭm | ḥṭm. *lethech* b[
2.034.3	| *ḥq3t*	3	*symbol 3* |
2.046.1	*homer*	3	| *homer* 6 |
2.047.1	[' l]yšb.	3	| [ ]n
2.048.3	| [ ]r. 6 [k]s[p] | [z]kr	3	
2.049.1	*(on the base)* bny. bṣl	3	bny. qrḥ 2 bn. glgl 1
2.049.5	ḥ 10 1 bny. ' ḥ' . ḥ	3	
2.072.3	1 ' ḥmlk 1 | gd' 1 [ ]	3	| ' z' 3 | ' b[ ] 2
2.072.4	1 | gd' 1 [ ] 3 | ' z'	3	| ' b[ ] 2
2.081.1		3	š | 1
3.301.3	w[ ]} | ymnh š' rm 10	3	{*or seah* 3} [
3.301.3	š' rm 10 3 {*or seah*	3}	[
5.001.5	{*or* bz' . ' mṣ} |	3	
7.007.2	5 šy {*or* ksp. š 30	3}	{*or* ksp. š. 4}
9.006.1	*zuz* 1 ¼ {*or* ' } [ ]	3	*zuz* ½ ¼ 4 [ ]
9.006.2	*ephah* 2 *ephah*	3	*ephah* 4 *ephah* 5
9.006.4	' lpm | *(col. 4)* 1 2	3	4 5 6 8 10 10 2 10 6 10
9.006.4	1] *shekel* 2 *shekel*	3	*shekel* 5 *shekel* 5'
108.001.1		3	

4 (14)

1.013.3	[|] 't. 'špt	4
2.017.8	bḥ|tmk |*(verso)* b 20	4 lḥdš ntn nḥm š|mn byd
2.022.3	] | l'zr b[n |]	4 *homer* | lm'šy bn [ ] 3
4.103.2	50 7 šmnm |	4 šbrm
7.004.1		]4 | [ ] | [ ] | [ ] | [
7.005.1		]4 š [{*or*] 10 10 4 [} |]1[
7.005.1	]4 š [{*or*] 10 10	4 [} |]1[
7.007.2	š 30 3} {*or* ksp. š.	4}
9.003.2	grh | [ ] 6 20 2 [ ]	4 8 10 7 8 | 90 [ ] 100
9.006.1	'} [ ] 3 *zuz* ½ ¼	4 [ ] *homer* 1 *wine*
9.006.2	2 *ephah* 3 *ephah*	4 *ephah* 5 *ephah* [6]
9.006.4	'lpm | *(col. 4)* 1 2 3	4 5 6 8 10 10 2 10 6 10 8
33.002.1	nmṭr. hwš' *ephah* 10	4 {*or* 6} | 'by. ṣby *ephah*
108.002.1		4

5 (52)

2.024.12	] | [ ] |*(verso)* m'rd	5 {*or* 50} wmqyn[h]|h.
2.033.2	ḥṭm *seah*[ ] | *ḥq3t*	5 3 wḥṭm | ḥṭm. *lethech*
2.034.5	| *ḥq3t*	5 | *ḥq3t* 6 | *wine pot* |
2.036.7	[| [ ] |]1[|	]5 | [ ] | [ ] |
2.065.2	š [|]š	5
2.087.1	*series of strokes*	5
3.022.1	bšt. 10	5 mḥ|lq. l'š'. 'ḥ|mlk. |
3.023.1	bšt. 10	5 mḥlq. | l'š'. 'ḥmlk. |
3.024.1	bšt. h10	5 [mḥ]lq. l'š['] 'ḥml[k.] |
3.025.1	[bšt 10	5] mḥl[q | ']ḥmlk |
3.026.1	[bšt. 10	5 mḥl]q. l'š' ['ḥmlk. |
3.027.1	bšt. 10	5 mḥlq. l'š'. | 'ḥmlk. |
3.028.1	bšt. 10	5 m'b'zr. l'š|'. 'ḥmlk. |
3.029.1	bšt. 10	5 mš[myd'. l]'š' | 'ḥmlk.
3.030.1	bšt. 10	5 mšmyd'[ ] | lḥlṣ. gdyw.
3.031.1	bšt. h10	5 mšmyd'. | lḥlṣ. 'pṣḥ. |

3.032.1	bšt. 10 5 mš[[m]]yd'. | lḥlṣ. [
3.033.1	[bšt. h10] 5 mšmy|[d'. lḥ]l̊ṣ. gdyw. |
3.034.1	[bš]t. h10 5 m[š]m̊y[d'.] | [lḥlṣ
3.035.1	bšt. 10 5 mš[myd'.] | lḥlṣ.
3.036.1	[bšt. h10 5] m̊šmyd['] | [ ] |
3.037.1	bšt. 10 5 mšmyd'. | l'ḥm'. | 'š'.
3.038.1	bšt. 10 5 mšmy|d'. l'ḥm'. | 'lh.
3.039.1	bšt. 10 5 mšmyd'. | [l]'ḥm'. |
3.042.1	[b]št. 10 5 m̊šr'l (or mšrq) |
3.044.1	[bšt]. h10 5 mškm. | [l]hp[ ]r. (or
3.045.1	bšt. h10 5 mḥgl̊[h] | lḥnn. b['r]' [
3.046.1	bšt. 10 5 [mḥglh] | lḥnn. b['r'] |
3.047.1	[bšt. 10 5 m]ḥ̊glh. lḥnn. b'r'. m|[
3.048.1	bšt. 10 5 mšr['l]. (or mšr[q].)
3.049.1	bš[t. 10 5 mšmyd]|'. lḥ̊l[ṣ] |
3.050.1	bšt. 10 5 lgmr. mn'h. | 'bdyw.
3.052.1	b10 5 tb̊'[ ] (or mn̊'[h]) |
3.056.1	bšt. 10 5 m̊ht[l.] | lnmš[y] | [ ]dl̊[
3.058.1	bšt. 10 5 lb̊dyw | krm. htl.
3.059.2	šmn. [rḥ]|ṣ. bšt. 1̊0 [5] (or bšt. ḥ̊[ ])
3.061.2	krm. htl. | bšt. 10 5
3.063.1	bšt. 10 5̊ 2 (or 10 ẘ2) | mšmyd̊'
3.067.1	1̊0̊ 5̊ m̊ẙṣ̊[t]
3.090.1	[bšt h10 5]m̊šmyd' | [lḥl]ṣ̊ 'p̊s[ḥ
3.095.1	10 5
4.105.4	| šm̊ṅm̊. | šm̊nm | 5 šmnm̊ | 8̊ |(verso) g̊ṫ.
5.001.1	10 5 | mn tld *bath wine*
7.007.2	]. šq̊l̊ 'r̊b̊' ksp. *shekel* 5 šy (or ksp. š 30 3) (or
9.003.1	[ ] 5̊ 8̊ [ ] 2̊ 100 g̊r̊h 100
9.006.2	3 *ephah* 4 *ephah* 5 *ephah* [6] *ep̊h̊ah* [7]
9.006.4	| (*col. 4*) 1 2 3 4̊ 5̊ 6 8 10 10 2 10 6 10 8
9.006.4	*shekel* 2 *shekel* 3 *shekel* 5 *shekel* 5' *shekel* 6
33.002.3	10 | 'l̊̊dh kršn *ephah* 5 | šm'yhw. yw'zr *ephah*

108.003.1 5
108.012.2 bqʿ | 10 5 {*or* $\frac{2}{3}$}
108.044.1 *shekel* 5

5ʿ (1)

9.006.4 *shekel* 3 *shekel* 5 *shekel* 5ʿ *shekel* 6 *shekel* 7

6 (17)

2.025.3 *barley* | mʿlynm *ḥqȝt* 6 | mmʿn *ḥqȝt* 1
2.031.9 *lethech* | [ ]yhw 6 | 40 6. *ephah* ʿbr
2.031.10 *lethech* | [ ]yhw 6 | 40 6. *ephah* ʿbr
2.034.6 | *ḥqȝt* 5 | *ḥqȝt* 6 | *wine pot* | *barley* $\frac{1}{2}$ |
2.046.2 *homer* 3 | *homer* 6 | *symbol 5*
2.048.2]ʿrd | [ ]r. 6 [k]s[p] | [z]kr 3
2.060.6 tn | lgb |*(verso)* [ryhw] 6
2.112.1]qm [*ḥqȝt*] 6 7 |]qm *ḥqȝt* 6[
2.112.2 [*ḥqȝt*] 6 7 |]qm *ḥqȝt* 6[
9.003.2 [[grh]] 100 grh | [ ] 6 20 2 [ ] 4 8 10 7 8 |
9.006.2 4 *ephah* 5 *ephah* [6] *ephah* [7] *ephah* [8]
9.006.4 | *(col. 4)* 1 2 3 4 5 6 8 10 10 2 10 6 10 8 20
9.006.4 2 3 4 5 6 8 10 10 2 10 6 10 8 20 [*shekel* 1]
9.006.4 5 *shekel* 5ʿ *shekel* 6 *shekel* 7 *shekel* 10
33.002.1 hwšʿ *ephah* 10 4 {*or* 6} | ʾby. ṣby *ephah* 10 |
33.002.4 | šmʿyhw. ywʿzr *ephah* 6
108.004.1 6

7 (7)

2.031.5 | ʾḥyqm bn šmʿyhw 7 | gḥm *lethech* |
2.112.1]qm [*ḥqȝt*] 6 7 |]qm *ḥqȝt* 6[
4.103.1 50 7 šmnm | 4 šbrm
9.003.2 [ ] 6 20 2 [ ] 4 8 10 7 8 | 90 [ ] 100 gr[h] 200
9.006.2 5 *ephah* [6] *ephah* [7] *ephah* [8] *ephah* 9
9.006.4 5ʿ *shekel* 6 *shekel* 7 *shekel* 10 *shekel* 20

108.005.1   7

8 (12)

2.016.5	wšlḥty 't | h[k]sp 8 š lbny g' lyhw. [b]|y[d
2.031.3	| nḥmyhw bn yhw'z 8 | nryhw bn s' ryhw
2.032.1	b 8 lḥdš [ḥṣr]swsh. k[
4.104.2	200 | mnw. 10 8 | l' šr
4.105.5	| šmnm | 5 šmnm | 8 |(verso) gt. prḥ.
9.003.1	[ ] 5̊ 8̊ [ ] 2̊ 100 gr̊h 100
9.003.2	⌊[ ] 6̊ 20 2̊ [ ] 4 8 10 7̊ 8 | 9̊0 [ ] 100
9.003.2	] 6̊ 20 2̊ [ ] 4 8 10 7̊ 8 | 9̊0 [ ] 100 gr̊[h] 200
9.006.2	[6] ep̊h̊åh̊ [7] ep̊h̊åh̊ [8] ephah 9 ephah 10
9.006.4	| (col. 4) 1 2 3 4̊ 5̊ 6 8 10 10 2 10 6 10 8 2̊0̊
9.006.4	4̊ 5̊ 6 8 10 10 2 10 6 10 8 2̊0̊ [shekel 1] shekel 2
108.006.1	8

9 (2)

2.034.2	(col. 1) [ ] | ḥq₃t 9̊ symbol 2 |
9.006.2	[7] ep̊h̊åh̊ [8] ephah 9 ephah 10 ephah 20

10 (68)

1.009.3	ẘ[| w't] tn̊. lḥm 10 w|[yyn] 2 hs̊b̊. | '̊[l]
1.019.1	bn 'ṣ. {or 'zr} 10 | pqḥ. 10 1 | mkl.
1.019.2	'ṣ. {or 'zr} 10 | pqḥ. 10 1 | mkl. {or [']mdl.}
1.019.7	{or yb̊s̊} [ ] | [ ] |] 10 1
1.023.1	{or]ḥṭ. 10 1} | [ ]s̊'p̊s̊q̊r̊.'k̊
2.029.6	|][ ]n̊[ ]b | 10 ksp lm[ ] | w'šr bkb[
2.034.4	| ḥq₃t 10 symbol 4 |
2.049.5	[ ]' 2 š' l 1 pdyhw. ḥ 10 1 bny. 'ḥ'. ḥ 3
3.022.1	bšt. 10 5 mḥ|lq. l' š'. 'ḥ|mlk. |
3.023.1	bšt. 10 5 mḥlq. | l' š'. 'ḥmlk.
3.024.1	bšt. h10 5 [mh]lq. l' š[']
3.025.1	[bšt. 10 5] mḥl̊[q | ']ḥml̊k̊ |

527

3.026.1	[bšt. 10 5 mḥl]q. l'š' ['ḥmlk. |
3.027.1	bšt. 10 5 mḥlq. l'š'. | 'ḥmlk.
3.028.1	bšt. 10 5 m'b'zr. l'š|'.
3.029.1	bšt. 10 5 mš[myd'. l]'š' |
3.030.1	bšt. 10 5 mšmyd'[ ] | lḥlṣ.
3.031.1	bšt. h10 5 mšmyd'. | lḥlṣ.
3.032.1	bšt. 10 5 mš[[m]]yd'. | lḥlṣ. [
3.033.1	[bšt. h10] 5 mšmy|[d'. lḥ]lṣ.
3.034.1	[bš]t. h10 5 m[š]my[d'.] | [lḥlṣ
3.035.1	bšt. 10 5 mš[myd'.] | lḥlṣ.
3.036.1	[bšt. h10 5] mšmyd['] | [ ] |
3.037.1	bšt. 10 5 mšmyd'. | l'ḥm'. |
3.038.1	bšt. 10 5 mšmy|d'. l'ḥm'. |
3.039.1	bšt. 10 5 mšmyd'. | [l]'ḥm'. |
3.042.1	[b]št. 10 5 mšr'l {*or* mšrq} |
3.044.1	[bšt]. h10 5 mškm. | [l]hp[ ]r.
3.045.1	bšt. h10 5 mḥgl[h] | lḥnn.
3.046.1	bšt. 10 5 [mḥglh] | lḥnn.
3.047.1	[bšt. 10 5 m]ḥglh. lḥnn. b'r'.
3.048.1	bšt. 10 5 mšr['l]. {*or* mšr[q].}
3.049.1	bš[t. 10 5 mšmyd]|'. lḥl[ṣ]
3.050.1	bšt. 10 5 lgmr. mn'h. |
3.052.1	b10 5 tb'[ ] {*or* mn'[h]
3.056.1	bšt. 10 5 mht[l.] | lnmš[y] | [
3.058.1	bšt. 10 5 l'bdyw | krm. htl.
3.059.2	nbl. šmn. [rḥ]|ṣ. bšt. 10 [5] {*or* bšt. h[ ]}
3.061.2	krm. htl. | bšt. 10 5
3.063.1	bšt. 10 5 2 {*or* 10 w2} |
3.063.1	bšt. 10 5 2 {*or* 10 w2} | mšmyd'
3.067.1	10 5 myṣ[t]
3.090.1	[bšt h10 5]mšmyd' | [lḥl]ṣ
3.095.1	10 5
3.301.3	w[ ]} | ymnh š'rm 10 3 {*or seah* 3} [

4.104.2 200 | mnw. 10 8 | l‘šr

5.001.1 10 5 | mn tld *bath wine*

7.005.1]4 š [{*or*] 1̊0̊ 1̊0̊ 4 [} |]1[

7.005.1]4 š [{*or*] 1̊0̊ 1̊0̊ 4 [} |]1[

9.003.2 | [ ] 6̊ 20 2̊ [ ] 4 8 10 7̊ 8 | 9̊0̊ [ ] 100 g̊r̊[h]

9.006.2 [8] *ephah* 9 *ephah* 10 *ephah* 20 *ephah* 30

9.006.3 6000 7̊0̊0̊0̊ [8000 9000] 10 ’lpm | (*col. 4*) 1 2

9.006.4 (*col. 4*) 1 2 3 4̊ 5̊ 6 8 10 10 2 10 6 10 8 2̊0̊

9.006.4 1 2 3 4̊ 5̊ 6 8 10 10 2 10 6 10 8 2̊0̊ [*shekel*

9.006.4 1 2 3 4̊ 5̊ 6 8 10 10 2 10 6 10 8 2̊0̊ [*shekel* 1]

9.006.4 3 4̊ 5̊ 6 8 10 10 2 10 6 10 8 2̊0̊ [*shekel* 1] *shekel*

9.006.4 6 *shekel* 7 *shekel* 10 *shekel* 20 *shekel* 30

9.006.6 6000 7000 8000 9000 10 ’lpm |

13.002.1 ntnw šm̊ 10 1 | [ ] 2 [

24.003.1 bt z. g {*or* 10} h

24.013.1 10 ḥ {*or* gḥ[}

33.002.1 n̊m̊ṭ̊r. hwš‘ *ephah* 10 4̊ {*or* 6} | ’by. ṣ̊by

33.002.2 {*or* 6} | ’by. ṣ̊by *ephah* 10 | ’l̊‘̊d̊h kršn *ephah* 5 |

108.007.1 10

108.008.1 *symbol 11* 10

108.009.1 10 1

108.012.2 bq‘ | 10 5 {*or* 2/3}

108.045.1 *shekel* 10

20 (8)

1.019.3 mk̊l. {*or* [‘]m̊dl.} 5̊0̊ {*or* 2̊0̊} | šm‘ẙh̊ẘ. 5̊0̊ {*or* 2̊0̊

1.019.4 2̊0̊} | šm‘ẙh̊ẘ. 5̊0̊ {*or* 2̊0̊} | ‘̊b̊š̊ {*or* ẙb̊š̊} [ ] | [

2.017.8 ’th bḥ|tmk |(*verso*) b 20 4 lḥdš ntn nḥm š|mn

9.003.2 1̊0̊0̊ g̊r̊h̊ | [ ] 6̊ 20 2̊ [ ] 4 8 10 7̊ 8 | 9̊0̊ [

9.006.2 9 *ephah* 10 *ephah* 20 *ephah* 30 *ephah* 40

9.006.4 5̊ 6 8 10 10 2 10 6 10 8 2̊0̊ [*shekel* 1] *shekel* 2

9.006.4 7 *shekel* 10 *shekel* 20 *shekel* 30 *shekel* 40 |

108.046.1 20 *shekel*

30 (5)

7.007.2	*shekel* 5 šy {*or* ksp. š	30 3} {*or* ksp. š. 4}
9.006.2	10 *ephah* 20 *ephah*	30 *ephah* 40 *ephah* 5̊0̊
9.006.4	10 *shekel* 20 *shekel*	30 *shekel* 40 | *(col. 5)*
11.002.2	ʾpr. lbyt.ḥrn. [ ] | š	30
108.047.1	*shekel*	30

40 (3)

2.031.10	*lethech* | [ ]ẙhw 6̊ |	40 6. *ephah* ʿbr
9.006.2	20 *ephah* 30 *ephah*	40 *ephah* 5̊0̊ [*ephah* 60
9.006.4	20 *shekel* 30 *shekel*	40 | *(col. 5)* [*shekel* 50

50 (7)

1.019.3	10 1 | mk̊l. {*or* [ʿ]md̊l.}	5̊0̊ {*or* 2̊0̊} | šmʿ ẙh̊ẘ. 5̊0̊
1.019.4	} 5̊0̊ {*or* 2̊0̊} | šmʿ ẙh̊ẘ.	5̊0̊ {*or* 2̊0̊} | ʿb̊š̊ {*or* ẙb̊š̊}
2.024.12	] |*(verso)* mʿrd 5 {*or*	5̊0̊} wmqyn̊[h]|h̊.
4.103.1		50 7 šmnm | 4 šbrm
9.006.2	30 *ephah* 40 *ephah*	5̊0̊ [*ephah* 60 *ephah*] 7̊0̊
9.006.5	40 | *(col. 5)* [*shekel*	50 *shekel* 60] *shekel* 70
108.048.1		50 *shekel*

60 (2)

9.006.2	40 *ephah* 5̊0̊ [*ephah*	60 *ephah*] 7̊0̊ [*ephah*] 8̊0̊
9.006.5	[*shekel* 50 *shekel*	60] *shekel* 70 *shekel* 80

70 (2)

9.006.2	5̊0̊ [*ephah* 60 *ephah*]	7̊0̊ [*ephah*] 8̊0̊ e̊p̊h̊åh̊ 9̊0̊
9.006.5	50 *shekel* 60] *shekel*	70 *shekel* 80 *shekel* 90

80 (11)
9.004.1   ]3̊0̊0̊ 8̊0̊ 2̊ [ ]3̊0̊0̊ 80 2 [ ] |
9.004.1   ]3̊0̊0̊ 80 2 [ ]3̊0̊0̊ 8̊0̊ 2̊ [ ] | 2000 3̊0̊0̊ 8̊0̊
9.004.2   8̊0̊ 2̊ [ ] | 2000 3̊0̊0̊ 8̊0̊ 2̊[ ] 2̊0̊0̊0̊ [300 80 2]
9.004.2   3̊0̊0̊ 8̊0̊ 2̊[ ] 2̊0̊0̊0̊ [300 80 2] 2000 3̊0̊0̊ [80 2]
9.004.2   [300 80 2] 2000 3̊0̊0̊ [80 2] 2000 3̊0̊0̊ 8̊0̊ [2]
9.004.2   3̊0̊0̊ [80 2] 2000 3̊0̊0̊ 8̊0̊ [2] 2000 300 8̊0̊ 2̊
9.004.2   3̊0̊0̊ 8̊0̊ [2] 2000 300 8̊0̊ 2̊ 2000 300 80 [2]
9.004.2   300 8̊0̊ 2̊ 2000 300 80 [2] 2000 300 80 [2]
9.004.2   300 80 [2] 2000 300 80 [2]
9.006.2   60 *ephah*] 7̊0̊ [*ephah*] 8̊0̊ *e̊p̊h̊åh̊* 9̊0̊ *ephah* 100
9.006.5   60] *shekel* 70 *shekel* 80 *shekel* 90 *shekel* 100

90 (3)
9.003.3   6̊ 20 2̊ [ ] 4 8 10 7̊ 8 | 9̊0̊ [ ] 100 g̊r̊[h] 200 gr̊[h]
9.006.2   7̊0̊ [*ephah*] 8̊0̊ *e̊p̊h̊åh̊* 9̊0̊ *ephah* 100 200 300
9.006.5   70 *shekel* 80 *shekel* 90 *shekel* 100 *shekel* 200

100 (8)
9.003.1   [ ] 5̊ 8 [ ] 2̊ 100 g̊r̊h 100 [[grh]] 1̊0̊0̊
9.003.1   [ ] 5̊ 8 [ ] 2̊ 100 g̊r̊h 100 [[grh]] 1̊0̊0̊ g̊r̊h | [
9.003.1   ] 2̊ 100 g̊r̊h 100 [[grh]] 1̊0̊0̊ g̊r̊h | [ ] 6̊ 20 2̊ [
9.003.3   [ ] 4 8 10 7̊ 8 | 9̊0̊ [ ] 100 gr[h] 200 gr[h] 300
9.006.2   8̊0̊ *e̊p̊h̊åh̊* 9̊0̊ *ephah* 100 200 300 400 5̊0̊0̊ 600
9.006.5   80 *shekel* 90 *shekel* 100 *shekel* 200 *shekel*
9.006.8   [ ] 400 300 200 100 | *(col. 9)* [ ]
9.009.1   *shekel* 100 | *shekel* 200 | *shekel*

200 (6)
4.104.1   200 | mnw. 10 8 | l' šr
9.003.3   7̊ 8 | 9̊0̊ [ ] 100 g̊r̊[h] 200 gr[h] 300 g[rh] 400
9.006.2   *e̊p̊h̊åh̊* 9̊0̊ *ephah* 100 200 300 400 5̊0̊0̊ 600 700
9.006.5   90 *shekel* 100 *shekel* 200 *shekel* 300 *shekel*

9.006.8 'bgd [ ] 400 300 200 100 | *(col. 9)* [
9.009.2 *shekel* 100 | *shekel* 200 | *shekel* 300 | *shekel*

300 (16)

2.002.4 2 yyn. l|'rb't hymm w | 300 lḥm w|ml'. hḥmr.
2.006.4 | lḥ[m] 3 {*or* 300} | [ ]hšmn | bšl[
9.003.3 [ ] 100 gr[h] 200 gr[h] 300 g[rh] 400 g[rh] 500
9.004.1]300 80 2 [ ]300 80 2 [
9.004.1]300 80 2 [ ]300 80 2 [ ] | 2000 300
9.004.2 [ ]300 80 2 [ ] | 2000 300 80 2[ ] 2000 [300
9.004.2 300 80 2[ ] 2000 [300 80 2] 2000 300 [80
9.004.2] 2000 [300 80 2] 2000 300 [80 2] 2000 300 80
9.004.2 2] 2000 300 [80 2] 2000 300 80 [2] 2000 300 80 2
9.004.2 2] 2000 300 80 [2] 2000 300 80 2 2000 300 80 [2]
9.004.2 [2] 2000 300 80 2 2000 300 80 [2] 2000 300 80
9.004.2 2 2000 300 80 [2] 2000 300 80 [2]
9.006.2 90 *ephah* 100 200 300 400 500 600 700 |
9.006.5 100 *shekel* 200 *shekel* 300 *shekel* 400 *shekel*
9.006.8 'bgd [ ] 400 300 200 100 | *(col. 9)* [
9.009.3 100 | *shekel* 200 | *shekel* 300 | *shekel* 400 | *shekel*

400 (5)

9.003.3 200 gr[h] 300 g[rh] 400 g[rh] 500 grh 600
9.006.2 90 *ephah* 100 200 300 400 500 600 700 |
9.006.5 200 *shekel* 300 *shekel* 400 *shekel* 500 *shekel*
9.006.8 | *(col. 8)* 'bgd [ ] 400 300 200 100 |
9.009.4 200 | *shekel* 300 | *shekel* 400 | *shekel* 500

500 (4)

9.003.3 300 g[rh] 400 g[rh] 500 grh 600 grh 700 grh
9.006.2 *ephah* 100 200 300 400 500 600 700 | *(col. 3)*
9.006.5 300 *shekel* 400 *shekel* 500 *shekel* 600 *shekel*
9.009.5 | *shekel* 400 | *shekel* 500

600 (3)
9.003.3 g[rh] 400 g[rh] 500 grh̊ 600 grh̊ 700 grh 800 grh̊
9.006.2 100 200 300 400 5̊0̊0̊ 600 700 | *(col. 3)* 800
9.006.5 400 *shekel* 500 *shekel* 600 *shekel* 700 *shekel*

700 (3)
9.003.3 g[rh] 500 grh̊ 600 grh̊ 700 grh 800 grh̊
9.006.2 200 300 400 5̊0̊0̊ 600 700 | *(col. 3)* 800 900
9.006.5 500 *shekel* 600 *shekel* 700 *shekel* 800 *shekel*

800 (3)
9.003.3 grh̊ 600 grh̊ 700 grh 800 grh̊
9.006.3 5̊0̊0̊ 600 700 | *(col. 3)* 800 900 1000 2000 3000
9.006.5 600 *shekel* 700 *shekel* 800 *shekel* 900 1000

900 (2)
9.006.3 600 700 | *(col. 3)* 800 900 1000 2000 3000
9.006.5 700 *shekel* 800 *shekel* 900 1000 2000 3000

1000 (3)
9.006.3 700 | *(col. 3)* 800 900 1000 2000 3000 4000
9.006.5 *shekel* 800 *shekel* 900 1000 2000 3000 4000 |
9.006.7 [ ] 3000 [ ] 1000 2̊ | *(col. 8)* ’bg̊d̊ [

2000 (9)
9.004.2 8̊0̊ 2̊ [ ]3̊0̊0̊ 8̊0̊ 2̊ [ ] | 2000 3̊0̊0̊ 8̊0̊ 2̊[ ] 2̊0̊0̊0̊
9.004.2] | 2000 3̊0̊0̊ 8̊0̊ 2̊[ ] 2̊0̊0̊0̊ [300 80 2] 2000 3̊0̊0̊
9.004.2 2̊[ ] 2̊0̊0̊0̊ [300 80 2] 2000 3̊0̊0̊ [80 2] 2000 3̊0̊0̊
9.004.2 80 2] 2000 3̊0̊0̊ [80 2] 2000 3̊0̊0̊ 8̊0̊ [2] 2000 300
9.004.2 [80 2] 2000 3̊0̊0̊ 8̊0̊ [2] 2000 300 8̊0̊ 2̊ 2000 300
9.004.2 8̊0̊ [2] 2000 300 8̊0̊ 2̊ 2000 300 80 [2] 2000 300
9.004.2 8̊0̊ 2̊ 2000 300 80 [2] 2000 300 80 [2]

9.006.3 *(col. 3)* 800 900 1000 2000 3000 4000 5000
9.006.5 800 *shekel* 900 1000 2000 3000 4000 |

3000 (3)
9.006.3 800 900 1000 2000 3000 4000 5000 6000
9.006.5 *shekel* 900 1000 2000 3000 4000 | *(col. 6)*
9.006.7 | *(verso) (col. 7)* [ ] 3000 [ ] 1000 2 |

4000 (3)
9.006.3 900 1000 2000 3000 4000 5000 6000 7000
9.006.5 900 1000 2000 3000 4000 | *(col. 6)* 5000
9.006.9 | *(col. 9)* [ ] 4000 5000 6000 *bath* [ ]

5000 (3)
9.006.3 1000 2000 3000 4000 5000 6000 7000 [8000
9.006.6 3000 4000 | *(col. 6)* 5000 6000 7000 8000
9.006.9 *(col. 9)* [ ] 4000 5000 6000 *bath* [ ] *zuz*

6000 (3)
9.006.3 2000 3000 4000 5000 6000 7000 [8000 9000]
9.006.6 4000 | *(col. 6)* 5000 6000 7000 8000 9000 10
9.006.9 [ ] 4000 5000 6000 *bath* [ ] *zuz*

7000 (2)
9.006.3 3000 4000 5000 6000 7000 [8000 9000] 10
9.006.6 | *(col. 6)* 5000 6000 7000 8000 9000 10 'lpm

8000 (2)
9.006.3 4000 5000 6000 7000 [8000 9000] 10 'lpm |
9.006.6 5000 6000 7000 8000 9000 10 'lpm |

9000 (2)

9.006.3 5000 6000 7000 [8000 9000] 10 'lpm | *(col. 4)*

9.006.6 5000 6000 7000 8000 9000 10 'lpm |

SYNOPSIS OF COLLECTIONS OF INSCRIPTIONS

References are to numbers of pages and of inscriptions (i.e. P#.I#), except for *KAI* and *IR*, where only inscription numbers are given. A '*' indicates that the numbering in the respective collection corresponds to ours.

Davies	Diringer	Moscati	*KAI*	Gibson	*IR*	Lemaire	Pardee	Suder
1.001				36*		93*		119
1.002			192	37*		97*	79	
1.003			193	38*	77	100*	84	
1.004			194	41*	78	110*	91	
1.005			195	43*		117*	96	
1.006			196	45*		120*	100	
1.007						124*		
1.008						124*	103	
1.009			197	47*		127*	105	
1.011						128*		
1.012						130*	107	
1.013			198	48*		130*	108	
1.016						131*	110	
1.017						131*	112	
1.018				48*		132*	113	
1.019			199	48*		132*		
1.020						134*		
1.022						136*		
1.102		111.2						

Davies	Diringer	Moscati	*KAI*	Gibson	*IR*	Lemaire	Pardee	Suder
1.104		111.3						
1.105					9			
2.001				51.B	49	155*	30	118
2.002					50	161*	33	
2.003					52	163*	34	
2.004					53	166*	36	
2.005					55	167*	37	
2.006						168*	39	
2.007						168*	40	
2.008						169*	41	
2.009						170*	42	
2.010						170*	43	
2.011						170*	44	
2.012						171*	45	
2.013						171*	46	
2.014						172*	47	
2.015						172*		
2.016					51	172*	48	
2.017				53.D	54	174*	51	
2.018				52.C	166	179*	54	
2.019						184*		
2.020				51.A		184*		
2.021					56	186*	57	
2.022						187*		

Davies	Diringer	Moscati	*KAI*	Gibson	*IR*	Lemaire	Pardee	Suder
2.023						188*		
2.024					63	188*	59	
2.025						195*		
2.026						197*	62	
2.027						198*		
2.028						198*		
2.029						199* 2.030		
2.031					61	199*		
2.032						203*		
2.033						204*		
2.035						204*		
2.036						204*		
2.038						205*		
2.039					137	206*		
2.040					62	207*	63	
2.049					72	209*		
2.050					65	211*		
2.051					68	212*		
2.052					67	212*		
2.053						212*		
2.054					66	212*		
2.055					70	213*		
2.056					69	213*		
2.057					71	214*		

Davies	Diringer	Moscati	*KAI*	Gibson	*IR*	Lemaire	Pardee	Suder
2.059						215*		
2.060						215*		
2.061						216*		
2.062						217*		
2.067						218*		
2.071						218*		
2.074						218*		
2.088						219*		
2.099					48	220*		
2.102					64	220*		
2.103					64			
2.111							65	
3.001	23*		183	8*		29*		116
3.002	23*		184	9*		30*		
3.003	23*					30*		
3.004	24*					30*		
3.005	24*					30*		
3.006	24*		185	9*		30*		
3.007	24*					30*		
3.008	24*					30*		
3.009	25*					30*		
3.010	25*			9*		30*		
3.011	25*			9*		31*		
3.012	25*				37	31*		

Davies	Diringer	Moscati	*KAI*	Gibson	*IR*	Lemaire	Pardee	Suder
3.013	26*					31*		
3.014	26*					31*		
3.015	26*					31*		
3.016	26*					31*		
3.017	26*				34	32*		
3.018	27*				35	32*		
3.019	27*		186	9*		32*		
3.020	27*					32*		
3.021	27*				38	32*		
3.022	27*				36	32*		
3.023	28*					33*		
3.024	28*					33*		
3.025	28*					33*		
3.026	28*					33*		
3.027	29*					33*		
3.028	29*					33*		
3.029	29*			10*		33*		
3.030	29*			10*		33*		
3.031	29*			10*		33*		
3.032	30*					34*		
3.033	30*					34*		
3.034	30*					34*		
3.035	30*					34*		
3.036	31*					34*		

Davies	Diringer	Moscati	*KAI*	Gibson	*IR*	Lemaire	Pardee	Suder
3.037	31*					34*		
3.038	31*					34*		
3.039	31*					35*		
3.040	32*					35*		
3.041	32*			10*		35*		
3.042	32*			10*		35*		
3.043	32*					35*		
3.044	32*			10*		35*		
3.045	33*					35*		
3.046	33*					35*		
3.047	33*					36*		
3.048	33*					36*		
3.049	34*					36*		
3.050	34*			10*		36*		
3.051	34*			10*		36*		
3.052	34*					36*		
3.053	35*			10*		36*		
3.054	35*		187			37*		
3.055	35*			10*		37*		
3.056	35*			10*		37*		
3.057	35*					37*		
3.058	36*					37*		
3.059	36*			11*		37*		
3.060	36*					37*		

Davies	Diringer	Moscati	*KAI*	Gibson	*IR*	Lemaire	Pardee	Suder
3.061	36*					37*		
3.062	36*			11*		37*		
3.063	36*			11*		37*		
3.064						38*		
3.066						38*		
3.067						38*		
3.072						38*		
3.073						38*		
3.078						38*		
3.080						38*		
3.082						38*		
3.089						38*		
3.090						38*		
3.099						38*		
3.100						38*		
3.101						38*		
3.102						38*		
3.108	68.64							
3.109	69.65							
3.201								116
3.301	71.67	38	188	14	41	246.1		116
3.302	311.40							
3.303	308.37							
3.304						248.4		

Davies	Diringer	Moscati	*KAI*	Gibson	*IR*	Lemaire	Pardee	Suder
3.305	70.66							
3.307	309.39					250.7		
3.308	307.36							
3.309	309.38							
4.101	74	44	190	25	138	239		118
4.116	84	40	189	22	75			117
4.120								119
4.401	107.2		191B	24				
4.402	106.1		191A					
4.403	103							
5.001					74	271*		117
5.002						273*		
5.003						273*		
5.005					73			
5.006					119			
5.007					120			
5.008					121			
7.001			200	28	33	260.1	20	118
7.003								118
7.007						268.6		
8.001								116
9.001								117
10.001	4	8	182	2	8			116
10.003	296.6							

Davies	Diringer	Moscati	*KAI*	Gibson	*IR*	Lemaire	Pardee	Suder
11.001		113.10		17.A		252*		117
11.002		113.11		17.B		253*		
14.001					114			
15.001								119
15.005-6				58.A	79			
15.007				58.B				
17.001	300.11				105			
18.002	302.15	114.2						116
18.003	302.16							
18.004	302.14							
18.005	301.13							
19.001					113			
20.001					115			
22.001				56*				118
22.010					106			
22.014				56*				
22.021				56*				
22.022				56*				
22.028				56*				
22.032				56*				
22.051				56*				
23.001								116
23.002	299.10							116

Davies	Diringer	Moscati	*KAI*	Gibson	*IR*	Lemaire	Pardee	Suder
24.001								117
24.005					111			
24.006					112			
24.007					109			
25.001					140			117/118
25.002					139			
25.003					141			
25.004					104			
26.001					103			118
28.001		111.1						
30.001		112.4						116
30.002		112.5						
30.003		112.6						
30.004		112.7						
30.005		112.8						
31.001						257		
32.001						275		
33.001				31.A-B	32			
34.001				19				
35.001								115
36.001								118
37.001								118
44.001					107			

Davies	Diringer	Galling	Moscati	Vattioni	*IR*	Herr	*H-D*	Suder
100.001	164*			I:360*		149.162		136
100.002	164*	192.133		I:360*				131
100.003	165*	173.2	66*	I:360*	126	102.43	66.42	131
100.004	167*	193.137	66*	I:360*		108.56		131
100.005	167*	183.75	66*	I:360*				137
100.007	168*	173.1		I:360*		146.156		130
100.008	170*	174.7	66*	I:361*		147.159	67.43	133
100.009	170*	186.97		I:361*				142
100.011	172*			I:361*				145
100.012	173*	182.64		I:361*				146
100.013	174*	183.74	67*	I:361*		110.60		124
100.014	174*	173.4		I:361*		111.62		121
100.015	175*	184.77	67*	I:361*		112.64		123
100.016	176*	173.132	67*	I:361*		139.137		150
100.018	177*	179.49		I:361*				138
100.019	178*			I:362*		144.151		126
100.020	179*			I:362*		144.150		124
100.021	180*		67*	I:362*		187.7		140
100.022	181*			I:362*		122.90		140
100.023	182*			I:362*		35.64		141
100.024	184*	184.78	67*	I:362*		123.93		141
100.025	185*	183.76	68*	I:362*		123.94		141
100.026	185*	178.37	68*	I:363*		125.99		142
100.027	187*	193.142		I:363*		126.100		142

Davies	Diringer	Galling	Moscati	Vattioni	*IR*	Herr	*H-D*	Suder
100.030	190*			I:363*		133.119		135
100.031	190*			I:363*		133.120		146
100.032	191*	178.38	68*	I:363*		133.121		134
100.033	192*		68*	I:363*				146
100.034	193*			I:363*		142.145		146
100.035	194*			I:364*		134.124		146
100.036	195*			I:364*				147
100.037	196*			I:364*				147
100.038	197*	184.84	68*	I:364*		137.131		148
100.039	198*			I:364*		139.135		149
100.040	199*	177.31	68*	I:364*				150
100.042	200*			I:364*				136
100.043	200*			I:365*				149
100.044	202*	174.8	68*	I:365*		42.83		136
100.045	203*			I:365*				
100.046	204*	174.10	69*	I:365*		121.89		140
100.047	205*	178.36	69*	I:365*		142.144		140
100.048	206*			I:365*		100.40		122
100.049	207*			I:365*		122.91		141
100.050	207*			I:366*		103.44	88.64	125
100.051	208*	182.64	69*	I:366*		144.149		
100.052	209*			I:366*				144
100.053	210*			I:366*				143
100.054	210*	182.67	69*	I:366*		129.107		143

Davies	Diringer	Galling	Moscati	Vattioni	*IR*	Herr	*H-D*	Suder
100.055	212*			I:366*				134
100.056	213*			I:366*				146
100.057	214*		69*	I:366*		92.20		128
100.058	215*			I:367*				149
100.059	216*	179.46	69*	I:367*		61.7		
100.060	217*			I:367*		132.117		145
100.061	218*		69*	I:367*		142.143		148
100.062	218*			I:367*				121
100.063	219*	193.144	69*	I:367*				136
100.065	221*	185.85	69*	I:367*				136
100.067	223*	191.125	70*	I:367*		84.4		149
100.068	224*	175.17	70*	I:368*	18	82.1	18.3	130
100.069	229*	179.43	70*	I:368*	19	104.46	20.5	134
100.070	230*			I:368*				146
100.071	231*			I:368*				150
100.072	232*	182.65	70*	I:368*		143.148		137
100.074	234*	190.122	70*	I:368*	16	154.1		
100.075	235*		70*	I:368*				149
100.078	238*			I:368*				135
100.079	239*			I:368*				123
100.080	239*	173.6		I:368*				137
100.081	240*	180.54		I:368*				
100.082	240*	185.91		I:368*				
100.083	241*	174.11	71*	I:369*		34.63		

Davies	Diringer	Galling	Moscati	Vattioni	*IR*	Herr	*H-D*	Suder
100.087	243*	180.52	71*	I:369*				147
100.088	244*	176.21	71*	I:369*		72.39		
100.089	245*	182.66		I:369*		119.81		138
100.090	246*	190.119		I:369*				140
100.092	247*	188.107		I:369*				149
100.094	248*	191.126		I:369*		21.27		137
100.095	249*	180.53		I:369*				146
100.096	250*			I:369*				148
100.099	256*			I:370*		113.68		132
100.100	256*			I:370*		144.152		137
100.101	258*			I:370*		16.14		139
100.105	143			I:370*				132
100.106	142.23	180.56		I:370*				150
100.107			75.8	I:370*		106.50		122
100.108	126.9		82.9	I:371*	22	96.31		122
100.109		182.67a	56.16	I:371*	125	91.19	74.50	128
100.110	127.10		82.10	I:371*	21	100.39	22.7	123
100.120	144.27		83.27	I:372*				134
100.121	343.29c		83.29c	I:372*		113.66	30.15	134
100.122			54.8	I:372*		128.105	68.44	143
100.123		198.182	56.15	I:372*		115.72	60.36	
100.124			52.1	I:372*		143.146		136
100.125			52.2	I:372*				135
100.126			52.3	I:372*		48.100	158.124	148

Davies	Diringer	Galling	Moscati	Vattioni	*IR*	Herr	*H-D*	Suder
100.127			53.4	I:372*		46.94	156.122	146
100.128			53.5	I:372*		34.62	159.125	150
100.129			54.6	I:372*		177.11	169.132	135
100.130		190.118	54.7	I:373*				136/141
100.132			55.10	I:373*		186.3		150
100.136		175.15	56.14	I:373*		180.19		131
100.138			57.18	I:373*		51.110	170.133	137
100.139		181.59	58.19	I:373*	127	90.17	72.48	
100.140			58.20	I:374*		116.74		136
100.141		173.1a	59.21	I:374*		83.2		138
100.142			59.22	I:374*		120.83	87.63	139
100.143			60.23	I:374*				138
100.144			60.24	I:374*	132	121.87	77.53	
100.145			60.25	I:374*		21.26		121/149
100.146			60.26	I:374*		73.41		
100.147			60.27	I:374*		139.136	105.81	124
100.148			61.28	I:374*				127
100.149			61.30	I:375*	15	91.18		129
100.150			62.31	I:375*		102.42	42.27	128
100.151			62.32	I:375*		143.147	76.52	136
100.152			62.33	I:375*	134	98.36	49.32	121
100.153			63.34	I:375*		130.111	108.84	144
100.154			63.35	I:375*		108.55	82.58	122
100.155			63.36	I:375*		134.122	93.69	146

Davies	Diringer	Galling	Moscati	Vattioni	*IR*	Herr	*H-D*	Suder
100.156			64.38	I:375*		104.47	113.89	134
100.157			64.39	I:375*	25	63.12		
100.158			64.40	I:375*		176.7	162.128	123
100.160			65.42	I:375*		44.89	172.135	126
100.161			65.43	I:376*		111.61	91.67	126
100.162			65.44	I:376*		132.116		145
100.163	125.8		82.8	I:376*				123
100.167				I:376*		140.138		150
100.168				I:376*		138.134		149
100.169				I:377*		124.95		141
100.170				I:377*		72.38		
100.171				I:377*		127.103		142
100.172				I:377*		126.101		142
100.174				I:377*		23.30		147
100.175				I:377*		135.126		147
100.176				I:377*		130.112		144
100.177				I:377*		114.69		132
100.178				I:377*		141.142		149
100.179				I:378*		135.125		147
100.180				I:378*		30.49		148
100.181				I:378*		120.86		139
100.182		190.117		I:378*		29.47		145
100.185				I:378*				133
100.186				I:378*				123

Davies	Diringer	Galling	Moscati	Vattioni	*IR*	Herr	*H-D*	Suder
100.187				I:378*				123
100.188				I:378*				124
100.189				I:379*				124
100.190				I:379*				124
100.191				I:379*				124
100.192				I:379*				124
100.193				I:379*				131
100.196				I:379*	85	98.34	33.18	132
100.197				I:379*	89	96.30	36.21	131
100.198				I:379*	87	97.32	35.20	131
100.199				I:380*		97.33		132
100.202				I:380*		132.118		145
100.203				I:380*		114.70		140
100.204				I:380*				121
100.205		187.98		I:380*		47.99		122
100.206				I:380*		106.51		133
100.207				I:380*		94.27		123
100.208				I:380*		95.29		123
100.209				I:381*		131.114		145
100.210				I:381*		136.129		148
100.211				I:381*	131	105.49	99.75	127
100.212				I:381*			110.86	121
100.213				I:381*		101.41		126
100.214				I:381*	39	113.67	59.35	132

Davies	Diringer	Galling	Moscati	Vattioni	*IR*	Herr	*H-D*	Suder
100.215				I:381*	40	175.6		142
100.218				I:382*		123.92		141
100.220				I:382*		145.153		137
100.222				I:382*				132
100.223				I:382*		98.35		131
100.224				I:382*				132
100.226				I:383*		125.98		142
100.228				I:383*		136.127		
100.230				I:384*	130	85.8	78.54	121
100.231				I:384*	57	84.5	26.11	121
100.232				I:384*	59	85.7	28.13	121
100.233				I:384*		138.133		148
100.235				I:384*		138.132		148
100.236				I:384*		31.52		148
100.238				I:384*		120.85	63.39	139
100.239				I:384*		118.78	112.88	137
100.240				I:384*	128	120.84	73.49	139
100.241				I:384*		124.96		142
100.242				I:384*		117.76	41.26	137
100.243				I:384*		137.130	86.62	148
100.244				I:385*		146.157	95.71	145
100.245				I:385*		117.77	94.70	137
100.246				I:385*		116.73	111.87	136
100.247				I:385*		31.51	62.38	139

Davies	Diringer	Galling	Moscati	Vattioni	*IR*	Herr	*H-D*	Suder
100.248				I:385*	129	129.108	69.45	144
100.249				I:385*		127.102		142
100.250				I:385*		176.8		145
100.251				I:385*		185.2		144
100.252				I:385*	20	124.97	21.6	142
100.253				II:453*	27	92.22		130
100.254				II:453*	28	93.24		130
100.255				II:453*	29	94.25		130
100.256				II:453*	30	92.21		130
100.257				II:453*	26	94.26		130
100.258				II:453*	31	93.23		130
100.268				II:454*	133	107.54	90.66	125
100.270	122.5a			III:238*		112.65	39.24	133
100.272				III:238*				
100.273				III:238*				
100.274				III:238*				125
100.275				III:238*	10	18.18	166.129	
100.276				III:238*				
100.277				III:239*	23	96.31	24.9	131
100.278		177.33		III:239*				
100.279				III:239*				
100.280			76.13	III:239*		86.9		
100.281				III:239*				
100.282				III:239*	58	85.6	27.12	121

Davies	Diringer	Galling	Moscati	Vattioni	*IR*	Herr	*H-D*	Suder
100.288				III:239*	86	98.35	34.19	134
100.289			73.1	III:239*	88	87.10	38.23	128
100.291	124.7			III:240*	90	88.13	32.17	133
100.293				III:240*				
100.294				III:240*		131.115		124
100.295				III:240*				127
100.296				III:240*				
100.299				III:240*		134.123		138
100.300				III:240*		148.160		136
100.301				III:240*		148.161		140
100.307				III:241*		26.37		126
100.308				III:241*		26.38		126
100.309				III:241*		26.39		126
100.310				III:241*		27.40		126
100.311				III:241*		27.41		126
100.312				III:241*		27.42		127
100.313				III:241*		28.43		127
100.315				III:241*		28.45		127
100.316				III:242*		187.6		
100.317				III:242*		61.6		
100.318		176.27		III:242*		67.25		
100.321				III:242*		83.3	19.4	124
100.322				III:242*		108.57		132
100.323				III:242*		108.57		

Davies	Diringer	Galling	Moscati	Vattioni	*IR*	Herr	*H-D*	Suder
100.324				III:242*			50.33	141
100.325				III:242*			80.56	141
100.326				III:242*			92.68	144
100.327				III:243*				
100.328				III:243*			119.95	143
100.329				III:243*			117.93	144
100.330				III:243*				
100.331				III:243*				
100.332				III:243*				149
100.333				III:243*				
100.334				III:243*				149
100.335				III:243*				
100.336				III:243*			116.92	142
100.337				III:243*				
100.338				III:243*				
100.339				III:243*				
100.340				III:243*				
100.341				III:243*			71.47	139
100.342				III:244*				
100.343				III:244*			109.85	150
100.344				III:244*		145.154		123
100.345				III:244*		130.110		144
100.346				III:244*				
100.347		180.51		III:244*				

Davies	Diringer	Galling	Moscati	Vattioni	*IR*	Herr	*H-D*	Suder
100.351				III:244*		145.155		128
100.354		193.143		III:245*				
100.355	120.2			III:245*				135
100.358			76.11	III:245*		87.11	29.14	129
100.359				III:245*				139/150
100.360				III:245*				148
100.361				III:245*				143
100.362				III:245*				
100.363				III:245*				150
100.364				III:245*				143
100.365				III:245*				148
100.366				III:245*				136
100.367				III:246*				139
100.368				III:246*				144
100.369				III:246*				147
100.370				III:246*				138
100.371				III:246*				142
100.372				III:246*				147
100.373				III:246*				149
100.374				III:246*				145
100.375				III:246*				137
100.376				III:246*				141
100.377				III:246*				149
100.378				III:246*				149

Davies	Diringer	Galling	Moscati	Vattioni	*IR*	Herr	*H-D*	Suder
100.379				III:247*				148
100.380				III:247*				139
100.381				III:247*				151
100.392			79.22	III:248*				130
100.393				III:248*				
100.396				III:248*	87			
100.397				III:248*				
100.402				III:248*				122
100.404			76.12	III:248*		88.12		130/132
100.406				III:249*		131.113		144
100.407				III:249*		119.82		138
100.408				III:249*	148			
100.409	341.10a		83.10a	III:253*		99.38	31.16	122
100.410	121.4			III:253*			37.22	133
100.411			74.2	III:253*		103.45	40.25	122
100.412				III:253*			51.34	125
100.413				III:253*			64.40	138
100.414				III:253*			70.46	145
100.415				III:253*			75.51	138
100.416				III:253*			79.55	141
100.418				III:253*			81.57	144
100.419				III:253*			83.59	140
100.420				III:253*			84.60	140
100.421				III:253*			85.61	142

Davies	Diringer	Galling	Moscati	Vattioni	*IR*	Herr	*H-D*	Suder
100.422				III:253*			89.65	147
100.423				III:253*			96.72	140
100.424				III:253*			97.73	140
100.425				III:253*			98.74	146
100.426				III:253*		140.140	100.76	150
100.427				III:253*			101.77	145
100.428				III:253*			102.78	145
100.429				III:253*			103.79	138
100.430				III:253*			104.80	138
100.431				III:253*			106.82	139
100.432				III:253*			107.83	146
100.435				III:253*			114.90	148
100.436				III:253*			115.91	137
100.437				III:253*			118.94	144
100.438				III:253*			120.96	151
100.453	119.1					111.63		134
100.454	120.3							135
100.455	122.5b							135
100.456	123.5c							
100.457	123.6		74.5/82.6			107.53		
100.459	137.16							
100.460	138.17							
100.461	138.18							
100.463	141.21							

Davies	Diringer	Galling	Moscati	Vattioni	*IR*	Herr	*H-D*	Suder
100.464	141.22							
100.465	143.25							
100.466	143.26							
100.467	144.28							
100.468	144.29							
100.469			75.10			89.15		128
100.470			77.14			88.13		128
100.472			78.16					127
100.473			78.17			89.14		127
100.474			78.18					128
100.475			79.19					130
100.476			79.20					
100.477			80.23					129
100.478			80.25					129
100.479			80.27					
100.480			81.28					129
100.481			81.29					129
100.482			81.30					129
100.483			63.37					129
100.485		173.5				18.17		
100.486	126.9				22	96.31	23.8	133
100.494						129.109		
100.495						118.79		
100.496						136.128		

Davies	Diringer	Galling	Moscati	Vattioni	*IR*	Herr	*H-D*	Suder
100.497						119.80		
100.498						116.75		
100.510				III:248				
100.731								136
100.769			81.32			99.37		
100.770						105.48		
100.771			74.4			106.52		
100.772			74.6			109.58		
100.773			74.3			110.59		
100.774						121.88		
100.776			75.7			147.158		
105.001	145.31		92/96		80			
105.002	145.31		92/96		81			
105.003	145.31		92/96		85			
105.004	145.31		92/96					
105.006	145.30		94/97					
105.007	145.30		94/97		83			
105.008	145.30		94/97					
105.009	145.30		94/97					
105.011	145.33		94/97		84			
105.012	145.33		94/97					
105.013	145.33		94/97					
105.014	145.33		94/97					
105.016	145.32		92/95		86			

Davies	Diringer	Galling	Moscati	Vattioni	*IR*	Herr	*H-D*	Suder
105.017	145.32		92/95					
105.018	145.32		92/95					
105.019	145.32		92/95					
105.020	145.34							
106.001	128.13							152
106.002								152
106.003								153
106.004	129.14							
106.006	128.12				154			153
106.008				I:378				124
106.009				III:241	149	25.34		
106.010				III:241		25.35		
106.016				I:378				131
106.017				III:241		25.36		126
106.021	130.15				155			154
106.031					108			154
106.032	140.20							
106.043					147			146
108.011	278-79		103.8/9		96			154
108.021	274-75		102.5-7		97			154
108.031	264-68		102.2-4		98			154
108.033	269.10							
108.041	284				91			156
108.042	284				92			156

Davies	Diringer	Galling	Moscati	Vattioni	*IR*	Herr	*H-D*	Suder
108.043	280.19							
108.044	284				93			156
108.045	284				94			156
108.046								156
108.047								156
108.048					95			156
108.051			101.1					
108.052	281.20							
108.053	281.21							
108.054	273.11			I:370				140
109.001	286.23							155
109.002	287.24							